AF190338

Reinhard J. Voß

Die katholische Kirche
in der DR Kongo im Kontext
von Gesellschaft und Ökumene

Reinhard J. Voß

Die katholische Kirche
in der DR Kongo im Kontext
von Gesellschaft und Ökumene

Eindrücke, Erlebnisse & Einsichten
von 2010-2014 – dokumentarische
Nachträge zur Entwicklung bis 2019

edition pace

FSC
www.fsc.org

MIX
Papier aus ver-
antwortungsvollen
Quellen
Paper from
responsible sources
FSC® C105338

Herausgegeben in Kooperation mit dem
Ökumenischen Institut für Friedenstheologie (ÖFT)
https://friedenstheologie-institut.jimdo.com/

Bild auf dem Buchumschlag:
Kirchenradio-Team in Muene Ditu, Kasai
(Alle Fotos: Archiv R.J. Voß)

© 2019

Reinhard J. Voß
DIE KATHOLISCHE KIRCHE IN DER DR KONGO
IM KONTEXT VON GESELLSCHAFT UND ÖKUMENE

Eindrücke, Erlebnisse & Einsichten von 2010-2014 –
dokumentarische Nachträge zur Entwicklung bis 2019

edition pace 4

Eigenkorrektorat des Autors
Satz & Gestaltung: Peter Bürger

Herstellung & Verlag: BoD – Books on Demand, Norderstedt
ISBN: 978-3-7481-4482-3

Inhalt

6

Einleitung

Liebe Leserinnen und Leser,
Reinhard Voß und seine Ehefrau Margret haben es gewagt. Nach jahrzehntelangem Engagement für den Frieden von Deutschland aus, u. a. als Generalsekretär der deutschen Sektion der internationalen katholischen Friedensbewegung Pax Christi, haben sie sich 2010 für drei Jahre Friedensarbeit zu einem Projekt des Zivilen Friedensdienstes (ZFD) der Arbeitsgemeinschaft für Entwicklungshilfe (AGEH) e.V. in der Demokratischen Republik Kongo entschieden.

Reinhard Voß teilt in diesem Buch seine Erlebnisse und Erfahrungen als Mitarbeiter der kongolesischen katholischen Kirche mit uns. Das Thema Religion und Entwicklung ist zeitgemäß. Auch die deutsche Bundesregierung hat es jüngst für sich entdeckt. Das Thema der zivilen Mittel und Möglichkeiten der Konflikttransformation ist zeitgemäß. Die deutsche Verantwortung für die friedliche, nach aller Möglichkeit gewaltfreie, Beilegung von Konflikten ist mittlerweile ein Thema geworden, zu dem sich auch höchstrangige Politiker wie Bundespräsident, Bundeskanzlerin und Bundesaußenminister äußern. Das hier vorliegende Buch ist also hochaktuell. Hier ist eine Geschichte unserer Zeit dokumentiert von einem Fachmann und Menschen, der zu allen oben genannten Fragen konkrete Friedens- und Entwicklungsarbeit, die Verbindung von Religion und Entwicklung, zivile Konflikttransformation miterlebt und mitgestaltet hat, im Kongo, im Herzen Afrikas in einer turbulenten Zeit.

Reinhard Voß hat etwas gewagt: Er hat sich zum Ende seiner beruflichen Lebenszeit mit „um die sechzig Lebensjahren" entschieden, als „Erstausreisender" für einen mehr als dreijährigen

Entwicklungs- und Friedensdienst in ein Krisenland zu gehen. Eine Entscheidung für ein Eintauchen in die afrikanische Realität und dafür, sich ihr ganz und gar, sozusagen mit Haut und Haar und allem menschlichen Vermögen auszusetzen und als Mitarbeiter einer kongolesischen Partnerorganisation etwas bewegen zu helfen. Dem Zivilen Friedensdienst, dessen Förderung für ihn eine politische Lebensaufgabe war, hat er sich damit auch ganz persönlich ausgesetzt. Das ist konsequent und überzeugend. Reinhard Voß hat sich auch bewusst und gezielt und aus Überzeugung in den Dienst der katholischen Kirche gestellt, der kongolesischen Kirche, der deutschen Kirche, der Weltkirche. Dafür gebührt ihm Dank und hohe Anerkennung.

Köln, 26. Mai 2015
Martin Vehrenberg, AGEH Köln /
Stellv. Geschäftsführer

Margret Voß-Kräling und Reinhard Voß mit Mlle Muhija

2. Einführung
von Reinhard J. Voß

Mitleben und Mitarbeiten als Berater der katholischen
Bischofskonferenz in der Kommission
„Gerechtigkeit und Frieden" in der DR Kongo

Im Rahmen des Zivilen Friedensdienstes (Trägerin: AGEH Köln)
war ich zusammen mit meiner Frau Margret nach einer gut halb-
jährigen Vorbereitungszeit von November 2010 bis Juli 2014 in
der Demokratischen Republik Kongo (dem ehemaligen „Belgisch-Kongo") als Berater der Katholischen Bischofskonferenz in
der Kommission „Justice et Paix" (Gerechtigkeit und Frieden).
Diese Kommission auf nationaler Ebene koordiniert, berät und
informiert die anderen Niveaus in den 47 Diözesen dieses Riesenlandes (von der Größe Westeuropas) sowie indirekt auch
Tausende Kommissionen auf Pfarrei-Ebene.

Wir sind dort nicht mehr in kolonialen Zeiten, aber man hat
den Eindruck, dass es derzeit ein Ringen um „die zweite Unabhängigkeit" (Colette Braeckman) gibt, nach all den Jahrzehnten
der Diktatur Mobutus, der fehlgeschlagenen Reformen nach
1991-92 (Conférence Nationale Souveraine) und den darauf folgenden Kriegen und Umstürzen; das Land ist erst seit den Wahlen von 2006, die einige Jahre zuvor bei Friedensverhandlungen
versprochen worden waren, zum langsamen Wiederaufbau in
der Lage. Wir erlebten es als Nachkriegsland mit tausenderlei
Defiziten, Wunden und Hoffnungen.

Ist das Land heute wirklich Herr seiner selbst? Es fehlen noch
großenteils heimische Industrie, Landwirtschaft und Handel. So
appellierte der recht glaubhafte Premierminister Matata Ponyo
in einem auf allen wichtigen Fernseh- und Radio-Kanälen ge-
sendeten Interview Anfang Januar 2013 an seine Landsleute,
nicht nur den Aufbau von Land- und Gartenwirtschaft voranzu-
treiben, sondern auch eigene Unternehmen zu gründen, damit
der Aufbau des Landes mit eigenen Händen vorangehe. Auslän-
dische Investoren werden gleichwohl gelobt und umworben –

und ihr anhaltendes Zögern ist vielleicht das stärkste Argument für den Ausbau von Rechtsstaat und Demokratie mit freier Marktwirtschaft und geordneter verlässlicher Gerichtsbarkeit („Ende der Straflosigkeit"). Zu Beginn 2013 wurde erstmals z.b. die Mehrwertsteuer (TVA) eingeführt und der Kampf gegen Korruption hat begonnen, und wird lange brauchen. Darin unterstützt die katholische Kirche den Staat, weil bzw. wenn er die Korruption eindämmt.

Aber hier nun soll es um die Kirchen gehen, die im Lande derzeit und seit langem die einzige Garantie sind für eine flächendeckende Schul- und Krankenhausversorgung. Im Mittelpunkt sehe ich die katholische Kirche, die ungefähr die Hälfte der Bevölkerung von gut 70 Mio. ausmacht. Sie ist besonders seit den 90er Jahren zur Anwältin von Demokratie, Rechtsstaat, Gewaltenteilung und Bekämpfung von Korruption geworden. Sie hat in Kardinal Monsengwo einen ernst genommenen und viel beachteten Vertreter, der seinerzeit als Präsident der Unabhängigen Nationalversammlung 1992 scheiterte – wie ja letztlich die ganze Konferenz –, aber er bringt deren Anliegen auch heute noch voran – wenn auch in völlig anderer Rolle.

Die sechs Kirchenprovinzen in der DR Kongo haben an ihrer Spitze jeweils einen Erzbischof, in Bukavu, Lubumbashi, Kisangani, Kananga, Mbandaka und Kinshasa, wo er derzeit gleichzeitig Kardinal ist. Alle Kirchenprovinzen haben jeweils etwa 7 - 8 Bistümer (insgesamt 47). Kardinal Monsengwo hat für Kinshasa zwei Weihbischöfe ernannt, da er häufig in Rom sein muss, als Kommissionsvorsitzender und einer der engeren Berater von Papst Franziskus. Während meiner Vorbereitungszeit bei der AGEH begeisterte mich das Wort der kongolesischen Bischofskonferenz vom 24.6.2010: „Unser Traum eines schöneren Kongo als zuvor." Zum 50. Jahrestag der Staatsgründung am 30.6.1960 nannten die Bischöfe „sieben Wege" zu Frieden und Gerechtigkeit: eine „neue Mentalität ... zur Veränderung unseres Wertesystems"; eine „neue Leitungsschicht"; „Wirtschaft im Dienste des Menschen"; eine „demokratische Reform der Armee"; Ausbeutung natürlicher Ressourcen ohne Korruption; Diplomatie zur „Öffnung des Kongo"; und „Erziehung (als) Mitte unserer Prioritäten".

Ein Schwerpunkt meiner Arbeit als „Consultant" (Berater) der Kommission „Justice et Paix" vor und nach den umstrittenen Wahlen von Parlament und Präsident im November 2011 war es, Wochen-Seminare in jeder zweiten Diözese zu halten, die sich mit der Gewaltbereitschaft im Lande beschäftigten; sie standen unter dem Titel – wie auch die zwei dazu erstellten Bücher / Arbeitshilfen: „La Non-violence de la Bible" (Die Gewaltfreiheit der Bibel). Die Bildungs- und Trainingswochen mit 20-25 Teilnehmenden aus den Kommissionen vor Ort hießen etwas herausfordernder: „Aktive und Evangeliums-basierte Gewaltfreiheit". (Weitere folgten seitens der vier mitgereisten Kollegen.)

Im vorliegenden Buch gebe ich Rechenschaft über die Arbeit und stelle sie in den historischen, spirituellen und politischen Kontext der Kirche und Ökumene im Kongo. Dabei sollen auch einige Pfarrer, die ich im Innern kennen und schätzen lernte, zu Wort kommen. Auch werden die Stellungnahmen der Bischofskonferenz (CENCO) das Bild der jungen, aktiven und engagiertkämpferischen Kirche im Kongo zeigen, die seit den 90er Jahren immer deutlicher in ihrem Einsatz für Menschenrechte und Demokratie geworden ist. Außerdem ist die katholische Kirche nicht nur eine der besten Wahlvorbereiterinnen, sondern auch eine Verfechterin der nationalen Einheit gegen jede „Balkanisierung" – so wurden die Bestrebungen zur Abspaltung stets genannt. Dabei übertrifft sie wegen ihrer Präsenz überall vor Ort sogar den Staat, der oft schwach, unwillig, unfähig oder abwesend war und ist!

Eine fruchtbare und nachdenkliche Lektüre[1] wünscht Ihnen, liebe Leserin und lieber Leser,

Reinhard J. Voß   Wethen, im Juni 2015

---

[1] Pax Christi hat 2013 ein „Impulse"-Heft zur Situation in der DR Kongo veröffentlicht, in dem Auszüge meines *Kongo-Tagebuches* abgedruckt sind. Diese Arbeitshilfe ist über mich elektronisch erhältlich (rjv.kongo@gmail.com) oder auch bestellbar beim Pax Christi-Sekretariat Berlin (sekretariat@paxchristi.de). Im vorliegenden Buch enthält das Fünfte Kapitel thematisch gegliederte Auszüge.

Reinhard Voß mit Bischof Fridolin Ambongo (oben)
und Bernard Nzemba vom Team der CEJP (unten links)

3. VORWORT DES AUTORS
VOM JANUAR 2019

Mehr als zwei Jahre später sollten nun endlich kurz vor Weihnachten, am 23.12.2018, die mehrfach verschobenen Wahlen nachgeholt werden. Im Vorfeld sah es schon so aus, dass die Wahlen entweder erneut verschoben oder ungenügend und tendenziös organisiert würden.

Die Abschottung der illegal verlängerten Regierung gegen die internationale Gemeinschaft und gegenüber dem eigenen Volk ist ziemlich umfassend. Auch die Nachbarstaaten, obwohl z.T. selbst unter pseudo-legaler Führung, drängten Präsident Kabila zum Verzicht auf eine erneute Kandidatur, den er im August 2017 vollzog. Aber es blieb und bleibt unklar, inwieweit Unruhen geschürt und genutzt werden, um entweder die Wahlen zu verschieben oder gar eine „neue Repubik" auszurufen, die dann keine Mandatszeitbegrenzung mehr hätte und viele andere lang geplante Verfassungsänderungen mit sich brächte, gegen die die Zivilgesellschaft und besonders auch die Kirchen seit Jahren vehement Widerstand leisteten.

Kurz vor dem anvisierten neuen Wahltermin vom 31.12.2018 schrieb das *Ökumenische Netz Zentralafrika* in seinem Quartalsrundbrief „zentralafrika aktuell" (04/2018, S.1):

„Sicher ist, dass im Vorfeld der für den 23. Dezember angesetzten Provinz-, Parlaments- und Präsidentschaftswahlen von Seiten der Regierung Kabila mit allen Mittel versucht wurde, diese Wahlen nicht fair, transparent und frei zu gestalten. Mögliche Herausforderer wurden systematisch ausgeschlossen, Wahlkampagnen verhindert, Presse- und Versammlungsfreiheit enorm eingeschränkt und der in vielen Teilen des Landes ausbrechenden Gewalt kaum Einhalt geboten. – In der Woche vor den Wahlen überschlagen sich die Ereignisse: Wahlmaterial wurde zerstört, Kampagnen aus Sicherheitsgründen unterbrochen, Oppositionelle an ihrer Arbeit gehindert – heute berät die CENI über eine mögliche Verschiebung des Wahltermins."

Die Wahl wurde erneut verschoben, und kaum einer glaubte mehr an den neuen Wahltermin, sei es am 30./31.12. oder irgendwann späterer. Das Katholische Laienkomitee forderte prompt den Rücktritt der Wahlkommission und die Bildung eines neuen Gremiums aus der Zivilgesellschaft. Die Noch-Regierung wartete nur auf gewalttätige Anlässe um ihrerseits mit voller Gewalt alle Proteste niederzuschlagen, und die uneinige Opposition rätselte über neue Strategien. Jedenfalls hätte die Regierung am 23.12. unter regulären Bedingungen eine vernichtende Niederlage im ersten und einzigen Wahlgang erlebt.

Die Weihnachts- und Neujahrsbotschaften von „Staat und Kirche" waren höchst divergent. Auch wenn sich jede Seite der Polemik enthielt, standen sich Welten gegenüber:

Die *Rede des Noch-Staatspräsidenten Kabila* zum Jahresende, die ich im Originalwortlaut am 30.12.2018 hörte, strotzt vor selbstverständlicher Überzeugung, dem Wohl des Landes zu dienen. Sie hat drei Schwerpunkte: (1) den Ebola-Ausbruch in Beni und Butembo im Nordkivu, den er mit großem Bedauern kommentiert, ohne aber die Wahlabsage dort zu erwähnen, (2) den nicht wirklich klar definierten „Terrorismus" im eigenen Land und (3) die Wirtschaftskrise. Er nennt den Verfall der Rohstoffpreise, aber auch das Wachstum von fast 4% im Jahr 2017. Stolz verkündet er die ersten wirklich selbstfinanzierten und (von ausländischen Einflüssen) „unabhängigen" Wahlen zum Jahresende, die der Welt „die Konsolidierung unserer Souveränität" beweisen würden.

In seiner *Weihnachtsbotschaft* sagt der neue *Erzbischof von Kinshasa*, S.E. Fridolin AMBONGO[2] nach den ersten ermutigenden und stärkenden fünf Punkten zu Weihnachten in Punkt 6:

---

[2] Im Titel seines Redetextes weist er sich als Kapuziner aus!

„Der wahre Friede besteht darin, sich den anderen zu öffnen, aus den Unterschiedenen heraus das eigene Profil zu schärfen und sich zusammen für den Aufbau einer besseren Zukunft zu engagieren. *Wahrer Friede schließt Egoismus, Regionalismus, Stammesdenken, Spaltung und gegenseitiges Anprangern („Stigmatisieren") aus.* In dieser kritischen Periode der Geschichte unseres Landes lade ich jede und jeden ein zu Verantwortlichkeit und Gewaltfreiheit, damit wir den 30. Dezember 2018 in Frieden und Wahrheit begehen können. *Wahrer Friede fordert heute in unserem Land, dass die Wahlen am festgelegten Datum des 30. Dezember stattfinden. Wahrer Friede heißt heute auch, dass die dann veröffentlichten Resultate wirklich den Willen des Volkes an den Wahlurnen widerspiegeln."*[3]

Es fanden dann Präsidenten-, Provinzgouverneurs- und Parlaments-Wahlen am 30.12.2018 statt, um der Form Genüge zu tun – und schon nachmittags sprach das Regierungslager vom Sieg. Es gab keine zugelassenen ausländischen Wahlbeobachter und das Internet blieb nach den Wahlen abgeschaltet. Die Ergebnisse werden ab ihrer Verkündung am 6.1.2019 noch umstrittener sein als die letzten beiden Siege Kabilas, und eine demokratische Lösung, auf die die Katholische Kirche in ihrem Wahlbeobachtungsreport vom 3.1.2019 weiter setzt, ist nicht in Sicht. Aber immerhin schlossen sich ihrer Sicht wenige Tage später über 350 Nichtregierungs-Organisationen des Landes an. Man muss Unruhen und Tote befürchten.

In diesem Kontext wurde diese Buch-Veröffentlichung des bisher auf meiner Homepage verfügbar gemachten Textes beschlossen und ein aktuelles Kapitel hinzugefügt. Aus dem Jahre 2018 sind die wichtigsten Texte der Bischofskonferenz und der Kirchen sowie aus der Zivilgesellschaft in meiner deutschen

---

[3] Message de S.E. Mgr Fridolin AMBONGO Besungu, Metropolitan-Erzbischof von Kinshasa, zu Weihnachten 2018 an die Christen von Kinshasa und alle Menschen guten Willens (Hervorhebungen im Original). Unter dem Leitwort aus Jesaja 9,1: „Das Volk das im Finstern wandelt, sah ein großes Licht" bezeichnete er sein Schreiben als „Botschaft der Ermutigung und Hoffnung".

Übersetzung aufgenommen worden. Ich hoffe, damit der Selbst-Isolierung der DR Kongo ebenso engegenwirken zu können wie dem schwindenden Interesse an diesem so schönen, aber auch so gepeinigten Land.

Reinhard J. Voß   Wethen, 4. Januar 2019

PS: Nach den Wahlen am 30.12.2018 und vor der offiziellen Bekanntgabe der Ergebnisse am 6.1.2019 gab die *Kommission „Solidarität mit Zentralafrika"* ihre erste Einschätzung ab: *Tanz auf dem Vulkan in der DR Kongo: Das Wahldrama und das Elend der Ära Joseph Kabila* (pax christi-Kommission „Solidarität mit Zentralafrika" – www.paxchristi.de).

Das ÖKUMENISCHE NETZ ZENTRALAFRIKA (Berlin) kommentierte dann am 11. Januar 2019:

> *‚‚Wahlkommission erklärt Felix Tshisekedi*
> *zum Sieger der Präsidentschaftswahl in der*
> *Demokratischen Republik Kongo (DR Kongo)'*

Die nationale Wahlkommission CENI erklärte am 10. Januar den Kandidaten der Oppositionspartei UDPS, Felix Tshisekedi, zum Gewinner der Präsidentschaftswahlen. Für viele überraschend liegt er mit 38,5 Prozent der Stimmen nach den Angaben der CENI noch vor dem bisher favorisierten Oppositionskandidaten Martin Fayulu, der 34,8 Prozent erhalten haben soll. Der Kandidat der Regierungsplattform, Ramazani Shadary, liegt mit 23,8 Prozent weit abgeschlagen. Die amtierende Regierung muss folglich eine deutliche Wahlschlappe hinnehmen. In seriösen Prognosen lag Martin Fayulu deutlich vor Felix Tshisekedi. Fayulu spricht von Manipulation bei der Auszählung der Stimmen und will das von der CENI verkündete vorläufige Endergebnis nicht anerkennen. Die katholische

Bischofskonferenz CENCO gab umgehend bekannt, dass sich die Ergebnisse der CENI mit der Auswertung der Berichte ihrer rund 40.000 Wahlbeobachter nicht decken. Abgesehen davon sind die Ergebnisse grundsätzlich unter Vorbehalt zu betrachten, da in den vier Wahlbezirken Beni, Beni Stadt, Butembo und Yumbi erst im März 2019 gewählt werden soll. Die CENI hatte diese Wahlkreise mit rund 1,7 Millionen Wählern mit der Begründung der Ebola-Epidemie und gewalttätigen Konflikten kurz vor dem Wahltermin am 30. Dezember 2018 ausgeschlossen.

,Die Wahlbeobachter der katholischen Kirche, CENCO sowie das zivilgesellschaftliche Wahlbeobachtungsbündnis Symocel, haben landesweit die Wahlen begleitet. Ihre Berichte widersprechen den Ergebnissen der Wahlkommission CENI. Eine transparente und glaubwürdige Auszählung der Stimmen ist unabdingbar', so Gesine Ames vom Ökumenischen Netz Zentralafrika. ,Es gilt nicht nur, Manipulationen zu verhindern. Genauso wichtig ist, dass sich die politischen Akteure deutlich von Gewalt abgrenzen, um Eskalationen zu vermeiden', so Ames weiter. ,Längerfristig liegen die Herausforderungen auch darin, dass sich der neue Präsident seiner Verantwortung zum Wohle der Bevölkerung stellt, Seilschaften auflöst und dies eng durch zivilgesellschaftliche Organisationen aus der kongolesischen Bevölkerung und der EU, AU und den Vereinten Nationen begleitet wird.'

Die Konfliktindikatoren in der DR Kongo im Zusammenhang mit den nicht korrekt durchgeführten Wahlen sind hoch. Die Regierung hält unter anderem das Internet seit zwei Wochen gesperrt. Vor und während der Wahlen kam es zu zahlreichen Unregelmäßigkeiten, Einschüchterungen und zu Manipulation. Insgesamt sind seit Mitte Dezember 2018 mehr als 20.000 Menschen aus der DR Kongo aus politischen Gründen geflohen. Sicherheitskräfte nahmen seit Ende Dezember über 100 Personen – darunter auch Kinder – fest.

Das ÖNZ ist ein Netzwerk christlicher Hilfswerke in Deutschland für Frieden und Menschenrechte in Ruanda, Burundi und der DR Kongo. Mitglieder des ÖNZ sind AGEH, Brot für die Welt, Eirene, Misereor, pax christi und die Vereinte Evangelische Mission.[4]"

Persönliche Meinung des Autors:

Wenn auch Wahlkommission und Oberstes Gericht am 24.1.2019 Felix Tshisekedi zum Wahlsieger erklärten, so ist dies ein Betrug am Sieger der Wahlen, Martin Fayulu. Der „Kabila-Clan" kann so im Hintergrund vorläufig weitermachen – und wird sich trotzdem historisch bald überleben. Dazu kann und wird die Kirche „gewaltfrei" beitragen[5]; dies ist angesichts der explosiven Lage von großer Bedeutung.

Gebäude der CENCO in Kinshasa

---

[4] [Kontakt für weitere Fragen: Gesine Ames – office@oenz.de, www.oenz.de]
[5] Auf einen aktuellen Aufruf von M. Fayula zu *gewaltfreier* Opposition verweist z.B. das Communiqué der *Nouvelle Société Civile Congolaise* (NSCC) vom 3.2.2019.

Erstes Kapitel
Geschichte der römisch-katholischen Kirche in der Demokratischen Republik Kongo

1. KIRCHWERDUNG IM KOLONIALISMUS[1]

Neben den nicht sehr erfolgreichen portugiesischen Evangelisierungsversuchen ab dem 15. Jahrhundert kann man von der *Zweiten Evangelisierung* ab 1865 sprechen. Und diese wiederum lässt sich in drei Etappen unterteilen:

Die *erste Etappe* begann, als am 9.9.1865 ein „Dekret zur Verbreitung des Glaubens" die Kongregation des Heiligen Geistes beauftragte, die Missionierung des Kongo weiter zu betreiben. Der Einsatz italienischer Kapuziner war 1835 beendet. Die Kapuziner hatten 345 Jahre lang unter schwierigsten Bedingungen und mit vielen Verlusten durchgehalten. Nun war eine Lücke entstanden. In kirchlichen Kreisen sprach man damals vom kongolesischen „Friedhof der Kapuziner". Eine neue Zeit begann eine Generation später: protestantische Missionare stellten sich in den Dienst des belgischen Königs Leopold; katholische Missionare unterstützten den französischen Staat bzw. wurden von ihm unterstützt. Hier zeichnete sich schon die Rivalität Braz-

---

[1] Dankbar konnte ich beim Ersten und Zweiten Kapitel zurückgreifen auf folgende im Internet verfügbare Doktorarbeit über die Erweckungskirchen in Kongo-Kinshasa und ihre Beziehung zu den anderen Religionen und Konfessionen: DAVID NOMANYATH MWAN-A-MONGO, Les églises de réveil dans l'histoire des religions en République Démocratique du Congo. Paris – Lille – Louvain 2006. Er hat mir persönlich die Nachdruckgenehmigungen erteilt.

zaville gegen Leopoldville (das spätere Kinshasa) ab: 1877 brach der Schotte Henry Morton Stanley mit protestantischen Missionaren der „Livingstone Inland Mission" und einer Baptistischen Missionsgesellschaft auf nach Kabinda und kam den katholischen Missionaren ein paar Jahre zuvor, bevor diese ab 1880 mit dem italienischen Forscher Brazza und P. Carrie los fuhren; letzterer wurde sechs Jahre später erster Bischof im frz. Kongo (Brazzaville!).

Die *zweite Etappe der Evangelisierung des Kongo* begann mit der Landaufteilung Afrikas beim Berliner Kongress 1885. Dort wurde der Riesenkongo in drei Teile aufgespalten: der größte Teil ging als Privatbesitz an den belgischen König Leopold II., ein zweiter Teil an die Portugiesen und ein dritter an die Franzosen, nämlich die heutige Republik Kongo westlich des Flusses. Der belgische Großteil wurde zu einem ‚Etat Indépendant du Congo (E.I.C.)'.

Die dritte Etappe begann mit der Übergabe des Landes an den belgischen Staat 1908; nun hieß das Land bis zur Unabhängigkeit am 30.6.1960 „Belgisch-Kongo". Die Evangelisierung fasste in dieser Phase Wurzeln, insbesondere bei der Suche nach einer „Inkulturation" des Evangeliums unter afrikanischen Bedingungen.

Die Berliner Konferenz von 1885, auf der Afrika sozusagen unter den europäischen Mächten aufgeteilt wurde, gab ein starkes Votum zur Religionsfreiheit ab. Deren willkürliche Grenzen hatten im Übergang zur Selbständigkeit in den 60er Jahren und auch bis heute Bestand.

Am 26. Februar 1885, zwei Tage vor Konferenzende, unterzeichneten 14 Nationen das Statut, das den freien Zugang aller Völker zu den Flüssen des Niger und Kongo garantierte. Damit sollte der Handel (oder die Ausbeutung) erleichtert und gefördert werden. Aus den Fehlern der Spiritaner hatte man gelernt: in Berlin wurde klar die Sklaverei im Kongo und ganz Afrika abgelehnt; und Artikel VI sagte deutlich, das die jeweils verantwortlichen europäischen Mächte „ohne Unterschied nach Nationalität oder Kultus ... alle religiösen, wissenschaftlichen und wohltätigen Organisationen" und verantwortlichen Personen zu achten hätten. Dann wurde nochmals klar die Gewissens- und Religionsfreiheit bekräftigt: „Die Gewissensfreiheit und die religiöse Toleranz werden ausdrücklich den Einheimischen, den Nationalen und den Ausländern garantiert." Das schloss ausdrücklich die verschiedenen Kulte und die Missionierungen ein.[2] (Dieser Artikel VI war auch eine Garantie für einheimische Sitten und Gebräuche der verschiedenen afrikanischen Traditionen! Gleichzeitig gab er der Missionierung eine neue Grundlage, sich diesen Traditionen einzupassen.

Das doppelte Ziel der Evangelisierung war klar: das Wort Gottes verkünden *und* die integrale menschliche Entwicklung fördern! Die Umsetzung war weniger klar: durch die enge Verflochtenheit von weltlicher und geistlicher Macht „ist die alte kongolesische Christenheit voller solch lächerlicher und komplizenhafter Vorfälle der Einheit von Kirche – Staat – (Wirtschafts-)Gesellschaft. Man konnte das sehr deutlich am häufigen Bruch des Beichtgeheimnisses nachverfolgen."[3] Aber in dieser Zeit entstanden auch die Grundlagen für die Präsenz der Kirchen in der Gesellschaft: eine Triade wurde bei der Gründung jeder neuen Missionsstation begonnen: Kirche, Schule, Krankenstation / Poliklinik.

Ganz konkret begannen die Missionare (die „Scheutisten") Sklavenkinder freizukaufen, um sie in „Schulkolonien" zu unterrichten, später auch erwachsene Sklaven, um sie in christlichen Dörfern wohnen zu lassen.

Der zweite Schritt bestand i.d.R. darin, Katechisten in die größeren Dörfer zu schicken, die dann auch religiöse Leiter und Ausbilder von Katechumenen wurden und so die pastorale Leitung und Betreuung garantierten – zwischen den Besuchen eines Priesters.

Der dritte Schritt, der etwas später begann, war die Gründung eines zentralen Katechumenats durch dieselben, was es

---

[2] PAUL DE MEESTER S.J., *L'Eglise de Jésus Christ au Congo-Kinshasa*, éditions Centre Interdiocésain de Lubumbashi, 1997, S. 25.
[3] ebd.

dem Bischof ermöglichte, die Christen zu firmen. All dies entwickelte sich sehr gut wegen der „Triade" Missionare – Ordensleute – Katecheten. So wurde die Basis der Kirche im Kongo vor dem ersten Weltkrieg gelegt, der dann alles verlangsamte. Leopold II. gab das Land als „Privatbesitz" am 18.10.1908 an den belgischen Staat ab, was dann zu einer Wachstums- und Blüteperiode wurde, die das Christentum hier tiefer verankerte.

Die Evangelisierung des belgischen Kongo von 1914/18 -1959 kann man also als Gründungs- und Vertiefungsphase begreifen. In dieser Phase ging es besonders um die grundlegende Klärung einer doppelten Zweideutigkeit: (a) Evangelisierung und „Zivilisierung" und (b) Zweideutigkeit der Theologie.[4]

a) *Zweideutigkeit von Evangelisierung und „Zivilisierung":*
Nach der Übergabe des Kongo an den belgischen Staat vor dem 1.Weltkrieg wurde sofort ein Abkommen zwischen Belgien und dem Vatikan geschlossen (26.5.1906), das jegliche schulische Erziehung für Afrikaner allein den katholischen Missionen anvertraute – unter der Kontrolle und Mithilfe des Staates. Durch diese Konvention suchte der belgische König die protestantische Missionierung in englischer Hand zu begrenzen. So kam es also zu einer perfekten Harmonie zwischen katholischen Missionaren und Kolonialmacht. Und auch nur den Katholiken war es gestattet, z.B. geographische, ethnologische, linguistische Studien durchzuführen. Dies zeigt deutlich, dass die Evangelisierung für die belgischen „Zivilisierer" ein Mittel, ein Instrument, ein Faktor der kolonialen Mächtepolitik geworden war. Als Beispiel aus der Literatur zitiert Prof. Bimwenyi die Autoren F. DE MEEUS / R. STEENBERGHEN[5]:

„Unsere dreitausend Missionare sind an sich schon ein lebendiges Zeugnis. Keine Kolonialmacht der Welt hat einen solchen Anteil ihrer

---

[4] Dazu hat Prof. OSCAR BIMWENYI-KWESHI 1981 ein grundlegendes Werk vorgelegt: *„Discours théologique négro-africain. Problème des fondements",* Présence Africaine, Paris, 1981, 681 S. (Schwarzafrikanische theologische Diskurse. Das Problem der Grundlegung des Glaubens).

[5] *Les Missions religieuses au Congo belge,* S. 38 (Übersetzung R. Voß).

Kinder in den selbstlosen Dienst an den Eingeborenen geschickt. Sicherlich ist der belgische Missionar, der in den Kongo geht, nicht als solcher ein Funktionär (des Staates). Er sucht als solcher nicht direkt die Größe seines Landes, sondern ist zunächst und vor allem Diener Gottes und der Seelen. Aber was er auch tut: er bleibt gleichwohl das Geschenk Belgiens an die Schwarzen im Kongo; er fügt sich ein in unser koloniales Werk; er ist einer von denen, die aus den Belgiern ein großzügiges Volk machen, und er kann sich darüber freuen."

b) *Zweideutigkeit der Theologie*:
Dieser Zwiespalt, ja provokatorisch gesagt: diese unheilige Allianz zwischen Kirche und Kolonialstaat führte zwangsläufig in die Gefahr eines Irrweges, den theologischen „Cäsaro-Papismus" des europäischen Mittelalters. Das koloniale missionarische Denken entwickelte sich deshalb weiter von einer Theologie des Seelenheiles in Richtung einer Theologie der „Anpassung" und der „Anknüpfung" an Erwartungen vor Ort – nach einer Zwischenphase der Theologie der „Einbettung" der Kirche. Nach den kolonialen Anfängen spürte man die dringende Notwendigkeit, das Evangelium anders zu verkünden: *Treu gegenüber Christus ohne aufzuhören Afrikaner zu sein UND treu gegenüber Afrika ohne Christus zu verraten.* Diesem doppelten Erbe sind alle religiösen Tendenzen im ökumenischen Dialog im Kongo verpflichtet:

– Eine *Theologie des Seelenheiles*: die Seelen retten und ‚gewinnen für Christus', das war die erste und legitime Begründung aller Missionen in der kolonialen Epoche und davor vom 15. bis 20. Jahrhundert. Papst Benedikt XV. formulierte dies in seiner Enzyklika *Maximum Illud* als Ziel der Missionare: „so viele Seelen wie möglich für Christus gewinnen". Und er bezog sich dabei auch auf Lateinamerika.
– Eine *Theologie der Einbettung der Kirche*: die meisten päpstlichen Dokumente nach 1920 legen besonderen Wert auf die „Einpflanzung" der Kirche in den Missionsvölkern. Pius XI. gibt in seiner Enzyklika *Rerum Ecclesiae* vom 28.2.1926 präzise Anweisungen über das ‚Warum' der Missionen: „die Kir-

che Christi solide gründen und errichten durch all die Elemente, die auch bei uns angewendet wurden, also mit Gläubigen, Klerus, Ordensmännern und -Frauen aller Nationen". Pius XII. wird dann später ähnlich auf der Ausbildung des lokalen Klerus bestehen, um eine dauerhafte Verankerung zu haben. Und Johannes XXIII. vollendete diesen ekklesiologischen Gedanken in seiner Enzyklika *Princeps Pastorum* vom 28.11.1959 über die katholischen Missionen, indem er ebenso betonte, das Ziel der missionarischen Arbeit sei eine stabile Kirche vor Ort unter den anderen Völkern, die einem einheimischen Klerus überlassen werde.

– Schließlich wurde eine *Theologie der „Anpassung" und der „Anknüpfung"* an Erwartungen vor Ort betont: nachdem die Seelen gerettet sind und die Kirche etabliert ist, geht es darum, dieser Kirche ein afrikanisches Gesicht zu geben. Man fragte: welche einheimischen Werte kann man christianisieren als Anknüpfungspunkte des Glaubens, damit sie weltweit zu leuchten beginnen?

So also begann die Anstrengung der *„Inkulturation"*, von der man auch heute noch als Aufgabe und Chance spricht: hin zum „afrikanischen Gesicht des Christentums"! Der beliebte Kardinal MALULA aus Kinshasa (den Präsident Mobutu in den 70ern ins römische Exil drängte) sagte dazu einmal: „Gestern haben die Missionare Afrika christianisiert; der Geist Gottes war mit ihnen. Heute sind die Schwarzafrikaner gerufen, das Christentum zu afrikanisieren. Der selbe Geist Gottes wird mit ihnen sein."[6] Seine Predigt bei seiner Ordination am 20.9.1959 machte aus ihm den Propheten der Afrikanisierung des Christentums: „Eine kongolesische Kirche in einem kongolesischen Staat".

Eine Fülle von Beispielen enthält die komplette *Werkausgabe des Kardinals Malula* in 7 Bänden von LÉON DE SAINT MOULIN. Dieser Jesuit war, als ich ihn 2014 traf, im hohen Alter noch immer journalistisch und publizistisch tätig in Kinshasa und vor

---

[6] *Oeuvres Complètes du Cardinal Malula*, Bd. III, S. 4.

Ort wohl bekannt. Er lebte dort seit der Zeit der Unabhängigkeit. Jüngere Kongolesen sagten mir mehrfach, er sei kongolesischer als sie selbst.

Der Prozess der „Inkulturation" ist ein Erbe der beschriebenen kirchenhistorischen Phasen. Und die dauernde Kernfrage dieses neuen Prozesses seit den Tagen der staatlichen Unabhängigkeit (1960) ist diese: Afrikanische Theologie oder ‚Afrikanisierung' der Theologie? Dies soll hier nicht vertieft werden, aber im *Dritten Kapitel* wird eine wichtige Frucht dieses Prozesses, der „Zaïrische Ritus der Hl. Messe" vorgestellt, die auf Kardinal Malula zurückgeht.

Das *Zwischenfazit* dieses Prozesses der Kirchwerdung im Kongo vor der Unabhängigkeit 1960 lautet bei unserem wissenschaftlichen Kronzeugen von 2006, MWAN-A-MONGO, so: „Es war nicht leicht, auf wenigen Seiten die Geschichte einer Kirche zu beschreiben, die in diesem Jahr (2006) 514 Jahre ihrer Existenz feiert, seit 1491 mit Nzinga Nkuvu ein kongolesischer König getauft wurde. Die Verknüpfungen mit der Kolonialmacht haben uns nicht gleichgültig gelassen – ein Erbe, das bis heute die enge Zusammenarbeit zwischen katholischer Kirche und protestantischen Kirchen belastet hat."

Eine weitere kritische Bilanz aus dem Jahre 2013 von BONIFACE MBANZA BAMBU fasst in deutscher Sprache zusammen: „Der Aufstieg kongolesischer Geistlicher im Rahmen der sogenannten ‚Indigenisierung der katholischen Kirche' trug zum Beispiel dazu bei, dass emanzipatorische Themen in den Inhalten und Strukturen der Katholischen Kirche Eingang fanden; wobei Kirche hier nicht als Hierarchie aufzufassen ist. […] Licht und Schatten durchziehen die Geschichte der kongolesischen Kirche seit der „Unabhängigkeit" [1960, RV]. In den 50 Jahren der Unabhängigkeit hat ihr Verhältnis zur politischen Macht alle denkbaren Facetten abgedeckt: Kritik, Unterstützung, Gleichgültigkeit, Distanziertheit, Mitläufertum, Mitgestaltung, Ratlosigkeit

… In diesem Sinne waren und sind die Kirchen ein Teil des kongolesischen Problems."[7]

Ich habe im Kongo hingegen in den Jahren nach 2010 eher eine übergroße Nähe zum Staat beispielsweise der größten lutherischen „Kirche Christi im Kongo" (ECC) erlebt, während die katholische Kirche seit den 90er Jahren immer stärker in Distanz und Opposition zum Staat Zaire bzw. Kongo gegangen ist. Das wird im Folgenden zu zeigen sein. Im *Zweiten Kapitel* gehen wir dann auf das protestantische und das sonstige ‚Weltanschauungsspektrum' ein.

2. SUCHPHASE NACH DER UNABHÄNGIGKEIT KONGOS[8] 1961-1965 UND ALLMÄHLICHE ÜBERNAHME VON KIRCHENLEITUNG, PASTORAL UND FORTBILDUNG

Im September 2014 kam es zu einem unglaublichen Angriff des kongolesischen Informationsministers und Regierungssprechers Mende gegenüber dem gesamten in Rom weilenden katholischen Episkopat („Ad limina"-Besuch) – ein Anwurf vergleichbar dem gegenüber der Sozialdemokratie im Deutschen Kaiserreich: „Vaterlandsverräter"! Diese Episode zeigte deutlich wie selten, wie dünn die Decke des Verhältnisses zwischen Kirche und Staat in der DR Kongo ist. In seiner Antwort nahm der Regierungssprecher Bezug auf die Rolle der Kirche bei der Unabhängigkeit 1961 und warf ihr vor, LUMUMBA bekämpft zu haben, den ersten Präsidenten des freien Kongo, der seinerseits nach wenigen Monaten verfolgt und ermordet wurde – mit internationaler Unterstützung, besonders aus Belgien und USA, wie man heute weiß.

---

[7] Quelle: BONIFACE MBANZA BAMBU, *Licht und Schatten. Kirchen und Politik in der DR Kongo seit der „Unabhängigkeit"*, in: Muepu Muamba (Hg.), Moyo! Der Morgen bricht an. Stimmen aus dem Kongo, Brandes & Aspel, Frankfurt a.M. 2013, S.211-219, hier 211f/218f.

[8] Unabhängigkeitsdatum: 30.6.1960.

Die Bischöfe hatten bei ihrer Versammlung mit dem Papst in einer Erklärung das Volk Gottes und alle Menschen guten Willens aufgerufen, jeden Angriff auf Artikel 220 der kongolesischen Verfassung abzuwehren, insbesondere die Ausweitung der Mandatszeit des Präsidenten über zwei Amtszeiten hinaus, die „Kabila Sohn" offiziell 2016 hinter sich gebracht haben werde, ohne die Zeit zwischen der Ermordung seines Vaters und den ersten freien Wahlen (2001 bis 2006) mit zu rechnen. Die nur herablassend-herrisch zu nennende Regierungsreaktion zeigt, dass hier eine wunde Stelle getroffen wird.

Mit der 6-seitigen Erklärung Mendes ist die Aktualität der zweiten Phase der Kirchenent-wicklung im Kongo ab 1961 zu verdeutlichen.[9] [Vgl. im →*Vierten Kapitel* unter 1.6]

In den Jahren vor und während der Unabhängigkeitserklärung sah die katholische Kirche ihre Aufgabe sowohl in der Vorbereitung verantwortlicher Eliten als auch in der Begleitung der Hoffnungen und Ansprüche des kongolesischen Volkes im Hinblick auf die letztlich doch sehr plötzlich und unvorbereitet kommende Unabhängigkeit. Dazu hatte der Kardinal von Kinshasa, Joseph-Albert MALULA mit seinem Engagement beigetragen; schon 1951 hatte er noch als einfacher Priester mit katholischen Schülern den Verein „Conscience africaine" („Afrikanisches Bewusstsein") gegründet, der ab 1953 die gleichnamige Zeitschrift edierte. An seiner Seite stand der Laie Joseph ILEO, der in dieser Zeitschrift schon 1956 ein „*Manifest des afrikanischen Bewusstseins*" veröffentlichte. Es wurde in zehntausend Exemplaren breit gestreut. Im gleichen Jahr erschien, also 5 Jahre vor der Unabhängigkeit, die Erklärung „*Die Kirche und die politisch-sozialen Probleme*", verfasst von den Bischöfen aus dem belgischen Kongo und aus Ruanda-Urundi (1956). Am 15. August 1959 folgte ein Pastoralbrief der kongolesischen Bischofskonfe-

---

[9] Ab hier stützt sich nun das Kapitel auf die noch vor der Parlaments- und Präsidentenwahl 2011 erschienene Broschüre „*L'Eglise catholique en R.D.Congo et les Elections. Repères et défis pastoraux*", hgg. v. CENCO / CEJP, Kinshasa-Gombe 2011. Auch werden einige Aspekte aus dem auf den vorherigen Seiten erwähnten Aufsatz von Boniface Mabanza Bambu eingebracht.

renz; darin präzisierte sie ihren Auftrag und definierte ihre Beziehung zu Politik und Gesellschaft. Im November 1959 gab die Einrichtung der lokalen Hierarchie in Belgisch-Kongo der katholischen Kirche Anlass zu neuem Elan. Am 15. Juni 1960 (zwei Wochen vor der Unabhängigkeit) nahm sie direkt Stellung zum Weg der Nation, indem sie betonte, dass die Freuden über die Unabhängigkeit nicht getrübt werden dürften durch Stammes-Rivalitäten, sondern zum Triumph einer wirklich brüderlichen Liebe werden sollten, die den Kongo groß und stark machten.

Von 1960 bis 1965 ging es dann unter den neuen Bedingungen um die Fortbildung und Aufklärung des Volkes; dazu führte die Kirche ihre traditionelle Arbeit der Erziehung, der humanen Bildung, der Entwicklungs- und Gesundheitsprojekte weiter fort. Sie tat sich hervor durch die Führung des Volkes in der Zeit der mulelistischen Rebellion, die manche bis zum Martyrium führte, wie etwa Soeur Marie-Clémentine ANUARITE. Nachdem die Bischöfe im März die *Ermordung von Premierminister Patrice-Eméry LUMUMBA (17.1.1961) verurteilt* hatten, bemühten sie sich um die weitere Präzisierung ihrer Mission gegenüber dem Staat. Insbesondere drei Impulse sind zu nennen:

– Bei der VI. Vollversammlung in Leopoldville (dem heutigen Kinshasa) vom 20.11. bis 2.12.1961 wurde eine grundlegende Option durch die Bildung „lebendiger christlicher Gemeinschaften" beschlossen („communautés chrétiennes vivantes");
– Die Erklärung des Ständigen Komitees der Bischofskonferenz über das Verhältnis von Kirche und Staat erging am 22.6.1962 und betonte die kirchliche Unabhängigkeit;
– Und am 26.11.1963 wurde ein Pastoralbrief veröffentlich, der stets in allen Gemeinden verlesen wird, hier unter dem Titel „Die Christen angesichts der Zukunft".

3. DER KIRCHENKAMPF 1965-1990:
FEHLSCHLAG DER NATIONALISIERUNG.

DER STAAT VERLIERT DEN KAMPF
UM SCHULEN UND KRANKENHÄUSER

In der Phase von 1965 bis 1990, in der General MOBUTU den Kongo mit eiserner Hand regierte und seine Privilegien ausbaute, kam das Land in den 70ern ganz gut voran, verfiel aber mit seiner Infrastruktur an Straßen und Schienen zusehends in den 80er Jahren.

In der Kirche machte sich der neue Wind des Zweiten Vatikanum (1962-65) bemerkbar und führte zu klareren und mutigeren Stellungnahmen auf den Bischofskonferenzen von 1967 (die siebte) und von 1972 (die elfte): die Bischöfe verdeutlichten den Dienst der Kirche für die Welt und die Nation. Aber sehr bald sah sich die Kirche mit dem totalitären Regime von Mobutu konfrontiert. Diese Konfrontation verschärfte sich zu einem regelrechten offenen Konflikt zwischen Staat und Kirche mit schwerwiegenden Konsequenzen. Es kam zur Verstaatlichung aller Werke der Kirche im August 1971, besonders auch der Lovianum-Universität, und dann der Höheren Institute sowie aller Schulstufen (Grundschulen, Sekundarschulen und Berufsbildende Schulen). Die Verbannung des Kardinals Malula nach Rom im Januar 1972 war Folge und Schutzmaßnahme zugleich.

Der heutige Leiter der Bischöflichen Kommission Justitia et Pax im Kongo, Père Clément MAKIOBO, beschrieb 2004 den zunehmenden Ausbau der Diktatur und die Verstaatlichung und „Zaïrisierung" aller öffentlichen Einrichtungen. Diese Politik machte alle kurzfristigen Illusionen auf die Förderung einer „starken kongolesischen Kirche in einem starken kongolesischen Staat" (Kardinal Malula) sehr bald zunichte. Die katholische Kirche wandte sich vom Einparteiensystem und der Vergötterung Mobutus ab. Makiobo zitiert etwa Sätze, die Mobutu und Jesus als Propheten auf dieselbe Stufe stellten: „Mobutu ist unser Prophet und Befreier, unser Messias ... unser Evangelium ist der Mobutismus."[10]

Angesichts dieser offenen Krise konzentrierte sich die Kirche auf die Verteidigung ihrer Berufung, *im Dienste der Nation* zu sein, und betonte erneut und verstärkt in mehreren Dokumenten ihren Glauben an Jesus Christus. Gleichzeitig verurteilte sie die Untaten des Mobutu-Regimes und das „zaïrische Übel". Und folgerichtig bestärkte sie ihre Gläubigen darin, für die Entwicklung der Nation zu arbeiten, besonders auch dadurch, dass man die Dinge selbst in die Hand nehme.

Unterdessen versuchte Mobutu – nicht ohne Erfolg – eine Vereinnahmung anderer Kirchen, besonders der kongolesischen Kirche von Simon KIMBANGU, dessen Söhne nach seinem Tod bis heute deren Richtung prägen (→*Zweites Kapitel*, Abschnitt 2). Ähnliche Einflussnahme gelang ihm auch auf die Evangelische Kirche und einige wenige katholische Bischöfe, sowie auf die neuen Pfingstkirchen seit Mitte der 80er Jahre, die Mobutus Gefallen fanden in der Hoffnung zur Stabilisierung seiner Macht. Kardinal Malula hingegen wandelte eine ihm zugedachte Groß-Spende zu seinem Silberjubiläum als Priester in eine Spende für das Hospital St. Joseph in Kinshasa-Limete um! Dazu MABANZA BAMBU: „Trotzdem blieb die Geisteshaltung der Nationalen Bischofskonferenz ihm (Mobutu) gegenüber kritisch, (obwohl) die Analysen der Bischöfe aufgrund ihrer allgemeinen Ausrichtung ungefährlich für den Diktator (blieben)."[11] Aber die Zeitenwende von 1990 erfasste auch Afrika und den Kongo.

---

[10] Clèment MAKIOBO, *L' Eglise catholique et les mutations socio-politiques au Congo-Zaïre. La contestation de Mobutu,* Paris 2004 (L'Harmattan; Collection Congo/Zaïre, Histoire et Société, bes. S. 96f.).

[11] ebd. S. 214f.

4. KRISE UND CHANCE VON 1990-1996: SOUVERÄNE NATIONALKONFERENZ – HOFFNUNG, SCHEITERN, FOLGEN

Die neue Periode fiel zusammen mit den weltweiten Umstürzen geostrategischer Art, markiert durch den Fall der Mauer von Berlin und die Auflösung der Sowjetunion. Diese und andere Ereignisse führten Präsident Mobutu dazu, Anfang der 90er Jahre Volksbefragungen durchzuführen. Indem sie diese Gelegenheit ergriffen, adressierten die katholischen Bischöfe des Ex-Zaïre am 9. März ein *Memorandum* an den Staatschef: *Memorandum des Ständigen Rates der Bischofskonferenz von Zaire an Präsident Mobutu anlässlich der nationalen Beratung über die allgemeine Lage im Land und das Funktionieren der Institutionen,* veröffentlicht in „Jeune Afrique" vom 9. April 1990.

In diesem Memorandum äußerten sie sich offen zur Situation des Landes und zum Funktionieren seiner Institutionen; sie klagten das System der Staatspartei M.P.R. an. Und da die Bischöfe damit an die internationale Presse gingen, wurde ihr Memorandum die bekannteste Stellungnahme. Mobutu selbst wollte entscheiden, was an die Öffentlichkeit gelangte und fühlte sich von den Bischöfen provoziert. Diese wiederum hatten einen großen Rückhalt in der Bevölkerung. Die Rede Mobutus vom 24. April 1990 leitete dann einen neuen Schritt bei der Demokratisierung des Landes ein: die Abhaltung der Souveränen National-Konferenz von 1991 bis 1992. So wurde schließlich Laurent Monsengwo Pasinya, der Bischof von Kisangani, zum Leiter der neuen CNS (= Conférence Nationale Souveraine).

Allerdings führten verschiedene unglückliche Umstände (wie z.B. die Plünderungen von 1991; das bis heute jährlich erinnerte Massaker an den Christen bei der Demonstration am 16. Februar 1992; sowie politische Blockaden) dazu, diesen ersten Reformversuch unter Mobutu zu unterlaufen. Er selbst blockierte soviel er konnte. Der ihm nahestehende Kardinal Frédéric Etsou wurde von großen Teilen des Klerus sozusagen überholt. Mobutu musste die schon abgesagte Konferenz wieder zulassen, was aber nur vorübergehend gelang. Es wurden zu viele Kompromisse mit Mobutu gemacht, was ihn wieder ins politische Spiel brachte. Im Zuge dieser Versammlung und in der Folge ihres Scheiterns kann man bei den katholischen Bischöfen aber eine Radikalisierung ihrer gesellschaftspolitischen Stellungnahmen erkennen. Mehrere Botschaften und Erklärungen erschienen 1990 und 1991 und riefen auf zu mehr *Demokratisierung des politischen Systems, zum Dialog, zum Frieden, zur Achtung des Lebens.*

In ihrer Analyse der gesellschaftspolitischen Situation blieben die Bischöfe des Zaïre nicht mehr nur auf der Ebene rein institutioneller Analysen; für sie hatte die Krise tiefere Gründe: sie war verwurzelt in der Sünde, im Herzen der Menschen, und sogar auch in sündhaften Strukturen. Angesichts der Notwendigkeit, in dieser Krise eine geeignete Antwort zu geben, riefen die Bischöfe am 17. April 1992 mit folgenden Worten zur Demokratisierung des Landes auf:

„Unter den gegenwärtigen Umständen und an der Schwelle des 3. Jahrtausends heißt die zu gewinnende Wette und die zu lösende politische Herausforderung für unser Volk und besonders die politische Klasse: Verwirklichung der Demokratie in unserem Land als grundlegende Bedingung eines Lebens der Menschen in Freiheit und Würde, sowie eine integrale Entwicklung."

5. DIE KATHOLISCHE KIRCHE ALS VOLKSVERBUNDENE MAHNERIN DES STAATES BZW. DER REGIERUNG IM ERNEUTEN KRIEG 1996 BIS 2003 – JETZT KLAR ALS VISIONÄRIN VON FRIEDEN UND GEWALTFREIHEIT

In den Jahren von 1996 bis 2003 wurden die Botschaften der Bischöfe zu immer klareren und eindringlicheren Aufrufen gegen den Krieg und für Frieden und Gewaltfreiheit.

In Sorge durch den Ausbruch der Feindseligkeiten im Osten des Landes im Oktober 1996 durch die AFDL (unter Führung von Laurent-Désiré KABILA) positionierten sich die Bischöfe am 29. Oktober 1996 in dieser eindringlichen Botschaft: „Nein zum

Krieg, Ja zu Frieden und Gerechtigkeit". Sie beriefen sich auf
Papst Johannes Paul II: „Nichts wird durch Gewalt gelöst; im
Gegenteil: sie erhöht das Leiden und das Elend der Ärmsten."
Im ersten Kongokrieg 1996 wurde der Bischof von Bukavu,
MUNZIHIRWA, ermordet. Sein Grab ist zusammen mit zwei weiteren eines unnatürlichen Todes gestorbenen Bischöfen direkt
am Dom von Bukavu – und es gibt in der Stadt Verkehrsinseln,
die an die ermordeten Bischöfe erinnern. Als ich mit dem heutigen Bischof MAROY 2011 an diesen Gräbern stand, sagte er, auch
er habe keine Angst, den Märtyrertod zu sterben wie sie.

Aber Erzischof Maroy war diplomatisch genug, den Sieg Kabilas im Bürgerkrieg und dann nach dessen Ermordung die
Wahlergebnisse von 2006 anzuerkennen, um dem Kongo Zeit
zum Aufbau unter dessen Sohn JOSEPH KABILA zu geben; das
gleiche Vorgehen wiederholte sich nach den Wahlfälschungen
von 2011. In beiden Fällen gehörte aber der mittlerweile Erzbischof und sodann Kardinal in Kinshasa gewordene Bischof
MONSENGWO zu den Kritikern.

Angesichts des Leidens der Bevölkerung und des erneuten
Aufflammens des Krieges nahmen die Bischöfe all die wichtigen
Ereignisse wie die Verträge von Lusaka 1999, den innerkongo-
lesischen Dialog von 2002 und den Abschluss der Verträge von
Pretoria 2003 zum Anlass, ihre guten Dienste anzubieten und
angemessene Empfehlungen zur Lösung der Krise vorzulegen.

Die verschiedenen veröffentlichten Dokumente der Bischöfe
zeigten sehr klar ihre Überzeugungen auf: für Frieden, nationale
Einheit, Respekt des Lebens und Achtung der Würde der
menschlichen Person – geschaffen nach dem Bilde Gottes; Ja zur
Unantastbarkeit der Landesgrenzen und der nationalen Souveränität, Ja zur nationalen Versöhnung, Ja zum Rechtsstaat durch
freie, transparente, friedliche und demokratische Wahlen; Ja zum
nationalen Wiederaufbau; Ja zu demokratischen, moralischen
und geistigen Werten, die den Wert zivilisierter Nationen ausmachen. – Andererseits betonten die Bischöfe immer wieder ihr
Nein zur „Balkanisierung" (Zerstückelung, Abtrennung, Teilung) des Landes, ihr Nein zur Gewalt, zur Ausplünderung der

nationalen Ressourcen und Bodenschätze des Landes; Nein zum Krieg, und Nein zu den „Anti-Valeurs", den negativen, die Werte zerstörenden Haltungen und Handlungen.

Besonders folgende Botschaften sind hier zu nennen, aus denen im →*Dritten Kapitel* (2. Abschnitt) auszugsweise zitiert werden soll:

- „Non à la guerre, oui pour la paix et la justice" (29.10.1996)
- „Lève-toi et marche" (Apg. 3,6) (28.6.1997)
- „Conduis nos pas, Seigneur, sur le chemin de la paix" (Lk. 1,79) (7.11.1998)
- „Sois sans crainte ..." (Lk. 12,32) (19.11.1999)
- „L'espérance ne déçoit jamais" (Röm. 5,5), Tous, pour les intérêts supérieurs de la nation (2001)
- „Quel avenir pour le pays?" (6.7.2002).

6. Die katholische Kirche als kritische Partnerin des Staates in der neuen Republik 2003-2006

Die Zeit des Übergangs („transition") begann dann offiziell am Nationalfeiertag, dem 30. Juni 2003, nach dem Abschluss des „Accord Global et Inclusif" („Vollständige, alle einschließende Verständigung"), gefolgt von der Vereidigung des Sohnes des ermordeten Kabila, Joseph Kabila, zum Präsidenten der Republik, und weiterer Beteiligter an der Transition. Dies war verknüpft mit der internationalen Erwartung und Bedingung zur Abhaltung freier Wahlen in einer möglichst baldigen Zukunft. Es dauerte damit allerdings bis November 2006!

Angesichts der absehbaren Winkelzüge der politischen Klasse bei den Verzögerungen zum Aufbau des Rechtsstaates gaben die katholischen Bischöfe schon am 15.2.2003 diese dringende Botschaft heraus: „Ich habe das Elend meines Volkes gesehen." (Ex. 3,7) „Genug ist genug."

Und anlässlich der regulären Sitzung des Ständigen Komitees der Bischofskonferenz in Kinshasa vom 9. bis 14.2.2004, wurde ein weiteres Wort mit prophetischem Titel verkündet: „Aus Liebe zum Kongo werde ich nicht mehr schweigen." (vgl. Jes. 62,1) In dieser Botschaft bekräftigen die Bischöfe, was ihr Ständiges Komitee schon im Juli 2003 gesagt hatte, nämlich die Wichtigkeit der Wahlvorbereitung des Volkes durch das Programm der staatsbürgerlichen und der Wahl-Erziehung; sie schrieben:

„Solidarisch mit den Bestrebungen unseres Volkes bekräftigen wir, die Pastoren der katholischen Kirche, mit allem Nachdruck unsere Verpflichtung, beizutragen zur Vorbereitung der Wahlen, die das Ende der Übergangszeit besiegeln sollen, die hoffentlich die letzte ihrer Art in der Geschichte unseres Landes gewesen ist. Deshalb versprechen wir, getreu unserer evangelisierenden Mission (nach Matth. 28,19), der Nation zu helfen, das Volk auf die Wahlen vorzubereiten, durch eine verantwortliche und engagierte staatsbürgerliche Erziehung in unseren Diözesen – mit einem Pastoralprogramm, das zu diesem Zweck entwickelt worden ist." (14.2.2004)

Die ganze Sorge des Episkopats, die in den Worten während der Übergangsperiode erkennbar war, betraf die Suche nach dem Frieden und die Sorge um die Abhaltung der Wahlen als einem friedlichen Weg der Rückkehr zum Frieden und der Herbeiführung der Demokratie. Diese Sorge und Hoffnung war besonders deutlich in folgenden Bischofsworten:

– „Brüder, was sollen wir tun?" (Frères, que devons-nous faire?) (Apg. 2,37). Die Stunde der Verantwortung hat geschlagen. (3.7.2004)
– „Siehe da die günstige Zeit, siehe da die Zeit des Heils!" Der Kongo gehört uns. (5.2.2005)

7. Politische Akzente
in der neuen Republik seit 2006[12]

Die wichtigsten neuen Themen des letzten Jahrzehntes (2004-2014) waren und sind: Korruptionsbekämpfung; Faire und freie Wahlen; Gewaltfreiheit und demokratische Armee; Aufbau von Demokratie und Rechtsstaat, insbesondere Gewaltenteilung und Ende der politisch motivierten und weit verbreiteten Straffreiheit („impunité"). Schon im Jahre 2003 beschlossen die Bischöfe ihre „option de l'éducation civique et électorale" („Entscheidung für die staatsbürgerliche und Wahl-Erziehung"). Die damals versprochenen Wahlen ließen aber noch gut drei Jahre auf sich warten!

Die landesweit arbeitende Bischöfliche Kommission *„Justice et Paix"* (CEJP = „Commission Episcopale Justice et Paix") war in beiden Präsidentschafts- und Parlamentswahlen 2006 und 2011 mit der Durchführung dieser Aufklärungs- und Informations-Kampagne beauftragt – so auch vor den immer wieder verschobenen Wahlen seit 2016. Sie qualifizierte und entsandte auf allen Ebenen kurz- und langfristige Wahlbeobachter, um demokratische, freie, geheime und friedliche Wahlen zu unterstützen sowie Vergehen dagegen zu dokumentieren und öffentlich zu machen.

Diese Kommission ist wohl die politischste unter den ca. zwölf Kommissionen der CENCO in Kinshasa; hinzu kam 2014 die volle Anerkennung als Kommission für die bisher provisorisch arbeitende Gruppe „Ressources Naturelles" (Bodenschätze); beide verstehen sich in gegenseitiger Ergänzung. Die CEJP und diese ihre Schwesterkommission (die „CERN" = „Commission Episcopale Ressources Naturelles") kann man also für die Zeit seit dem Ende des Krieges, also für die Dauer des letzten Jahrzehnts, durchaus als typisches Bild des politischen Engagements der katholischen Kirche in der DR Kongo ansehen.

Nehmen wir als Beispiel der aktuellen Zielsetzungen und Aktivitäten der CEJP den *Jahresbericht 2012* samt Prioritätensetzun-

---

12 Siehe im →Anhang die übersetzten aktuellen Dokumente von 2011-2018.

gen für 2013 (Kinshasa, Manuskript; 31.12.2012). Man ging darin von der Fortsetzung der Wahlen auf Mittlerer und Unterer Ebene im ganzen Kongo für 2013 aus, was auch 2018 immer noch auf sich warten läßt, obwohl es von der Regierung Matata Ponyo für das Frühjahr 2015 angekündigt wurde, um nicht zu nah an die neuen Präsidentschafts- und Parlamentswahlen von Ende 2016 heran zu kommen. Alle Vorschläge sind also bisher aktuell geblieben und werden sukzessive umgesetzt! Sie werden sogar zunehmend noch durch direkte Lobbyarbeit gegenüber Parlamentariern unterstützt.

2012 waren die Hauptaktivitäten folgende:

1. Vorbereitung der Bevölkerung auf die Provinz-, Stadt-, Landkreis- und Gemeindewahlen („élections provinciales, urbaines, municipales et locales");
2. Kampf gegen die Korruption und für Steuerehrlichkeit;
3. Dezentralisierung (weitere Klärung dieses politisch gewollten Konzeptes, von bisher 11 auf dann 27 Provinzen zu kommen);
4. Aktive und evangeliums-gemäße Gewaltfreiheit;
5. Beteiligung der Frauen an der lokalen Regierungsverantwortung;
6. Verbreitung von Massenflugblättern („Feuillets" von 4 Seiten) zu Themen wie: Keine Zerstückelung der DR Kongo; Africae Munus – Vorstellung der päpstlichen Bilanz nach der 2. Afrika-Synode 2011; und *Volk Kongos, erhebe dich und rette das Vaterland"* (Kurzvorstellung des entsprechenden Bischofswortes der CENCO) (Feuillets 53-55).

Daraus abgeleitet lauteten die Prioritäten für das Jahr 2013 ganz ähnlich wir folgt, wenn auch in der Reihenfolge der Prioritäten leicht verschoben:

1. Staatsbürgerliche Erziehung der Bevölkerung: Vorbereitung der Bevölkerung auf die Provinz-, Stadt-, Landkreis- und Gemeindewahlen;

2. Kampf gegen Korruption und für die Zahlung von Steuern;
3. Dezentralisierung;
4. Einbeziehung der Frau in den Friedensprozess und die Lokale Regierung; Fortbildung und Alphabetisierung;
5. Festigung des Friedens: die Aktive und evangeliums-gemäße Gewaltfreiheit;
6. Förderung der Menschenrechte: Ausbildung von Para-Juristen und Gründung von Rechtsberatung vor Ort („cliniques juridiques");
7. Fortsetzung der Reihe der Flugblätter („feuillets");
8. Mobilisation von Finanzquellen.

Zweites Kapitel
Der ökumenische Kontext –
Die anderen Kirchen und
Religionsgemeinschaften
im Kongo[1]

1. DIE EVANGELISCH-LUTHERISCHE KIRCHE (ECC)
ALS SEHR STAATSNAHE PARTNERIN

Die ersten protestantischen Missionen[2] waren in der 2. Hälfte des 19. Jahrhunderts die 1877 in London gegründete „Livingstone Inland Mission" (L.I.M.), die sich bald mit der Baptistischen Missionsgesellschaft (B.M.S.) zusammentat, die ihrerseits seit 1844 in Kamerun aktiv war. Die LIM übergab ab 1912 ihre Missionsstationen der *„American Baptist Foreign Mission Society"*. Es entstanden nunmehr französischsprachige Gemeinschaften im Bas-Congo (an der Mündung und am ‚unteren Kongo') und im südöstlichen Katanga als anerkannte und bekannte protestantische Missions-Pioniere im Kongo – mit vielen Neugründungen. Aber ähnlich wie die Katholische Kirche entgingen auch sie nicht der Notwendigkeit der „Afrikanisierung" im Zuge der Unabhängigkeitsbestrebungen; es ging um die Einbettung der neuen Religion in afrikanische Sitten und Gebräuche. Um 1960 verließen sehr viele protestantische Missionarsfamilien das Land, für die es schwieriger war als für die unverheirateten katholischen Priester, in den Umbrüchen zu „überleben". Nach ihrer Rückkehr unter Mobutu kam es zu handfesten Streitigkeiten mit den mittlerweile

---

[1] Auch dieses Kapitel stützt sich in weiten Teilen auf die zitierte Dissertation von DAVID NOMANYATH MWAN-A-MONGO.

[2] s. E.M.BRAECKMAN, *Histoire du protestantisme au Congo*, Bruxelles 1961, 2 Bde.

einheimischen Gemeindeleitern, also zwischen europäischen und afrikanischen Pastoren. Die Lösung des Konfliktes war schließlich die Gründung der alle umfassenden ECC (Eglise du Christ au Congo).

Aus der Gründungsgeschichte unter Leopold II. sind drei Aspekte festzuhalten:

1.1 Die schwierige Gründung protestantischer Missionen im Privat-Kongo des Königs

Obwohl die protestantischen Missionsgründungen im 19. Jahrhundert älter waren als viele katholische, hatten sie doch wegen der antiprotestantischen Politik des belgischen Königs um ihr Überleben zu kämpfen: von 1885 bis 1890 gab der König umfangreiche Konzessionen zur Ausplünderung der natürlichen Reichtümer an die Handelsunternehmen und gleichzeitig zur Missionierung und Volkserziehung an die katholischen Missionare. Die koloniale Dreieinigkeit „Staat-Kirche-Unternehmen" bekam aber Brüche: während die katholischen belgischen Missionare sich unkritisch anpassten, prangerten die protestantischen in ihren Zeitschriften Missbrauch und Ausbeutung an. Von London koordiniert entstand eine starke „antikongolesische" bzw. gegen Leopold gerichtete Kampagne, die prompt zu dessen politischer Gegenwehr führte. Diese bestand zunächst in der Ermutigung englischsprachiger katholischer Kongregationen, sich im Kongo niederzulassen. Sodann folgte – aus politischer Rücksicht auf England und um nicht einseitig antiprotestantisch zu erscheinen – ein Gesetz das jeglichen privaten Grundbesitz im Kongo verbot. Missionen gleich welcher Couleur waren nur Pächter von Land! Und jede missionarische Ausbreitung hing vom königlichen Wohlwollen ab, was die Protestanten traf. Deren Kritik traf nun auch die jesuitischen und anderen Formen der Ausbeutung von Einheimischen bei der Arbeit in den katholischen Missionen.

Und zudem wandte Leopold eine List an, um die Protestanten auszuschalten: er machte die französische Sprache zur Bedingung bei der Missionierung. Das führte direkt zum Rückgang und Rückzug der protestantischen (englischsprachigen) Missionen. So wurde aus der Schule die Bedingung des staatlichen Privilegs: Erziehung und Bildung durften nur in Französisch erfolgen. Die List ging zunächst auf. Um nicht noch Schleichwege der Zulassung zu eröffnen, wurde auch Holländisch als Schul- und Missions-Sprache verboten.

Um diese List zu verdecken, wurde noch mit dem Vatikan in einer Konvention am 26.5.1906 vereinbart, dass katholische Missionen Landbesitz bekämen, wenn und weil sie den Eingeborenen den neuen Glauben in Französisch vermittelten. Das gab den katholischen Missionaren einen Riesenvorsprung bei der Ausbreitung im Kongo. Vom Staat geförderte linguistische und ethnologische Studien fielen ihnen allein zu. Diese Konvention wurde 1908 sogar der Kolonialcharta eingefügt und regelte das Schulwesen bis zur Übergabe Kongos an den belgischen Staat.

Diese Diskriminierung der protestantischen Missionen hatte indes auch ihr Gutes: „Die Evangelisierung ohne jede staatliche Hilfe war weniger zweideutig, ebenso die Haltung und Großzügigkeit der Missionare." (*Isidore Ndaywel*) Unabhängigkeit und Freiheit im eigenen Tun haben die Kirchen nunmehr, im Kongo wie in Frankreich. Protestantische Kirchen wurden eigenständiger, während die katholischen Christen lange abhängig wie Kinder blieben, die stets Hilfe von Staat und Kirchen in Europa erwarteten. Die protestantischen und daraus hervorgegangenen einheimischen Kirchen im Kongo konnten rechtzeitig eine Selbstfinanzierung aufbauen – auch wenn sie unter Mobutu ihrerseits Staatsgelder annahmen, die der Staatschef mit dem Ziel gab, die katholische Kirche in ihrer Opposition zu schwächen.

1.2 Die Strategie zur Erhaltung dieser Missionen
im belgischen Kongo bis 1960

Die protestantische Vielfältigkeit war zugleich auch eine Schwächung ihrer Einheit und Durchschlagskraft. Zwei Akte der Gegenwehr zu dieser Aufsplitterungstendenz waren die Missionskonferenzen sowie die einheimische Bibelübersetzung und die Annahme der französischen Sprache als Medium der Evangelisierung:

a) Die Organisation einer „Missionarskonferenz" (1. Konferenz im Januar 1902 in Leopoldville / Kinshasa). In 32 Jahren traf man sich anschließend insgesamt 7 Mal und beschloss beim letzten Treffen 1934 in Luebo (Provinz Kasaï) die Gründung der ECC (Eglise du Christ au Congo).

b) Die Annahme der französischen Sprache entsprechend der leopoldinischen Konvention von 1906; sowie die Übersetzung der Bibel nicht ins Französische, sondern in die Landessprache Kikongo, die im kongolesischen Westen und Südwesten gesprochen wird. Schon seit 1891 lag eine erste Kikongo-Fassung des Neuen Testaments seitens des schwedischen Missionsbundes vor, gefolgt 1893 von einer parallelen Übersetzung durch Rev. Bentley. Aber die erste gesamte Bibelübersetzung in Kikongo wurde 1926 in London veröffentlicht. Rev. Bentley starb während dieser Arbeit, die von seinem Helfer M.D. Nlemvo Zoao und weiteren Missionaren vollendet wurde und bis zum Ende der belgischen Kolonialzeit eine wichtige Grundlage für die einheimischen Theologen und Pastoren blieb – auch für die fällige Afrikanisierung der Botschaft des Evangeliums.

1.3 Die Afrikanisierung der Kirchenstrukturen im belgischen Kongo

Nach den Unruhen und Zerstörungen zu Beginn der Unabhängigkeit Anfang der 60er Jahre, und nach der übereilten Abreise der meisten belgischen Missionare waren die protestantischen Kirchen aus der Not heraus andere geworden: die Laien und liturgischen wir diakonischen Helfer der Missionare hatten die Leitung selbst in die Hand genommen – der Not und der empfundenen Pflicht, dem Zeitgeist der Afrikanisierung ab den späten 50er Jahren und vielleicht auch manchmal dem verborgenen Ehrgeiz gehorchend.

(a) Die massenhafte Rückkehr der Missionare in ihre jeweiligen Heimatländer: Die neue politische Ideologie sah in den Missionaren am Vorabend der Revolution nichts als Propagandisten der Kolonialisierung. Unabhängigkeit / „indépendance" wurde vom Westen hingegen als kommunistische Revolte gedeutet. Die Ermordung des neuen Hoffnungsträgers Lumumba wurde nach seinem offiziellen Todesdatum am 13.2.1961 mit Recht dem Westen angelastet, aber undifferenziert besonders auch den von dort stammenden Missionaren. Sie unterlagen wie alle Weißen in diesen Jahren Übergriffen, Feindseligkeiten, Schlägen und Einkerkerungen. So wurden sie eiligst evakuiert, mit ihren Familien. Die katholischen unverheirateten Priester konnten leichter untertauchen im Lande selbst. Die Verzweiflung der allein zurückbleibenden Gemeinden führte auch zu massiven Vorwürfen der Unglaubwürdigkeit und des Glaubensmangels, denn die Missionare hatten ihrer Predigt zuwidergehandelt, nämlich dass die „Pastoren" („Hirten") gerade auch in der Gefahr bei ihren Herden / Gemeinden zu bleiben hätten.

In dieser Glaubenskrise entschieden sich die afrikanischen Katechisten angesichts der Perspektive, ihre Pastoren nie wieder im Lande zu sehen, das neue Erbe zu schützen und weiter zu führen. Sie zogen in die Missionshäuser ein; sie leiteten die Gottesdienste und Gemeinden: „Sie organisierten die Kirche auf ihre Weise und mit ihren Bordmitteln − Afrikanisch-sein verpflichtet!" (DAVID MWANGA-A-MONGO)

(b) Die Konflikte zwischen den zurückkehrenden Missionaren und den kongolesischen Christen: Nachdem General Mobutu am 24. November 1965 die Macht in einem Putsch an sich gerissen und die Situation des Landes „beruhigt" hatte, beschlossen viele Missionare zurück zu kommen. Sie fanden zu ihrem Erstaunen „ihre" kleinen Katechisten auf ihren vormaligen Posten vor und forderten sie auf, wieder ihre vormaligen untergebenen Katechisten-Rollen zu übernehmen. Und grundsätzlich verweigerten sie ihnen die Anerkennung, in ihrer Abwesenheit ordinierte Pastoren geworden zu sein; sie bestritten öffentlich deren Legitimität. Die kongolesischen Pastoren aber hielten dagegen: alle von

ihnen einberufenen Versammlungen und deren Beschlüsse seien gültig, ebenso die Ordinationen; und die Gemeindebesuche der Katechisten im Pastorenamt sollten reihum fortgesetzt werden. Tiefe Konflikte und eine vergiftete Atmosphäre zeichneten sich ab – eine Krise ohne ihresgleichen in der bisherigen Geschichte der Evangelisierung.

Die Probleme wurden zur Prüfung dem Protestantischen Kirchenrat des Zaïre vorgelegt. Dessen Vorsitzender, der kongolesische Reverend Shaumba, bemühte sich um die Versöhnung dieser beiden Blöcke. Der Block der weißen Missionare lehnte kategorisch ab. So wurde die Affäre schließlich den zaïrischen Staatsinstanzen vorgelegt, da sie zu einer Affäre des inneren Unfriedens zu werden drohte. Die Regierung verwies die Lösungssuche für einen internen Kompromiss zwischen den zerstrittenen Kirchen zurück an den Protestantischen Kirchenrat (CPZ). Dieser votierte sodann für die Gründung eines nationalen Exekutivkomitees, welches diese Aufgabe zugewiesen bekäme. Er selbst hatte nämlich keinerlei juristisch bindende Vollmachten in Bezug auf alle protestantischen Kirchen.

Die Gründung dieses Exekutivkomitees innerhalb des Conseil Protestant du Zaïre (CPZ) wurde beschlossen und 1968 öffentlich anerkannt, d.h. mit allen rechtlichen Vollmachten versehen. Als neuer Präsident und Generalsekretär wurde Rev. Bokeléalé gewählt; ihm oblag nun die Regelung dieses Grundsatz-Konfliktes.

(c) Die Vereinigung der „Missionen" und der „Kirchen" im Kongo: Seit Beginn dieses Konfliktes zwischen Missionaren und kongolesischen Pastoren gab es die Spannung zwischen ‚Missionen' und ‚Kirchen'. Alle von Missionaren gegründeten Gemeinschaften hießen „protestantische Missionen" und alle von kongolesischen Pastoren geleiteten nannten sich „protestantische Kirchen". Der neue Bischof Bokeléalé bemühte sich mit ganzer Kraft um die Fusion beider Teile. 1969 wurde durch die Generalversammlung des CPZ abgestimmt; der neue entscheidende Artikel 6 wurde angenommen, der die Fusion beinhaltete und lautete: „Um die beschämenden Konflikte zu beenden, die unsere Kirchen und Missionen teilen, ist es wichtig, dass beide fusionieren

und dass sie nur eine und dieselbe Rechtsperson sind, indem die Mission sich in die Kirche integriert." Diese Versammlung der Versöhnung verabschiedete zum Schluss eine gemeinsame Glaubenserklärung im Namen der protestantischen Christen des Zaïre, in der es hieß: „Es gib nur eine einzige Kirche, die Kirche Jesu Christi, in der die ganze Welt in einem Glauben vereint ist."[3]

Diese Versammlung mit der Fusion beider Blöcke hatte mitnichten die verschiedenen Richtungen abgeschafft, sondern bedeutete nur, dass man den gemeinsamen Willen zur Einheit gegenseitig ausgedrückt und insofern nun eine gemeinsame dialogische und ökumenische Perspektive hatte.

Einige Pastoren zogen sich allerdings von diesem Kompromiss zurück und gründeten „unabhängige" Gemeinden, die näher an den Orten, Sorgen und Nöten der Menschen sein wollten und Teufelsaustreibungen und Heilungen praktizierten, was durchaus anschlussfähig ist in der afrikanischen Kultur. Genau da zeigten sich schon die heute stark gewordenen Tendenzen zu den aus Amerika kommenden sog. unabhängigen Erweckungs- und Pfingstkirchen. „Das Überleben der protestantischen Kirchen scheint sich in ihren Krisen zu wiederholen: es geht nach Krisen und Spaltungen stets durch denselben Tunnel zur Fusion der zerbröckelnden oder rivalisierenden Gemeinden, zur Einheit einer harmonisierten protestantischen Kirche: ‚interprofessioneller Ökumenismus'."[4]

Schon lange zuvor hatte Simon Kimbangu, selbst früherer Katechist der protestantischen Missionare, verstanden, dass das Heil seiner Brüder und Schwestern durch die Vereinigung der beiden Glaubensrichtungen „afrikanisch" und „christlich" erreicht würde. So wurde er der Gründer der ersten Afro-christlichen Kirche. (Sie wird im nächsten Abschnitt vorgestellt.)

Die neue protestantische Einheitskirche, ECC, war in den letzten Jahren nach den erneuten Kongo-Kriegen zur Jahrtau-

---

[3] MUNONGO BANANGA, *Aspects du protestantisme dans le Congo-Zaïre indépendant*, Promotionsarbeit von Juni 2000 an der Historischen Fakultät der Universität Charles De Gaule, Lille III, S. 109.
[4] ebd.

sendwende durchaus staatsnah geworden, während die katholische Kirche seit ihrem Kulturkampf mit Präsident Mobutu eher staatkritisch agierte. Beide Tendenzen konnte ich vor, während und nach der Parlaments- und Präsidentenwahl 2011-2012 im Kongo erleben und feststellen. Der leitende Bischof der ECC in Kinshasa ist zugleich Mitglied der Regierungspartei in Kinshasa. Die mit Recht umstrittenen Wahlergebnisse vom November 2011 wurden völlig unkritisch in einer öffentlichen Stellungnahme der ECC bestätigt und gelobt, während die Katholische Kirche, und insbesondere Kardinal MONSENGWO (Erzbischof von Kinshasa), sie in weiten Teilen als unglaubwürdig und intransparent kritisierten. Meine Nachbarn, ein mennonitisches Ehepaar aus den USA, die bei der ECC seit Jahren arbeiteten, zeigten sich über meine Empörung zu dem lobhudelnden ECC-Flugblatt gar nicht erstaunt und fragten: Hattest du etwas Anderes erwartet?

EXKURS: Ein Vergleich zu Deutschland und zur deutschen Konfessionsgeschichte drängt sich auf: die Kath. Kirche war seit 1840 in Opposition zum Staat, als Preußen nicht davor zurückschreckte, den Erzbischof von Köln einzubestellen und zeitweise zu verhaften, um die katholische Opposition gegen die „Mischehen" zu brechen. Auch in der Nazizeit des 20. Jahrhunderts waren es nur Minderheiten und wenige Bischöfe der Katholischen Kirche, die die Nazis stützten. Es gab sogar offenen Protest gegen die Euthanasie, aber weniger gegen die Judenvernichtung. Hingegen war die ev.-lutherische Kirche sehr staatsnah, besonders in und durch Preußen; in der Nazizeit war sie fast vollständig vom Staat assimiliert, außer Bonhoeffers Umgebung (und selbst er spielte mit den guten Beziehungen zum Staat und arbeitete längere Zeit geschützt im Außenministerium, wo sich der Widerstand des 20. Juli entfaltete). In der Nachkriegszeit nach 1945 entstand dann ein Bündnis – nicht der beiden Kirchen, wohl aber ihrer engagierten Christen – in der CDU-CSU. In den Kirchen meinte man durchaus eine relative Verschiebung feststellen zu können, nämlich einen Hang vieler Protestanten zur Opposition und vieler Katholiken zur Staatsnähe.

2. DIE KIMBANGUISTISCHE KIRCHE –
ERSTE AFRO-CHRISTLICHE KIRCHE IM BAS-CONGO

2.1 Die Anfänge des „Propheten" Simon KIMBANGO (1887-1921)

Das Jahr 1885 war der Beginn eines neuen Zeitalters im Kongo: König Leopold II aus Belgien verdankte letztlich seine Privatherrschaft im Kongo einem Protestanten aus Großbritannien, Sir Henry Morton Stanley. Er war es der am unteren Kongo im Bereich der Wasserfälle zwischen Léopoldville (später Kinshasa) und Boma (im äußersten Westen) sechs protestantische Missionsstationen begründet hatte. Zu diesen zählte die Britische Missionsgesellschaft in Ngombe-Lutete; 12 km entfernt von hier wurde Simon Kimbangu als Sohn eines Bauern im Dorf Nkamba am 12.9.1887 geboren. Sein Name bedeutet übersetzt: „der den Sinn verdeckter Sachen enthüllt".

Er war intelligent und redegewandt und begann seine Karriere bei den Missionaren als Kammerdiener, dann als Katechist im Heimatdorf. Die Eltern waren keine Christen, aber sein Vater war Heiler, der mit Fetisch-Methoden böse Geister vertrieb und so Hexer zu neutralisieren verstand. So erlebte der junge Kimbangu tagsüber die christlichen Missionare und abends war er Assistent bei Heilungen seines Vaters. Aber nach dem frühen Tod des Vaters wuchs er ohne diesen Einfluss bei der Tante Kinzembo auf, einer der ersten Christinnen der Region. Sie wiederum praktizierte die traditionellen Heilungen auf der Basis tropischer Heilpflanzen.

In dieser Zeit lernte er auch die Geschichte seiner Großeltern kennen, die noch in dem früheren – im 15. Jahrhundert portugiesisch kolonisierten und evangelisierten – dortigen Königreich gelebt hatten. So wie diese manche Razzien zu überstehen hatten, erlitt der junge Simon beim Eisenbahnbau von der Küste zur Hauptstadt Zwangsarbeit und Epidemien. All diese Erlebnisse verglich der Autodidakt mit biblischen Erzählungen und konnte sich besonders mit dem Schicksal der hebräischen Juden in der ägyptischen Sklaverei identifizieren.

Er heiratete traditionell die Witwe Mwilu und hatte mit ihr drei Söhne zwischen 1914 und 1918, deren jüngster Joseph Diangienda lange Jahre lang sein spiritueller Erbe wurde. Das Paar Kimbangu-Mwilu ließ sich taufen und dann auch 18 Monate nach der Geburt des ersten Kindes kirchlich in der Heimatkirche von Nkamba trauen. In dieser Gemeinde wurde er dann auch Katechist der baptistischen Mission. In dieser Zeit des 1. Weltkrieges, in der die Mission und auch die belgische Administration geschwächt waren, in der Schlafkrankheit, typhoides Fieber und Variole grassierten, begann die sehr bald durch Verfolgung und Gefängnis gezeichnete Karriere des Simon Kimbangu.

2.2 Von den Verfolgungen
zur offiziellen Anerkennung (1921-1969)

Die ganze Region um das Dörfchen Nkamba wurde in kürzester Zeit religiöser Treffpunkt größerer Menschenmassen. Darunter müssen auch Angestellte der belgischen Eisenbahngesellschaft und anderer Firmen gewesen sein, um Heilungen zu erbitten und zu erleben. Man weiß aus verschiedenen Quellen, dass Kimbangu anfangs auch von protestantischen und katholischen Missionaren ermutigt wurde. Er wirkte und lehrte kraftvoll und überzeugte seine früheren Lehrer, weil er mehr „Erfolg" hatte als sie selbst. Aber zugleich war dieser Erfolg der Grund für baldige Distanzierungen und Neidreaktionen. Nkamba hatte dann täglich viertausend Pilger, die Heilung und Weisung bei Kimbangu suchten; und die traditionellen christlichen Katechumenate und Krankenhäuser leerten sich.

Andererseits war auch der Bruch mit den traditionellen Werten und Methoden seines Vaters sehr radikal: die Polygamie wurde verboten, die Fetische verbrannt. Aber die Kolonialmacht konnte erst gegen Kimbangu vorgehen, als sie ihn des zivilen Ungehorsams anklagte, denn die aus den Staatsunternehmen nach Nkamba strömenden Pilger zahlten keine Steuern mehr. Ebenso war es der Kolonialmacht zunächst nicht möglich, Kimbangu zu verhaften, denn niemand konnte etwas Schlechtes über ihn sagen, ohne sich den Volkszorn zuzuziehen. Selbst Monate nach dem Haftbefehl fuhr er fort zu predigen und zu heilen, wenn auch versteckt.

Aber zu seinem Schutz suchte er diese Deckung in der Bevölkerung und verschärfte den Ton mit fremdenkritischen und feindseligen Angriffen auf die belgischen Kolonisatoren, die Jesus seiner Meinung nach nicht zögern würde, aus dem Lande zu werfen, wie die Händler aus dem Tempel. Also sollten die Leute auch keine Steuern mehr an die Weißen zahlen und sich ihrer Kultur und ihren Bräuchen nicht weiter unterwerfen. So war die Spaltung besiegelt; das muss er selbst gespürt haben, als er sich freiwillig auslieferte, um vor Gericht gestellt und verurteilt zu werden. Nach seiner Verurteilung zum Tode wurde er nach Stanleyville (Kisangani) und schließlich nach Elisabethville (Lubumbashi) gebracht. Dort sollte er 30 Jahre in Gefangenschaft verbringen, bis zu seinem Tode im Hospital Fürst Leopold am 12. Oktober 1951.

Seine Verhaftung und Verurteilung hatte eine gnadenlose Verfolgung seiner Anhänger zur Folge. Die gesamte Gegend der Wasserfälle wurde unter Militärschutz gestellt; 126 Anhänger wurden verfolgt, fern von ihren Familien deportiert und in Verbannungskolonien isoliert. Kimbangus Frau und sein Sohn Salomon Dialungana mussten unter Bewachung im Heimatdorf bleiben; die anderen Kinder wurden in einer katholischen Schule in Boma untergebracht. Sie starb am 27. April 1959 – acht Monate vor der offiziellen Anerkennung des Kimbanguismus an Heiligabend 1959, durch Repräsentantenhaus und Senat in Belgien. – Am Vorabend der Unabhängigkeit hatten nur 2.685 Anhänger überlebt. Man schätzt 37.000 Verfolgte und Deportierte zwischen 1921 und 1958. Um dieser Zahl zu gedenken, gibt es seit der Einweihung am 6. April 1981 in der protestantischen Kultstätte von Nkamba 37.000 Sitzplätze!

Nicht alle Belgier im Kongo waren gegen die Kimbanguisten eingestellt. Während seines Prozesses 1921 zeigte sich das darin, dass es ein Gnadengesuch gab, das die Zivilverwaltung und die Baptisten-Missionare anstrengten. Kolonialminister Franck überbrachte die Petition und erreichte beim König eine Umwandlung der Todes- in eine lebenslange Haftstrafe. – Ab 1958 gab es vor der Unabhängigkeit eine gewisse neue Toleranz der Belgier. Die Leiter der Kimbanguisten schrieben deshalb am 24.1.1958 einen Brief an General Pétillon mit der Bitte um freie Ausübung des Gottesdienstes; sie beriefen sich auf die Erklärung der Menschenrechte (Art. 18 und 19), die Kolonialcharta (Art.2) und die belgische Verfassung (Art. 5, 14 und 15). Dies wurde schon nach einem Monat genehmigt – mit der Auflage, Unruhen zu vermeiden und mit einer Begrenzung auf 1.000 Personen pro Versammlung. Am Heiligen Abend, dem 24.12.1959, wurde die kimbanguistische Kirche schließlich aufgrund einer feierlichen Anfrage bei Senat und Repräsentantenhaus offiziell zugelassen. Sie nannte sich fortan offiziell „E.J.S.C.K." (Eglise de Jésus Christ sur terre par le prophète Simon Kimbangu = Kirche Jesu Christi auf Erden durch den Propheten Simon Kimbangu).

Danach fand am 2.4.1960 die Überführung der sterblichen Überreste des Propheten nach Kinshasa statt; es folgte ihre Beisetzung im Mausoleum von Nkamba.

Die letzte Etappe ihrer Anerkennung als Kirche geschah durch die Aufnahme in den Weltrat der Kirchen in Genf. Die ein Jahrzehnt andauernden Bemühungen des Präsidenten Diangienda und des Generalsekretärs Luntadila waren schwierig, weil die Kirche im Kongo mit der dortigen protestantischen Kirche (ECC) gebrochen hatte. Diese war ihnen zu sehr in die Politik verflochten; allerdings wurde auch einer der Ihren zweimal Minister unter Lumumba und Iléo. Der Weltrat der Kirchen verlangte zuvor eine Versöhnung mit der protestantischen ECC, der Kirche Christi im Kongo, was aber beharrlich und konsequent von Generalsekretär Luntadila abgelehnt wurde. Seiner Entschiedenheit verdankt die kimbanguistische Kirche schließlich die Aufnahme in den ÖRK. Am 16. August 1969 trat die Kirche der Kimbanguisten endlich bei der Vollversammlung in Canterbury dem ÖRK bei, nachdem 260 Kirchen dafür gestimmt hatten (bei einer Gegenstimme und 9 Enthaltungen).

Aber schon heute (ab etwa 2010) sind sie nach über 40 Jahren wieder „draußen", weil es unüberbrückbare theologische Differenzen gab, da sich Sohn und Enkel des Gründers gottähnlich definierten und zusammen mit ihrem Großvater / Vater als neue Heilige Dreifaltigkeit feiern lassen. Deshalb ist eine Minderheit unter dem erwähnten Luntadila einen eigenen Weg gegangen, und es gab eine Spaltung in zwei Flügel, die in Kinshasa beide jeweils ein Zentrum besitzen. Beim Wahlkampf 2011 wurde eines von ihnen schwer beschädigt, wahrscheinlich durch Banden, die dem Präsidenten nahestanden.

Der Hintergrund scheint dieser zu sein: der lange Streit um die Aufnahme in den ÖRK ergab intern eine Spannung zwischen einem authentischen Ur-Kimbanguismus an der Basis und dem an die ökumenischen Normen angepassten Kambanguismus. Unser Autor MWAN-A-MONGO schrieb 2006, dies voraussahnend: „Es besteht das Risiko, dass letztere zurückgehen in die Urfassung, mit einer besonderen Rolle des Gründers als Propheten [auf der Ebene von Moses und Mohammed] und seines Verständnisses vom Geheimnis der Dreifaltigkeit. Genau dann wird sich die Frage ihrer Legitimität im ÖRK erneut stellen."

Ich persönlich habe zweimal Besuch von Herrn Luntadila gehabt, während ich im katholischen Interdiözesanen Zentrum in Kinshasa arbeitete: einmal um mich zu einem Vortrag vor 300 Jugendlichen über die evangelische Gewaltfreiheit einzuladen, und ein weiteres Mal, als er meine beiden Bücher zu den Seminaren abholte. Beides führte aber nicht zu weiterer Zusammenarbeit, weil es offenbar interne Widerstände gegen die Kooperation mit (einem) Katholiken gab. Alles was er mir dazu verriet, war sein Bemühen, im Kontext des ÖRK wieder anerkannt zu werden und entsprechende theologische Zurückhaltung zu üben. – Einem größeren Publikum in Europa ist diese Kirche durch das klassische Orchester der Kimbanguisten bekannt geworden, die zusammen mit MusikerInnen des WDR Köln seit einigen Jahren auf klassischen Instrumenten übt und auftritt; der Film dazu war 2010 für mich und meine Frau eine Zusatzmotivation für unseren Friedensdienst in Kinshasa, obwohl wir diese

Hintergründe noch nicht kannten. Wir erlebten den Filminhalt mehrfach direkt und original vor Ort in Kinshasa und störten uns weniger an der Musik als am spürbar autoritativen Gehabe des Dirigenten, der zugleich Religionsführer ist.

In einem eigenen Fernsehsender „Ratelki" haben die Kimbanguisten ein starkes Medium, das sich wohltuend abhebt gegenüber allen Sektenkanälen mit angeblichen Wundertätern, Heilern und strahlend-strengen Propheten. Der Sender ist stark geprägt durch gemeinsames Singen und auch friedliches Marschieren nach Musik – immer übersät mit der für diese Bewegung typischen blauen Farbe der Gewänder. Die dort häufiger zu sehenden feierlichen Umzüge haben wir auch mehrfach zufällig im Inland gesehen und eher als Brauchtums-Festzüge denn als religiöse Prozessionen erlebt.

2.3 Die zwei Gesichter der kimbanguistischen Kirche im Kongo: der offizielle und der traditionelle Kimbanguismus

Die administrativen und offiziellen Bemühungen um internationale Anerkennung im ÖRK ergaben also diese zwei Gesichter in der „E.J.C.S.K.":

– (1) Ein „Christo-zentrisches" Gesicht des Kimbanguismus seitens der offiziellen Vertreter, die ihn reformieren mussten, um in Genf anerkannt zu werden;

– (2) Ein Gesicht des traditionellen Kimbanguismus der normalen Gläubigen, das man ‚Kimbangu-zentriert" nennen könnte: man sah in ihm den Propheten der Schwarzen, wie es Moses für die Juden und Mohammed für die Muslime war. Für sie war Kimbangu der Tröster, der Heilige Geist, den Christus angekündigt hatte und der seine Visionen umzusetzen half.

(1) *Die Christo-zentrische Minderheit:* Der christozentrische Kimbanguismus blieb eine Minderheit, hatte aber den internationalen Zugang zur Ökumene ermöglicht. Wenige Jahre nach dem Tod des Gründers wurde Mitte der 50er Jahre eine Jugendorga-

nisation gegründet; treibende Kraft war der schon erwähnte Lucien Luntadila, der künftige Generalsekretär und „Motor aller Reform und der Zukunft des offiziellen Kimbanguismus" (DAVID MWAN-A-MONGO). Er motivierte auch den in der belgischen Verwaltung arbeitenden Sohn Kimbangus, Joseph Diangienda, als spiritueller Erbe und künftiger juristischer Repräsentant der Bewegung nach deren Anerkennung bereit zu stehen.

Am 31.12.1971 wurde die EJCSK von Staatschef Mobutu als dritte religiöse Kraft und Kirche (neben Katholizismus und Protestantismus) offiziell anerkannt, als er in einem Dekret alle unabhängigen Sekten verbot. Schon in den Jahren 1957 bis 1959 hatte die kimbanguistische Kirche in mehreren Grundsatzpapieren ihre Prinzipien öffentlich festgelegt:

– 1957 eine „Kurzfassung des Kimbanguismus",

– 1958 die „konstitutive Charta der Kirche",

– 1958 die Verfassung der EJCSK, „beruhend auf Prinzipien und Methoden", und

– 1959 die „Prinzipien-Erklärung".

Der erste Hauptpunkt war ein klares *Bekenntnis zum „apolitischen" und gewaltfreien Engagement*. Dies setzte alle noch in politischen Ämtern sitzenden Mitglieder unter Druck. Aber es war auch ein Bekenntnis zur Loyalität gegenüber dem Staat – und ist insofern nicht zu verwechseln mit dem Gandhi-Konzept der Non-Kooperation mit Unrechtsstaaten. Erziehung, Medizin und Soziale Hilfe waren erklärte Tätigkeitsfelder.

Klare Struktur: Intern schrieben die genannten Dokumente eine klare Hierarchie fest: Spiritueller Leiter; Zwölferrat; Generalversammlung des Weltrates (gebildet von den nationalen Räten); Internationaler Sekretär; verschiedene Kollegien, Sektionen und Untersektionen bis hin zur Pfarrei-Ebene; sowie Katecheten und Sympathisanten.

Stenge Moral: ein Kimbanguist gehorcht der christlichen Moral, respektiert die Familie und Ehe ohne Nebenpartner; übt Toleranz gegenüber anderen christlichen Konfessionen und anderen Religionen und beachtet die Gebote des Alten und Neuen Testaments.

Klare Doktrin: Hatte es anfangs geheißen, die kimbanguisti-sche Reform sei „direkt abgeleitet vom Protestantismus", so sprach man später von „direkter Ableitung vom Christentum". So kam man von einer Kirchenzentriertheit zum Christozentris-mus.

Kernpunkt des kirchlich-spirituellen Selbstverständnisses aber war das *Verständnis vom „Heiligen Geist"*. Die Zweideutig-keit zwischen Heiligem Geist als Person der göttlichen Trinität und Heiligem Geist als Verkörperung im Propheten Kimbangu war – wie gezeigt – schon ein Problem bei den Debatten zur Aufnahme in den Weltrat der Kirchen. Der Kernvorwurf lautete, Kimbangu verdränge Jesus Christus aus dem Zentrum des Glau-bens. Diese Frage bzw. Zweideutigkeit spaltete auch intern den Kimbanguismus in „Reformisten und Traditionalisten"[5]

In Kikongo, der Hauptsprache im Südwesten des Kongo, heißt „Heiliger Geist" bei den Katholiken wörtlich übersetzt: „Mpeve Santu", während die Protestanten „Mpeve ya Nlongo" sagen: „Geist des Heiligen". So fällt es ihnen leicht, Simon Kim-bangu als ihren direkten Vertreter vor Gottes Angesicht zu ver-ehren und als Propheten anzurufen: wir haben einen direkten Helfer bei Christus – das ist Simon Kimbangu.

(2) *Die Kimbangu-zentrierte Mehrheit*: Die Mehrheit ist einfacher zu umschreiben: sie bemüht sich, Kimbangus Ratschläge spiritu-ell und sozial im Alltag zu leben, und dies möglichst gemein-schaftlich. Die Prinzipien und Verhaltensregeln sind schnell er-klärt:

Verhaltens-Regeln: Es gibt eine Menge klarer Verhaltensregeln zum Besten und zum Wohlergehen der Gesellschaft, die auch in den Zeiten Mobutus durchgehalten wurden: weder Tabak noch Hanf rauchen; keinen Alkohol trinken und nicht in Nachtbars ausgehen und tanzen. Animistische Praktiken sind streng verbo-ten. Frauen tragen deutliche, aber nicht verhüllende Kopftücher. Männer lassen sich die Haare nicht lang wachsen.

---

[5] Zitate und Darstellung bei Susan Asch, 1983.

Glaubens-Prinzipien: Nach ausgiebigen Umfragen kann man davon ausgehen, dass die Mehrheit der Kimbanguisten ihren Gründer sieht als Verkörperung des Heiligen Geistes, der dritten Person der göttlichen Dreifaltigkeit. Er ist ihr biblisch verheißener Tröster! Sie glauben konkret, dass Diangienda die spirituelle Kraft von seinem Vater geerbt hat; sie sehen und verehren ihn ebenso als Verkörperung des Heiligen Geistes. Er ist es, vor dem die bösen Geister weichen.

Die drei Kernpunkte ihres Glaubens sind: Kult (Gebet und Almosen, genannt ;nsiana'); Rückzugsbesinnung und Pilgerweg nach Nkamba (Kimbangus Geburts- und Wirkungsort ist ihr „Jerusalem", ihr „Mekka"). Und seit am 6. April 1971 das Heilige Abendmahl eingeführt wurde, geht man zur Kommunion, aber nur dreimal im Jahr: am 6.4. (erste Herabkunft des Hl. Geistes auf Simon Kimbangu), am 12.10. (Verhaftung und Martyriumsbeginn des Propheten) und am 25.12. (Geburt Christi / Weihnacht). Ganz Strenge feiern allerdings den 25. Mai als Weihnachtsfest, am vermutlichen Geburtsdatum von Diangienda, dem jüngsten Sohn des Propheten.

Damit zeigen sich immer weiter und wieder Tendenzen der Vergöttlichung ihrer Gründer und Leiter, die von der Weltchristenheit in Gestalt des Ökumenischen Rates der Kirchen nunmehr durch Ausschluss zurückgewiesen werden.

*

Von der Weltanschauung der Kimbanguisten in Afrika kann man durchaus leicht den Schritt zu einem weiteren Propheten machen: Mohammed im 7. christlichen Jahrhundert, Prophet für die arabische Weltregion und später weit darüber hinaus. Der Islam als kulturell-religiöses Gegengewicht zum Christentum hat afro-christliche Kirchen durchaus inspiriert. Seiner Gründung und Ausweitung im Kongo ist ein späterer Abschnitt dieses Kapitels (→5) gewidmet. Doch zunächst wenden wir uns noch der relativ kleinen Kirche der Orthodoxen in Afrika zu.

3. DIE GRIECHISCH-ORTHODOXE KIRCHE

Bezeichnenderweise war es bei meinen Recherchen schwierig, Quellenmaterial über die griechisch-orthodoxe Kirche südlich der Sahara zu finden. Ich nenne beispielsweise die sehr umfassende Studie der Universität Trier über „Die orthodoxen Kirchen in Geschichte und Gegenwart", die eben keine Informationen dazu hat und eigens vermerkt: „ohne Afrika südlich der Sahara"[6].

Jedenfalls ist bis heute Afrika südlich der Sahara bei der Territorialaufteilung der Orthodoxie Teil des GRIECHISCH-ORTHO-DOXEN PATRIARCHATES VON ALEXANDRIEN.[7]

3.1 Zunächst ein historischer Rückblick

Der Evangelist Markus gilt als erster Bischof von Alexandrien, der im Auftrag des Apostels Petrus in Ägypten missioniert habe. Alexandrien war die zweitgrößte Metropole des Römischen Reiches – nach Rom selbst – und eines der bedeutendsten Zentren geistlichen Lebens. Die Stadt beherbergte nicht nur die größte Bibliothek des Altertums, sondern hier entstand auch die griechische Übersetzung des Alten Testaments, die Septuaginta, und sie war Heimat großer Denker, wie des jüdisch-hellenistischen Philosophen Philo von Alexandrien. Zur Zeit des zweiten Ökumenischen Konzils von Konstantinopel (381) dem Patriarchen von Alexandrien fast 100 Diözesen, dessen Gebiet die damaligen Provinzen Ägypten, Libyen und die Pentapolis umfasste. Nach dem vierten Ökumenischen Konzil von Chalkedon (451) kam es zum Bruch innerhalb des Patriarchats von Alexandrien: Der größte Teil der Kirche von Alexandrien trug die Beschlüsse nicht mit und ging fortan seinen eigenen Weg als „Nationalkirche" in Unabhängigkeit von der „Reichskirche". Die Koptisch-Orthodoxe Kirche, die zu den so genannten Orientalisch-Orthodoxen Kirchen zählt, besteht bis heute und ist die bei weitem größte

---

[6] http://www.uni-trier.de/index.php?id=36688
[7] Näheres unter: http://www.cremisan.de/cms/front_content.php?idart=544

Kirche Ägyptens. Ein kleiner Teil der Kirche von Alexandrien stellte sich aber hinter die Beschlüsse des Konzils von Chalkedon und bekannte sich damit auch zur Einheit mit der „Reichskirche". Als Ägypten im Jahr 1517 durch die Osmanen erobert wurde, residierte der Griechisch-Orthodoxe Patriarch von Alexandrien sogar die meiste Zeit im Exil in Konstantinopel. Die Situation der Gläubigen in Ägypten verschlechterte sich zunehmend, was zu einem großen Exodus führte. Mitte des 17. Jahrhunderts soll die Zahl der griechischen Christen auf 600 geschwunden sein. Die einheimischen Christen gehörten in der Regel der Koptischen Kirche an. 1842 sagte sich Ägypten vom Osmanischen Reich los, wodurch es 1846 für den damaligen Patriarchen Hierotheos I. möglich wurde, seine Residenz in Alexandrien wieder zu beziehen.

In den folgenden Jahrzehnten wuchs die Zahl der Gläubigen des Alexandriner Patriarchats stetig, da viele Griechen und orthodoxe Araber sich als Kaufleute und Hoteliers unter der wohlwollenden Duldung der neuen Herrscherdynastie Ägyptens im Land niederließen. Anfang des 20. Jahrhunderts unter Patriarch Photios (1903–1926) hatte sich die Situation für die Kirche von Alexandrien so weit stabilisiert, dass wieder eine selbständige jurisdiktionelle Verwaltung – nach langjähriger Aushilfe durch das Ökumenische Patriarchat – möglich wurde. Heute unterstehen alle orthodoxen Christen Afrikas dem „Papst und Patriarchen von Alexandrien und ganz Afrika".

Diesen altkirchlichen Titel erfüllen die Amtsinhaber seit der ersten Hälfte des 20. Jahrhunderts immer mehr mit Leben: Durch missionarische Anstrengungen konnte in Schwarzafrika ein eigener Klerus herangezogen werden, der zunächst in Griechenland ausgebildet wurde. 1958 wurde eine Metropolie in Tansania gegründet, 1959 eine Diözese in Uganda und wenig später in Kenia. In Nairobi befindet sich heute ein Priesterseminar, in dem der Priesternachwuchs für Schwarzafrika ausgebildet wird. Die Griechisch-Orthodoxe Kirche von Alexandrien ist neben den bereits erwähnten Ländern auch in Südafrika, Simbabwe, Ghana,

Nigeria, Kamerun und der Demokratischen Republik Kongo präsent.

In jüngster Zeit hat sich durch die Griechisch-Orthodoxe Kirche von Alexandrien immer mehr zu einer gesamt-afrikanischen Kirche entwickelt: Zwar besteht der Klerus in seiner großen Mehrheit aus Griechen und Griechisch ist auch immer noch die offizielle Amts- und Liturgiesprache des Patriarchats, aber nur noch die Hälfte der Gläubigen sind griechischsprachig. Neben Griechisch wird daher auch in Arabisch und in verschiedenen afrikanischen Sprachen die Liturgie im byzantinischen Ritus gefeiert. Im Dezember 2006 konnte Patriarch Theodoros II. schließlich in Südafrika den ersten Schwarzafrikaner in den Mönchsstand aufnehmen.

Im ökumenischen Dialog nimmt das Griechisch-Orthodoxe Patriarchat von Alexandrien seit jeher eine Vorreiterrolle ein: Es gehörte 1948 zu den Gründungsmitgliedern des Ökumenischen Rats der Kirchen (ÖRK) und pflegt enge Beziehungen zu den anderen christlichen Kirchen des afrikanischen Kontinents.[8]

3.2 Einige aktuelle Beispiele
aus der DR Kongo

Bei unseren Reisen quer durch die Demokratische Republik Kongo sind wir immer wieder auf orthodoxe Gemeinden und Kirchen hingewiesen worden; auch in Kinshasa gibt es mehrere Orthodoxe Kirchen. Aber gleichzeitig wurde stets betont, dass deren religiöses Leben doch sehr abgeschottet stattfinde. Selbst bei dem hier folgenden Beispiel aus der Stadt Kananga im Inneren des Riesenlandes bekamen wir genau diese Auskunft und sahen – wie oft auch im christlichen Bereich, dass Kirche und Schulen sowie manchmal auch Seminare und Fakultäten im gleichen – abgeschirmten – Gelände untergebracht waren.

---

[8] Weitere Informationen über das Griechisch-Orthodoxe Patriarchat von Alexandrien: http://www.pro-oriente.at/Patriarchat-von-Alexandrien/ – Autor der meisten Artikel dort ist Nikodemus C. SCHNABEL OSB – Stiftung Pro Oriente, Hofburg, Marschallstiege II, 1010 Wien.

Es folgt hier ein konkretes Beispiel, dem BLOG der Orthodoxen Gemeinde Düsseldorf entnommen: „Orthodoxe Mission und ihre Hindernisse im Kongo"[9]:

„Die größte orthodoxe Kirche in ganz Afrika steht in Kananga (Provinz West Kasaï, grenzend an Angola) – doch diese Gegend gehört zu den ärmsten im gesamten Kongo. Weithin sichtbar ist dort die orthodoxe Kathedrale zum heiligen Apostel Andreas.

Und das will schon etwas heißen: […] Der Besucher wird täglich mit hungernden Menschen konfrontiert. Und das in einem Land, das nicht nur seine eigene Bevölkerung locker ernähren könnte, sondern dazu noch halb Afrika. Wie ist das möglich? Der Kongo gehört zu den ganz wenigen Ländern auf der Erde, welche seit Unabhängigkeit 1960 eine Rückwärtsentwicklung genommen haben. Bei Unabhängigkeit war der vormals Belgische Kongo nach Südafrika bezüglich Lebensstandard an zweiter Stelle auf dem gesamten afrikanischen Kontinent. Seitdem haben 30 Jahre Diktatur Mobutu und einige weitere Jahre Kabila-Clan das Land zum Schlusslicht in vielen Bereichen werden lassen. Und das trotz märchenhafter Reichtümer, welche internationale Konzerne mit den Rohstoffen aus dem Land schaffen. Viele von ihnen zahlen nur wenig Steuern und Abgaben, dafür umso mehr an korrupte Kongolesen, die ihnen dafür Freipässe ausstellen. Den Rest bewirkten Krieg und Rebellionen von Gruppen, die ihre Hand auf Bergwerke gelegt haben. Deswegen kommt von all diesem Reichtum bisher bei der Bevölkerung praktisch nichts an.

Und wie sieht der Alltag aus? Ein kleines Beispiel: In einer kleinen Firma sind Produkte gestohlen worden. Die Polizei wird gerufen. Bevor sie überhaupt tätig wird, verlangt sie dafür einige hundert Dollar. Möglicherweise deswegen, weil die Gehälter nicht pünktlich gezahlt werden. Die Menschen im

---

9   [http://blog.orthodoxe-parochie.eu/2014/02/08/orthodoxe-mission-und-ihre-hindernisse-im-kongo]

Kongo haben jeden Tag solche und ähnliche Probleme zu bewältigen. Und was machen viele Kongolesen? [... *Hier folgen Beispiele zu dem Trend, in die Sekten und Erweckungskirchen zu wechseln, die im folgenden Kapitel zitiert werden. RV]*
Das sind also Probleme, denen sich auch die orthodoxe Mission in Zentralafrika gegenübersieht. Hier in orthodoxen Gemeinden der Diaspora in Europa ist die Frage der Mission ja überhaupt kein Thema! Man hat offenbar genug mit sich selbst zu tun? Trotzdem: Seit den Vätern Chrysostomus und Cosmas aus Griechenland hat sich eine segensreiche orthodoxe Kirche im Kongo entwickelt, parallel zu den schon vorher existierenden Gemeinden der griechischen Diaspora, denn früher noch mehr als heute lebten überall im Kongo griechische Händler, die natürlich auch Kirchengemeinden gründeten, allerdings „rein" griechische. Erst Mönchs-Missionare vom Heiligen Berg Athos haben dieses System geändert. Im *Heiligen Kloster Grigoriou* lernten die Mönche die ostafrikanische Verkehrssprache *Kisuaheli* und begannen die heilige Liturgie und viele andere kirchliche Texte in diese Sprache zu übersetzen. Heute, 30-40 Jahre später, finden wir von Kinshasa über Kananga und Katanga ein reiches orthodoxes Leben, besonders in der Bergbauregion Katanga. Die Städte Likasi, Kolwezi und Lubumbashi haben blühende orthodoxe Gemeinden, Klöster, einen eigenen Bischof und immer wieder viele Katechumenen. Und über das segensreiche Wirken des Mönchspriesters Vater Damascinos in Bujumbura (Burundi) entstanden auch im Ostkongo zahlreiche orthodoxe Gemeinden.
Zum Schluss noch ein persönliches Beispiel: ‚Seit über sechs Jahren kenne ich die Gemeinde zum heiligen Basilius in Uvira am Tanganjikasee. Die angegliederte ‚Schule zum heiligen Berg Athos' unterrichtet täglich über 500 Schüler aus den benachbarten Stadtvierteln, vom Kindergarten bis zur Oberstufe. Nicht nur orthodoxe Kinder werden dort unterrichtet, sondern auch Kinder aus protestantischen, katholischen und muslimischen Familien, denn Uvira hat auch eine starke mus-

limische Minderheit. Tansania ist nah und seit über hundert Jahren ist der Einfluss des Islam in Ostafrika immens. – Das Zusammenleben im Kongo ist aber problemlos. Die ‚Schule zum heiligen Berg Athos' hat ganz klar ein orthodoxes Profil und alle Eltern wissen dies und die nicht-orthodoxen Eltern schicken ihre Kinder trotzdem bewusst in diese Schule und zahlen dafür auch das Schulgeld von 5-7 Dollar pro Kind und Monat! So erfreulich der Schulbetrieb ist, so schwierig ist die Situation für viele Gemeindemitglieder. Viele, besonders junge Leute sind arbeitslos. Wer ein Gehalt bezieht hat trotzdem äußerst wenig zum Leben. Der Priester mit einer Familie von sechs Kindern (davon drei aufgenommene Waisenkinder) muss monatlich mit einem Gehalt von 150 Dollar (ca. 110 Euro) vorliebnehmen. Strom- und Wasseranschluss lässt sich damit nicht bezahlen. So wird das Wasser am öffentlichen Brunnen geholt und abends sitzt man bei einer Petroleumlampe zusammen. Im Garten lässt sich Gemüse ernten, aber das Grundwasser steigt und Versumpfung droht. Die Gemeinderäumlichkeiten platzen aus allen Nähten. Die Frauen wollen eine Nähstube einrichten und könnten damit einige soziale Probleme der Gemeinde lösen. Insbesondere die so genannten ‚Kindermütter', für welche sich die Gemeinde besonders einsetzt, könnten Hilfe bekommen. ‚Kindermütter', das sind minderjährige Mädchen, die schon im frühen Alter ein Baby bekommen und deswegen von ihren Familien verstoßen werden. Die orthodoxe Gemeinde zum heiligen Basilius kümmert sich um solche Kindermütter. Aber auch der Kindergarten bräuchte einige Räume, weil die Schule dessen derzeit genutzte Räume benötigt. Auch für die Jugendarbeit werden Räume benötigt und für weitere Aktivitäten Lagerräume. Mit einer Baumaßnahme, die hoffentlich vom deutschen Entwicklungshilfeministerium gefördert wird, wollen wir hier Abhilfe schaffen.'"

3.3 Schlussbemerkung

Das Griechisch-orthodoxe Patriarchat von Alexandrien hat ca. 350.000 Gläubige in Afrika (vor allem in Ägypten) in 25 Diözesen auf dem ganzen afrikanischen Kontinent. „Seine Göttliche Seligkeit" Theodoros II. (*1954) ist seit 2004 Papst und Patriarch von Alexandrien und ganz Afrika.[10] Die Orthodoxe Kirche von Alexandrien ist zweifelsohne eine der interessantesten Kirchen innerhalb der Gesamtorthodoxie. Zwar ist die Zahl ihrer Gläubigen gering, aber ihr besonderer Ehrenrang aufgrund ihres apostolischen Ursprungs (an zweiter Stelle hinter dem Ökumenischen Patriarchat), ihre große territoriale Ausdehnung (der gesamte afrikanische Kontinent) und ihre enorme Inkulturationsleistung verbieten es, sie zu marginalisieren.

---

[10] E-Mail: patriarchate@greekorthodox-alexandria.org

4. Die Erweckungs- und Pfingstkirchen
als neue religiöse Konkurrenz

4.1 Einführung – Einblick – Überblick

In den 80er Jahren veränderten die aus Nordamerika kommenden Prediger und die sich bildenden Pfingstkirchen die kirchlich-religiöse Landschaft erheblich. Aber es gab auch Eigengründungen im Kongo.

Moritz Fischer (Bensheim) schreibt dazu: „Blickt man auf die qualitativen Merkmale der pfingstlich-charismatischen Bewegung, so fällt ihre große Fähigkeit zur Netzwerkbildung und Kooperation mit anderen Kirchen, Gemeinden, christlichen Organisationen und missionarischen Initiativen auf. ‚Nzambe-Malamu' heißt eine dieser unabhängigen Pfingstkirchen aus dem globalen Süden, die überregional verflochten und transnational organisiert sind. Sie wurde im Kongo gegründet, ist im zentralen und südlichen Afrika verbreitet und als ‚Migrationskirche' in Amerika sowie in Europa vertreten.“[11]

In Kinshasa findet man heute fast in jedem Hinterhof eine kleine neue Pfingstkirche, die oft mehrmals die Woche singend und predigend auffällt. Oft sind es Abspaltungen aus den Großkirchen oder auch Spaltungen innerhalb der Pfingstbewegung, nicht selten aus egoistischen Motiven der Leiter und Prediger.

Über eine typische Spaltung in Kamina bei der in Kinshasa gegründeten Pfingstkirche Nzambe-Malamu berichtete Radio Okapi am 28.4.2009 unter der Schlagzeile „Die Kirche Nzambe Malamu [das heißt: ‚guter Gott'. RV] unter Polizeiaufsicht":

„Seit dem letzten Sonntag steht das Gebäude der Kirche *Zambe Malamu* unter Aufsicht der nationalen und der Militärpolizei. Der Grund: zwei Vertreter streiten sich innerhalb dieser Kirche um deren Leitung, was zu einer Spaltung zwischen den Gläubi-

---

[11] http://www.ki-bensheim.de/shop/produktliste/kirche-konfession-religion.html; Zugriff 11.3.2015.

gen geführt hat. Die eine Gruppe der Gläubigen störte den Gottesdienst am Sonntagmorgen und versuchte, bewaffnet mit Messern, die andere Gruppe zu stören. Sie konnten von der Polizei überwältigt werden. Danach wollte die zweite Gruppe demonstrieren gegen die Ernennung eines neuen Leiters und wurde ebenfalls aufgelöst." Nun werde die Kirche überwacht, um sie zu schützen.

In Gombe, dem Regierungsstadtteil Kinshasas, wurden sie zur Jahreswende 2013/14 verboten und verdrängt – wegen öffentlicher Ruhestörung! Wir erlebten diesen Einschnitt zugleich mit Initiativen zur Säuberung der Abfluss-Kanäle und Schließung aller kleinen „illegalen" Läden und Straßenverkaufs-Stände. Es war für Anwohner eine Erleichterung bezüglich der lauten Hinterhofkirchen, die auch nicht wiederkamen. Indessen hatten die Verkäufer/innen nach wenigen Wochen Wege gefunden, von Grundstücken in der Nähe aus wieder zu verkaufen (durch neue Fenster in den Außenmauern oder durch Kleinst-stände mit Reserven in den Höfen). Von 2011 bis Anfang 2014 erlebten wir das so: Jeden Sonntagmorgen punkt acht Uhr begannen die überwiegend weiblichen Sängerinnen mit ihrer Einstimmung. Bis danach der oft englisch oder französisch sprechende und direkt in Lingala übersetzte Prediger begann, fanden wir das noch ganz angenehm. Aber egal welcher Prediger (es waren nur offenbar meist von außen eingeladene Männer): er brachte dann in uns die Stimmung der Androhung des ewigen Gerichts und der göttlichen Strafen für die zahllosen menschlichen Verfehlungen in Erinnerung, die wir aus den Volksmissionen der 50er Jahre aus unserer Kindheit noch in Erinnerung hatten.

Jedenfalls ist diese Bewegung, so uneinheitlich wie sie ist, seit einigen Jahrzehnten doch eine wachsende Herausforderung der traditionellen Kirchen. „Ob sie den Himmel versprechen und das Leben auf Erden als vergänglich darstellen oder Reichtum, Gesundheit und Glück (ohne Arbeit und ohne Anstrengung) predigen, ihre Botschaft hatte und hat oft etwas Fatalistisches und Defätistisches. Eine gewisse Ergebenheit in die bestehenden Verhältnisse liegt oft nahe, oder die Erklärung des fehlenden Glücks wird in der „Sünde", in den „bösen Geistern" und nicht in den existierenden Rahmenbedingungen gesucht."[12] Eine Form religiöser Vertröstung – ja, aber noch viel mehr eine zusätzliche Ausbeutung des armen Volkes durch Gaben an die Prediger, die sich wie Exorzisten gebärden und in ihrer Art an die deutschen Verhältnisse erinnern, die Luthers Reformation Anfang des 16. Jahrhunderts hervorbrachten: „Wenn das Geld im Kasten klingt, die Seele in den Himmel springt." Es ist erwiesen, dass Getreue Mobutus (wie etwa sein Sicherheitsberater Ngwanda) solche Pfingst- und Freikirchen förderten und betreuten – als Weg, den Großkirchen-Einfluss einzudämmen und zudem die Leute zu entpolitisieren.

Mancher schätzt ihren Einfluss schon auf 50 % der afrikanischen Christen insgesamt, darin eingeschlossen die kimbanguistische Kirche. Aber die innere Diversität und Unterschiedlichkeit ist doch so groß, dass man von solchen vereinheitlichenden Zahlen Abstand nehmen sollte, zumal die Grenzen zwischen ihnen und den klassischen Kirchen fließend sind. Realistischer scheinen mir Hinweise; die von einem Drittel aller Christen, die – oft ohne ihre Kirchen zu verlassen – sich den Pfingstkirchen annähern.

Hier soll nun nicht im Einzelnen das interne Spektrum der Pfingst- und Erweckungskirchen aufgerollt werden, sondern es werden lediglich deren spirituelle Charakteristika sowie die eventuellen ökumenischen Perspektiven beleuchtet. Basis dazu ist Kap. 4.3 der oben erwähnten Dissertation von DAVID NOMANYATH MWAN-A-MONGO: *„Perspectives d'avenir pour un œcuménisme interreligieux équilibré"* (Zukunftsperspektiven für einen ausgewogenen interreligiösen Ökumenismus).

Eine Vielfalt religiöser Strömungen kennzeichnete schon zu Kolonialzeiten die Szene im Kongo; die Kolonialverwaltung zählte seinerzeit 47 Sekten, darunter auch den Kimbanguismus oder den aufkeimenden Islam im Südosten. Eine interdisziplinä-

---

[12] MABANZA BAMBU, *op.cit*. S. 217; s. im Ersten Kapitel unter Abschnitt 1.

re Studie der letzten Jahre zeigte, wie leicht die Kongolesen die verschiedenen Traditionen vermischen. Sie wechseln leicht von einem Kult zum anderen, nachdem sie am Morgen in aller Frühe die traditionellen Riten vollzogen haben beim Fetischeur oder Marabu an der Ecke. Allah und Jahwe sind Namen Gottes und ihr Synonym dazu ist *Nzambi Mpungu* (Gott ist allmächtig). So scheinen die religiösen Bewegungen unserer Tage für die Dynamik traditioneller Religionen anschlussfähig zu sein. Und die Gewinner dieser Wechsel- und Vermengungs-Praxis sind heute offenbar die Pfingst- und Erweckungskirchen, deren wichtigste die Folgenden in Kinshasa sind:

L'Eglise de la victoire de Fernando Kutino, l'Eglise de l'armée de l'Eternel de Sony Kafuti, la Communauté de l'Eglise Spiritualiste du Congo, l'Eglise des Noirs en Afrique (ENAF), l'Eglise Mai Mobikisi (Eglise l'eau salvatrice), l'Eglise de Jésus-Bima, l'Eglise du Christ (Disciples de Jésus) et l'Eglise Spirituelle de Jésus par le prophète Moïse et autres, Maman Olangi.[13]

Viele davon haben sich in Europa mittlerweile parallel etabliert, besonders in Brüssel, London und Paris. Welches sind nun die tiefen Sehnsüchte bei der spirituellen Suche von Afrikanern, die zu befriedigen offenbar den Pfingstkirchen besser gelingt als den traditionellen Kirchen. Man könnte sagen: „Synkretismus" und „Inkulturation" sind die beiden Kernbegriffe des aktuellen Kampfes um die Seelen im Kongo.

Es gilt zunächst die Basis dieser spirituellen Suche der „afrikanischen Seele" zu verstehen[14] und sodann die spirituellen Bemühungen in den Erweckungskirchen zu beschreiben: ihre Entstehung, ihre soziale Wirkung, auch ihre ökonomische und politische Dimension sowie die pastorale Herausforderung, die sie für die traditionellen Kirchen und für den ökumenischen und interreligiösen Dialog darstellen. Erst dann kann man eine Basis für gegenseitige Anerkennung und Unterscheidung finden. Unser Kronzeuge beruft sich bei seiner Bewertung auf eigene Stu-

---

[13] Mehr davon finden sich – versteckt unter Anmerkung 236 – bei DAVID MWAN-A-MONGO, op.cit.

[14] s. MIRCÉA ELIADE, *La phénoménologie de la religion*, Paris, Payot, 1948.

dien über die Pfingstkirchen sowie auf die Ergebnisse verschiedener Kolloquien zwischen 1992 und 1997 (CERA = Centre d'Etudes des Religions Africaines), ein wissenschaftliches Seminar über „Pfingstkirchen und dauerhafte Entwicklung" an der Katholischen Universität Kinshasa 2003, sowie die Veröffentlichung von Léon de Saint MOULIN SJ und Roger N'GANZI OP über den sozio-politischen Diskurs der katholischen Kirche im Kongo von 1956 bis 1998.[15]

4.2 Zwischen traditioneller katholischer Kirche und den aktuellen spirituellen Suchbewegungen

In den letzten beiden Jahrzehnten ist deutlich geworden, dass die Ausbreitung der religiösen Sekten durchaus mit den Interessen der Mächtigen übereinstimmen kann; ja auch von ihnen bewusst gefördert wurde. Es gibt wachsenden Zulauf zu Bewegungen und Kirchenformen ohne Dogmen und entsprechende Unterschiede; oft reicht die Beziehung zum „Jenseitigen" als Problemlösungsansatz. Jesus gelangt dabei als Erlöser auf die gleiche Stufe wie die Propheten Moses, Mohammed oder Kimbangu.

Da konnten die christlichen Kirchen nicht schweigen. 1988 erstellte die CERA eine erste Studie über die Glaubensvielfalt in Kinshasa und die traditionellen wie modernen Gebräuche (s. voriger Abschnitt). Diese Studie wurde ausdrücklich vom Päpstlichen Rat für den interreligiösen Dialog unterstützt, der die Katholische Fakultät in Kinshasa zu einem entsprechenden Kolloquium ermutigte. Dieses fand statt vom 14. bis 21. November 1992, nach dem Scheitern der „unabhängigen Nationalkonferenz". Deren Einsichten sollen nun kurz referiert werden, um einige Kernfragen zu identifizieren.

---

[15] Kinshasa 1998 (s. Literaturverzeichnis im →Anhang).

4.3 Die neuen religiösen Bewegungen vor den Herausforderungen von „Evangelisierung und Entwicklung"

Professor Ntedika KONDE, Direktor des *Centre d'Etudes des Religions Africaines*, identifizierte acht Kernbereiche, in deren Rahmen alle Berichte gegeben wurden. Fünf davon seien im vorliegenden Zusammenhang erwähnt: Terminologie / Einordnung / Ursachen / Theologische Aspekte der neuen Bewegungen / Konsequenzen.

Terminologie: Man war sich einig, dass der abwertende Begriff der „Sekte" nicht hilfreich sei; ebenso sollten abwertende Begriffe vermieden werden wie: anti-christliche Bewegung, synkretistisch, schwärmerisch, neugeboren, neuheidnisch, sektiererisch, separatistisch, spalterisch, magisch-religiös. Stattdessen sollte man die neuen Begriffe des Zweiten Vatikanischen Konzils der 60er Jahre des 20. Jahrhunderts verwenden, wie: neue religiöse Bewegungen; prophetische Bewegungen; Kommunitäten; neue religiöse Gruppen, usw.

Den dahinterliegenden Grund solcher Überlegungen erklärt Ntedika Konde so: „Was heute eine Kirche von einer anderen ‚Sekte' unterscheidet, ist sicherlich nicht die Dogmatik auf der einen und der Synkretismus auf der anderen Seite. Der Unterschied ist gar nicht so groß, dass man lange nachforschen müsste. Keine religiöse Gemeinschaft ist gefeit gegen Synkretismus, denn die Originalität und Echtheit bei den Gläubigen, ihren Riten, Worten, Zeichen und Symbolen, die heute zum Wesen einer Kirche gehören, können nicht gegeneinander ausgespielt werden."[16]

Einordnung: In den Forschungsergebnissen ragen zwei wesentliche Aspekte jenseits billiger Sekten-Polemik hervor: Die erste Kategorie, ein eher „weiches" Kriterium, spricht von aus den Missionen hervorgegangenen oder durch einen Gründer-Propheten entstandenen neuen Religionen. Diese nehmen die Bibel und interpretieren sie in einer den Lebensumständen und Erwartungen ihrer Gläubigen angepassten Form. Dazu kann

---

[16] Ntedika KONDE Joseph, in: *Les nouveaux Mouvements religieux: évangélisation et développement*, S. 7-31. Vorstehendes Zitat ebd. S. 13 u. 25.

man zählen: pfingstlerische, prophetische, messianische, neugeborene, usw. In diese Kategorie gehören die meisten afrikanischen christlichen „Sekten".

Zur zweiten Gruppe, der eher „harten", gehören die von anderen (besonders den östlichen) Religionen abstammenden Bewegungen wie Hinduismus, Buddhismus, Taoismus, usw. Ebenfalls kann man dazu mehrere philosophische und metaphysische Denkrichtungen zählen. Sie sind geprägt durch Spezialkenntnisse esoterischer oder mystischer Art. Dazu zählt man: Mahikari, Kreuz-Rose, Brahmanismus, Ba´hai, Transzendentale Meditation, Krishna-Bewegung, Scientologen, usw. Sie beeinflussen eher Jugendliche und Mittelschichten auf der Suche nach neuen Utopien.

Ursachen: Die drei Hauptursachen des Andranges zu den Sekten im Kongo sind: (a) die Unnachgiebigkeit der westlichen Missionare bei ihrer Weitergabe einer universell gültigen Form des Christentums; (b) die Missachtung der lokalen Kulturen und Traditionen; und (c) die Förderung von Industrie und Städten, was eine Landflucht und vielfache existentielle Verunsicherung zur Folge hatte.

Auch ist die nachkoloniale Krise zu nennen, mit all ihren Verunsicherungen im persönlichen, kirchlichen, wirtschaftlichen und politischen Bereich. Neue Religionsgemeinschaften oder Sekten nutzen genau diese Unsicherheiten und haben Erfolg, weil die traditionellen Kirchen sie eher vernachlässigen.

Theologie der Erweckungsbewegungen im Kongo: Alles ist funktional und emotional, d.h. Gebete, Predigt, exaltierte Gesänge, therapeutische und/oder heilende Aktionen. Da gibt es keinen Platz für abstrakte Spekulation oder wissenschaftlich-kritische Reflexion, noch dazu organisiert im Rahmen einer Gesamtdoktrin. Der Pastor reagiert auf die direkten Bedürfnisse der Gläubigen.

In den Erweckungsgemeinden – so zeigte das erwähnte Kolloquium – spielen wie auch in den Kirchen die Bibel, der Dreifaltigkeitsglaube, Christus und Heiliger Geist, und die Moralpredigt eine Hauptrolle. Bibelstellen werden allerdings aus dem Kontext gerissen; man schlägt die Bibel auf und glaubt dem

Wort, das einem ins Auge fällt: eine extrem fundamentalistische und wörtliche Bibeldeutung. Exegese findet nicht statt, die Bibel wird „magisch" genutzt. Das gilt auch sehr praktisch: allein sie in der Tasche zu haben, soll schützen vor Unbill aller Art. Auch sucht man oft Bibelstellen, die helfen mögen, eine aktuelle Situation zu erklären. Die Lehre von der Dreifaltigkeit Gottes passt zudem sehr gut zur Bantu-Tradition mit der zentralen Rolle des Vaters, dessen Kraft (Hl. Geist) auf den Sohn übergeht. (Dazu mehr unten im übernächsten Abschnitt über die Naturreligionen).

Die Erweckungsbewegungen und afro-christlichen Kirchen im Kongo glauben sehr stark an den Heiligen Geist. Bei den Kimbanguisten geht das so weit, dass die drei Söhne des Propheten Simon Kimbangu mit den drei Personen der göttlichen Dreifaltigkeit gleichgesetzt wurden, was letztlich seitens der katholischen Kirche zur Aberkennung von deren Christlichkeit und auf protestantischer Seite zum Ausschluss aus dem Ökumenischen Rat der Kirchen (Genf) führte. Insbesondere ist schließlich die Lehre von der Himmelfahrt und dem in Christus versprochenen Ewigen Heil für die Rechtgläubigen höchst kompatibel mit dem Bantu-Weltbild: ein Schutz vor allem Bösen und dadurch das Geschenk grenzenloser Freude.

Was schließlich die *Moral* angeht, so zeigten alle Untersuchungen, dass trotz der Hass- und Aggressionsgefühle gegen die katholische Kirche mit Ausnahme der Kimbanguisten die zehn Gebote aus Ex. 20, 1-7 befolgt werden, zudem ergänzt durch das paulinische Gehorsamsgebot gegenüber Autoritäten (Röm 13, 1-13) und die Nächsten- und Feindesliebe (Mt 5, 43-45). Aber dazu kommen dann oft noch vielfältige weitere Einschränkungen, nämlich das Alkohol-, Tabak- und Drogenverbot, das Tanz- und Schwimmverbot, das Verbot, nackt zu schlafen oder sich einzumischen in Streitigkeiten. Verlangt wird die Aufgabe des Fetischkultes, die Pflicht zum Steuernzahlen, Verzicht auf Schweine- und Affenfleisch, der Verzicht auf Rache und das Gebot, vor Vertretern der Gemeinde Fehler zu beichten. In einigen Gemeinden wird auch die Monogamie gefordert.

Das *Kolloquium zur „Evangelisierung und Entwicklung"* hat sechs starke Einsichten befördert (nach DAVID NOMANYATH MWAN-A-MONGO):

1. Die Neigung der Sekten zu intensiver Frömmigkeit, zum Engagement für mehr gesellschaftliche Entwicklung als gemeinsamer Verpflichtung, aber auch die Tendenz heimlicher Rückkehr zu Hexerei, Fetischismus, Scharlatanerie und Obskurantismus.

2. Die Notwendigkeit zur Einrichtung eines Dialoges zwischen den Vertretern von sog. Sekten und Gläubigen der großen Kirchen und universalen Religionen andererseits.

3. Die günstige Gelegenheit ergreifen für eine Neudefinition von „Sekten" mit der Notwendigkeit, diese Frage offen zu lassen für spätere Untersuchungen.

4. Die Entstehungsbedingungen von Sekten stärker erkennen, nämlich

   (a) Die soziokulturellen Enttäuschungen über die Wirkungen von allzu schneller Kulturveränderung, Industrialisierung und Verstädterung.

   (b) Die unbefriedigten religiösen Erwartungen in der Gottesbegegnung und bei der Suche nach angepassten Lösungen für sozio-existentielle Alltagsprobleme.

   (c) Die Forderungen nach mehr Freiheitsraum und Beteiligung der Gläubigen.

5. Die Dauerhaftigkeit der Sektenrealität sehen als Ort des Austausches zwischen der christlichen Religion und den traditionellen afrikanischen Kulturen, in Bezug auf Kultus, Sakramente, Festlegungen von Doktrin und künstlerisches Schaffen.

6. Den Einfluss der religiösen Praxis der Sekten auf die verschiedenen Bereiche der Gesellschaft (an)erkennen: auf Machtausübung, Familie, Berufsmilieus, Umwelt usw.

Die Erweckungs-Sekten sollten also ernster genommen werden in ihren vielfältigen Bemühungen und Beiträgen zur Verbesserung der Gesellschaft, selbst aber auch der Gefahr der Intoleranz und der Gesprächsverweigerung mit den Großkirchen begegnen und sich von dem illusorischen Glauben an schnelle Lösungen und „Heilungen" verabschieden. Und den Großkirchen und nichtchristlichen Gemeinschaften wäre mehr Toleranz und Einfühlvermögen zu wünschen, Haltungen des Respekts und der Dialogbereitschaft – wie es das hier referierte Kolloquium beispielhaft gezeigt hat.

4.4 Ratschläge an die Erweckungskirchen

MWAN-A-MONGO sieht ein Grundproblem in der starken Abhängigkeit der Pfingstkirchen von denen in den USA, nicht nur im Kongo, sondern auch in westafrikanischen Staaten wie Elfenbeinküste, Gabun oder Kamerun. Er zählt dieses Problem zu den vieren, die für einen „ausgeglichenen ökumenischen und interreligiösen Dialog" in Zukunft seitens der Pfingstkirchen zu beachten wären:

(1) *Der Kontext der Globalisierung und der starke Einfluss der USA auf die Pfingstkirchen in der DR Kongo.* Nach Meinung von Prof. MUKENDI WA META sind die USA an einem Punkt, an dem auch die Kirchen und neuen religiösen Bewegungen in den Dienst der wirtschaftlichen und damit auch der ideologischen Globalisierung gespannt werden. So würden die Erweckungskirchen nun zu unwiderstehlichen Trägerinnen eines spezifischen ‚unternehmerischen' Geistes amerikanischer Provenienz.[17]

Nun geht es darum, diesen Impuls so zu kanalisieren, dass er dem Wohlergehen der Pfingstkirchen im Kongo und nicht anderen Interessen dient, sondern den eigenen pastoralen Interessen und der Entwicklung des Landes – nach dem Modell der Großkirchen. *Mukendi* meint dazu, dass angesichts der Globalisierung „unsere Kirchen in Afrika heute eine neue Etappe ihrer spirituellen Entwicklung und faktischen Präsenz in der Gesellschaft durchleben. Wenn wir über das Schicksal des Christentums bei uns nachdenken, so erkennen wir deutlich das Bedürfnis nach

---

[17] MUKENDI WA META, L'économie des Eglises de réveil, in: *Afrique et Développement 15*, 2003, S.139-147.

einer neuen Dynamik. Und dabei sehen wir jetzt den Beitrag der Erweckungskirchen. [...] Diese laden uns zu Anstrengungen ein, uns neu aufzustellen und zu organisieren, aber sie fördern bei uns auch mehr Erfindungsgeist."[18]

(2) *Der Einfluss dieser Kirchen auf das soziale Gefüge in Kinshasa.* Prof. Albert Muluma hat in seiner Untersuchung 70 neue religiöse Bewegungen identifiziert. Sie versuchen besonders in den bedrängenden Alltagssorgen zu helfen: bei Heilungen, gegen Hunger und Durst, bei Scheitern im Leben, Schulproblemen, Transport, usw. All das gelte es positiv zu kanalisieren. Muluma zeigt, dass die erdrückenden Alltagssorgen, das „Zerreißen des sozioökonomischen Tuches" und die totale Ermüdung der Gesellschaft sozusagen ein sozio-psychologisches Pflaster zum Überleben brauchen: „Da wird Religion zur Überlebensstrategie. Die Brüchigkeit und das Scheitern der von außen übernommenen Modelle und Strukturen trugen zum Aufblühen der Erweckungskirchen bei. Dort findet man jenseits der Vereinzelung im Elend, oder hofft es zu finden, ein neues solidarisches Netz des Teilens, der Überlassung an die göttliche Vorsehung und ein quasi blindes Vertrauen auf den charismatischen Leiter, den man wie einen traditionellen unantastbaren Clan-Chef erlebt."[19] – Wie aber kann diese neue soziologische Realität hinführen zu einem Verständigungsdialog zwischen den religiösen Konfessionen, die doch letztlich die gleichen Werte teilen?

(3) *Zur politischen Rolle der Erweckungskirchen in der DR Kongo.* Prof. Mabiala MANTUMBA sieht die Rolle der „Erweckungs"-Kirchen eminent politisch: sie seien als solche Kritiker der allzu starken Passivität der großen Kirchen. Die neuen Kirchen scheinen aber eine andere politische Rolle als die alten zu spielen. Die paten-ähnliche Unterstützung einiger von ihnen durch ehemals einflussreiche Politiker oder durch die USA lassen Verdächti-

---

[18] a.a.O. S. 144f.
[19] Albert MULUMA, Les Eglises de réveil et la vie quotidienne à Kinshasa: Vision anthropo-sociologique, in: *Afrique et Développement* 15, 2003, S. 119-138.

gungen aufkommen, die M. MANTUMBA mit folgenden drei Argumenten zu erklären und auch zu entkräften sucht[20]:

- Man muss den Geheimdiensten erlauben, die öffentliche Meinung über die angebliche Ideologie amerikanischer Dominanz zu beeinflussen.
- Die Ausweitung des Islam in der Welt muss eingegrenzt werden.
- Die Erneuerung nicht-westlicher, authentisch afrikanischer Religionen, die nationalistische und anti-westliche Stimmungen verbreiten, soll verhindert werden; ebenso, dass demokratisch gewählte Regierungen dem Westen gewogen bleiben.

Im weltweiten Maßstab sieht Mabiala Mantumba die Pfingstkirchen auch als Barriere gegen die Ausbreitung des Islam: „Man muss die christlichen Erweckungsbewegungen ermutigen, die mit islamischen konkurrieren, indem man intensiv die modernen Kommunikations- und Management-Mittel zur Verbreitung der eigenen Botschaft nutzt, so wie es die Tele-Evangelisten immer mehr vormachen. Diese nutzen die Religion nicht mehr als Opium des Volkes, sondern eher als Vitamin für die Schwachen."

Es fällt mir schwer, diese Wagenburghaltung zu verstehen, ebenso wenig wie das Ausspielen der angeblich zukunftsfesten neuen gegen die viel zu passiv gezeichneten „alten" Kirchen. Gerade die Erweckungskirchen geraten derzeit auch in die politische Vereinnahmung und können Teil des Machtspiels der Mächtigen von gestern, heute und morgen werden. Jedenfalls stehen viele in der Gefahr der Vereinnahmung und der Aufgabe ihrer eigenen Unabhängigkeit.

(4) *Die Perspektiven eines gedeihlichen Zusammenlebens von Erweckungs- und traditionellen Kirchen.* Prof. Félicien LUKOKI ordnet die Erweckungskirchen in zwei Richtungen ein (unter Berufung auf den Soziologen R. Bergeron[21]):

---

[20] Mabiala MANTUMBA, „*Les Eglises de réveil et le pouvoir politique en République Démocratique du Congo*", in: *Afrique et Développement* 15, 2003, S. 259-274. 273.
[21] Félicien LUKOKI, ebd. S. 149-160: *Cohabitation entre les Eglises de réveil et les Eglises traditionnelles en République Démocratique du Congo.*

Einerseits die Gruppen, die vom jüdisch-christlichen doktrinalen Hintergrund herkommen und sich im Wesentlichen auf die Bibel berufen (dazu zählen etwa auch die Mormonen), und *andererseits* die synkretistischen Gruppen, die sich aus dem Bibelkontext lösen und sehr durch einzelne Führungspersönlichkeiten geprägt werden. Auch sind viele Gläubige sowohl in der Sektenszene als auch in ihren alten Kirchen dabei, was als „Nikodemismus" bezeichnet wird. – Zur Frage des geduldeten Nebeneinanders von traditionellen und Erweckungs-Kirchen unterscheidet er zwischen „denen, die gefährlich sind für die Menschenrechte wie auch für den christlichen Glauben und denen, die einfach Teil eines allgemeinen Aufbruchs des „Religiösen" sind, wie es in sozialen Umbruchphasen und Krisenzeiten oft vorkommt. Mit der zweiten Kategorie könne, ja müsse es Dialog im Sinne der größeren christlichen Einheit geben. So gebe es Erweckungskirchen, mit denen Dialog möglich sei, andere die ihn klar ablehnen und schließlich solche, denen man sich eher reserviert nähern sollte. Das respektierte Nebeneinander müsse „eine Öffnung in der Wahrheit" sein, eine „Verständigung ohne Selbstaufgabe".

4.5 Chancen und Grenzen des ökumenischen und interreligiösen Dialoges im Kongo

Überblickt man die interreligiösen Beziehungen im Kongo, so stellt man durchaus viele gemeinsame Stellungnahmen in öffentlichen Krisen und Problemlagen fest. Aber die Regel ist nicht der dauerhafte Dialog zwischen ihnen – solches blieb immer bestenfalls auf unterer Ebene aktuell –, sondern eher die sporadische Zusammenarbeit in eben solchen Krisenmomenten. So gibt es zwischen 1991 und 1997 in den Jahren nach der gescheiterten „Souveränen Nationalkonferenz" sechs gemeinsame Stellungnahmen an die Staatschefs Mobutu bzw. Kabila – das ist eine pro Jahr – von katholischer und protestantischer Kirche sowie kimbanguistischer und islamischer Gemeinschaft. Diese gemeinsame Tradition setzt sich bis heute fort.

Neben diesem offiziellen ökumenischen Dialog sind interreligiöse Treffen noch rarer gewesen. Auch hier waren es entweder gemeinsame politische Appelle über Konfessions- und Reli-
gionsgrenzen hinaus, oder eher grundsätzliche gemeinsame Dia-
log-Bekenntnisse. Das lag sicherlich auch an der relativ schwachen Repräsentanz (außer im Osten des Kongo) der in Frage
kommenden muslimischen Gemeinschaft bis weit in die 80er
Jahre hinein.

Seit den 90er Jahren hat sich die religiöse Szene dann sehr geändert, nachdem in der Öffentlichkeit 1996 bekannt wurde, die
Zahl der Muslime sei auf 3.790 000 und damit auf 10% der Bevölkerung gestiegen. Das kommentierte Prof. DE MEESTER: dies
sei eine gefährliche Herausforderung, sofern der Trend von
Ostafrika her anhalte. Denn im Nahen Osten und in Nordafrika
sei das Christentum sehr verdrängt worden von der neuen Religion. Nur Äthiopien, Ägypten (Kopten) und Spanien seien davon ausgenommen. Die beste Methode der sofortigen Abwehr
(weiterer Zunahme) und dann auch des kommenden Dialoges
sei es, das Christentum stärker mit der heimischen Kultur zu
verschmelzen.

Da diese „Abwehr" von den traditionellen Kirchen nicht stark
genug war, wurde es eine Hauptaufgabe der neuen christlichen
Sekten, von den USA aus unterstützt, diese Bollwerk-Funktion
zu erfüllen. In einer Dekade sind dann die Sekten überaus rasant
angewachsen, ohne allerdings die traditionellen Kirchen zu de-
stabilisieren. Doppelmitgliedschaft war eine geduldete Form.

In diesen Jahren war ökumenischer Dialog beschränkt auf soziale und pragmatische Fragen. In einem Artikel von Christophe
AYDAD in „Liberation" (30.1.2001) hieß es dazu: „Der rein soziale
und pragmatische Aspekt des ökumenischen und interreligiösen
Dialogs und seine Begrenzung auf die institutionellen Kirchen
bzw. Religionen zeigen den christlichen Kirchen ihr Ungenügen;
sie befinden sich im Schlepptau der Erweckungskirchen." Heute
haben die Kirchen dieses Ungenügen erkannt; sie suchen noch
nach Wegen des konstruktiven Dialoges. Besonders die katholische Kirche sieht heute eine Neukonzeption über die Grenzen

und Chancen des ökumenischen und interreligiösen Dialoges als vordringlich an.

4.6 Ein Einblick in die
aktuelle Realität der Pfingstbewegungen

Zum Schluss dieses Unterkapitels über die Pfingstkirchen soll ein relativ aktueller Artikel von 2014 aus der Zeitung „L'Avenir" (Kinshasa) stehen, mit einem aktuellen Einblick in die Realität dieser Bewegung:

„In Kinshasa überstieg die Zahl der Erweckungskirchen in den Jahren 1980 bis 1990, als das Lebensniveau der Kongolesen erträglich war, kaum die Zahl zwanzig (20). Aber heute hat sich angesichts des großen Kaufkraftverlustes der Bevölkerung, deren Zahl spektakulär erhöht. In der Gemeinde Matete zeigten die Statistiken 2005 schon 300 aktive Kirchen, allein in diesem einen von 24 Stadtteilen, die zusammen Kinshasa bilden. Und diese Situation der Zersplitterung von religiösen Konfessionen erzeugt eine Menge Polemik. – Multiplizierte man also diese Zahl 300 mit den 24 Stadtteilen, so käme man hypothetisch für ganz Kinshasa auf über 7.000 Pfingstgemeinden, die meistens in Hinterhöfen, selten auch in eigenen Kirchen oder Hallen Gottesdienst feiern – oftmals mehrfach wöchentlich."[22]

Um die öffentliche Meinung über dieses sich ständig ausbreitende soziale Phänomen aufzuklären, hat „L'Avenir" einige Meinungen bei den Gottesdienstbesuchern unsystematisch eingesammelt. Die Antworten wurden gern und freimütig gegeben. Die Zeitung gibt damit auf grundlegende Fragen ihres Publikums relativ neutrale Antworten aus der Sicht der Erweckungskirchen:

„Wie ist die Erweckungskirche entstanden? – Die Erweckungskirche ist eine charismatische Kirche; sie wurde durch AIDINI ABALA in der DR Kongo eingeführt, einem der charismatischen Pioniere, erfüllt von Heilungsgaben. Bis heute wird er eingeschätzt als Visionär der Erweckungskirchen in Kinshasa. Auch

---

[22] http://www.congojet.com/la_societe_congolaise/9511; Übersetzung: R.V.

ist er der Gründer der Kirche FEPACO Nzambe Malamu in der Avenue Tshuapa, einer Gemeinde von Kinshasa. Dort hat der berühmte Verstorbene seine Evangelisierung 1980 begonnen.[23]

Seit den 90er Jahren, vereinigten sich Katholiken, Protestanten, Kimbanguisten u.a. zu einer einzigen Versammlung, um zu beten und ihre Erfahrungen zu teilen. Damals sprach man dabei von Ökumene. Und plötzlich haben dann um 1993 einige Mitglieder dagegen revoltiert und tatsächlich ihre Unabhängigkeit und ihre Freiheit erklärt, um ‚Erweckungskirchen' zu gründen. Diese sind ebenfalls von der Bibel ausgegangen, d.h. von dem Moment, an dem die Apostel den Heiligen Geist empfingen (am Pfingsttag, Apg. 2, 1-11). Sie sagen: heute erben auch wir diesen heiligen Geist zur Evangelisierung, und so sind auch die anderen Religionen entstanden.

Warum spricht man von ‚Erweckung'? Erwecken heißt ‚herausgehen'. Wir sagen: heraus aus den Nebeln, den toten Kirchen, um die Mitglieder wieder zur Rückkehr zu Christus zu bewegen. Erweckung, weil einige unter ihnen es vorzogen, aus dem Wortgeklingel der traditionellen Kirchen heraus zu gehen und die gute Nachricht von Jesus Christus zu verkünden, das Heil zu bringen.

Was ist ihr Beitrag im Vergleich zu den traditionellen Religionen? – Bestimmte Praktiken der anderen Kirchen werden bei uns nicht toleriert, wie etwa das alleinige Vorbeten, oder die Marienverehrung. Umgekehrt bestreiten andere Kirchen die Gaben der Prophezeiung und der Vision oder die Gebetswachen… Gleichwohl nutzen die Erweckungskirchen auch dieses um Seelen zu retten: Unterdrückte, Gefangene, Kranke. Aber wir müssen auch feststellen, dass die Erweckungskirchen die Substanz ihrer Botschaft verloren haben, wegen gewisser Verirrungen. – In der Tat haben die Erweckungskirchen eine Reihe von hierarchisierten Funktionen, weshalb sie auch gut funktionieren. […] Für einen Diakon, einen Pastor oder einen Propheten gilt: er muss neugeboren sein (nach 1 Kor 2, 14), um die spirituellen Dinge gut zu beherrschen.

---

[23] [Anm. RV: dies ist exakt die oben erwähnte, sich gerade spaltende Kirche unter Polizeischutz!]

Und jeder Diener der Erweckungskirche muss ein Mann des Gebets sein.

Wer weiht die Pastoren der Erweckungskirchen in Kinshasa? – Hier gibt es keine Theologenschule für die Pastoren, aber eine Schule des Dienstes. Das heißt, dass der Dienst ein Anruf Gottes ist und nicht etwas in der Schule Erworbenes (s. Eph. 4,11). Die Erweckungskirchen verbieten nicht die Theologenschulen, aber was mehr für die Diener Gottes zählt, ist die biblische Fortbildung. Theologenschulen haben aber den Vorteil, noch mehr von Gott zu erfahren.

Was ist das Ziel der Kampagnen der Evangelisierung und der Gebetsnächte? – Evangelisieren hilft die Gefangene zu erlösen, die verlorenen Seelen zu retten, Wunderheilungen und Befreiungen zu bewirken, von denen andere nichts wissen. Ist es denn normal, 2-4 Erweckungskirchen in einer einzigen Straße zu finden? Das ist möglich. Da nämlich die Gaben eines Pastors nicht dieselben sind wie die eines anderen. Der eine gewinnt die Seele, der andere heilt. Jede Kirche hat ihre Sendung: prophetische Verkündigung, Evangelisierung usw. – Aber was erstaunlich ist in unserem Land, dass wir nur über die Vervielfältigung der Erweckungskirchen redeten in der Zeit als wir 30 Mio. Kongolesen waren; aber heute mit über 60 Mio. Wie kann denn eine Kirche mit solchen Zahlen funktionieren? Also entstehen jeden Tag neue Terrassen und Nachtlokale, ohne dass die Menschen an diese unsere Aspekte denken. Sie bleiben einfach mit der Zahl der Kirchen zurück, die doch nur das Heil für die Kinder Gottes suchen. Und das Gesetz fordert, dass zwischen einer und der nächsten Kirche 100 Meter Distanz bleibt, um Störungen bei Nacht und bei Tag zu verhindern.

Zur ‚Reaktion des Staates' – Da nun Kirchen nicht im Verborgenen funktionieren, kann der Staat nur die unterdrücken, die nicht im Einklang mit den Gesetzen stehen. In einem solchen Falle gäbe es keinen Konflikt zwischen Staat und Erweckungskirchen, deren Beitrag zur Erfassung der Jugend außer Frage steht. Denn die Kirchen formen diese moralisch und geistig-spirituell statt sie weiter stehlen, plündern, Unordnung in der Öffentlichkeit schaffen zu lassen, oder gar als Hexenkinder behandelt zu werden.

Ein Wort zum Schluss? Der Staat sollte die Erweckungskirchen ermutigen und auch unterstützen, natürlich auch darauf achten, dass sie einen legalen Vertreter haben. Und in kurzer Zeit haben die Erweckungskirchen auch ihr Statut wie die anderen religiösen Konfessionen." (Vorschläge gesammelt von der Praktikantin Feza Kitenge Chantie)

Eine andere Zeitung in Kinshasa, der auf seine Unabhängigkeit pochende *Le Potentiel*[24], setzte den Akzent kürzlich unter Berufung auf die Monatszeitschrift „Jeune Afrique" genau anders herum und kritisierte die religiöse Geschäftemacherei:

„Die evangelikale Erweckung im Kongo
aus der Sicht von ‚Jeune Afrique' –
Pastor: ein Traumjob" (Le Potentiel, 8.2.2014)

Derzeit gebe es kein lukrativeres Geschäft in Kinshasa, als eine *„Erweckungskirche"* aufzumachen. Ihre Führer verkauften ihren Segen zu hohen Preisen an die kongolesischen Gläubigen… und übten Einfluss auf Politiker aus. Von ihren Anhängern würden die *„Männer Gottes"* mit Villen und Luxusautos ausgestattet. *„Wenn ein Mann hungrig ist"*, so beginnt der Artikel, *„sollte er besser lernen…. zu predigen"*. Damit sei letztes Jahr im Juni auf dem *Comedy-Festival „Toseka"* in Kinshasa ein berühmter Ausspruch von Konfuzius abgewandelt worden. Dieser fasse die Situation der Erweckungskirchen im Kongo zusammen. Ihre Gläubigen seien bereit zu verzichten, um das Geld ihren *„Hirten"* zu geben. Sie betrachteten solche Opfer *„als einen Akt des Glaubens"*, in der Hoffnung ihre Ehe zu erneuern, eine Stelle zu finden oder gar ein Visum für Europa zu bekommen… Dabei gebe es immer mehr Pastoren, welche sich damit bereicherten, um Häuser und schöne Autos zu

---

[24] Auch als Online-Ausgabe einzusehen.

kaufen. Ein Beispiel sei der sehr beliebte *Pascal Mukuna* in Kinshasa, der nur mit einem *Lincoln-Auto* herumkutschiere. Kostenpunkt: 55.000 Euro. An manchen Tagen sitze er in der weißen Version, an anderen in einer schwarzen Version.... Solche Erweckungskirchen würden wie Pilze aus dem Boden schießen. Alle paar Straßen wieder eine andere. Manche seien offiziell registriert, andere nicht… Bei ihnen sei die Kirche zu einem Ort der Geselligkeit geworden, manchmal mehrmals in der Woche. Dies ersetze, *„die versagenden staatlichen Strukturen…"* Sie würden *„Heilungstage"* und *„Gebetstage"* veranstalten. Die Anhänger hätten sich vom Katholizismus gelöst, ihre Pfarrer nähmen eine wichtige Stellung im Leben der Gläubigen ein. SIE retteten, nicht die Sakramente … In einem Land mit hoher Arbeitslosigkeit sei die Kirche auch zu einer Art Arbeitsmarkt für einige junge Leute auf Arbeitssuche geworden … Offenbar finde auch ein Wettbewerb zwischen den Predigern statt, die nicht zögerten, Radio- oder Fernsehen zu nutzen, um vorwärts zu kommen. Bei großen Kundgebungen in Stadien etwa würden ihre *„Segnungen"* verkauft, *„wundersames Öl, Weinflaschen, mit Glück gesegnete Bibeln … Diese Prediger versprechen alles und nichts, so lange sie ihr Geld, nämlich Schmuck und Bündel von Bargeld bekommen."*

5. Die muslimische Religion im Kongo

Seit dem 14. Jahrhundert gibt es Spuren des Islam im Kongo, die sich aber auf den Osten beschränkte, von wo arabische Sklaven-jäger und Elfenbeinhändler operierten, die gar kein direktes Mis-sionierungsinteresse hatten. Erst ab dem frühen 19.Jahrhundert gab es nach der Abschaffung der Sklaverei Bemühungen um die Verankerung des Islam in den östlichen Landesteilen Kongos.

Dieses Kapitel lässt sich also einteilen in die erste Phase der Gründung weniger islamischer Gemeinschaften im Osten und Südosten des Kongo, und die zweite Phase der Ausbreitung die-ser Religion ab dem 19. Jahrhundert und besonders in den letz-ten drei Jahrzehnten nach 1980 – auf heute ca. 10% der Bevölke-rung.

Die Sultane von Maskat und Oman hatten die wirtschaftliche Oberhoheit auf den Inseln Sansibar und Pemba vor der Ostküste Ostafrikas seit dem 14. Jahrhundert Die Mestizen, Nachkommen dieser Araber und Ostafrikaner der Swahili sprechenden Bantu-Kulturen (*swahilis* = „Küstenmenschen"), begannen eine Missio-nierung des östlichen Festlandes nach der Abschaffung der Skla-verei ab ca. 1820. Man nannte sie ihres Mischdialektes wegen die „Arabisierten"; ihre Sprache ist „Kiswahili", konkreter: 72% ihrer Sprache besteht aus Swahili-Worten, der Rest aus arabisch abge-leiteten Worten. Sie waren arabisch sozialisiert und religiös ge-bunden.

5.1 Überblick – nach Armand Abel

Wegen des strikten religionspolitischen Kurses des belgischen Königs und Parlaments gab es erst zum Ende ihrer Kolonialzeit ab 1956-57 die Möglichkeit, im Osten den Islam zu verbreiten. Armand Abel[25] beschreibt diesen Prozess in vier Punkten, die im Folgenden dargestellt werden:

1. Die Verbreitung der moslemischen Gruppen und ihre Be-deutung;

---

[25] *Les Musulmans noirs du Maniema*, 1960.

2. Die Religion der „Arabisierten";
3. Das Verhältnis von traditionellem zu islamischem Recht;
4. Das Verhältnis beider zu Magie und Hexerei.

(ad 1) Zur Verbreitung der moslemischen Religion.
Die Missionierung fiel den Mestizen leicht, weil sie als Afrikaner akzeptiert waren, einheimische Frauen heirateten, sich überall dort heimisch fühlten und große Städte aufbauten, wie Kasongo, Kabambare, Kirundu, Nyangwe u.a.
Am 18.1.1957 ergab der Zensus der Kolonialverwaltung, dass Muslime in folgenden Gegenden wohnten:
– Ruanda-Urundi: Kisengi, Usumbura, Kitega, Astrida, Bururi, Kigali;
– Provinz Léopoldville (Kinshasa): Stadt mit vielen Einwanderern aus den frz. Gebieten;
– Provinz Equateur : Banzyville (Lisala), Bolobolo, Libenge;
– Province Orientale: Stanleyville (Kisangani), Ponthierville, Bunia;
– Kivu: Masisi, Goma; Walikale, Bukavu, Uvira, Fizi, und alle Gebiete der Provinz Maniema;
– Katanga: Albertville (Likasi), Kongolo, Kabalo, Elisabethville (Lubumbashi);
– Kasaï: Katako-Kombe.

Also befanden sich die Muslime ziemlich beständig und vorwiegend in den schon im 19. Jahrhundert von Sansibar aus besiedelten Gebieten, wo sie sich weiter ausgebreitet hatten. Kasongo war einer ihrer wichtigsten Orte. In dieser Gegend wohnte in den 50er Jahren die Hälfte der Bevölkerung muslimischen Glaubens. 1954 wurden im Territorium von Kasongo 40 Araber, 7.000 Arabisierte und 45.000 einheimische Moslems gezählt. Im Verhältnis zur gesamten Bevölkerung von Kasongo nannte die Zählung von 1957 genau 77.600 Moslems unter den 120.325 Einwohnern. Dennoch blieb die Prozentzahl auf nationaler Ebene relativ gering, da erstens die ärmere christliche Bevölkerung eher kinderreich war und zweitens politisch jede offizielle Missions- und

Lehrtätigkeit für Muslime verboten war, denn die katholischen Missionare der Weißen Väter besaßen sozusagen das Monopol in Bildung und Erziehung. Drittens war die Ausbreitung des Islam eher eine Bewegung im Volk – eine einfache Volksfassung sozusagen; sie war nicht von Missions-Experten geplant.

Dieser *„schwarze Islam" der arabisierten Afrikaner* fußte auf dem Glauben der Muslime aus Sansibar, die eher der „mystischen" und gewaltfreien Tradition der Sufis anhingen, welche in den islamischen Bruderschaften verbreitet war; sie war besonders im Volk seit dem 18. Jahrhundert verankert und ging zurück auf den Mystiker Scheich Abd al Qadi al Gilani in Bagdad, der eine umfassende Liturgie in Anlehnung an die christliche entwickelte. Die sog. Quadriya-Bruderschaft etablierte sich Ende des 19. Jahrhunderts innerhalb des Islam wie ein Staat im Staate. – Der Islam im Kongo vereinte diese mystische Tradition der Quadriya-Sekte in perfekter Weise mit den Gefühlen und Bedürfnissen und den religiösen Orientierungen der indigenen Bevölkerung.

Der belgische Vize-Administrator im Kongo, VANDERVELDE, konnte dem einiges abgewinnen, weil er sah, dass sich neben dem orthodoxen Islam „para-orthodoxe" Elemente entwickelt hätten, die den ersteren gar ersetzt hätten: „Die islamischen Bevölkerungsgruppen sind oft nur oberflächlich missioniert worden, sind aber aus voller Überzeugung Muslime. Sie kennen kaum spezifische Glaubensinhalte und auch nicht viele Rituale. In vielen Bereichen unterscheiden sie sich nur wenig von den Praktiken ihrer heidnischen Vorfahren; und bei den Arabisierten in der Provinz ‚Orientale' im Nordosten des Kongo hat sich die islamische Religion sozusagen auf die afrikanischen Glaubensinhalte und ihren Aberglauben aufgesetzt."[26]

(ad 2) Der Inhalt des moslemischen Glaubens der Arabisierten.
Grundlagen der islamischen Religion der „Arabisierten": Koran und Sunna sind die Basis. Der Koran ist nicht nur eine Glaubens-

---

[26] VANDERVELDE, M., ‚La religion des arabisés de la Province Orientale', in: *Correspondance d'Orient*, n° 2, Brüssel 1960, S. 127-149.

grundlage wie die Bibel, sondern auch eine Quelle von Recht, Philosophie und Moral; er wird oft einfach „das Buch" genannt.

Die Sunna ist die Summe der Aussagen des Propheten, wie sie in den ersten zwei Jahrhunderten nach seinem Tod im 8. und 9. Jahrhundert gesammelt wurden. Die diese befolgen, heißen „Sunniten", in Swahili „Suni". Es gibt unter ihnen vier Gruppen je nach Ritus und Rechtsschule (Hanafi; Maliki; Shafi; Hanbali); im Ost-Kongo folgen die Arabisierten dem Ritus des Shafi. Im Westen des Kongo und in den dort angrenzenden Ländern ist der Maliki-Ritus bestimmend (Senegal; Mali u.a.).

Außerhalb dieser vier „orthodoxen" Riten gibt es andere, die als häretisch gelten, nämlich die Schiiten (heute in Persien an der Macht) oder die Ibaditen.

Glaube und Gesetz: Der Glaube der Muslime ruht wie überall auf den fünf traditionellen Pfeilern des Islam: Glaubensbekenntnis (Shahada), Gebet, Almosengeben, Fasten und Pilgerfahrt (Hadsch). Die sechs Grundprinzipien (in Swahili ,*Nguzo sita ya imani*') sind: der Glaube an den Einen Gott, an seine Engel, seine Propheten, an das Endgericht, die Heiligen Bücher und die Vorsehung. Diese sechs sind bei den „Arabisierten" allgemein bekannt und angewandt. Auch kennt man viel über das Leben des Propheten Mohammed und seiner Frauen. – Die Scharia ist die Rechtsgrundlage und enthält die Regeln und Gesetze zum Kultus (Ibada) und zu Recht und Moral (Hukumu).

(ad 3) Das Verhältnis von traditionellem zu islamischem Recht.
In den Ostprovinzen der DR Kongo hat sich das islamische Recht vermischt mit Elementen des traditionellen Rechts („droit coutumier"). So sind die Sitten und Gebräuche durchaus geprägt durch die allgemeinen muslimischen Normen.

Religiöse Normen gliedern sich nach:
- Notwendig (Wajib), wie Beten
- Empfohlen (Suna) wie Almosen geben
- Gleichgültig (Halali) wie das Sich-gut-kleiden
- Nicht empfohlen (Makuruhu) wie das Rauchen
- Verboten (Haramu) wie Wein und Alkohol allgemein.

Juristische Normen können sein:
- Korrekt (Sahilu)
- Nichtig (Batilyi)
- Erlaubt (Djaisi)
- Verpflichtend (Lazimi).

Matrimoniale Elemente sind stark betont, was auf afrikanische Traditionen zurückgeht und mit diesen islamischen Normen bestens vereinbar war.

Etwa 1956 begann eine zweite Woge der Islamisierung, diesmal im Westen und von der belgischen Kolonialverwaltung mehr gefürchtet, die feststellte, dass die Händlerklasse in Kinshasa (damals noch Stanleyville) „die traditionellen islamischen Regeln bei Verkauf, Ankauf, Vererbung und Heirat befolgte" (Armand ABEL).

Dieses ‚afro-islamische' Recht verbreitete sich also unter den arabisierten Teilen der Bevölkerung, selbst in Gegenden, die nicht „islamisch" wurden. Armand Abel beschreibt die Situation in der Ostprovinz Maniema (südwestlich von Bukavu/Südkivu) und in der Nordostprovinz „Orientale". Ein besonderes Zeichen für diese Tendenz sind die „liens matrimoniaux", die Brautgaben und -versprechen bei der Hochzeit.

In einer vergleichenden Studie über die Sitten und Bedingungen bei Hochzeiten (betreffend auch Verlobung, Hochzeitsgabe, Trennung der Betten bei ansteckender Krankheit (wie Lepra), Ehebruch, Polygamie, Kinderstatus, etc.) kommt Armand ABEL zu dem Schluss: „In der ausgedehnten Region des Islam im Kongo haben die Muslime nicht nur den verpflichtenden Bezug zur Scharia in ihrer Gegend etabliert, sondern auch deren Nachbarschaft durch islamische Sitten beeinflusst und deren Gebräuche mehr oder weniger geprägt."[27] Dadurch hat sich der Islam im östlichen Kongo etablieren und trotz der belgischen Kolonialverwaltung halten können, die andere „Religionen der Untreuen" am liebsten von der Karte getilgt hätten. Dazu zählen neben

---

[27] SOHIER 1954, S. 55.

den Hochzeitsbedingungen auch die Aspekte der Magie und der Hexerei.

(ad 4) Das Verhältnis beider zu Magie und Hexerei
Der schon mehrfach zitierte belgische Kolonialbeamte VANDER-VELDE beschreibt[28], dass in den arabisierten Gemeinschaften bei Krankheit zuerst der Mufumu („devin") zur Diagnose befragt wurde, der die Kranken dann weiter schickte an den Arzt („Nganga"), der die Medikamente („dawa") gab. Diese vermischten die Medizin mit Koranversen und Talismanen sozusagen zu *einer* Therapie. VANDERVELDE: „Sie spazierten durch die Dörfer mit einem Heft, in dem sie für die nicht-lesende Bevölkerung quasi magische Zeichen zum Gebrauch ihrer Heilmittel notierten; sie hatten immer einiges Zeug dabei, aber nur um abzuschirmen, was sie eigentlich verkauften: nämlich Talismane." Magie war strikt verboten im Islam, aber der Handel florierte wie überall auf der Welt, wenn es um Hoffnung auf Gesundung geht. Und es war gut vereinbar mit den Denk-Gewohnheiten der Einheimischen. Manchmal gab es auch noch zu den Amuletten Auflagen wie Verbote, bestimmte Dinge zu essen. Auch das passte gut zu den typischen Praktiken und Totem-Ritualen der traditionellen afrikanischen Religionen. Die Talismane kamen aus der Massenproduktion in Indien (Bombay), Kenia (Mombasa) oder den französischen Kolonien; sie enthielten wegen der besseren Verkaufschancen oft Hinweise oder Bilder zu Persönlichkeiten des Islam (wie Ali oder dessen beiden Söhne Hasan und Husani) oder zu Heiligen Orten des Islam (wie die Moschee von Mekka oder das Grab von Abd el Kadr). Es war übrigens ein weit verbreiteter Glaube, dadurch unverletzlich zu werden.

In den Jahren meines Aufenthaltes hörte ich fast ehrfurchtsvoll Menschen in Uganda davon reden, dass der dortige Top-Terrorist, der Leiter der LRA (Lord's Resistance Army), Koni, unverletzlich und eben deshalb noch nicht gefasst und besiegt worden sei. Daran stimmt wohl so viel, dass niemand gewagt

---

[28] MWANA-MONGO, *op.cit.* Anm..151.

hätte, ihn auszuliefern oder zu verraten, aus Angst vor den Folgen. Der katholische Erzbischof von Gulu im Nordwesten Ugandas ist ihm, wie er uns erzählte, bis in seinen Urwaldsitz hinein gefolgt und hat ihn überzeugt, viele der Kindersoldaten aus der Region freizugeben.

Diese Praktiken waren also schon sehr gebräuchlich; wenn auch von der Kolonialverwaltung verboten, so waren sie doch vor der Unabhängigkeit des Kongo schon verbreitet. Sie wurden aber unter General Mobutu in den 80er Jahren noch üblicher.

5.2 Die Ausbreitung des Islam im Kongo ab den 80er Jahren

Der vorher nur in den östlichen Provinzen und in Kinshasa stark vorhandene Islam konnte sich dann unter Mobutu im ganzen Kongo ausbreiten, was einerseits eine Folge seiner Politik der „Authentizität" war, die soweit ging, christliche Vornamen als un-afrikanisch abzuschaffen; und andererseits mit der Freundschaft zu König Hassan II. von Marokko zusammenhing.

(1) Die Woge der „authenticité" (Mobutus „Echtheits"-Kampagne)
Noch bis zum Beginn der Unabhängigkeit 1960 waren alle Verwaltungsposten mit Christen besetzt. Die „erste Rache" dafür geschah nach der Ermordung Lumumbas, als die Moslems aus Maniema die Christen für dessen Ermordung verantwortlich machten. (2014 erreichte dieses „Niveau" erneut Regierungssprecher Mende, als er gegen die Katholischen Bischöfe mit ihrer in Rom verfassten Erklärung gegen ein verfassungsfeindliches 3. Mandat des Präsidenten Kabila polemisierte!). Ähnliches geschah auch nach der Mulelistischen Rebellion von 1964, als die Moslems aus Kasongo, Kindu und Kisangani, also aus den Provinzen Maniema und Orientale, massenhaft christliche Amtsträger und Missionare denunzierten, die dadurch in großer Zahl umkamen.

Die „zweite Rache" passierte erneut in diesen Gegenden als die Kampagne des Präsidenten für mehr „Authentizität" begann: er wollte die katholische Religion als mit dem europäischen Imperialismus angeblich am stärksten verbundene Kraft aus dem Lande herausdrängen. Ein islamtreuer Autor, Adnan HADDAD, beschreibt das so: der Islam könne sich weit mehr als das Christentum den jeweiligen Völkern anpassen. Er achte die früheren Religionen und die Menschheitstraditionen. Die Katholische Kirche hingegen habe Afrika in die Armut gestürzt durch ihre strikte Unterordnung unter Rom. Sie habe die Kongolesen ihrer Traditionen und kulturell-religiösen Identität beraubt; indem sie nun dem Islam folgten, würden sie diese viel eher wiederfinden. Haddad bemüht dazu sogar *Hegel*, der gesagt habe, dass der Islam der afrikanischen Lebensweise und Mentalität viel näher sei.[29] (Hegel werden übrigens mit Recht von anderen modernen AutorInnen „rassistische Verunglimpfungen der Bewohner Afrikas" vorgeworfen.[30]) Allerdings gab es auch konkrete Anknüpfungs-Punkte zum Islam, wenn man etwa denkt an die Polygamie. Da sie islamisch zwar zugelassen war, aber vielen Kongolesen zu teuer wurde, entstand ein neues System der Polygamie, das mehr an europäisches „Fremdgehen" erinnert als an afrikanische Multi-Verantwortung für mehrere Frauen und deren Kinder, nämlich „das zweite Büro" oder auch das dritte, etc.

(2) Die Freundschaft Mobutus mit Hassan II. von Marokko
Präsident Mobutu schlug sich in seiner Rede vor der UNO am 4. Oktober 1974 nach dem Sechs-Tage-Krieg eindeutig auf die Seite der arabischen Staaten gegen Israels Besatzung Palästinas, obgleich er ja von den USA bekanntlich unterstützt wurde als Bollwerk gegen den Weltkommunismus. Ägypten wurde zum ‚Bruderland' erklärt und Israel der Status eines ‚Freundeslandes' entzogen: „Bruder und Freund sein – die Wahl ist klar!"
Ein weiteres Bruderland war Marokko; und König Hassan hat von Mobutu im Gegenzug zu seiner militärischen Unterstützung in Katanga (gegen Aufständische 1976) eine deutlichere Zuwendung hin zu den Moslems in seinem Land verlangt, wie man heute weiß. Sehr bald gab es vier Moscheen in Kinshasa, bezahlt

---

[29] Adnan HADDAD, *Recueil de Réflexions*, 1994, S.83.
[30] AMINATA DRAMANE TRAORÉ (Mali), 2014, S. 13-20. 19.

von Petrodollars aus Arabien. Die Zahl der Muslime allein in Kinshasa wuchs in einem Jahrzehnt von gut Tausend auf etwa Zehntausend an; im ganzen Kongo von 1,4% auf etwa 10% der Bevölkerung, damals knapp 4 Mio. Heute wohnen in der DR Kongo fast 70 Mio, aber die Zahl der Muslime ist nicht prozentual mitgewachsen; eher machen die christlichen aggressiven Sekten und „Pfingstkirchen" aus den USA „Seelengewinne" und echt materielle Profite dazu.

Offen ist, inwieweit sich die islamische Radikalisierung in Nahost und Nordafrika im Kongo auswirken wird. Ein katholischer Priester in Kasongo plant ein christlich-islamisches Friedenszentrum in Kasongo, da die Radikalisierungspropaganda schon begonnen habe: die lokale islamische Bevölkerung sei noch deutlich abwehrend gegen diese ausländischen Islamprediger eingestellt, sagte er mir vor meiner Abreise 2014; sie brauche aber mehr Bildung, Begegnung und Orientierung.

Man muss feststellen, dass der Islam zur vierten religiösen Kraft im Kongo aufgestiegen ist (hinter der römisch-katholischen, der protestantischen und der kimbanguistischen Konfession); bezeichnenderweise nennt man den Islam in solchen Zusammenhängen oft eine „Konfession", nicht eine andere Religion! Die offiziellen Beziehungen der Religionsführer sind gerade in Friedensfragen eindeutig solidarisch untereinander.

5.3 Der Platz des Islam
im Konzert der Religionen im Kongo

Mit einem Anteil von 10% der Bevölkerung hat der lange marginalisierte Islam heute einen festen Platz in der politisch-sozialen Landschaft des Landes gefunden. Politisch hat man sich im Parteiengefüge in der „Islamischen Allianz der Kräfte des Wandels" organisiert; zusammen mit allen anderen Religionen und Konfessionen ist er beim Bemühen um Frieden und menschlicher Entfaltung durch ständige Appelle an die jeweiligen Regierungen und Staatschefs engagiert. Im Erziehungsbereich gab es ja während der 70er Jahre die Phase, in der alle Schulen und Universitäten durch Mobutu nationalisiert, d.h. verstaatlicht wurden; aber ab 1978 wurden nach dem Scheitern dieser Eingriffe Verträge zwischen Kirchen und Staat unterzeichnet, um die Schulen zu sanieren. Zu diesen Partnern gehörte auch der Islam, der ebenfalls Hilfe in verschiedenen Sozialwerken zum Wohl seiner gläubigen Bevölkerung leistet.

Aber es gibt auch gewisse Spannungen zwischen Christen und Muslimen. Manches Mal deuteten die Christen die Bürgerkriege, die den Kongo in West-Ost teilten, als x-te Revanche des Islam am Christentum. Der lange an den Rand gedrängte Islam hat seinen festen Platz unter den Religionen in der kongolesischen Gesellschaft gefunden. Man kann nicht mehr ohne ihn von interreligiösem Dialog reden.

Resümee

Die von Sansibar – nach früheren eher zufälligen Konversionen in der Zeit des Sklavenhandels – ausgehende Ausbreitung des Islam ging langsam vonstatten. Er blieb in der gesamten Kolonialepoche auf den Osten beschränkt, besonders in den Regionen von Maniema und Kasongo. Das hatte zwei Gründe: einerseits waren die Konvertierten zu wenig bewandert in dieser Religion und kannten überhaupt kein Arabisch; sie hatten das Wissen, das sie in Koranschulen gelernt hatten: Formeln ohne tieferen Sinn. Das ergab einen Synkretismus traditioneller Religion und des Islam. Andererseits wurden ihnen von den belgischen Siedlern alle erdenklichen Hindernisse in den Weg gelegt, um ihre Verbreitung im Kongo zu verhindern. Schulen wurden geschlossen; Sitten und Gebräuche außerhalb ihrer Gemeinschaften verboten.

Nach der Kolonialzeit aber wurde mit der Entwicklung der neuen Politik der Authentizität und durch die Freundschaft zwischen Staatschef Mobutu und dem marokkanischen König Hassan II. der Weg frei für die Ausbreitung des Islam im Kongo. Schon nach zwei Jahrzehnten stieg ihr Bevölkerungsanteil von

1,4% auf 10%! Auf dieser Basis konnte er einen gleichrangigen Dialog mit den anderen religiösen Konfessionen im Kongo beginnen und die Zusammenarbeit bei gemeinsamen Zielen wie Gerechtigkeit und Frieden voranbringen.

Ich habe dies im Interdiözesanen Zentrum Kinshasa bei vielen gemeinsamen Pressekonferenzen zu sozialen und politischen Fragen erlebt, und ich habe auch 2011 bis 2014 in Kinshasa bei verschiedenen Konferenzen den Wert und die Ernsthaftigkeit des gemeinsamen Einsatzes für eine bessere Gesellschaft spüren können.

Treffen mit dem Sprecher der ursprünglichen Bevölkerung in Kiri (Bandundu)

6. Die Ur- und Natur-Religionen als prägende Vergangenheit und spiritueller Hintergrund („Religions traditionnelles")[31]

Die sozusagen aus Urzeiten überkommenen traditionellen religiösen Grundannahmen, Überzeugungen und Praktiken sind sicherlich je nach Region und Abstammung verschieden, aber es gibt in der im Kongo vorherrschenden Bantu-Tradition doch einige Grundkonstanten. Schätzungsweise 60% der etwa 60 Millionen Bantus in Afrika leben im Kongobecken. Sie bezeichnen das menschliche Wesen als „Ntu" mit dem Singular-Präfix „mu" und dem Plural-Präfix „ba". So ist also ein „muntu" ein menschliches Einzelwesen und „bantu" sind „die Menschen"! In der Forschung erkennt man im Kongobecken einen „fonds religieux original", eine eigene religiöse Urtradition.[32] Die wichtigsten vier Grundelemente dieser eigenständigen historischen Überlieferung sind die vier Seins-Bereiche, die im Folgenden kurz dargestellt werden, auch weil diese Sicht oft in die heutige christliche Praxis weiter hineinspielt – so wie bei unserem Weihnachtsfest die Verschmelzung germanischen Lichterglaubens mit der Tradition der Lichtgestalt Jesu im Evangelium.

Es sind dies folgende vier Ebenen, die nach Prof. Kabemba Mufutu dargestellt werden:
1. Das „höchste Wesen"
2. Die Ahnen
3. Die Lebenden
4. Die Naturgeister

6.1 Das Konzept des Höheren Wesens

In den Bantu-Gemeinschaften der DR Kongo trägt dieses höchste Wesen einen oder mehrere Namen wie etwa: „Nzambi-Mpungu,

---

[31] Quellen dieses Kapitels sind neben eigenen Erfahrungen von Mwan-A-Mongo die Beiträge von: Mfutu Kabemba 1990, René Girault / Jean Vernette, Paris 1979, sowie Henry Van Straelen, Paris 1994.

[32] Vgl. Joseph Huby, CHRISTUS. *Manuel d'histoire des religions*, Paris 1934, S. 81.

Nzambe, Mungu, Mvidyé Mukulu, Maweja, Mulopo, Ndjamb'a Pongo, Nkyer, Nzem, Efilé, Fidi, Shyakapanga..." In Kinshasa hört man meist „Nzambe", und ich kenne dieses Wort auch von vielen Inlandreisen aus den katholischen Gemeinden. Diesem höchsten Wesen werden drei Qualitäten zugeschrieben:

- Der „*Allmächtige*" (Nzambi-Mpungu, Ndjamb'a Pongo; hier wird oft noch Mpungu oder Pongo [Adler] hinzugefügt);
- Der Älteste, der „*Schöpfungsvater*" (Mvidye Mukulu, Shyakapanga, Nkier);
- Der unsichtbare, allgegenwärtige und allmächtige „*Jenseitige*" (Efilé, Fidi...).

Dieses höchste Wesen wird im *einfachen Volksglauben* lokalisiert sei es im hohen Himmel, sei es auf hier auf Erden, entweder in einem großen Haus oder halt überall. Dann ist es auch nicht weit bis zu einem Vielgötterglauben. Jedenfalls spricht man gern vom Gott der Väter – vergleichbar mit dem Alten Testament, wo es z.B. heißt: „Gott Abrahams, Isaaks und Jakobs". Aber in der afrikanischen Bantu-Tradition kommt man auch schnell zu analogen Vorstellungen wie Gott der Tiere, der Wasser, der Ernten, der Wälder, des Regens – so dass ein ganzer Götter-Kosmos entstand.

Hingegen gibt es auch eine *profundere Vorstellung Gottes*, eher bei der Minderheit der Intellektuellen, die besagt: die Wohnung des höchsten Wesens ist unbekannt und unbegrenzt, eben einzigartig anders, wirksam im sichtbaren und unsichtbaren Universum. Diese Vorstellung verweist auf die spirituelle Tiefe traditioneller Gottesvorstellungen. Jedenfalls setzt sie nicht die Wirkungen des höchsten Wesens mit diesem gleich und lässt ihm daher auch seine Einzigartigkeit.

6.2 Die Rolle der Ahnen (auch „les mânes" genannt)

Wie die Schutzengel in jüdisch-christlichen Vorstellungen sind die Ahnen da, um die Lebenden vor den Verdammten zu schützen, die ihnen auch nach dem sündigen Leben und Sterben schaden wollen; die sie schützen vor schwarzer Magie und vor Hexerei … Sie sind die Botschafter und Gesandten des Ewigen Wesens unter den Lebenden.

Körperlich oder geistig Behinderte sind jenseits beider Kategorien eingeordnet. Und im irdische Leben Höher-Verantwortliche und Tugendhafte wie große traditionelle Chefs („grands chefs coûtumiers"), Clan-Chefs und deren Abgesandte, Notable oder Krieger) werden zu Geistern und sind damit höher angesiedelt als die Ahnen.

Der folgende Gedichts-Text von Birago DIOP (bei MWAN-A-MONGO; übersetzt von R. Voß) illustriert diese Sicht:

„Höre öfter den Dingen zu,
mehr als den Wesen.
Die Stimme des Feuers kann man hören,
Höre die Stimme des Wassers, höre den Wind,
den Busch beim Schluchzen:
Das ist der Atem der Ahnen.
Die gestorben sind, sind nie gegangen,
sie sind im Nebel der sich auflöst
und im Schatten der sich verdichtet.
Die Toten sind nicht unter der Erde;
Sie sind im Baum der rauscht und im Busch der stöhnt;
Sie sind im Wasser das fließt und im Wasser das schläft;
Sie sind in der Hütte, sie sind in der Menge:
Die Gestorbenen sind nicht tot."

Die Ahnen sind diejenigen, die Gutes taten, die sensibel für die Probleme anderer waren, die schöpferisch waren, denn sie können wiedergeboren werden. Ausgeschlossen sind alle, eine ganze lange Reihe von Sündern und Missetätern, von Nicht-„Normalen" aller Art; sie gehören zu den schlechten Geistern und sind verdammt, herum zu irren und immer noch den Lebenden zu schaden.

6.3 Das Höhere Wesen und die Menschen

Die traditionellen Bantu-Religionen haben keine Heiligen Schriften, Offenbarungen, Prophetien, da sie in mündlichen Kulturen entstanden sind. Die Beziehungen zum Göttlichen geschahen und geschehen über sichtbare, berührbare, hörbare Kanäle, nicht über Schriftstücke. Die drei stärksten davon sind die Kunst, die Mythen und die Rituale.

Schwarzafrika ist die Heimat der mündlichen Tradition, des Sichtbaren, Fühlbaren – und nicht des Schriftlichen. Dies ändert sich derzeit im Zuge der Globalisierung deutlich, denn das Internet ist nicht anders zu verstehen und zu gebrauchen. Deshalb hat z.B. das katholische Hilfswerk Misereor in den letzten Jahren nach 2010 einen Fonds für die Bezuschussung von Schriftmaterial aufgelegt, das produziert werden muss, auch zum Lernen und Traditions-Verstehen in Afrika! Ich habe davon auch in unserer Arbeit mehrfach Bildungs-Materialien drucken lassen können.

Nun also ein paar Bemerkungen zu *Kunst, Mythen und Ritualen* als den drei stärksten traditionellen Wegen, mit dem Göttlichen Kontakt aufzunehmen:

1. *Durch die Kunst* hindurch gibt es eine Annäherung ans Göttliche, durch das Naturmaterial oder aber durch die menschliche Gabe der Erschaffung von Kunst. Die Bantu-Maske wird so ein Medium des Kontaktes zum Göttlichen, das sich in der Natur manifestiert. Farben, Bewegungen, Reliefs, Arabesken-Muster natürlicher Meisterwerke sind sichtbare Zeichen des Göttlichen. Dieses Höhere Wesen steckt nun aber nicht in den Materialien der Kunst, sondern ist – etwa bei Katastrophen – nur direkt anrufbar, vielleicht dann mithilfe eines Kunstwerkes. Da gelangt man in Kontakt mit dem Göttlichen durch die Kräfte in der Natur und durch die eigene Macht der Lebenden, oft unterstützt durch die der Toten. Prof. Theodore MUDIJI spricht von Initiation und Dramatisierung durch die Masken, die unterstützt durch das Tamtam der Trommeln, oft in nächtlichen Sitzungen, die Kräfte und Geister der Ahnen herbeirufen, um Konflikte zu bewältigen, beispielsweise wegen Sterilität und Fruchtbarkeit, zwi-

schen den Individuen, zwischen Leben und Tod, Licht und Dunkel, Gut und Böse.[33]
In den traditionellen Bantu-Religionen ist die Kunst also ein bevorzugter Weg, Kontakt zum Höchsten Wesen aufzunehmen, wobei nicht jedes Kunstwerk unbedingt dazu diente. So hat beim Stamm der Leele beispielsweise das Wischtuch des Sehers mit Namen „Itumba la bukang" nicht dieselbe Funktion wie eine Maske. Man geht nicht zum Seher („nganga Buka" oder „nganga Fio-fio"), um Gott anzurufen, sondern um ein menschliches Wesen mit seiner Kraft der Hellseherei zu befragen. Dabei beginnt dieser einen gemeinsamen Suchdialog, bei dem Erinnerungen an Personen, Ereignisse und einengende oder ausweitende Familienumstände aufgerufen werden. Der „Nganga" rät oder vermutet, indem er das leicht mit Wohlgeruch besprengte Tuch handhabt und – aufgrund von dessen Reaktionen – eine Lösung oder jemand Schuldigen sucht und benennt. Der Nganga kann weder Gott noch die Ahnen anrufen, um tägliche Probleme zu lösen.

2. *Durch die Mythen*: Das Fern- und Nahe-sein des Höchsten Wesens werden den Jungen immer wieder in den Erzählungen der Alten nahegebracht, entweder abends am Feuer oder am religiös vorgeschriebenen Ruhetag unter dem Baum beim Palaver oder unter dem „Baobab". Alle tradierten Bantureligionen haben wöchentlich wie Juden und Christen einen Ruhetag, der bei den Leele „Imbomba" und etwa bei den anderen Bantuvölkern in der Provinz Bandundu (im zentralen Westen der DR Kongo) „Mukila" heißt.
Die alten Geschichten über die Schöpfung und die Anfänge sind manchmal denen der Bibel erstaunlich nahe – eine Nähe zwischen semitischen und schwarzafrikanischen Geschichten, die noch nicht wirklich erforscht ist. Die erstaunlichsten Parallelen sind der Turmbau zu Babel in Genesis 11 und die Geschichte über Cham, den Sohn Noahs in Genesis 9. Auch ist die Geschich-

---

[33] Théodore MUDIJI Malamba, 1990, S. 257.

te vom Schöpfergott im Kongo oft in bekannten Sprichworten präsent.

Was die erwähnten Parallelen zur Hebräischen Bibel angeht, so ist der verfluchte Sohn Noahs, Cham, seinerseits Vater des ebenso verfluchten Kanaan, den Noah in das Land der brennenden Sonne als Sklave seiner Brüder schickte (Genesis 9, 20-29). In vielen Bantusprachen bedeutet die Silbe Kam, Kann oder Ngan soviel wie der Andere, Fremde; der Arme, Naive, der eine zu große Last zu tragen hat. Diese ihnen auf ewig abzunehmen, bat eine Delegation anerkannter Männer Papst Johannes Paul II. bei dessen erstem Besuch von Zaire im Mai 1980. Er möge doch den Fluch Chams / Kanaans von den Völkern Afrikas im Namen Christi aufheben. Der kongolesische Professor O. BIMWENYI-KWESHI hat dies untersucht[34] und gezeigt, dass dies auch schon beim 1. Vatikanischen Konzil 1870 von 68 Afrikamissionaren eingebracht worden ist.

Der Babel-Mythos (der Sprachzerstreuung) gleicht dem in vielen Bantu-Traditionen, besonders der Überlieferung der Ambun in Bandundu: sie sprechen von „Okul alung"; und die Bashilele des Kasaï nennen es „Ishayola", was wörtlich „Bevölkerungsmythos" heißt.

3. *Durch die Riten*: In den traditionellen Bantu-Religionen sind die Riten enorm wichtig für jeden Kontakt zum Höchsten Wesen, zu den Ahnen und auch zur Natur. Die Basis dieser „religiösen Philosophie" ist, dass jedes Wesen und jedes Sein „Kraft" hat. Der Gott der Natur hat „lebendige Kraft". Die Choreographien der Riten symbolisieren alle diese Kräfte: die der Natur zeigt man in bunten Farben, Flora und Fauna in Federn und Tierhäuten, die der „Priester" trägt. Trommeln, Gongs und Schellen sollen die Kräfte der Ahnen herbeirufen. Der Rhythmus des Tanzes variiert je nach dem Anlass: Fest und Freude, Trauer und Schwierigkeiten, Fruchtbarkeit und Geburt, Jagd, Fischfang, Krönung, usw. Auch ist der Körperausdruck anders, je nachdem ob der Tanz sich an Gott oder die Ahnen richtet. Man muss sa-

---

[34] in: *Discours Théologique Négro-Africain*. Problème des fondements, Présence Africaine, Paris 1981, S. 117-127.

gen, dass die religiösen Riten in Afrika sehr wichtige Stützen
und Garanten für das Gleichgewicht und die Kommunikation
der „vitalen Kräfte" sind.

6.4 Die Natur-Geister

Im Gegensatz zum Ahnenkult, der geleitet wird von den Ältesten der Familie, den Clan- oder Dorf-Chefs bzw. dem „chef
coûtumier" (etwa: „der in der Tradition verankerte Chef"), wird
der Kult der Naturgeister nur vom Hexer, vom Wundertäter –
oder vom Magier des Dorfes geleitet. Im Allgemeinen wird ihre
Rolle negativer gesehen als die der Ahnen. Auch die Naturgeister gelten als negative Kräfte, wenn sie von einem Hexer angerufen werden, um jemandem zu schaden. Positiv sieht man sie,
wenn sie etwa vom Heiler des Dorfes gegen Hautkrankheiten
angerufen werden.

Dieser Animismus kann definiert werden als ein System des
Glaubens an ein Höheres Wesen, einzigartig und unsichtbar,
dessen Kraft sich durch verschiedene Untergebene entfaltet: die
Ahnen, die Lebenden und die Natur (selbst die leblose). Es ist ein
Glaube an einen Gott, der schützt vor den Kräften des Bösen, ein
Gott, der heilt und rettet.

Alle diese Faktoren und Werte der traditionellen Religionen
finden die Einheimischen nun auch im Christentum. Und doch
ist das Christentum in Afrika oft eingepflanzt worden ohne jede
Kenntnis dieser Zusammenhänge und Traditionen der Urein-
wohner. Daher der relative Misserfolg der „ersten Evangelisierung" im 16. Jahrhundert. Der zum katholischen Glauben kon-
vertierte regionale König Nzinga Nkuvu im westlichen Kongo
fiel schon vier Jahre danach wieder ab! Ein zweiter Hauptgrund
für das Scheitern damals war die mangelnde finanzielle Hilfe des
Staates Portugal.

7. Ein Fazit der Adenauer-Stiftung: „Große Bedeutung der Kirchen im südlichen Afrika"[35]

„Die omnipräsente Diskussion um die Zunahme des Islam in Afrika, die Entführungen durch Al-Qaida im Maghreb und die Piraten am Horn von Afrika lassen die Bedeutung des Christentums in Afrika in den Hintergrund treten. Doch dies zu Unrecht, denn Afrika südlich der Sahara ist die Region, die weltweit prozentual den stärksten Zuwachs an Christen verzeichnet. Rund ein Fünftel der Christen des Planeten leben hier. Christlicher Glaube in Afrika ist mehr als die Zugehörigkeit zu einer Kirche und Gemeinde, er ist besonders für die von Armut und Kriegen gebeutelte Bevölkerung die Hoffnung auf Erlösung aus der Misere und auf Frieden. Diese Hoffnung ist unter anderem der Grund für den fulminanten Erfolg der neuen „charismatischen" Kirchen, allen voran den Pfingstkirchen, die längst neben katholischen und protestantischen Gemeinden das christliche Leben in Afrika bestimmen.

Die christlichen Kirchen haben einen bedeutenden sozialen, aber auch politischen Einfluss in Afrika. Dort, wo der Staat zu schwach oder überhaupt nicht präsent ist, sind es die Kirchen, die in Schulen, Universitäten, Krankenstationen und Waisenhäusern Zugang zu Bildung und Gesundheit ermöglichen. Diese christlichen Einrichtungen sowie eine Vielzahl nationaler und internationaler NGOs mit christlichem Hintergrund wie der Catholic Relief Service oder World Vision, um nur zwei unter vielen zu nennen, leisten einen erheblichen Beitrag zur Armutsbekämpfung in Afrika.

Obwohl in vielen afrikanischen Ländern eine Trennung zwischen Kirche und Staat besteht, sind vielerorts die Kirchen moralische Autoritäten mit oftmals direktem oder zumindest indirektem politischem Einfluss. So haben die Kirchen in vielen afrikanischen Staaten eine entscheidende Rolle im Demokratisierungsprozess und bei der Konfliktlösung und Versöhnung gespielt.

---

[35] http://www.kas.de/wf/doc/kas_23017-544-1-30.pdf?110606095117 (hier: Schlussteil S.54f. in: KAS Auslandsinformationen 6|2011, S. 35-55).

Dass der Einfluss der Kirchen, vor allem von radikalen evangelikalen Predigern, aber auch negative Auswirkungen haben kann, zeigt sich exemplarisch in Uganda. Dort wurde die Debatte um die Verfolgung von Homosexuellen maßgeblich unter religiösen Gesichtspunkten geführt. Ein Gesetzentwurf, der Gefängnisstrafen und sogar die Todesstrafe für Homosexuelle vorsieht, stieß auf internationale Empörung und wird nach wie vor kontrovers diskutiert. Religiöse Werte bilden ein Hauptargument für die Rechtfertigung des Gesetzesentwurfs, und christliche Akteure gelten als treibende Kraft hinter der massiven Homophobie im Land. Kritiker sehen in diesem Zusammenhang auch eine massive Einflussnahme seitens fundamentalistischer christlicher Prediger und Gruppierungen aus den USA. Einige radikal-evangelikale ugandische Pastoren bilden die Speerspitze der Anti-Homosexuellen-Bewegung im Land, aber auch die großen traditionellen Kirchen scheinen weitgehend hinter dem Gesetzesentwurf zu stehen.

Aber auch in anderen Ländern stehen viele politische Persönlichkeiten besonders den charismatischen Kirchen sehr nahe, so auch der ehemalige Militärherrscher und spätere Präsident Benins (1996 bis 2006), General Mathieu Kérékou, und der derzeitige Präsident Boni Yayi. Der zweite Präsident Sambias, Frederick Chiluba (1991 bis 2002), war ebenfalls überzeugter Anhänger der Pfingstkirchen und erklärte öffentlich Sambia und seine Regierung zum „Herrschaftsgebiet von Jesus Christus". Der christliche Glaube vieler Staatsoberhäupter ändert allerdings bedauerlicherweise nichts an deren Regierungsführung. Diese entspricht kaum dem christlichen Menschenbild und dem Anspruch von Solidarität, rechtsstaatlichen Grundsätzen und Frieden. Chiluba wurde im Jahr 2007 von einem Londoner Gericht wegen Hinterziehung von rund 46 Millionen US-Dollar (32 Millionen Euro) schuldig gesprochen. Eine kontinuierliche Fortführung des Wertedialogs mit den gesellschaftlichen Kräften der afrikanischen Länder ist deshalb weiterhin von besonderer Bedeutung."

Oben: Schulkinder am Panzi-Hospital Bukavu –
Unten: Einbaum-Kongofähren in Kisangani

Drittes Kapitel
Die katholische Kirche zwischen Traditionalismus und großen gesellschaftlichen Umbrüchen. Eine Spurensuche

1. ZUR LAGE IN DER DR KONGO[1]

Zur Situation in der DR Kongo – BESCHREIBUNG:
Im „großen" ehemals belgischen Kongo, der Demokratischen Republik Kongo leben etwa 70 Mio. Menschen auf einer Fläche, die der von Westeuropa gleicht. In den weiten Urwaldgebieten gibt es nur 2 Einwohner / qkm. Es gibt eine Landflucht in die Städte hinein; die Hauptstadt Kinshasa im Westen hat weit über 10 Mio. Einwohner, bei schlechter Infrastruktur, außer in den zentralen Wohngebieten von Gombe und dem Industrieviertel von Limete. Die zweitgrößte Stadt ist im Südosten die Hauptstadt der Provinz Katanga, Lubumbashi, mit mehreren Mio. Einwohnern, sowie die beiden bekannten Städte im Osten, den

---

[1] In der pax christi-Reihe „Impulse" ist im Oktober 2013 als Nr. 29 erschienen: „Friedenskultur und Versöhnungsarbeit im Kongo", hg.v.d. Kommission „Solidarität mit Zentralafrika". Darin ist dieser erste Abschnitt des Dritten Buchkapitels schon abgedruckt und es sind außerdem 20 Seiten Auszüge aus meinem Kongo-Tagebuch sowie eine weiterführende Internet-Link-Liste enthalten. Die Publikation ist via Mail bestellbar (sekretariat@paxchristi.de). Drei Nummern später erschien in der gleichen Reihe noch „Bildsignale aus Bukavu" (erarbeitet in der Kommission „Solidarität mit Zentralafrika"). – Der Abschnitt wurde außerdem schon teilweise veröffentlicht im Juli-Rundbrief 2014 des Ökumenischen Netzes Zentralafrika / ÖNZ in Berlin unter dem Titel „Friedenskultur und Versöhnungsarbeit im Kongo 2010-2014" (für dieses Buch leicht verändert und aktualisiert).

Hauptstädten der Provinz Nordkivu, Goma, und Südkivu, Bukavu. Auch im Innern findet man Städte mit mehr als einer Million Einwohner, wie etwa Mbuji Mayi im Ost-Kasai oder Kisangani in der Orient-Provinz im Nordosten.

In den Ostprovinzen, den beiden Kivus, sowie in den angrenzenden Gebieten der Provinzen Orientale und Maniema, aber auch noch im südlichen Katanga, gibt es bis heute Unruhen, Raubüberfälle, die meisten Vergewaltigungen und Dorfüberfälle. Dort ist auch der Einsatz geraubter und gedrillter Kindersoldaten am häufigsten.

Das Schul- und Krankenhaus-System der Kirchen hält einen gewissen landesweiten Standard, während staatlicherseits bestenfalls in der Hauptstadt von guter Versorgung gesprochen werden kann. Aber die ist für viele Familien unerschwinglich! Ebenso ist es mit dem horrenden Schulgeld, das für viele kinderreiche Familien nicht leistbar ist und zu Verweisen von Schulen und Universitäten führt. Die Hälfte der Bevölkerung von heute ist unter 18 Jahren!! Es ist dringend, Lösungen zu finden. Die neue Regierung unter Matata Ponyo schien nach 2013 Wege zu finden, war aber stets durch Intrigen, Korruption etc. gefährdet.

Das Jahr 2015 sollte (vergeblich!) zeigen, dass es zu den seit Jahren fälligen Neuwahlen auf Provinz-, Kreis- und Ortsebene kommt, bevor dann 2016 erneut das Nationalparlament und der Präsident gewählt werden sollten. Die Demokratie hinkt noch sehr, und zeigt vor allem noch keine wirtschaftlichen Erfolge, die die 90% der Armen aufatmen ließe. Dazu hatte im April 2015 die Berliner Siftung Wissenschaft und Politik eine sehr skeptische Kurzanalyse und Prognose vorgelegt.[2] Sie sollte sich leider bewahrheiten; die 2016er Wahlen wurden bis heute (2018/19) mehrfach verschoben. Das Land kommt nicht aus der Krise![3]

---

[2] Denis M. TULL, Die DR Kongo auf dem Weg zum Wahlmarathon, Berlin, April 2015.

[3] Vgl. die Aktualisierung zum Jahreswechsel 2018/19 im →Siebten Kapitel.

Zu meinem Auftrag seitens der AGEH Köln und im Rahmen der CEJP der kongolesischen Bischofskonferenz – BEGRÜNDUNG:
[„AGEH" ist die „Arbeitsgemeinschaft für Entwicklungshilfe" (Köln) und „CEJP" heißt: „Commission Episcopale Justice et Paix" = Bischöfliche Kommission Gerechtigkeit und Frieden der Kongolesischen Bischofskonferenz (CENCO) in der Hauptstadt Kinshasa.]
    Meine *persönlichen Schwerpunkte* wurden im Team festgelegt:

- I. Verstärkung des Programms der Versöhnung und der Förderung neuer Kräfte.
- II. Start eines landesweiten Programms „Aktive und Evangeliums-gemäße Gewaltfreiheit" als Beitrag zur Versöhnung und zum demokratischen Aufbau in der DR Kongo.
- III. Verbesserung der internen und externen Vernetzung, in enger Zusammenarbeit mit der Abteilung Kommunikation und der CEJP-Website.

Zu konkreten Arbeitsprojekten – UNTERSTÜTZUNG / UMSETZUNG:
Meine Aufgabe war es, die Kapazitäten der Kommission stärken – als Berater im Bereich des Umgangs mit Konflikten – durch:

- Training und pädagogische Vermittlung der aktiven Gewaltfreiheit, konkret: Aufbau eines landesweiten Programms zu „Evangelium und Gewaltfreiheit" als Strategie zur Versöhnung und Beitrag zur Entwicklung einer demokratischen Gesellschaft in der DR Kongo („Mise en oeuvre d'un programme transversale de NVA et Evangélique comme stratégie pour la réconciliation et l'avènement d'une société démocratique en RDC").
- Unterstützung und Verbesserung des Multiplikatoren-Netzes (was etwa durch die Anschaffung von elektronischer Grundausstattung für über 40 Büros der diözesanen Kommissionen „Justice et Paix" durch missio-Gelder geschah).
- Mitarbeit an thematischer Arbeit und an der Entwicklung neuer Programme.
- Zusammenarbeit bei der Erarbeitung und Beantragung von Projekten; hier ist insbesondere ein Aufbauprojekt im Um-

feld von Goma zu nennen, das aber wegen des Krieges dort jahrelang nicht starten konnte und jetzt von Misereor gefördert wird.

– Beratung bei der Projekt-Durchführung und -Auswertung; dies entwickelte sich zum Beispiel in der Nacharbeit zu den Seminaren auf dem Lande in den dortigen Provinzstädten, wenn ich Hilfen bei der Antragstellung gab.

– Zusammenarbeit bei Dokumentation und Präsentation: dazu gehören zwei Bücher für die Seminarteilnehmer zur Evangeliums-gemäßen Gewaltfreiheit; sowie Artikel in anderen Broschüren und Zeitschriften der Kirche im Kongo.

– Schließlich ist zu erwähnen, dass ich nahezu alle Stellungnahmen der Katholischen Kirche im Kongo ins Deutsche übersetzt und breit versandt habe, um sie gerade bei uns bekannter zu machen. Dies hoffte ich auch mit meinen monatlichen Rundbriefen zu erreichen, die auf meiner Internet-Seite[4] zu finden sind.

Meine Einschätzung zur UMSETZUNG:
„Friedenskultur" im Kongo? Von außen gesehen, von Deutschland aus insbesondere, scheint es da gar nicht viel zu geben; man sieht nur Krieg im Osten, Vergewaltigungen und Stammesfehden, Ethnische Konflikte, Grausamkeiten aller Art, Flüchtlinge, Stadtbesetzungen und –vertreibungen (etwa in Goma), Elend und Not. – Aber es gibt die Pflänzchen der Friedenskultur. Es gibt die Arbeiter im Weinberg Gottes für Gerechtigkeit und Frieden, in der Katholischen Kirche besonders in den auf allen Ebenen tätigen Kommissionen „Justice et Paix". Ich erlebte sie fast allmonatlich in den Jahren 2012 bis 2014, wenn ich in Begleitung meiner Frau Margret Seminare zur evangelischen Gewaltfreiheit abhielt, für eben diese Menschen. Dabei erfuhr ich viel über ihre vielfältige Vermittlungs- und Mediatoren-Arbeit. Und sie erfuhren so manches Neue über den „Faden der Gewaltfreiheit" in der Bibel und entsprechende Methoden dazu.

---

[4] www.reinhard-voss-wethen.de (gesammelt von pax christi Paderborn).

Ich erlebte die „Arbeiter/innen im Weinberg" bei den Kontakten mit vielen Nichtregierungs-Organisationen, die für Menschenrechte, Demokratie und Rechtsstaat arbeiten, in einem Land, in dem man nicht allzu leicht zu seinem Recht kommt – es sei denn man hat Beziehungen oder Beschützer politischer Art. In diesen Wochenbegegnungen in allen Teilen dieses Landes wurde klar, wie sich Theorie und Praxis, Glauben und Handeln gegenseitig ergänzen und stärken. Und je weiter wir aufs Land kamen, desto dankbarer waren die KollegInnen für den Austausch, die Impulse und die Praxishilfen. Es bräuchte eine ganz neue Form der Unterstützungs-Arbeit in Nord-Süd- oder Süd-Süd-Partnerschaften (Europa-Afrika oder Südamerika-Afrika), um den Weg aus einer um sich greifenden Unkultur der Gewalt in Alltag, Gesellschaft und Staat umzulenken in einer Kultur der Begegnung, der Verständigung und der Suche nach Gerechtigkeit und Frieden. Viele, ja fast alle dürsten danach.

Schlussgedanken nach der 3 ½-jährigen Friedensarbeit –
AUSBLICK 2014/15:
Überall wurde betont, dass es nun darum gehe, diese erneuerte Sicht bis hinein in die Ortsgemeinden zu tragen; deshalb haben wir 2014 noch Kurzübersetzungen wichtiger Teile des Lehrmaterials in die vier Landessprachen Chiluba, Lingala, Swaheli und Kikongo erstellt. Alle erhielten als Basis zur eigenen Vertiefung und zur Weitergabe zwei Bände unter dem Thema *„Apprendre la Non-Violence de la Bible"* (Die Gewaltfreiheit der Bibel erlernen). Band 1 (145 S.) enthält Dokumente zu Geschichte, Theorie und Theologie des „gerechten Friedens", Grundlagen und Beispielen der Gewaltfreiheit aus AT und NT sowie Praxishilfen im Anhang. – Band 2 (75 S.) bringt Rollenspielvorschläge zum Evangelium, Informationen zur Mediationsmethode und eine Vielzahl pädagogischer Spiele und Übungen. Beide Publikationen sind im Internet abrufbar und können auch in der Bibliothek der AGEH in Köln eingesehen werden.

Künftig gilt für mich:
– Weiter solidarisch bleiben von Deutschland aus!

– Kontakte halten zu den Kollegen und Partnern im Land, zur
   Ermutigung!
– Die Eine Welt-Perspektive immer konkreter füllen, zur ge-
   meinsamen Orientierung!
– Einen Solidaritätsfonds entwickeln, der wirklich gleichbe-
   rechtigt arbeitet!

2. EIN KURZER ÜBERBLICK ÜBER DIE ENTWICKLUNG DER SOZIALPOLITISCHEN STELLUNGNAHMEN DER KATHOLISCHEN KIRCHE (CENCO)

In den 70er Jahren ist die katholische Kirche in der DR Kongo re-
lativ unerwartet mit der verschärften nationalistischen Politik
Präsident Mobutus konfrontiert. Sie hatte sich, wie im →*Ersten
Kapitel* schon dargelegt, sehr schnell und konsequent von den
Strukturen der kolonialen Zeit befreit und einen *modus vivendi*
mit dem neuen Staat gefunden. Aber die Politik der Zaïrisierung
Mobutus nach 1970 führte zum ersten Grundsatzkonflikt. Das
machte sich besonders fest an der Enteignung der kirchlichen
Schulen und Universitäten sowie am Verbot christlicher Vorna-
men. Der damals einzige Kardinal im Kongo, MALULA, musste
zeitweise ins römische Exil ausweichen. Die Verstaatlichung der
Schulen wurde aber mangels staatlicher Alternativen sehr bald
rückgängig gemacht, nicht so der Namensstreit.

Ich habe im Archiv der CENCO in Kinshasa ausgewählte
Stichproben und exemplarische Diskussionen und Zitate der
letzten 45 Jahre aus den Akten der katholischen Kirche genommen, die im Interdiözesanen Zentrum aufbewahrt werden. Sie
sollen nun in den folgenden vier Phasen kurz dargestellt und
bewertet werden:

– *Kirchenkampf:* Zunächst aus eben diesen Jahren *1972 und
   1973,* in denen es zu einem veritablen Kirchenkampf, zu einem tiefgehenden Staat-Kirche-Konflikt kam. *Hier war die
   Kirche Opfer, aber schließlich Gewinnerin.*

– *Neuer Wind der Veränderung*: Sodann die Hoffnungen und Enttäuschungen aus den Jahren der von Mobutu zugestandenen „Souveränen Nationalversammlung", die nach der Zeitenwende von 1990 in den Jahren *1991-1992* tagte; besser gesagt: sie wurde einberufen, verboten, wieder einberufen und dann im Minimalkonsens beendet. *Hier war die Kirche eine Haupt-Akteurin.* Mit Kategorien der deutschen Geschichte (1847-48) könnte man sie „Vorparlament" nennen. Sie war, auch in ihrer Mischung von Hoffnung und Kompetenz, ihrer Denunzierung als Pseudo-Demokratie durch die Noch-Mächtigen und schließlich in ihrem Scheitern mit der deutschen Revolution von 1848 vergleichbar. Präsident dieser Versammlung wurde damals der Bischof von Kisangani, MONSENGWO, später Internationaler Präsident von Pax Christi und Erzbischof von Kinshasa, heute Kardinal.

– Dann kam es erneut zu kriegerischen Unruhen und zur Vertreibung Mobutus, bzw. Ablösung an der Macht durch Kabila Père. Dazu wurden die Jahresakten von *1998 und 1999* eingesehen sowie die Bischofsworte von 1996 bis heute. Außerdem studierte ich die Akten der internen Diskussionen der CENCO auf ihren jeweils zwei Jahresversammlungen in den Jahren von 2007-2010. *1997 bis 2003 war die Kirche zur Mahnerin des Friedens* geworden; sie sah ihn als Voraussetzung der Entwicklung des Landes zum Besseren.

– Von *2003 bis heute* wurde in der Vorbereitung und Begleitung der Präsidenten- und Parlamentswahlen die *Kirche zur Haupt-Oppositionskraft*, die die Schritte zur Demokratie und Gewaltenteilung immer neu einforderte und begleitet. (Ab Ende *2010 bis Mitte 2014* war ich dann als Berater der Bischofskonferenz in der DR Kongo, übersetzte und versandte viele Stellungnahmen ins Deutsche. Einige davon sind in diesem Buch wiedergegeben.)

Zunächst eine Übersicht über die zahlreichen *Stellungnahmen der Vollversammlung der Bischofskonferenz* (Oberstes Gremium der CENCO) und von deren *Ständigem Komitee*.

In der Vollversammlung sind alle Bischöfe der 47 Diözesen und deren Koadjutoren sowie die wenigen Weihbischöfe anwesend; sie tagen jährlich einmal, meist im Juni. Die sechs Erzbischöfe sowie die Bischöflichen Vorsitzenden der Kommissionen auf Landesebene (ein Dutzend) tagen zweimal als Ständiges Komitee vor der Vollversammlung und zum Jahresanfang im Januar oder Februar.

Es folgt eine Auswahl-Liste der Stellungnahmen dieser beiden Gremien von 1969 bis heute:

Siebziger Jahre:

– Le laïcat (1969)
– Les problèmes du clergé local (1970)
– Les problèmes concernant l'enseignement (1971)
– L'Eglise au service de la nation Zaïroise (1972)
– La formation sacerdotale et religieuse (1973)
– Les problèmes concernant la famille (1974)
– L'Evangélisation du Zaïre d'aujourd'hui et de demain (1975)
– Notre foi en Jésus-Christ (1975)
– Exhortation aux prêtres, religieux et religieuses (1977)
– Tous solidaires et responsables (1977)
– Appel au redressement de la nation (1978)
– Le mal zaïrois (1978)
– Le mariage Chrétien et le couple au Zaïre (1979)

Achtziger Jahre:

– Exhortation des Evêques du Zaïre aux familles (1980)
– Fonctions et tâches de la famille chrétienne dans le monde contemporain (1980)
– Contribution de l'Episcopat du Zaïre au synode des Evêques (1980)
– L'Eglise catholique au Zaïre: un siècle de croissance (1880-1980) (1981)
– Notre foi en l'homme, image de Dieu (1981)

- Réconciliation et Pénitence dans la mission de l'Eglise (1983)
- Dynamique de la diversité dans l'unité. (1983)
- Première visite ad limina au tournant du siècle (1984)
- Message et déclaration des Evêques du Zaïre: 25ème anniversaire de l'indépendance (1985)
- La vie consacrée dans l'Eglise particulière du Zaïre (1986)
- Education nationale (1986)
- Le Chrétien et le développement de la nation (1988)
- Missel Romain pour les diocèses du Zaïre (1989)

Neunziger Jahre:

- Tous appelés à bâtir la nation (1990)
- Mémorandum des Evêques au Président de la République: De la situation du pays et du fonctionnement des institutions nationales (1990)
- Libérés de toute peur, au service de la nation (1990)
- Libérer la démocratie (1990)
- Déclaration de l'Episcopat du Zaïre aux catholiques et aux hommes de bonne volonté à propos de la Conférence Nationale Souveraine (1991)
- Former en même temps les jeunes et les adultes (1991)
- Ministère et vie des prêtres au Zaïre : Instructions et Directives Pastorales de l'Episcopat (1991)
- Statuts et Règlement intérieur du conseil pour I'Apostolat des Laïcs (1991)
- Complémentarité des vocations et des missions au sein de I'Eglise pour le service de la nation (1992)
- Sauvons la nation (1992)
- Tenez bon dans la foi. Message des Evêques aux fidèles catholiques et Mémorandum au Président de la République (1993)
- Pour une nation mieux préparée à ses responsabilités (1994)
- Des dirigeants nouveaux pour le salut du peuple (1995)

- Prise en charge matérielle de l'Eglise par ses propres fidèles. Directives et Orientations pastorales des Evêques du Zaïre (1995)
- Respectons la vie et la personne humaine (1996)
- Bienheureux les artisans de la paix (Mt 5,6) (1997)
- L'Espérance ne déçoit point (Rm 5,5) (1997)
- Le processus de démocratisation au Zaïre (1997)
- „Lève-toi et marche" (Ac 3,6) (1997)
- Sauvons la Nation (1997)
- Statuts de la C.E.N.C. (1998)
- Conduis nos pas, Seigneur, sur le chemin de la paix (1998)
- Sois sans crainte (1999)

Nuller Jahre ab 2000:

- Courage! Le Seigneur ton Dieu est au milieu de toi (2000)
- Nouvelle Evangélisation et Catéchèse dans la perspective de l'Eglise-Famille de Dieu (2000)
- Directoire de la Nouvelle Evangélisation et Catéchèse dans la perspective de l'Eglise-Famille de Dieu en Afrique (2001)
- L'Espérance ne déçoit jamais (Rm 5,5). Tous, pour les intérêts supérieurs de la nation (2001)
- J'ai vu la misère de mon peuple. Trop, c'est trop. Quel avenir pour le pays? (2003)
- Pour l'amour du Congo, je ne me tairai point (Cf. Is 62,1). Un nouvel élan missionnaire (2004)
- Mémorandum au Secrétaire Général des Nations Unies (14.2.2004)
- Déclaration sur les relations de l'Eglise Catholique avec le Kimbanguisme (3.7.2004)
- Frères, que devons-nous faire? L'heure des responsabilités a sonné (7/2004)
- „Voici le temps favorable, voici maintenant le jour du salut" (2 Cor 6,2). Le Congo nous appartient (5.2.2005)
- „Pourquoi avoir peur ?"Soyez parfaits comme votre Père céleste est parfait (Mt 5,48) (22.7.2005)

- Défis pastoraux au seuil du XXIe siècle (2006)
- L'habit et les insignes religieux (2006)
- „Levons-nous et bâtissons!" (Ne 2, 18).
  Pour un Congo nouveau (3/2006)
- „Le peuple avait le cœur à l'ouvrage" (Ne 3, 38).
  Pour une fin de transition apaisée (24.6.2006)
- „La vérité vous rendra libres" (Jn 8, 32).
  Le verdict des urnes dans la transparence (5.10.2006)
- „Avance en eau profonde" (Lc 5,4).
  La foi dans l'avenir du Congo. Déclaration de la CENCO
  à l'aube des la IIIe République (5.12.2006)
- A vin nouveau, outres neuves (2007)
- La lutte contre le VIH/SIDA (2007)
- Changeons nos coeurs (cf. Jl 2,13) (2008)
- Statuts du clergé diocésain (2007)
- VadeMecum sur la relation entre l'Evêque diocésain
  et les Congrégations de droit diocésain (2008)
- „Je vous laisse la paix ; je vous donne la paix".
  Mémorandum de la CENCO (5.1.2008)
- Année Bienheureuse Isidore Bakanja (2008)
- Identité du prêtre diocésain.
  Statuts des grands Séminaires de la RDC (2008)
- Directives de l'Episcopat congolais
  pour une célébration digne et correcte
  de la très Sainte Eucharistie (2008)
- Il est temps de nous réveiller (2008)
- Statuts du Séminaire Universitaire (2008)
- Ratio studiorum. Status AVIC/CENCO (2008)
- La Justice grandit une nation (2009)
- Une lecture actuelle du corpus paulinien (2009)

Zehner Jahre bis 2013:

- Notre rêve d'un Congo plus beau qu'avant (2010)
- „Ambassadeurs du Christ" dans les milieux politiques (2010)

- Principes fondamentaux de partenariat. entre les organisations ecclésiales du Nord et l'Eglise catholique en RD Congo (2010)
- Année électorale: que devons-nous faire ? (2011)
- Le Peuple congolais a faim et soif de justice et de paix (2012)
- Les funérailles: préparation et célébration (2013)
- Orientations pastorales en milieu universitaire et dansles Instituts supérieurs en RD Congo (2013)
- Le clergé séculier de la République Démocratique du Congo (2013)
- Peuple congolais, lève-toi et sauve ta patrie (2013)

Diese Liste wurde entnommen und vom Autor ergänzt aus: *Annuaire de l' Eglise Catholique en RD Congo*, CENCO 2012-2013, Kinshasa 2013, S.10-13. Seit 2010 veröffentlicht die CENCO ihre Dokumente in einer offiziellen Zeitschrift: *„Actes de la CENCO et Documents"*.

*

Die Zeit eines halben Jahrhunderts nach der Unabhängigkeit wird nun in vier Brennpunkt-Phasen beleuchtet, um so beispielhafte Einblicke in die kirchlichen Diskussionen und Erklärungen dieser historischen Abschnitte zu geben:

1. Spannung und Entfremdung: Kirchenkampf 1972 / 1977 / 1988
2. Weltumbruch 1990: Neuer Wind der Veränderung 1991 - 1992
3. Unruhen: Kirche als Mahnerin für Demokratie und Frieden 1997 - 2003
4. Kirche als Opposition für Demokratie und Menschenrechte 2003 - 2015

Phase / Beispiel 1:
Kirchenkampf (1972) und wachsendes
kirchliches Selbstbewusstsein in den Folgejahren

Präsident Mobutu versuchte auf dem Höhepunkt seiner Macht
in den 70er Jahren nicht nur den Einparteienstaat, sondern auch
die Alleinherrschaft der Staatspartei MPR zu festigen und auf
Schulen, Hochschulen und Kirchen auszudehnen. Sogar christliche Vornamen bei den Taufen wurden verboten. Auch der all-
wöchentliche öffentliche Putz- und Straßenfegertag am Sams-
tagmorgen („Salongo") wurde eingeführt; er wird bis heute teilweise praktiziert und hat zur Folge, dass die Geschäfte und Stra-
ßenstände samstags erst am Späten Vormittag öffnen.

Ein Blick in die ausgewählten Akten des Jahres 1972 zeigt
Selbstverständnis und Perspektiven der unter starkem Druck
stehenden katholischen Kirche, deren höchster Repräsentant,
Kardinal Malula, zeitweise im Exil in Rom war. Bei ihrer Vollversammlung betonten die Bischöfe die gefährliche Situation
und die Zeichen der Zeit, bevor sie drei Perspektiven nannten:
– Der staatlichen Einmischung in Schulen und Hochschulen
  Einhalt gebieten.
– Christliche Vornamen verteidigen und die diesbezügliche
  staatliche Grenzüberschreitung in Verhandlungen rückgängig machen.
– Einen Kirchenvertreter bei der Regierung installieren, welcher Machtkonzentration und einseitig-schnelle Entscheidungen verhindern hilft; dazu solle die Kommission für die
  Glaubenslehre Hilfen erarbeiten.
Der Episkopat glaubte die Beziehungen zwischen Kirche und
Staat neu definieren zu müssen, damit „die jeweilige Autonomie
jeder Institution" respektiert werde, hieß es da. Der „point de
non retour" sei erreicht; in einigen Punkten seien die Positionen
„diametral entgegengesetzt". Die Kirche müsse jetzt daran arbeiten, aus Gründen ihrer Glaubwürdigkeit und ihrer gesellschaftlichen Echtheit und Identität „zurück zu ihren Quellen" zu gehen.
Nur so könne der Kongo im „Konzert der freien und unabhängi-

gen Nationen" dabei sein. Der Staat verfälsche nämlich die Inkulturation („phénomène astreignant de l' inculturation"), indem er jeden auswärtigen Einfluss ablehne; er verdecke kaum mehr seinen „Geist des Triumphalismus"; es handele sich um eine „falsche Radikalisierung der Revolution".

Im Sinne der „Zeichen der Zeit" des Zweien Vatikanums, das wenige Jahre zuvor tagte, brauche die Kirche „effektive Freiheit" und müsse sich gegen die „Reduktion individueller und kollektiver Freiheiten" zur Wehr setzen; dies seien Verfassungsgebote. Der staatlich geförderte Ahnenkult dürfe die christliche Heiligenverehrung nicht verdrängen und der Glaube an Jesus Christus nicht als Import diffamiert werden, der „den schwarzen Menschen sich selbst entfremdet". Mobutu versuche offenbar jede Transzendenz durch eine Art Nationalmoral zu ersetzen; daher auch seine gefährlichen Vorstellungen von einer Fusion aller Religionen im Kongo zu einer Staats- und Natur-Religion.

Die Kirche hatte den Ernst der Situation begriffen und trug nach einigen sehr konflikthaften Jahren in diesen Kernfragen den Sieg davon; der Staat musste nachgeben und es blieb eine hintergründige Entfremdung; die kirchliche Autonomie aber war gestärkt.

Exkurs 1977/1988:
Warnung vor der Zunahme von Militarisierung und Gewalt im Land (1) und Ermutigung zum Engagement für Entwicklung (2)

(1) Fünf Jahre später warnte die katholische Bischofskonferenz in einer ausführlichen Stellungnahme: aus der Vorlage „Die Kirche vor der Militarisierung Afrikas" wurde die Erklärung des Ständigen Ausschusses *„Die Gewalt in Afrika"* (15.7.1977): Wo nötig, müssten die Bischöfe „pastoralen Mut und prophetische Rufe" zeigen. Die Kommission für Entwicklung müsse sich noch aufmerksamer um Fragen von Gerechtigkeit und Frieden kümmern.

Hier war schon die Aufteilung der Entwicklungskommission hin zur Caritas-Kommission und zur Kommission „Justice et Paix" (Gerechtigkeit und Frieden) vorgezeichnet. Erstere heißt

bis heute „Caritas et Développement" (Caritas und Entwicklung); letztere wurde ein Jahr später (1978) auf nationale Ebene
gegründet und 15 Jahre später (8.9.1977) auf alle Bistümer und
Kirchengemeinden ausgedehnt.

Die Konferenz 1977 orientierte sich übrigens auch an Schwes-
terkirchen in Afrika:
– Sie hob die Erklärung einer Kirchenkonferenz in Accra vom
   7.5.1977 hervor: „Christliches Gewissen und Verletzung der
   Menschenrechte in Afrika".
– Sie lobte die Kirche in Mauritius, wo der Fastenhirtenbrief
   von Bischof MARGEOT vom 13.3.1977 die „pluralistische Einheit" beschworen hatte.

(2) In ihrer Erklärung von 1988 zum *„Engagement der Christen in
der Entwicklung der Nationen als vorrangige Aufgabe"* wurde diese
Aufgabe als soziopolitisch vordringlich hervorgehoben. Es sei
eine besondere Aufgabe der Kirche, die aber nur zusammen mit
allen in diesem Feld Engagierten angepackt werden könne und
solle: „So kann das Land aus der Unterentwicklung entkommen
und eines Tages den Teufelskreis der geistigen wie materiellen
Verarmung durchbrechen."

*In dieser Erklärung gehen die Bischöfe zuerst auf die Entwicklung
ein*: Entwicklung sei ein „integriertes Werk der Erziehung und
der Kultur": es reiche nicht, die ländliche und städtische Jugend
zu erziehen („zum Respekt vor den Erwachsenen und der Tradition"), sondern dieses Anliegen und der Dienst der Kirche müsse
ausgeweitet werden und „sich der Zusammenarbeit mit allen
vergewissern". Es gehe darum, „die Dämpfe einer schlecht engagierten Zivilisation zu vertreiben und eine neue Synthese von
Sozioökonomie und Kultur aufzubauen". – Dazu müsse die
Schule professionalisiert, die Erziehung der Kinder in der elterli-
chen Tradition verstärkt und „die demographische Entwicklung
gemeistert" werden. Schließlich gehe es um die Förderung der
Frauen in Haus und Kleinhandel. (Die Vorhersage von 68 Mio.
Einwohnern im Jahr 2000 war relativ realistisch [diese Zahl liegt
heute bei über 80 Mio.] und ergäbe in einem Jahrhundert – so
schockten die Bischöfe – 680 Mio. Kongolesen!)

Die Erklärung gibt dann Hinweise zum Umweltschutz als Basis aller Entwicklung: Insbesondere die verbreitete Abholzung und die dadurch verschärfte Erosion wurden angeklagt: man müsse sorgen für den Erhalt der Böden, Fauna und Flora! Auch die Nationalparks bedürften besonderen Schutzes. Die Kirche selbst müsse die Umweltfragen in ihre Pastoral integrieren; sie könne auch mithelfen, den Trend zur Jagd von Tieren umzuwandeln in das Halten von Nutz- und Haustieren.

Die Erklärung endet etwas unerwartet mit einer Mahnung an den Staat zur „santé monétaire", zu einer klugen Geldpolitik, die eigentlich und wirklich im Geiste der „De-dollarisierung" und Inflationsbekämpfung erst im letzten Jahrzehnt unter Premier Matata Ponyo versucht wurde. Schon damals trugen die Bischöfe ihre warnende Klage vor, Währungsverfall, Missbrauch und Clanwirtschaft schadeten der Nation. Der Staat brauche Geist und Praxis von Sparen, Handel und Bewegungsfreiheit im Land, um Verarmung und Auslandsabhängigkeit zugunsten der eigenen nationalen Souveränität zu verringern. – Hier klang schon der Geist der Souveränen Nationalversammlung der kommenden Jahre an.

Phase/Beispiel 2:
Welt-Umbruch 1990 – Neuer Wind der Veränderung (1991-1992)

Schon die Sitzung der Bischofskonferenz im September 1990 war geprägt von der *Hoffnung auf mehr Demokratie* (eine eindrucksvolle Parallele zum „Mehr Demokratie wagen" unter Willi Brandt in Deutschland 20 Jahre zuvor). „Befreit von jeder Angst im Dienst an der Nation", so wurde das Volk ermutigt. Und an Präsident Mobutu appellierte man: „Alle sind gerufen, an der Nation mitzubauen!" Die „prophetische Linie der Kirche" sei gefordert und deshalb erhalte das Volk ein „Wort des Friedens, der Ermutigung und der Hoffnung". Dabei wurde sowohl die Hoffnung auf Demokratie als auch die Angst und Sorge in der Bevölkerung angesprochen; ein besonderes Problem sei die „Demokratie der zwei Geschwindigkeiten" in der Hauptstadt und auf dem weiten

Lande (inklusive der Provinz-Hauptstädte), wo die neue „Dritte Republik" offenbar noch gar nicht angekommen sei. Ein wirklich nationaler Konsens sei anzustreben. Zusammenfassend nannten die Bischöfe das Ziel: „Wir brauchen ein Klima der Wahrheit, des Friedens, der Gerechtigkeit, der Freiheit von Angst, der Aufklärung zur Demokratie und der Gottesfurcht dabei."[5]

In einer außerordentlichen Sitzung vom 14.-20. Dezember 1991 hatten die Bischöfe routinemäßig Fragen aus dem Vatikan zu beantworten („Lineamenta"). Zum Thema „Die evangelisatorische Sendung der Kirche und der interreligiöse Dialog" gab es auch einige Fragen zu Gerechtigkeit und Frieden.[6]

Schwierigkeiten dieses Dialoges seien mangelnde Bildung, Hineinspielen der vorchristlichen Traditionen (Fetischisten, Polygamie ...), Proselytismus, also konfessionelle oder religiöse Abwerbungsversuche, Aggressivität und Konflikte u.a.. Der Vorteil sei, dass aus den bisher eher zufälligen und einzelnen Kontakten eine strukturierte Annäherung aufgebaut werden könne, die mit einer guten Fortbildung beginnen sollte. Die Katholische Kirche sei von den „anderen religiösen Konfessionen" als größte und älteste durchaus anerkannt bei der Leitung solcher Kontakte; ihr komme die Koordinatorenfunktion zu (‚rôle de rassembleur'). Gemeinsame Veröffentlichungen und Verlautbarungen, Austausch und Gebet zur Einheit der Christen seien möglich und ganz im Sinne des Zweiten Vatikanischen Konzils. Die Rolle der Sekten werde immer problematischer – ein Trend der sich in den letzten 20-30 Jahren übrigens erheblich verstärkt hat.

Gemeinsame Handlungsfelder gebe es zuhauf, zunächst im Reisebereich. Man denke vor allem die schlechte Behandlung unterwegs bei Reisen: große Unsicherheiten bei Fahrten mit Zügen, Bussen, Schiffen und Taxis; auch die Verspätungen und kurzfristige Streichung von Flügen gehöre dazu. (Das erlebten wir über 20 Jahre später noch genau so!) – Sodann nennen sie die allein gelassenen Randgruppen wie Witwen, Waisen, „Aufgegebene" und Alte; die unhygienischen Bedingungen und Behandlungen

---

5 CENCO Akten 1990, S. 372. (Übersetzung R.V.)
6 CENCO Akten 1991, S.208ff.

in Krankenhäusern; die zu geringen Entlohnungen; geld- und vergnügungssüchtige Formen von Polygamie sowie Prostitution, vor allem auch der Jüngeren.

Die *Missachtung der Gerechtigkeitsfrage* sei an der sich ausweitenden Recht- und Straflosigkeit abzulesen; Bauern würden durch Niedrigstpreise regelrecht „bestohlen"; Arbeiter und Angestellte erhielten keine angemessene Bezahlung; öffentliches Eigentum werde schlecht geführt oder straflos privatisiert; willkürliche Verhaftungen und korrupte Prozesse gingen Hand in Hand; überall gebe es „tribalistisch-regionalistische" Diskriminierungen; schlechte Gesetze und die Herrschaft der Einheitspartei seien tendenziell diktatorisch: eine „institutionalisierte Ungerechtigkeit". – Papst Johannes Paul II. sprach wenig später von „struktureller Sünde", besuchte zweimal den Kongo und blieb dort sehr beliebt.

Zur *Frage von Krieg und Frieden* verweisen die Bischöfe auf die schrecklichen Jahre nach der Unabhängigkeit 1960 und die ruhigeren Jahre unter Präsident Mobutu ab 1965; aber gerade in diesen Jahren sei die Schere zwischen Superreich und Bitterarm enorm gewachsen, und deshalb sei der Kongo noch kein Land des Friedens geworden. Auch spielten ethnische Spannungen immer noch eine wichtige Rolle. Insgesamt trugen die Bischöfe *neun Gründe für den anhaltenden Unfrieden im Land* zusammen[7]:

1. Machtmissbrauch im politischen System der Diktatur,
2. Einparteienherrschaft und Missbrauch („dénaturation") des Staates,
3. Niedriges Niveau der Volksbildung, eher ein Dumm-Halten durch die Macht,
4. Materielle Verarmung der Volksmassen,
5. Unkenntnis der Gesetze und Angst vor Repressalien,
6. Zögerliche Haltung und Glaubwürdigkeits-Verlust der Kirche,
7. Egoismus und fehlende Solidarität unter den Armen sowie das Stammesdenken,

---

[7] ebd. S. 225f.

8. Ungerechte Welthandelspreise und „Ausbeutung der billigen Arbeitskraft in der Dritten Welt",
9. Klientelismus, Diskriminierung wegen der Herkunft (Stamm oder Region).

Als *Hauptbemühungen seitens der Kirche* werden genannt: Erklärungen zu Frieden und Gerechtigkeit ab 1975; Worte einzelner Bischöfe; Christliche Basisgruppen (CEV), Caritas und Kommissionen für Gerechtigkeit und Frieden auf regionaler und nationaler Ebene, Bemühungen der Priester und Kirchenvertreter um Freilassung ungerecht Verhafteter, usw. Auch die Kontakte mit dem Staat und zu Nichtregierungsorganisationen seien dazu wichtig. Hervorgehoben wurden: Liga für Menschenrechte, „AMOZA-Moralisten", Randgruppen-Arbeit für Straßenkinder und isolierte Tuberkulose- und Aids-Kranke. Besonders brauche man mehr Unterstützung auf Weltkirchenebene für Frauen, Junge Menschen, Flüchtlinge!

1991/92 kam es dann zur ersten Souveränen Nationalversammlung unter Leitung des späteren Kardinals Monsengwo, damals Bischof in Kisangani. Um keine Vermischung der Interessen zu betreiben, gab er für diese Zeit sein Amt als Vorsitzender der Bischofskonferenz ab an seinen Stellvertreter im Vorsitz der Bischofskonferenz, Bischof MATONDO.[8] Die willkürliche Auflösung der Versammlung am 19.1.1992 wurde nach Protesten wieder rückgängig gemacht. Sie eröffnete ihre Sitzung wieder am 6.4., aber der Staat hatte an Legitimität verloren.

Auch die Bischöfe hatten Präsident Mobutu wegen der Suspendierung der Versammlung am 27.1.1992 scharf kritisiert und damit den Anstoß zu einem großen christlichen Protest-Marsch gegeben. Die Toten bei dieser Demonstration für mehr Demokratie wurden zu Märtyrern, derer seither jährlich im Februar öffentlich durch die Kirche gedacht wird. Vor dem 20. Jahrestag dieses Massakers ließ Erzbischof Monsengwo immer samstags Einführungen in die Gewaltfreiheit in allen Gemeinden und auf allen Ebenen der Kirche in Kinshasa durchführen – mit Erfolg.

---

[8] Schreiben v.18.12.1991 an Kardinal Etsou und die Erz-/Bischöfe im Kongo; CENCO-Akten 1991, S. 117f.

Über die Nationalversammlung tauschten sich die Bischöfe aus bei ihrer Vollversammlung im September 1992, zwei intensive Tage lang (7.-8.9.1992). Dort wurden auch die kirchlichen Beobachter direkt angehört, die in ihrem Kurz-Bericht ihre Eindrücke und Erfahrungen aus der abschließenden Phase der Versammlung vermittelten.[9] Die schonungslos selbstkritischen politischen Stellungnahmen aller Delegiertengruppen wurden vorgetragen und die Lage in den je eigenen Feldern vorgestellt, wie Administration, Erziehung, Gesundheit, Wirtschaft. Daraus ergaben sich „folgende Konstanten":

–   Ein allgemein negatives Bild der Situation im ganzen Land.

–   „Das politische System der Diktatur und insbesondere die Herrschaft der MPR-Staatspartei wurde als Grundursache des nationalen Desasters bezeichnet." Dafür wurde Mobutu persönlich verantwortlich gemacht.

–   Das Festmachen der tiefsten Wurzel des „zairischen Übels" in dem von vielen Rednern genannten „Verfall der moralischen, spirituellen und religiösen Werte". Hier hätten die Bischöflichen Stellungnahmen der letzten Zeit und die Ethikkommission eine große Wirkung entfaltet.

Die wesentlichen bisherigen Erkenntnisse aus den schon vorliegenden Kommissionsberichten seine diese:

–   Analyse, Tiefe und angestrebte Objektivität.

–   Auflistung und Dokumentation der manchmal „unvorstellbar schlimmen" Lage des Landes (Korruption, Misswirtschaft: „Millionen und Milliarden sind entwendet worden.").

–   Es brauche einen völligen Neuanfang, einen Bruch mit der alten Ordnung („rupture totale avec l'ordre ancien"). Dieser Ruf sei zwar leidenschaftlich und hart, aber immer im Geiste der nationalen Versöhnung „ohne Ausnahme" geäußert worden.

–   Die nun beginnende Periode des Übergangs („transition") solle mit Präsident Mobutu gegangen werden; die Wahl mit 70,8% des Premierministers der Übergangsregierung zeige

---

[9] Aktenband CENCO 1992, Annexe: NOTE INFORMATIVE de la délégation de l' Eglise catholique à la CNS; 5 S.

schon ein partei-, stammes- und regions-übergreifendes Bewusstsein zugunsten des kommenden Prozesses des „Wandels" („changement").

– Das Büro der Versammlung (unter Bischof Monsengwo) habe bisher diesen Wandlungsprozess gut begleitet und auch bei kritischen Inhalten Diskretion gegenüber gefährdeten Persönlichkeiten bewahrt.

– Insgesamt gebe es einen „Willen zum positiven Wandel" und „gute Gründe für einen glücklichen Ausgang der Versammlung".

Die Versammlung als „konferierendes zairisches Volk" sei wie ein Abbild dieses Volkes – zugleich Opfer, aber auch selbst „Agent" dieses zairischen Übels. – Und auch die Delegierten seien trotz aller bekannten negativen Aspekte (wie Korrumpierbarkeit, Ambitionen, Egoismen, Mogeleien etc.) doch dabei, „eine qualitativ bessere Gesellschaft zu errichten". Und ab sofort sei Korruption eben kein Kavaliersdelikt mehr, was schon einen großen Gewinn darstelle.

In der Sitzung vom *August/September 1993* wurde dann am 6.9. in diesem Sinne eine Botschaft der Bischöfe als Bilanz der Nationalversammlung („Haltet durch im Glauben!"[10]) und eine „Botschaft an den Präsidenten"[11] veröffentlicht: Darin geht es um den Ruf zur Verantwortung des Staates für das öffentliche Wohl, die positiven Aufträge der Nationalversammlung, den politischen Dialog, die kommenden nötigen Wahlen und die „kirchliche Solidarität" innerhalb dieses Prozesses.

In den 90er Jahren machte sich die Katholische Kirche dann, vielleicht auch als Folge der politischen Turbulenzen, Gedanken um die Eigenfinanzierung.[12] Auch wurde die freiwillige Mitbeteiligung der Gläubigen an den Kirchenfinanzen immer wieder betont. In der Sitzung der Bischöfe im Dezember 1994 wurde da-

---

[10] CENCO-Akten 1993, S. 81ff.

[11] ebd. S. 93-98.

[12] Dies habe ich noch in den Jahren 2013-14 als weiterhin dringend erlebt, als es z.B. zu einer Zusammenarbeit der Kirche mit einer der größten Telefongesellschaften des Landes (Vodacom) kam, um eine neue Einnahmequelle zu haben.

zu am 15.12. der Beschluss verabschiedet: „Übernahme der materiellen Verantwortung der Kirche durch die eigenen Gläubigen". Darin dachte man nach über die eigenen „menschliche Ressourcen".[13]

Phase / Beispiel 3:
Unruhen: Kirche als Mahnerin
für Demokratie und Frieden (1996-2003)

Es gibt eine Übersicht der Erklärungen der Bischofskonferenz zwischen 1996 und 2006 in Buchform[14], die – neben der Einsichtnahme in die jeweiligen Jahresakten der CENC(O) – hinzugezogen wurden, um den schlaglichtartigen Überblick in diesem und teilweise im folgenden Abschnitt zu erstellen.

Die Ungewissheit in den späten Jahren der Regierung Mobutu, der wenig tat, um den Aufbruch der Nationalversammlung fortzuführen, führte zu neuen Unruhen und Kriegen um die Jahrhundertwende. Die Bischöfe des Kongo, damals noch Zaire, setzten sich vehement ein für den „Respekt des Lebens und der menschlichen Person" (20.1.1996). Sie sagten „Nein zum Krieg und Ja zu Frieden und Gerechtigkeit" (29.10.1996). Sie priesen mit Mt. 5, 9 diejenigen, die Frieden schaffen (31.1.1997) und ermutigten, „aufzustehen und voranzugehen" (28.6.1997).

Die fünf Bischöfe aus den beiden Kivu-Provinzen unter der Leitung des Erzbischofs von Bukavu, Munzihirwa (er wurde wenig später 1996 ermordet) warnten in einem selbst so bezeichneten „Alarmschrei" („cri d´alarme") am 2. Mai 1996 vor dieser Entwicklung. Die Bischöfe von Bukavu, Goma, Beni, Uvira und Kasongo richteten ihn ausdrücklich an die Bewaffneten, die traditionellen Chefs, die politisch-administrative Führung und an

---

[13] CENCO-Aktenband 1994, S. 198-201.
[14] *Eglise et Société*. Le discours socio-politique des Evêques de la Conférence Episcopale Nationale du Congo (CENCO), Tome II: Messages, Déclarations et Points de presse des Evêques de la Conférence Episcopale Nationale du Congo (1996-2006) et la Transition Politique. Textes rassemblés et édités par Prof. Mgr Faustin-Jovite MAWAR Bashuth, Facultés Catholiques de Kinshasa (Documents du christianisme africain, Tome 9).

die internationalen Kreise, die diesen Konflikt um Rohstoffe ausnutzen und stützen. Schließlich wollten sie mit diesem Appell auch alle Opfer trösten und vor der Verzweiflung bewahren.

Darin hieß es: „Was die Kirche des Zaire und besonders unsere Kirchenprovinz des Kivu betrifft, stellen wir unglücklicherweise fest, dass die Situation Besorgnis erregend ist: überall herrscht die Unsicherheit; früher friedlich zusammenlebende Brüder und Schwestern sind heute Opfer von Stammesdenken und geopolitischen Ideologien, die von Feinden des Friedens in die Welt gesetzt werden und zu Ausschlüssen und Bruderkriegen führen. Leider sind unter diesen Kriegern auch zahlreiche Christen. Wir bestehen noch einmal darauf, dass solches Verhalten ein schwerer Widerspruch zur christlichen Identität und Botschaft ist. Mehr noch: eine solche Haltung verrät unsere traditionellen Werte, besonders die Achtung vor dem Leben, die Gastfreundschaft, die Solidarität und das Teilen."[15]

Aber der Krieg weitete sich aus, indem die Nachbarländer Uganda, Ruanda und Burundi Teile des kongolesischen Ostens besetzten und ausbeuteten. Sie verstärkten eine unter Kabila schnell nach Westen durchstoßende Armee, die Mobutu 1997 erstaunlich rasch zur Aufgabe und ins Exil trieb. Als neuer Herrscher „vergaß" Kabila schnell die Versprechen an seine Kriegsbrüder der östlichen Nachbarländer und verwies sie des Landes, nachdem er als neuer Herrscher im Kongo nun mehrere südwestliche Nachbar-Staaten als Alliierte gewonnen hatte (Angola, Sambia und Zimbabwe). So setzte sich Laurent Désiré Kabila mit dem Ehrentitel „Mzee" (und später mit der Bezeichnung „Père" als Vater seines Nachfolgers benannt) für die Unteilbarkeit Kongos ein, was zu einem weiteren Krieg im Osten führte. Einige der heutigen Milizen rechtfertigen sich bis heute damit, dass dieses Versprechen von Land im Osten nicht gehalten wurde. Dies war auch ein Grund für seine Ermordung durch einen Leibwächter im Januar 2001. Sein Sohn wurde umgehend zum Nachfolger ernannt, um innere Unruhen zu vermeiden.

---

[15] CENCO-Aktenband 1996, S. 80f.

In internationalen Verhandlungen (u.a. im sambischen Lusaka und besonders im südafrikanischen Sun City mit dem Friedensabkommen vom 1.4.2003), konnte schließlich ein Kriegsende und das Versprechen zu Wahlen erreicht werden, die dann erstmals 2006 unter internationaler Begleitung und Beobachtung stattfanden und Sohn Joseph KABILA im provisorisch ausgeübten Amt bestätigten. Sein größter Konkurrent, Bemba, versuchte dann zu putschen und wartet lange in Den Haag auf seinen Prozess wegen alter Kriegsverbrechen. Als er dort 2018 freigelassen wurde und in den Kongo zurückkehrte, verweigerten ihm die Behörden dort die Zulassung als Nachfolge-Kandidat Kabilas.

Die Akten der Bischofskonferenz von 1998 sind voll wichtiger Dossiers zu dem ihrer Meinung nach einseitig von den drei östlich angrenzenden Ländern (Burundi, Ruanda, Uganda) begonnenen Krieg.

In einem *Aide-mémoire vom 27.6.1998* an den Präsidenten Mobutu, der sie zuvor im Januar empfangen hatte, beklagen Kardinal Etsou sowie CENCO-Präsident Bischof NGABU und sein Vize Bischof KABONGO die Unsicherheit im Lande und die gefährliche Entwicklung.[16] Sie bedauern auch den Widerspruch, dass in der Phase der Erwartung einer baldigen „Konstituierenden Versammlung" („Assemblée Constituante") politisch von der Kirche große Hilfe erwartet, ihr aber kaum Möglichkeiten der politischen Mitwirkung gegeben werde. Sie versprechen tatkräftige Hilfe beim Aufbau des Landes, besonders in den Bereichen Gesundheit, Erziehung und „integrale Entwicklung des Menschen".

Die *Bischöfe der beiden Kivu-Provinzen* rufen erneut am 1.10.1998 aus Goma dazu auf, das „Schwert zurück in die Scheide" zu stecken.[17] Und in ihrem Hirtenwort fassen sie die Gründe und Wege des Friedens zusammen: „Richte unsere Schritte, Herr, auf den Weg des Friedens" (Lk 1,79).[18] Sie bedauern, dass

---

[16] CENCO-Aktenband 1998, S. 2-6.
[17] *„Remets ton épée au fourreau"*; CENCO-Aktenband 1998, S. 7-12.
[18] CENCO-Aktenband 1998, S. 16-22.

der Krieg „grausam die Leiden des Volkes verlängere", das doch so sehr den Frieden ersehne (Punkt 5). Und sie bezweifeln (Punkt 9) den wirklichen politischen Willen, dem Krieg ein Ende zu setzen. Niemand scheine die Macht teilen zu wollen. Ein „sofortiges Ende des Krieges" und den Willen zu Verhandlungen fordern sie dennoch ein. Denn Krieg sei „Sünde", weil er viele Unschuldige töte, Gemeinschaften entzweie, Hass, Rassismus und Ausschluss bringe, den religiösen Geist töte und alle Infrastruktur für den Frieden zerstöre (ebd. Punkt 12). Ausführlich wird sodann das Wort Jesu an Petrus nach seinem Schwertschlag ausgedeutet und angemahnt: „Steck dein Schwert in die Scheide". Von allen in der Kirche wird „Mut zur Beendigung der Gewalt" gefordert, die im Vertrauen auf Gott gelingen könne.

Zum Abschluss der *Bischofskonferenz* äußerten sich die Bischöfe über Wege zum Frieden. (Kinshasa, 7.11.1998: Message: *Conduis nos pas, Seigneur, sur le chemin de la paix* – cf. Lk. 1,79).[19] Sie gehen darin zunächst auf den Krieg mit seinen grausamen Konsequenzen ein und fordern sodann die Unverletzlichkeit der Grenzen im Sinne der nationalen Souveränität und der wirtschaftlichen Selbstbestimmung. Als „Wege des Friedens" nennen sie nach der sofort nötigen Einstellung aller Kampfhandlungen:

1. die ernsthafte Bewahrung und Unverletzlichkeit des Territoriums durch eine gut geschulte und aufgestellte Armee;
2. Verhandlungen zwischen „allen Söhnen des Landes" mit dem Ziel einer konsensorientierten Gesellschaft und des Rechtsstaates;
3. die Bildung einer Regierung der nationalen Einheit, als Zeichen des Konsenses und der nationalen Versöhnung;
4. demokratische, freie und transparente Wahlen, vorbereitet in einer Atmosphäre der Meinungs- und Ausdrucksfreiheit;

---

[19] CENCO-Aktenband 1998, S. 16-22.

5. eine verfassungsgemäße Regelung des Problems der Nationalität in den verschiedenen betroffenen Ländern (betr. Rückführungen etc. RV);

6. eine internationale Friedenskonferenz zu den Ländern der Großen Seen.

Dabei bezogen sich die Bischöfe (in ihrer Anmerkung 5) ausdrücklich auf ihre Botschaft von 1997 „Steh auf und geh!" [*Lève-toi et marche' (Ac 3,6)*. Message des Evêques Catholiques de la République du Congo aux fidèles et aux hommes de bonne volonté, Kinshasa, le 28 juin 1997, n° 17.]

Auch warnen die Bischöfe – wie immer wieder auch in den Folgejahren, noch 2013 bei den Unruhen um den Aufstand der M23 – vor einer „Balkanisierung", also der Zerstückelung des Kongo: „Das Volk will dies nicht!" („Le peuple n'en veut pas.")

Zum Schluss ihrer Erklärung erinnern sie an Notwendigkeit und Hilfe der Umkehr der Herzen, an die Gute Nachricht des Evangeliums und den Heiligen Geist; sie fordern auch dazu auf, zu beten für die, die ihr Leben für das Land gelassen haben sowie für den Frieden, um die Kraft zur Liebe und für den vorbildlichen und als Freund des Kongo bewunderten Papst JOHANNES PAUL II.

Außerdem finden sich in den CENCO-Akten von 1998 zahlreiche *Erklärungen und Mahnungen zum Frieden von Kardinal ET-SOU*, die er an den Präsidenten (S. 23-24, am 6.8.) und an die Gläubigen in den Diözesen richtete, konkret mit einem Aufruf zum 9-tägigen Friedens-Gebet (S. 25-27 am 7.und 8.8.); und schließlich am 26.8. einen berührenden „SOS-Brief" an die Christen in der Diözese Kinshasa (S. 29). Vom Krankenbett in Rom aus hatte er zur Bischofsversammlung im Juni auch detaillierte Anweisungen für die Diskussionen und Erklärungen gegeben (S. 13-16: Wünsche des Kardinals / „souhaits du Cardinal").

Auch *Erzbischof MONSENGWO aus Kisangani* setzte sich in einem Memorandum vom 15.10.1998 für eine konzertierte Lösung in den Ländern der Großen Seen" ein („Pour une solution concertée à la Guerre des Pays des Grand Lacs").

Interessant ist schließlich eine *Erklärung der kongolesischen Theologen in Deutschland"* (von Achille Mutombo-Mwana u.a., Tübingen, 23.8.1999), in der sie ihrer Sorge Ausdruck verleihen, die „Karfreitagstragödie unseres Volkes" werde durch diese kriegerischen und aufständischen Tendenzen „nur weiter verlängert". Sie sprachen dann ein vielfaches „kategorisches Nein" aus zur Zersplitterung des Landes, gegen jede Diktatur, gegen ethnische Säuberungen, und gegen „jede Form der Gewalt" zur Durchsetzung politischer Ziele. „Angst, Passivität, Schweigen und Zögern" seien unzulässige Unterstützungen solcher Tendenzen.

1999 gingen die Bischöfe mit einem Appell der Ermutigung an die Öffentlichkeit[20]:Zunächst wiederholten sie kurz ihre Botschaften der letzten Kriegsjahre: *„Glücklich die Friedensstifter"* vom Januar 1997; *„Steh auf und geh"* vom 17. Mai desselben Jahres nach der Machtübernahme Kabilas; *„Führe unsere Schritte auf den Weg des Friedens"* vom 7.11.1998 (s.o.) mit den wichtig gebliebenen sechs Forderungen zu einem „dauerhaften Frieden" in der Region. [Im Jahre 2000 veröffentlichten die deutschen Bischöfe ihre grundlegende Botschaft „Gerechter Friede" – eine interessante Parallele!] Sodann schauten sie auf die aktuelle Situation der „praktischen Zweiteilung des Landes" und der „allgemeinen Verwirrung", auf die Rohstoffausbeutung im Osten durch die Nachbarländer, auf das Elend der Bevölkerung sowie die noch allgemeine Instabilität. Sie sprachen sich aus für den Start der 3. Republik im kommenden Jahr 2000 – zum 40. Jahrestag der Unabhängigkeit Kongos. Die Verträge von Lusaka wurden als gute Basis dafür bezeichnet. Das Dokument schloss mit „Hoffnung und Glauben in die Zukunft". Es wurde in Nairobi (Kenia) im Rahmen des gemeinsamen Treffens mit den ruandischen und burundischen Bischöfen beschlossen.

1999 legte die Katholische Kirche im Kongo dem Vatikan ein umfangreiches Dokument zur neuen Evangelisierung „aus der

---

[20] *„Sois sans crainte..." (Lc 12,32).* La situation dramatique actuelle et l'avenir des la République Démocratique du Congo. Message des évêques, 19.11.1999 [in: *Eglise et Société,* op. cit., S. 73-80].

Perspektive der Kirchenfamilie Gottes in Afrika" vor, dessen Darstellung den in diesem Buch gesetzten Rahmen sprengen würde; erwähnt sei nur, dass (unter den Punkten 61ff.) die lebendigen kirchlichen Basis-Gemeinschaften gelobt wurden. (CEV bzw. in manchen Diözesen noch verstärkend CEVB = „Communautés Ecclésiales Vivantes – de Base".)

Vier *Erklärungen zwischen 2000 und 2002*[21] riefen die Gläubigen und das Volk auf, Mut zu behalten („Courage!" 15.7.2000) und für die „höheren Interessen der Nation" ein zu stehen („Tous, pour les intérêts supérieurs de la Nation", 2.3.2001), die Hoffnung nicht aufzugeben und den Dialog über „Freiheit, Gerechtigkeit und Wahrheit" zu führen („L'Espérance ne décoit jamais". Le Dialogue..., 7.7.2001). Die Nation müsse nun endlich aus der Sackgasse geführt werden („Quel avenir pour le pays?", 6.7.2002).

Phase / Beispiel 4:
Kirche als herausragender Teil der gesellschaftlichen Opposition
für Demokratie und Menschenrechte (2003-2015)

Ab *2003* wurde die Kirche zur Haupt-Oppositionskraft, die die Schritte zur Demokratie und Gewaltenteilung immer neu einforderte und begleitete. Im kirchlichen Bewusstsein gehört man zwar im weitesten Sinne zur „Zivilgesellschaft", versteht sich aber als eigene Kraft. Es wurde die Zeit der Vorbereitung und Begleitung der Wahlen zu Präsidentenamt und Parlament. – Das erlebte ich sozusagen hautnah von 2010 bis 2014, während ich als Berater der Bischofskonferenz (CENCO) im katholischen „Centre Interdiocésain" in der Hauptstadt Kinshasa arbeitete. Ich übersetzte und versandte u. a. viele Stellungnahmen ins Deutsche. Einige sind in diesem Buch im →ANHANG wiedergegeben.

Die Erklärungen ab 2003 erschienen zuhauf und verstärkt; die katholische Kirche wurde in dieser Zeit endgültig ein Halt und ein Wegweiser zukunftsbezogener Politik. Die Erklärungen die-

---

[21] Texte in: *Eglise et Société*, op. cit. S. 81ff., 87ff., 93f., 99ff.

ser Jahre übertreffen sich an Verve, Esprit und Eindringlichkeit. – Weiter oben ist zu Beginn dieses Dritten Kapitels die eindrucksvolle Liste aufgeführt, angefangen 2003 mit der Erklärung „*Ich habe das Elend meines Volkes gesehen"* (*Ex.3, 7). Genug ist Genug* (15.2.2003). Sie sind bis 2006 in dem mehrfach zitierten französischen Buch „Eglise et Société" abgedruckt – und zwar bis zu dem Bischofswort vom 5.12.2006 „*Geh voran in tiefem Wasser (Lk.5, 4). Der Glaube an die Zukunft des Kongo".* Ab 2011 ist eine Auswahl der Übersetzungen des Autors verfügbar, nachzulesen im Anhang dieses Buches. – Zu den Jahren von 2006 bis 2011, also zwischen den beiden Wahlen zu Parlament und Staatschef, finden sich in der Liste zu Anfang dieses Kapitels alle weiteren Erklärungen gelistet. Die CENCO-Akten dieser Jahre werden im Folgenden noch kurz kommentiert.

2007 war auch für die Kirche eine Zeitenwende, denn am 6.1.2007 starb Kardinal ETSOU in Löwen/Belgien. Und zum Ende des Jahres 2007 wurde sein Nachfolger, Mgr. MONSENGWO, zum Erzbischof von Kinshasa ernannt; er war zuvor Bischof in Kisangani. Am 2.2.2008 wurde er in sein neues Amt in der Hauptstadt eingeführt. In Rom folgte dann tournusgemäß die Ernennung zum Kardinal beim nächsten Konsistorium.

Immer zu Jahresanfang, meist im Februar, tagt die kleine Runde der Erzbischöfe und Kommissionsvorsitzenden als Exekutivkomitee. Angesichts der politischen Herausforderungen nach der Wahl und nach dem Pakt über Frieden, Sicherheit und Entwicklung in der Region der Großen Seen (Nairobi, 14.-15.12. 2006) sowie angesichts der Korruption, die mit „flagranten Fällen auf allen Ebenen" verbreitet ist, hat nach ihrer Meinung die Kirche folgende Herausforderungen zu bewältigen, wie sie in der Einführung vom 8.2. 2007 aufgezählt wurden[22]:

– Die „Wiedergeburt" des Kongo kommt nur über neue Werte. „Es gilt eine demokratische Kultur zu entwickeln, die auf Werten gegründet ist."

---

[22] CENCO-Akten 2007, S. 29f: Sitzung v. 5.-10.2.: *Introduction à l'échange,* Punkt 2.

- Vertiefte Katechese zu Mission und Zeugnis, gerade auch im Alltag: „(Es braucht) eine Erziehung zu Werten und zur Achtung der menschlichen Person, zu Wahrheit, Dankbarkeit und Versöhnung, zum Geist der Aufopferung, der Achtung vor dem gegebenen Wort, der menschlichen Würde, usw."
- Neben ihrer prophetischen Aufgabe braucht es Modelle, „die das Handeln des Volkes inspirieren und erleuchten", muss die Kirche sich einbringen „mit ihrer Expertise der Alphabetisierung, Jugenderziehung, Gesundheitsfürsorge, dem Einsatz für die Schwachen, usw."
- „Zu „Versöhnung, Vergebung und Gerechtigkeit" braucht es eine vertiefte Aktion um den Weg der „in jahrelangen nutzlosen Kriegen zerrissenen Nation" zu begleiten, die Gemüter zu beruhigen und die im Wahlkampf gerissenen Wunden zu verbinden".

Die Vollversammlung im Juni 2007 ergänzte die drei Aufgaben um sechs weitere, unterzeichnet vom Bischof LOUIS NKINGA aus Lisala im Namen der nationalen Kommission Justice et Paix / CEJP:

- Die Versöhnung mit der Überwindung der Straflosigkeit koppeln, also nicht straf- und bedingungslos zu gewähren;
- den sozioökonomischen Aufbau energisch voranbringen helfen, indem Druck auf Parlament und Regierung gemacht wird;
- Die Identität der Zivilgesellschaft klären und nicht der MONUC (UN) überlassen;
- Die „afrikanischen authentischen Werte" und die „afrikanische kulturelle Identität" durch stärkere Kooperation von Bischofskonferenz und katholischer Universität fördern, „angesichts von Globalisierung und Konzepten neuer Weltethik" [durchaus eine Anspielung auf Prof. Hans Küngs „Weltethos"];
- Die Unsicherheit im Osten des Kongo ernst nehmen;
- Die Frauen im Sinne des „Protokolls von Maputo" ermutigen, ihre „Dynamik" weiter zu verfolgen „für den Sieg des Respekts vor dem Leben und den christlichen und afrikani-

schen Werten" – eine Anspielung auf die landesweite katholische „Dynamique Femme"-Bewegung.

In der Diskussion sind viele Appelle zur Eigenverantwortung des Kongo, gerade auch gegen westliche Firmeneinflüsse zu hören. Sogar zivilgesellschaftliche Interventionen aus dem Ausland werden kritisiert, so etwa der World Wildlife Fund (WWF) für seinen Ankauf von Urwald zum Schutz der Schimpansen, weil es keine Absprachen mit der Bevölkerung, sondern deren Umsiedlung gab.

Für *2008* schauen wir in den *Bericht der Bischöflichen Kommission Gerechtigkeit und Frieden* (CEJP), die folgende sechs Hauptprobleme der kongolesischen Politik identifiziert:

1. Unsicherheit
2. schlechte Regierungsführung (Korruption, schlechte Bezahlung, anarchische Ausbeutung der Bodenschätze, keine wirkliche Steuerpolitik, Belästigungen der Bürger durch Polizei, Bürokratie und Justiz)
3. katastrophale Infrastruktur
4. Armut und Elend der Bevölkerung
5. Intoleranz und
6. Ignoranz der Bevölkerung.

Es gelingt der Kommission überzeugend, den Einklang ihrer Arbeit mit der neuen christlichen Soziallehre des Vatikans zu belegen, indem sie diese in vier Modulen für die Bildungsarbeit der Kirche aufgearbeitet hat:

1. Modul: Die Versöhnung
2. Modul: Die Förderung von Frieden und Gerechtigkeit
3. Modul: Die Familie als vitale Kraft der Gesellschaft / Versöhnte Gemeinschaft für den Frieden in der Welt
4. Modul: Die politische Gemeinschaft im Dienste des Gemeinwohls (darin u. a. die „Demokratie als Instrument der Bürgerbeteiligung").

Am 24.1.*2009* empfängt Staatspräsident Kabila Vertreter-innen der Religionen und Konfessionen in der DR Kongo. Die zehn

Anwesenden vertreten die katholische, die protestantische (ECC)
und die orthodoxe Kirche, die islamische Gemeinschaft, die
Heilsarmee, sowie je einer die kimbanguistische Gemeinschaft
und die Erweckungskirchen. Es geht um gegenseitige Anerkennung und Förderung.[23]

In einer schon am *12.12.2008* an den UN-Generalsekretär
übergebenen Botschaft[24] schreiben die Kommissionen „Gerechtigkeit und Frieden" und „Soziale Kommunikation" vom „humanitären Drama", bitten um weitere und größere Blauhelm-
Unterstützung und fordern außerdem eine Rohstoffkonferenz.[25]

Zur Vollversammlung der CENCO vom *6.-10. Juli 2009* legt
die Kommission „Justice et Paix" einen umfangreichen Bericht
vor[26], der folgende Aspekte enthält – ein Höhepunkt ihrer Aktivitäten: das reicht von Programmen guter Regierungsführung
und Parlamentsarbeit über Lernprogramme zur kirchlichen Soziallehre bis hin zu Vorlagen für Gesetze zum Rohstoffabbau, zu
Versöhnungsprogrammen und Vorschlägen zur Zusammenarbeit mit anderen afrikanischen Kommissionen für Gerechtigkeit
und Frieden.

Im Jahr *2010* legte die Kommission „Gerechtigkeit und Frieden" erneut zur Februarsitzung des Ständigen Komitees der Bischofskonferenz ihren unfangreichen Plan zur Korruptionsbekämpfung vor („campagne de lutte contre la corruption"). Dazu
sollten im Vorfeld der Wahlen von 2011 kirchliche Programme
für Berater von Parlamentariern und für Wahlbegleiter angeboten werden. Die Zusammenarbeit mit Finanz- und Justizministe-
rium sollte dazu auf eine vertragliche Basis gestellt werden, was
später auch geschah. – Dies wurde als Teil der moralischen Neu-
ausrichtung der Nation und der „Erziehung spirituelller, morali-
scher und staatsbürgerlicher Art zur Ausbildung eines neuen
kongolesischen Menschen" angesehen, der befähigt werde, „der
Diktatur des schnellen Geldverdienstes und der Habgier zu wi-

---

[23] CENCO-Jahresband 2009, S. 185-189.
[24] ebd. S. 47f.
[25] ebd., S. 47-48: „Botschaft" und S. 49-52: „Plädoyer für den Frieden".
[26] ebd., S. 37-45.

derstehen". Dazu erneuere sie ihr Programm staatsbürgerlicher Aufklärung, Bürgerbeteiligung und Korruptionsbekämpfung.[27] Und zur Juni-Vollversammlung 2010 der kongolesischen Bischöfe werden von der CEJP die „pastoralen Herausforderungen" nochmals benannt[28]:

1. „die Kohärenz im Funktionieren der republikanischen Institutionen auf nationaler und regionaler Ebene" (Steuern, Korruption und nicht kompetente Führungskräfte);
2. die Herausforderung der geplanten Dezentralisierung bei gleichzeitiger Erhaltung der nationalen Solidarität und Einheit;
3. die Sicherheitsfragen.

Die Konferenz selbst schickte einen Brief an die politischen Führungskräfte und Parlamentskandidaten aus Anlass der bevorstehenden Wahlen und des 50jährigen Jubiläums der Republik[29] – eine Art Erziehungsbrief für verantwortliches Regieren.

Über die *Jahre 2010 bis 2014* handelt das vorliegende Berichtsbuch aufgrund meines Zivilen Friedensdienstes in dieser Zeit; Dokumente dazu finden sich im →ANHANG I.

2013/14 kam die *Idee eines „Friedensjahres"* auf, die im Rahmen der ACEAC (Bischofskonferenzen von Kongo, Ruanda und Burundi) in der DR Kongo, Ruanda und Burundi umgesetzt werden sollte, um aus der Sackgasse der Feindbilder heraus zu kommen.

Es sollte am 1. Dezember 2013 mit dem neuen Kirchenjahr losgehen; es gab einen guten Aufruftext, aber er „zündete" nicht. Ich war im November/Dezember unterwegs über Goma und Kigali nach Bujumbura und besuchte an diesem fraglichen Eröffnungstag zwei Messen in Kigali, ohne auch nur ein Wort dazu

---

[27] *Die Steuerkultur. Kampagne Kampf gegen die Korruption,* in: CENCO, Jahresband 2010, S. 79-84. Zitat auf S. 83.
[28] ebd. S. 21-23, gezeichnet von Bischof AMBONGO, dem heutigen Erzbischof von Kinshasa.
[29] ebd. S. 67-75.

zu hören. Der Impuls aus Kinshasa war definitiv noch nicht angekommen! Die Zeit schien dafür noch nicht reif zu sein.

Nun kommt dieser Impuls allerdings von außen und er ist Afrika-weit angelegt. Schon in einer Botschaft aller Kommissionen „Justitia et Pax" in Verbindung mit Caritas verbreitete die gemeinsame Konferenz der katholischen Bischofskonferenzen Afrikas und Madagaskars SCEAM (Symposium of Episcopal Conferences of Africa and Madagaskar) auf ihrer Sitzung in Douala/ Kamerun am 19.10.2014 eine entsprechende Botschaft („Message"). Dann beschloss sie auf ihrer Tagung vom 11. bis 15. März 2015 in Windhoek/Namibia ein „Jahr der Versöhnung" ab dem 29. Juli 2015. Nun stehen also alle afrikanischen Kommissionen „Justitia et Pax/ Justice et Paix/ Justice and Peace" hinter diesem Beschluss der SCEAM, und ihnen wird auch die Umsetzung anvertraut werden.[30]

2014/15: Zwei *Konfrontationen von Staat und Kirche* werden weiter unten im →Vierten Kapitel (Abschnitt 1.6) geschildert; sie zeigen, dass die Regierung 2015 im Vorfeld der Präsidentschafts- und Parlamentswahlen vom November 2016 offen versuchte, die katholische Kirche (wie auch längst schon die Oppositionellen) zu denunzieren bzw. immer mehr unter Druck zu setzen.

---

[30] Quelle: Radio Vatikan; website-Besuch am 7.3.2015.

3. Einschätzung der katholischen Kirche im Kongo durch Insider – Ergebnisse einer Umfrage (2014)

Im Rahmen einer kleinen Umfrage 2014 stellte ich einem Dutzend ausgewählter Diözesanvertreter mit der Zusicherung der Anonymisierung sieben Fragen zu Geschichte, Situation und Zukunft der eigenen Kirche vor Ort. Die zur Einschätzung der katholischen Kirche im Kongo befragten Insider waren allesamt katholische Priester in den Diözesen Kinshasa, Kananga, Kole, Isiro und der ACEAC. Der Rücklauf betrug bei dieser Umfrage 42%. Die Antworten enthielten eine Menge an Pluspunkten der Eigenständigkeit, eine Mängelsammlung und eine To-do-Liste für die nähere Zukunft. Untergründig las ich auch eine gewisse Skepsis beim Übergang in eine ungewisse Zukunft, gemischt mit ganz viel evangeliumsgemäßer Hoffnung. Genau diese Mischung hat mich beeindruckt.

Dies waren die Fragen:

1 Was sind die Stärken der Kath. Kirche im Kongo?

2 Was sind ihre Schwächen?

3 Was halten Sie von meiner These, dass die katholische Kirche hier sehr konservativ in Bezug auf die Liturgie und zugleich sehr kritisch auf soziopolitischem Feld ist?

4 Was ist Ihrer Meinung nach Sinn und Resultat der liturgischen Reform der „Zaïrischen Messe" im Vergleich zum lateinischen Ritus?

5 Wie werden Sie in der Kirche gegenüber den modernen gesellschaftlichen Änderungen wie Internet, TV und Reisen der jungen Leute reagieren?

6 Wie kann sich unsere Kirche noch stärker im sozialen Feld engagieren?

7 Da unsere Kirche von ganzem Herzen die Familie verteidigt: wie sieht ihre praktische Strategie den Familien gegenüber aus?

Zu 1) Als *STÄRKEN DER RÖMISCH-KATHOLISCHEN KIRCHE IN DER DRK* werden vor allem genannt:

- *Das starke politisch-soziale Engagement* für die Schaffung rechtsstaatlicher Verhältnisse und für freie, glaubwürdige, transparente und friedliche Wahlen ist Zeichen ihrer „Entschlossenheit zur Schaffung eines neuen Kongo". Die Einigkeit und Stärke war bisher die Basis des großen Einflusses der Kirche (CENCO) in der Öffentlichkeit. Das galt auch in den 70er Jahren schon, als Mobutu alle ausländischen Einflüsse abschaffen wollte – unter dem Schlagwort der „Authentizität". Das galt 1990, als Mobutu das gegen ihn gerichtete Memorandum der Kirche am 24.4. so kommentierte: „Ich habe alle Kritiken gelesen, sogar das Memorandum der katholischen Bischöfe." Es galt während der Souveränen Nationalversammlung 1991 bis zum Marsch der Gläubigen am 16.2.1992, der zum Zeugnis- und Märtyrertag wurde.

- *Gesundheit und Entwicklung* sind weitere Schwerpunkte ihres Wirkens überall im Lande.

- *Die moralische Erziehung* und Stärkung des Volkes erweist sich als Rückgrat in allen politischen Krisen. Ihre *Evangelisierung* geschieht in der Kraft des Heiligen Geistes. Die Sakramente werden angenommen und als Basis des religiösen Lebens praktiziert.

- *Die Schulausbildung* in den katholischen Schulen zählt zu den besten des Landes. Das gibt ihr einen guten Einfluss auf Kinder und Jugendliche, aber trotzdem ist dieser stark durch die Zunahme der Sekten bedroht.

- Die Kirche hat „als relativ junge ... eine *bemerkenswerte Vitalität*" und großen Zustrom sowie eine begeisterte, fröhliche und enthusiastische Atmosphäre bei den religiösen Feiern. Dieses Gemeinschaftsleben und ihre Einheit sind die Basis. Die Berufungen zum Priesterdienst, zum religiösen Leben und zum Laieneinsatz in der Pastoral sind vielfach.

- Deutlich ist die Bemühung, die Kirche immer mehr zu „afrikanisieren" durch einen Prozess der Inkulturation; Gottesdienste in verschiedenen Sprachen und Einbau von Elemen-

ten der afrikanischen Kultur (etwa durch Verwendung afrikanischer Sprichwörter und bildhafter Sprache).

Zu 2) Die SCHWÄCHEN DER KATHOLISCHEN KIRCHE IM KONGO werden besonders von der insgesamt desolaten materiellen Situation
des Landes abgeleitet, bzw. auf sie zurückgeführt.

- Die *materiellen und finanziellen Bedingungen* sind derart
  schlecht, dass die Diözesen, besonders im ländlichen Raum,
  ihr Personal in Klerus und Laienstand kaum bezahlen können; das wiederum führt zu „Elend, Verwahrlosung, Bette-
  lei, einem Sich-Durchwursteln des Klerus, bis zur Vernachlässigung oder zur Aufgabe des Apostolats". Dieses „Scheitern der Finanzplanung" verhindert letztlich die kirchliche
  Autonomie.
- Eine damit verbundene andere Gefahr ist es, den *Weg zu
  Priester- und Bischofsämtern als soziale Karriere* und weniger als
  Dienst der Kirche zu begreifen und es führt „bei Erfolg zu
  mehr Komfort, bei Misserfolg zu mehr Bitterkeit". Das Pries-
  ter-, Ordens- und Bischofsleben ist im Alltag manchmal ein
  „Gegenzeugnis" wegen Scheinheiligkeit oder Unmoral. Die
  Kirche ist nicht wirklich Kirche der Armen, sondern eher ei-
  nes gehobenen Lebensstils, eher von Chefs als von Hü-
  tern/Pastoren; Priester und Bischöfe sind „weit entfernt vom
  Lebensstil des Papstes Franziskus oder auch Benedikts".
- Die zu großen Diözesen haben sehr lange Wege, so dass viele *ländliche Gemeinden oft ohne Priester und Bischof* auskommen
  müssen. Sich selbst überlassen, wenden sie sich oft den Sekten zu. Die Sektenerfolge schwächen die Kirche zunehmend.
- *Finanzielle und innerkirchlich-juristische Angelegenheiten* bleiben oft dem Bischof allein überlassen; es müsste mehr Gewaltenteilung in den Diözesen geben. So besteht die reale
  Gefahr von Spaltungen in Klerus und Kirchenvolk wegen
  mangelnder Transparenz; es kommt „in den meisten Diözesen" aktuell zu Konfliktlinien zwischen Klerus und Bischof,
  Gläubigen und Bischof oder Gläubigen und Priestern – bis
  hin zum Verschließen von Kirchentüren!

- Die Katholische Bischofskonferenz *CENCO ist in politischen Fragen gespalten* und immer wieder in der Gefahr zu großer Staatsnähe und möglicher Abhängigkeiten – bei Kooperationen bei Reisen, Seminaren, Wahlvorbereitung etc.
- Die *Inkulturation ist unkoordiniert* und in der Gefahr der Zersplitterung von Konzepten.
- *Tribalismus und Regionalismus* schwächen die Kirche. Die mangelnde „Konversion der Herzen" führt zur Fortsetzung und Ausbreitung des Hexenglaubens.
- Die Kirche von Kinshasa nimmt *sehr viel Schulgeld* ein an „ihren" Schulen. Das ist intransparent; es überfordert viele Eltern und macht Schulbesuch tendenziell zum Privileg. Trotz ihres Einflusses hat die Kirche den Staat nicht „überzeugen" können, den Lehrern bescheidene Gehälter zu zahlen, mindestens doch als Fahrtgeld und „Ermutigungsprämie". Andererseits fehlt es auch an Hilfe von unten: nicht einmal alle Gläubigen geben den vorgeschlagenen EINEN Dollar als Jahresbeitrag!

Zu 3) *Ist die Kirche liturgisch konservativ und sozial fortschrittlich?*

Alle Antworten sagen, da sei etwas dran, aber diese Theorie müsse entwicklungsgeschichtlich differenziert werden; sie sei wahr, aber dürfe nicht „radikalisiert" werden; sie sei zu „nunancieren"; die Kirche habe doch auch liturgisch einiges Originelle vorzuweisen. Ich stelle vier Antworten komprimiert einzeln vor (ins Deutsche übersetzt):

- „Diese Theorie muss differenziert werden: die katholische Kirche im Kongo ist schon sehr konservativ, aber doch Änderungen unterworfen. Beispielsweise ist sie sehr offen für die Inkulturation, weil sie die liturgische Feier der afrikanischen Vision gemäß leben will. Den römischen Direktiven treu, will sie gleichwohl offen sein für afrikanische Sitten und Gebräuche, um die Botschaft des Evangeliums fest zu verankern." Und natürlich ist die kritische politische Haltung der Kirche klar und eindeutig; aber auch dies ist eine konstruktive Kritik, um dem Land zu helfen, aus der Krise zu kommen. Man weiß, dass man in der starken Krise von 1990 bis 2000 „die Wirbelsäule des Landes geblieben" ist. Dank ihrer ist das Land nicht untergegangen („sombré"). So kritisiert sie die politische Szene, um sie verbessern zu helfen und im Dienste des Volkes zu sein. „Sie kritisiert nicht um zu kritisieren, sondern um das Land voran zu bringen." (Stimme eines Pfarrers aus der Provinz Ost-Kasaï)

– „Diese Theorie ist zwar wahr, darf aber nicht „radikalisiert" werden. In der Tat: der „konservative" Aspekt, unter dem sich die Katholische Kirche in der DR Kongo präsentiert, ist der dogmatischen Treue gegenüber der römischen Autorität geschuldet, um so in allem die Einheit zu wahren." – Und ihr intensives sozialpolitisches Engagement ist nichts anderes als die konkrete Umsetzung der katholischen Soziallehre der Kirche („doctrine sociale de l'Eglise"), die ja die fundamentale Mission der Kirche zur Befreiung des Menschen von allen Formen der Sünde ist (vgl. „Der Geist des Herrn ruht auf mir.") (Stimme eines Höheren Verantwortlichen im Kirchenzentrum in Kinshasa)

– „Die katholische Kirche hat seit ihrer Gründung eine Entwicklung durchgemacht. Denn die Liturgie, die die Apostel an Pfingsten praktizierten, ist nicht dieselbe, die die Kirche bis zum 1. Vatikanum praktizierte. Dasselbe gilt für den Unterschied zwischen der Liturgie nach dem 1. und nach dem 2. Vatikanum. Und die Liturgie in der DR Kongo in ihrem römischen Ritus für die Kirchen im Kongo zeigt auch eine bemerkenswerte Entwicklung im Vergleich zum 1. Vatikanum an. – Gleichwohl erkennen wir an, dass es unveränderbare Aspekte gibt wie z.B.: die Konsekration in Materie und Form. Man kann die Kirche nicht auffordern, nicht mehr ‚konservativ' zu sein, indem man nun die Messe mit ‚Chikwangue' feiert [das ist ein kongolesisches Gericht; RV]. – Was ihre sehr kritische Haltung gegenüber der staatlichen Sozialpolitik angeht, so predigt die Kirche in ihrer Soziallehre die unantastbare Würde der menschlichen Person. Von der staatlichen Macht erwartet sie die Errichtung eines Rechtsstaates zur integralen Entwicklung des ganzen Menschen und aller Menschen (‚de tout l'homme et de tout homme'). Diese Erwartungen der Kirchen setzt der Staat nicht immer um, was dann die Kirche zu ihrem prophetischen Auftrag treibt, vom Staat verantwortete Ungerechtigkeit anzuklagen und die Stimme der Stimmlosen zu bleiben. Allerdings ist die Kirche auch gehalten, das Gute das der Staat vollbringt, anzuerkennen." (Stimme aus der Province Orientale im äußersten Nordosten)

– „Damit stimme ich nicht so ganz überein. Im liturgischen Sektor hat die Kirche des Kongo nun doch einige Änderungen umgesetzt, was Kirchen in anderen Ländern nicht geschafft haben. Neben dem später behandelten ‚zaïrischen Ritus' ist das auch die im Vergleich zu anderswo viel spontanere und lebendigere Art und Weise zu beten und die Messe zu feiern. Die Kirche hier hatte sogar angefangen, den Laien mehr Verantwortlichkeiten als in anderen Ländern zu geben. Man denke an die ‚Bakambi' genannten Laien, die Pfarreien mit Assistenz eines Priesters leiteten. Aber nach dem Tode Kardinal Malulas ist sie an diesem Punkt wieder zurückgewichen. Heute leitet in der Erzdiözese Kinshasa kein einziger Mokambi eine Pfarrei." (R.V.: In der Tat geht dies auf eine Veränderung des nach dem II. Vatikanum eingerichteten ‚Instituts für Religiöse Wissenschaften'/ISSR zurück, das religiöse, theologische und pastorale Fortbildung von Laien anbot; so sind heute viele Laien mit dieser dreijährigen Ausbildung in Kinshasa arbeitslos geblieben.) „Kardinal Malula hatte sogar in einer ersten Auswertung der Arbeit dieser Bokambi die Frage gestellt: Warum sollten wir diese nicht eines Tages zu Priestern weihen? Und da ging es wohlgemerkt um verheiratete Männer. Heute wagt niemand mehr davon zu reden. Auch in der Frage des Pflichtzölibats ist die kongolesische Kirche sehr konservativ; diese Frage scheint ein Tabu zu sein, ganz zu schweigen von der Frauen-Ordination." – Der Autor stimmt indes vorbehaltlos zu, dass die Kirche im *sozi-*

alpolitischen Feld „oft mutig Position bezogen hat". (Stimme eines seit langem dort tätigen ausländischen Pfarrers in Kinshasa)

Zu 4) *WAS IST IHRER MEINUNG NACH SINN UND RESULTAT DER ÄNDERUNGEN DER LITURGIE NACH ZAÏRISCHEM RITUS IM VERGLEICH ZUM KLASSISCH-RÖMISCHEN RITUS?*
Zunächst stellen die Interview-Partner klar, dass man nicht den zaïrischen Ritus einem „klassisch-römischen Kult", sondern einfach dem „römischen Ritus der Messe" gegenüberstellen sollte. Denn das Vatikanum II gab ja die Verpflichtung auf, die Messe in Latein zu feiern und lokale Sprachen zu benutzen, schon bevor dieser Ritus im Zaïre eingeführt wurde. Der Sinn dieser vatikanischen Erlaubnis von 1988 war es, Elemente lokaler Kultur einfügen zu können, von folkloristischen Elementen (etwa den Hut des Chefs und seine Begleitung durch Lanzenträger) bis zu spirituellen Elementen in der Form der Abfolge der Liturgie. Hier die einzelnen Akzentuierungen:
—   Einer empfindet die folkloristischen, „chef"-orientierten Elemente eher als eine Verdunkelung des Dienstzeugnisses Christi, betont aber besonders folgende Neuerungen:
-       Die ‚Anrufung der Heiligen *und* der Ahnen mit aufrichtigem Herzen' zu Messbeginn: das zweite Element betont, dass auch die gerettet werden können die nicht getauft sind, wie das Vatikanum II sagt.
-       Das Sitzen bei der Verlesung des Evangeliums erscheint als natürliche Haltung des Zuhörens, wenn jemand zu einer Versammlung spricht.
-       Der Bußritus nach der Predigt erscheint mir logisch; nach der Unterweisung ist man leichter geneigt um Vergebung zu bitten als zu Messbeginn, wo dies oft nur ein stereotypischer Satz ist. Und auch die Friedensgeste in diesen Kontext zu stellen (nach Mt. 6,23-24), erscheint mir auch kohärent und evangeliumsgetreu.
-       Gut, dass die Präfation eigens von der Schöpfung und Natur spricht, die Gott uns gab und für die wir dan-

ken. (Eine erste Version, in der auch der Fluss Kongo, früher Zaïre, erwähnt war, wurde wohl im Vatikan abgewiesen.)

- Der zaïrische Ritus ermöglicht mehr Beteiligung der Gläubigen, wie Klatschen, rhythmische Bewegungen, Gesten, Dialog(predigt), usw.

– „Diese liturgische Neuerung im zaïrischen Ritus ist eine theologische Initiative zur Inkulturation der Botschaft des Evangeliums, was es seit den Anfängen des Christentums gibt; sie zeigt die Entwicklungsfähigkeit der kirchlichen Vision im Kongo. Es ist die afrikanische Färbung dieser Kirche, die ihre fortschrittliche Dimension anzeigt."

– „Der zaïrische Kult soll den Leuten helfen, ihren Glauben ihrer gewohnten Kultur und ihrer Sitten und Gebräuche gemäß zu leben. Diese seinerzeit sehr begrüßte Neuerung zeigt sich heute eher in gelockerter Form, wenn auch der lateinische Kult in mehreren Diözesen die Oberhand wieder zu gewinnen sucht. Heute ist man fast wieder am Startpunkt angekommen."

– „Eine der positiven Wirkungen des Ritus für die Kirchen im Kongo ist vor allem die bessere Beteiligung der Christen an der Liturgie, da sie in der Sprache gefeiert wird, die sie kennen. Auch berücksichtigt er die Kultur des zaïrischen Volkes. Die Kongolesen feiern das Herrenmahl einigermaßen in ihrer Kultur. Aber da muss noch einiges mehr getan werden (z.B. Übersetzungen der Bibel usw. in die lokalen Sprachen, um den Christen zu helfen das Wort Gottes noch besser zu verstehen). Dahingegen führt der klassisch-lateinische Ritus eher dazu, dass die Mehrheit der Besucher eher passiv als aktiv ist."

Zu 5) *WIE SOLL MAN DER MODERNISIERUNG DER GESELLSCHAFT BEGEGNEN*?
Diese Frage zielte darauf ab, zu sehen, ob und wie die Kirche vorbereitet ist auf den absehbaren baldigen Internetschub im Lande, der eine ganze Generation erfassen wird und der Kirche

entfremden kann. Aber vielleicht ist die afrikanische Kultur resistenter als die christlich-europäische Fassade es war – in Europa verliert die Kirche ihren ‚Volkscharakter' auch durch die Medienkonkurrenz, sowohl wegen der Attraktivität als auch deren Angriffen! – Meine Interview-, Gesprächs- und Arbeits-Partner sind da relativ optimistisch und selbstbewusst:

– „Wir werden dem Missbrauch von Fernsehen und Internet widerstehen und dieses System mit großer Vorsicht integrieren unter der Bedingung, dass es konform mit unserer Moral, den guten Sitten und den christlichen katholischen Werten der Kirchentradition ist."

– „Die Kirche öffnet sich den sich beschleunigenden modernen Veränderungen gegenüber vorsichtig; sie begrüßt den Beitrag des Internets, der die Öffnung und Verbindung zur Welt erleichtert. So schätzt sie auch mit Vorsicht die Beiträge des Fernsehens. Aber jedes Mal wenn diese modernen Änderungen die Moral angreifen und die afrikanische Sensibilität verletzen, wird die Kirche ihren Ton verstärken, um die Gefahren dieser Veränderungen zu verurteilen. Sie praktiziert also eine selektive Öffnung. Beispielsweise haben mehrere Diözesen ihr eigenes Radio, ja auch ihr eigenes Fernsehen und Internet-Zugang. Sie bemüht sich, in diesen Medien ihre Vision der Welt auf der Basis der Prinzipien des Evangeliums zu vermitteln."

– „Die katholische Kirche im Kongo beobachtet sehr genau die Entwicklung der Welt. Die neuen kulturellen Elemente, die die modernen Technologien bringen, werden von der Kirche in dem Masse begrüßt, wie sie zur Evangelisierung beitragen, d.h. die Würde der menschlichen Person fördern und sie von den Negativ-Werten (‚antivaleurs') befreien. Dabei achtet sie besonders auf die Kampagne einer neuen Welt-Ethik um die Themen von Familie und Ehe. Denn die Korruption der Sitten der Jugend in diesem Bereich ist sehr leicht gegeben."

– „Wie selbst der Papst [mit ‚Twitter'] ein Beispiel gegeben hat, so können diese Techniken auch für die Kirche und in der Pastoral sehr nützlich sein. Man muss sie zu gebrauchen wissen. Oft werden wir in den Kirchen durch die Handys gestört oder Leute lassen sich durch ihr Telefon davon ablenken, der Messe zu folgen. Durch das Internet erhalten wir viele wichtige Informationen und oft auch die Reden des Papstes, besonders seit dem Pontifikat von Franziskus. Das ist uns manchmal sehr nützlich und wir können so auf denselben „Wellen" predigen wie der Papst. – In unserer Pfarrei hatten wir schon begonnen, eine eigene Website einzurichten; das wollen wir nochmals versuchen. Ich finde, die Diözese macht zu wenig aus diesen Möglichkeiten, ihre Kommuniqués und Informationen per Internet zu verbreiten."

Zu 6) WIE KANN DAS SOZIALENGAGEMENT DER KIRCHE GESTÄRKT WERDEN?
Die hier genannten sozialen Probleme kamen in jeder Gewaltanalyse bei unseren Wochen-Seminaren zur Gewaltfreiheit vor (nach Galtungs Dreieck von direkter, struktureller und psychischer Gewalt); sie sind selbst bis weit in die Kirche hinein verbreitet, wenn auch oft tabuisiert – was nicht zuletzt auch die Ausgrenzung der Straßenkinder als Sündenböcke aus den Familien ergeben hat; in Kinshasa spricht man allein von über 20.000.
–   „Um dieses Ziel [sc. eines stärkeren Sozialengagements, RV] zu erreichen, braucht es eine vielfältige Fortbildung der Gläubigen, denn die Leute müssen informiert und fortgebildet werden, um spirituell und mental zu wachsen (‚informés et formés'). Die Unkenntnis ist die Hauptquelle von Vorurteilen und das größte Hindernis für alle Entwicklung."
–   „Die Kirche könnte mehr tun für die Schwachen der Gesellschaft: Kinder, ‚Mädchen- Mütter', Behinderte, Straßenkinder, Witwen, Alte. Es gibt selbst Priester, die z.B. behinderte Mädchen missbrauchen und sie nachher, oft mit Kind, ihrem traurigen Schicksal überlassen. Bis heute sind Witwen allgemein allen Arten der Misshandlung durch die Familie des verstorbenen Mannes ausgesetzt; oft versucht man ihnen ihr Haus zu nehmen. Viele ‚Straßenmädchen' sind ‚Straßenmüt-

ter' geworden und haben keine Unterstützung. Anstatt die Mentalität zu bekämpfen, unbedingt Schuldige bei und an einem Todesfalle zu suchen (,ndoki'), gibt es sogar auch Priester, die andere Personen anklagen, ,ndoki' zu sein, wenn es in ihrer Familie einen Toten gibt."[31]

– Ein Pfarrer gibt folgende Aufzählung der Aufgaben der Kirche im sozialen Bereich für 2014 zu Protokoll: „Verstärkte und wiederbelebte Übernahme der materiellen Verantwortung für die Kirche durch die eigenen Gläubigen; genauere Fortbildung aller Pastoralagenten; klare Kassenführung unserer Einkünfte; Finanzierung großer Projekte kirchlicher Träger durch große Förderer; ernsthafte Zusammenarbeit mit dem Staat zur Schaffung von Begleitstrukturen für Mädchen, junge Mütter, Erwachsene ...; Ausbildung der Christen zum sozialen Engagement; Finanzielle Hilfe für die Kommissionen ,Gerechtigkeit und Frieden', Caritas und Entwicklung, BDOM (ärztliche Hilfen), um wirksam im Sozialsektor arbeiten zu können."

– Schließlich gibt ein Pfarrer, zugleich Leiter der Kommission „Gerechtigkeit und Frieden" in seiner Diözese, zu bedenken, dass über all diese sozialen Tätigkeiten hinaus das Engagement dadurch verstärkt werden müsse und könne, dass „die Kirche als starke Kraft im Lande versucht, überall dort präsent zu sein, wo die großen Entscheidungen gefällt werden. So könnte sie beispielsweise noch mehr Druck erzeugen auf dem sozialpolitischen Schachbrett, hin zu einem die Menschenrechte respektierenden Staat."

---

[31] [Anm. R.V.: Zum *Lebensschicksal der Straßenkinder* („ndoki") erschien kürzlich ein eindrucksvolles Büchlein in Kinshasa, das beim Autor auszuleihen wäre: *On nous appelle enfants de la rue*. Témoignages réunis par le p. Victor Farronato, 112 S. A6, Afriqueespoir 2013 (http://www.afriquespoir.com) – Im Vorwort werden die vielfältigen Gründe genannt: „Jede erschütterte Gesellschaft grenzt die Schwachen aus. Die Sekten, die Anklagen wegen Hexerei, der Tod der Eltern, die Armut, die ständigen Kriege, Scheidungen, Vereinzelung und Auflösung der afrikanischen Solidarität".]

Zu 7) *WELCHE STRATEGIE FÜR*
DIE VIEL VERTEIDIGTEN FAMILIEN GIBT ES KONKRET?

–   „Die Kirche unserer Erzdiözese gibt der Familie den Platz der ihr gebührt und betont ihren großen Wert. Sie ermutigt zur monogamen Heirat, zu stabilen Beziehungen und zur Sorge für die Kinder. Dennoch muss man sagen, dass es noch keine in sich stimmige Familienpolitik der Kirche gibt."

–   „Durch die Erziehung der Gläubigen zu den grundlegenden Werten der Familie (Treue und Unauflöslichkeit) ist klar, dass die Kirche den verlobten und verheirateten Paaren durch geistliche Begleiter beisteht. Die afrikanischen Traditionen bieten Modelle und wirksame Strategien an, die in der Lage sind, die Familien an die Grundwerte der Ehe zu binden."

Neben diesen eher grundsätzlichen Kurzantworten gab es auch kritischere und konstruktive Töne:

–   „Die Frage müsste klarer sein: natürlich verteidigt die Kirche die Interessen von Familie und Ehe. Sie will die Harmonie in stabilen Paarbeziehungen. So legt sie Wert darauf, dass die Paare auch kirchlich heiraten [neben der staatlichen und der traditionellen Heirat]. Dies stärkt die Stabilität und schützt besonders die Kinder und die Frau." ABER es gibt doch heute viele Probleme und die Einheit der Familien ist nicht der Normalfall. Durch den Einfluss der Sekten („Erweckungs"-Bewegungen) sind viele unserer ex-katholischen Familien gespalten, da jeder sich „seine" Kirche aussucht. Da ist das Zusammenleben nicht mehr friedlich und tolerant, sondern eher kriegerisch innerhalb der Familien.

–   Ein weiteres Problem sind die „Straßenkinder", die die Familien verlassen oder ausgestoßen werden, weil sie eine wirtschaftliche Last in den armen Familien geworden sind, oder weil man sie zum „ndoki" (Hexenkind) erklärt. Das ist dann oft der Grund für Nachteile wirtschaftlicher, beruflicher, familialer oder gesundheitlicher Art, auch für Todesfälle. Es gibt kirchliche Organisationen, die gegen diese Seuche kämpfen, wie ORPER (Oeuvre de Reclassement et de Protection des Enfants de la Rue = Werk der Wiedereingliederung und des Schutzes von Straßenkindern). Sie versuchen, diese Kinder zunächst in ihre Heime aufzunehmen, um sie dann später wieder in ihre Familien oder andere Gastfamilien einzugliedern.

–   Viele junge Paare durchleben einen Kreuzweg, weil sie keine Kinder haben (ein immer häufigeres Phänomen besonders in der Stadt). Selbst wenn die Partner sich lieben, ist der Druck durch die Großfamilie sehr stark, eine andere Frau zu nehmen. In dem Falle hört man selten auf die Kirche!

–   Ein damit manchmal zusammenhängendes Problem betrifft die Geschiedenen und Wiederverheirateten. Wir kennen die offizielle Position der Kirche und man spricht offiziell wenig darüber. Pastoren finden manchmal „pastorale" Lösungen bei der Zulassung der Paare zu den Sakramenten. Hier hoffen wir sehr, dass die nächste Bischofssynode (gemeint war die in Rom im Oktober 2014; RV) solche pastoralen Lösungen für diese Paare findet, die sich schnell von der Kirche an den Rand gedrängt fühlen.

–   Und ein Pfarrer benennt die schon bestehenden Aufgaben der Paarbegleitung, der Beschulung von benachteiligten Kindern (Waisen und Arme), der Mütterberatung, Witwenbetreuung und der Stärkung der Familien durch die Predigt. Er ist Leiter einer diözesanen Kommission „Justice et Paix" in der Nordostprovinz und schlägt darüber hinaus folgende „strategische Praktiken" vor:

-   Die Zeit der Paarvorbereitung
    vor der Hochzeit festlegen;
-   Die Paare vor der Hochzeit fortbilden;
-   Fortbildungskonferenzen für diese Paare organisieren;
-   Erholungen und Retraiten dieser Paare organisieren;
-   Familiale Entwicklungskooperativen gründen;
-   Junge Heiratswillige fortbilden und begleiten
    bis zur Verlobung;
-   Die Gruppe „libota lisantu" wiederbeleben;

- Paare über den internationalen Tag der Familie informieren;
- Dem Fest der Heiligen Familie mehr Bedeutung geben;
- Die Pastoralhelfer mehr auch in die Familienpastoral einbinden;
- Das ‚Institut der dominikanischen Schwestern und Missionarinnen der Familien‘ in der Diözese unterstützen und stärken.

Ehepaar Voß mit Soeur Marceline aus Lodja
(vgl. zu ihr im Buch →Seite 228)

4. Wachsendes afrikanisches Selbstbewusstsein: die „Inkulturation" der Liturgie – eine neue Liturgie nach zaïrischem Ritus

Die problematische, ja unheilvolle Einheit von Staat und Kirche im Kolonialismus wurde zwangsläufig unterbrochen: sie wurde durch mehr Eigenständigkeit gegenüber Belgien abgelöst, aber die katholische Kirche behielt gleichwohl das Bemühen bei, die weitere Entwicklung der nun „unabhängigen" Nation als Kirche mitbestimmen zu wollen. Im Zuge dieser Entwicklung kommt der eigenständigen, vom Vatikan anerkannten „Zaïrischen Messe" eine besondere Bedeutung zu – zeigt sie doch auch wie in einem Brennglas verschiedene Zugänge zur Heilung in der „Heiligen Messe". Auch theologisch wurde die europäische Ausformung des Christentums als EINE Form relativiert und historisiert (sozusagen als ein Umweg über deren griechische Interpretation durch Paulus u.a.); und zugleich wurde gefordert, eine afrikanische Ausformung von Theologie und Seelsorge zu entwickeln.

Der folgende Auszug ist übersetzt aus der Dissertation von David Nomanyath Mwan-A-Mongo[32]:

In Bezug auf den zaïrischen Mess-Ritus sagte ihr Hauptförderer, Kardinal Malula, dass dieser eine Frage des Rechtes sei. In seinen Augen war dieser Ritus ein natürlicher Bestandteil des eucharistischen Feierns in Zaïre. Er schrieb: *„Man kann Kirche im Kongo nicht mehr denken ohne den zaïrischen Mess-Ritus; er ist der Wunsch der Mehrheit unseres christlichen Volkes. Es ist sein klarstes Recht, einen Ritus zu haben, der seiner religiösen Sensibilität entspricht."* (Cardinal Malula, *Oeuvres Complètes*, Bd. II, S. 109) Denn durch diesen Ritus ist ein/e Afrikaner/in in der Lage, mit Seele und Körper zu beten.

---

[32] op.cit. II.2.1. 4.2. *L'inculturation de la liturgie: cas du rite zaïrois de la messe.*

In der Tat: dieser „Zaïrische Ritus" wurde in Rom unter folgendem Titel am 30. April 1988 anerkannt: „Römisches Messbuch für die Diözesen im Zaïre". Die wesentlichen Veränderungen im Vergleich mit dem römischen weltweit gültigen Mess-Ritus sind diese:

- Der Anfang des Gottesdienstes schließt die Anrufung der Heiligen und der Ahnen ein, die mit aufrichtigem Herzen erfolgt. Das entspricht einer Bantu-Philosophie, die den Ahnen mit untadeligem Lebenslauf einen Platz in der Hierarchie-Pyramide der „lebenden Kräfte" einräumt.
- Das Sündenbekenntnis kommt erst nach der Predigt und dem Glaubensbekenntnis. Diese Reihenfolge folgt dem Schema des traditionellen Palavers. Bevor man um Verzeihung bittet, hört man den Weisungen des „Weisen" zu, der an die gute Ordnung der Gesellschaft erinnert; dann bekennt man seinen Zugehörigkeits-Wunsch und seine unwiderrufliche Anerkennung derselben und bittet schließlich um Verzeihung für die eigenen Verirrungen.
- Darauf folgt die Besprengung aller mit Weihwasser als Erinnerung an die Taufe, Symbol der Reinigung und der zugesagten Vergebung, bevor man zum Friedensgruß übergeht – mit Freude. Nach dem Friedensgruß bereitet man die Gaben vor für das gemeinschaftliche Mahl.
- Die liturgischen Gewänder des Zelebranten reflektieren Motive des Heiligen: Messgewand und Stola sind vielfarbig, mit Verzierungen als Symbolen des Unsichtbaren im Sichtbaren. Der Priester ist manchmal mit einem Hut bedeckt und hält in der Hand ein Zepter oder eine Fliegenklatsche als Zeichen der Macht und Autorität, die er im Namen Christi ausübt.
- Eine Zaïrische Messe dauert mindestens zwei Stunden; sie kann sich ausdehnen bis zu vier Stunden bei einer wichtigen Versammlung. Eine solche Kundgebung ist ausgedehnt und der Zelebrant weitschweifig.

Das ist also die vorläufig letzte Phase der Entwicklung des theologischen Denkens in der DR Kongo. Diese Entwicklung hat 1914 begonnen mit der Theologie des Seelenheiles und führte am 30. April 1988 zum zaïrischen Ritus. In Rom wurde ein Mess-Ritus anerkannt, der den Erwartungen der Christen einer Teilkirche entsprach. Diese Zulassung markiert auch das Ende der Streitigkeiten um die Theologie der Inkulturation. Es brauchte nun Richtlinien und verschiedene Orientierungshilfen, damit diese Theologie ihren Weg fand.

Anders gesagt und prägnant zusammengefasst (NOMANYATH MWAN-A-MONGO[33]):

Das klassische Schema der (römischen) Messe ist dies: Reue und Vergebungsbitte zu Anfang; dann (evtl.) Besprengung mit Weihwasser; Gloria; Wortliturgie; Predigt; Glaubensbekenntnis; Eucharistische Liturgie/Kanon; Vater unser; Friedensgruß; Agnus Dei; Kommunion, Schlussgebet, Segen und Sendung [Anm. RV.: „Ite missa est" = „Geht, es ist Sendung". Derzeit in Deutschland ungenauer übersetzt mit „Gehet hin in Frieden!"].

Das Schema der Zaïrischen Messe hingegen ist dies: Anrufung der Heiligen und der Ahnen; Wortliturgie, Predigt, Glaubensbekenntnis, Reue und Vergebungsbitte, Besprengung, Friedensgruß, Gloria, Eucharistische Liturgie, Kommunion; Schlussgebet und -segen.

Dieses Schema folgt einer gewissen Logik des afrikanischen Palavers: der Clanchef, der die Mitglieder zusammenruft, beginnt immer mit der Anrufung der Ahnen, der Clanhelden. Er wiederholt zunächst die Weisheitsworte der Ahnen, die er mit den aktuellen Erfordernissen zusammenbringt. Die Mitglieder des Clans erkennen sich in dieser Weisheit und jeder

---

[33] op.cit. Anm. 88.

gibt seine Fehler zu, indem er nun die Ahnen und seine Bluts-Brüder und -Schwestern um Verzeihung bittet.

Der Patriarch des Hauses fordert dann, dass jede/r sich die Hände wäscht als Zeichen der Versöhnung, gefolgt von einer Friedensgeste. Erst danach kann der Tanz des Glorias kommen – zur Ehre der Ahnen und aus Freude über den wieder-gefundenen Frieden. Ein großes Familienmahl schließt dann die Versammlung der Familie ab, bevor jede/r wieder nach Hause geht.

R. Voß mit Abbé Gabriel beim Bischof von Kananga, Msgr. Marcel Madila
(vgl. zu Abbé Gabriel im Buch auch →Seite 227)

Viertes Kapitel
Ist die katholische Kirche
in der DR Kongo
„konservativ oder progressiv"?

Ein starker, ja sogar ein Kerneindruck bleibt im resümierenden Rückblick: Die Katholische Kirche in der DR Kongo ist zugleich konservativ und progressiv; sie ist in manchen Teilen gar „revolutionär": eine völlig neue Gesellschaftsordnung der Gerechtigkeit und rechtlichen Gleichheit fordernd. Deshalb folgen hier einige erfahrungsbasierte Überlegungen zu den zwei Seiten der katholischen Kirche im Kongo, die sich aber – im Gegensatz zu unseren deutschen und mitteleuropäischen Erfahrungen – durchaus beide (v-)ertragen!

1. BEFUNDE UND EINDRÜCKE

1.1 Konservativ – Traditionell

Bei einer mehrwöchigen Sondierungsreise zu pax christi-Friedensgruppen in Ruanda, im Ostkongo (Nord- und Süd-Kivu) und nach Burundi machte ich eine wichtige Erfahrung.

Diese Grunderfahrung aus Kigali 2007 stand mir bei der Bewerbung für die Friedensdienststelle im Kongo stets vor Augen. Der damalige Vizepräsident (und spätere Präsident) von Pax Christi International und Erzbischof von Kisangani, Msgr. Laurent Monsengwo, hatte die Erlaubnis, – sozusagen in Feindesland – als kongolesischer Bischof in Ruanda die Predigt im Hauptgottesdienst des Doms zu halten; einheimisches und internationales Publikum mischten sich. Er zog ein in einer Form, die mir mit einem Schlag meine konservative enge Kirche der 50er Jahre in Deutschland zurück zauberte: mit einer langen Gruppe von Ministranten in Zweierpaaren, der Equipe des Gottesdienstes, einigen Priestern und schließlich er selbst mit Mitra und Stab in feierlicher Prozession durch die Kirche zum Altar! Dieses Déjà-vu-Gefühl ließ mich einen ganz normalen langweilig inszenierten Gottesdienst samt konservativer Predigt erwarten – für das Volk, aber nicht mit dem Volk. Schnell wurde ich eines Besseren belehrt. Die Chöre sangen mitreißend; und ebenso packend, mutig und ansteckend war dann seine Predigt: er sprach über den Frieden in der Region der Großen Seen, der ersehnt, aber nicht realisiert war und in dessen Dienst sich die pax christi Bewegung gestellt habe. In meiner wachsenden Begeisterung vergaß ich völlig den Bezug samt den unguten Erinnerungen an meine deutsche Ministrantenzeit in den fünfziger und frühen sechziger Jahren des vorigen Jahrhunderts.

Diese Erfahrung half mir, mich auf die Stelle eines Beraters bei der Kongolesischen Bischofskonferenz zu bewerben und mich auch anschließend in dem *Spannungsfeld von konservativer Form und Lehre bei gleichzeitig mutiger politischer Einrede* wohl zu fühlen. Ich entdeckte dort schon die später erlebte Rolle der katholischen Kirche als Mahnerin des Staates in der DR Kongo. Und Monsengwos Predigt war umso mutiger als er damit viel weiter ging als es anschließend bei unserer Konferenz die ruandische Delegation tat, die Angst vor Repressalien durch das Regime ihres Präsidenten hatte.

Ich lernte während meiner Jahre in Kinshasa und unterwegs im großen Kongo, zu unterscheiden zwischen der sehr konservativ wirkenden Form und auf Priester zugeschnittenen Struktur einerseits und den realen Arbeiten für das und mit dem Volk andererseits. So fand ich dann auch ein bald überall geschätztes Thema: die biblische und jesuanische Gewaltfreiheit als Basis und Methode eines kritischen Engagements von Kirche und Christen.

Ehepaar Voß mit Abbé Félicien in Luiza zur Bischofsweihe
(vgl. im Buch →S. 248-250)

Ich komme zurück nach Europa voll Dankbarkeit und Bewunderung für all die tröstenden, helfenden, stärkenden und mitfühlenden Hilfen in den kongolesischen Pfarreien und durch die meisten Pastoren und ihre Teams, die dem Volk als letzte Instanz in Nöten und Konflikten, in Verzweiflung und Hoffnung beistehen in diesen schwierigen Zeiten der staatlichen Willkür, Korruption und ihres Zynismus der Macht. Ich will nicht verhehlen, dass es mir manchmal noch so wie beim Einzug des Gottesdienstteams in Kigali ging, aber ich hielt stets die Realität dagegen, die besonders auch durch Caritas International bzw. Caritas Congo und andere Hilfswerke effektiv und praktisch an einer besseren Zukunft für das Land baut – für einen Kongo, der „schöner ist als früher", wie man in der Nationalhymne immer wieder singt („un Congo plus beau qu'avant").

Hier lässt sich dann auch die soeben beschriebene Liturgiereform einordnen, die mit vatikanischer Unterstützung durch den „zairischen Ritus" dem Volke näher kommt als die Jahrhunderte alte lateinische Form der Messe.

Auf diesem Hintergrund kann ich nun auch sagen, dass ich die realen Unterschiede zur ethisch-moralischen Diskussion in Deutschland besser einordnen und handhaben konnte.

Wenn man mich beispielsweise zur Haltung unserer deutschen Kirche zu Homosexualität und zu Ehescheidung und Wiederheirat ansprach – was eh nur im kleinen Kreise und sehr selten geschah – dann wich ich angesichts der heftig umstrittenen Themen bei uns eher aus. Ich versuchte zu erklären, dass die Diskussion in einer säkularisierten Gesellschaft wie der deutschen völlig anders verlaufe als hier in dem von Glauben und auch Aberglauben stark geprägten Kongo.

Bei der römischen Bischofssynode zu Ehe und Familie im September 2014 hat Papst Franziskus (wie seinerzeit der alte Papst Johannes XXIII. vor dem dann folgenden Zweiten Vatikanum in den 60er Jahren des 20. Jhds.) wieder einmal die Tore geöffnet und eine freie Debatte ohne eigenes Eingreifen ermöglicht. Diese zeigte die gewaltigen Unterschiede in Lehre und Leben der vielen Länder in der katholischen Weltkirche auf und sollte dann ein Jahr lang zuhause bedacht werden, bevor Entscheidungen im Herbst 2015 fielen. Da würde dann sogar die im Kongo traditionell sehr große Papsttreue auf den Prüfstand kommen, wenn dieser Papst Neuerungen befürwortete, die die Kirche im Kongo unter Druck geraten ließe. Mit Blick auf die Familiensynode 2014/15 in Rom war ich aber ziemlich sicher, dass die papsttreue Kirche im Kongo sich an die Zweidrittel-Mehrheitsentscheidungen halten würde, auch wenn sie nicht voll zustimmen könnte. Aber da auch aus anderen Weltregionen (wie etwa Osteuropa und Asien) eher bremsende Voten kamen, wurden doch wieder keine wirklich neuen Schritte gegangen.

Im Grunde ist das Familienbild unserer Kirche schön, aber zu defensiv, denn die katholische Ehe und Familie im Kongo ist gleich mehrfach in Frage gestellt durch die traditionelle Polygamie und durch das moderne Elend. Und so hat Kinshasa allein mehr als 20.000 Straßenkinder, die von zuhause vertrieben oder weggelaufen sind. Oft ist es so, dass sie vorher oder nachher auch von der eigenen Familie als ‚Hexenkinder' („ndoki") verunglimpft und damit eigentlich dem Tode preisgegeben werden. Davor müssen sie sich dann schützen durch Kleinkriminalität und Überlebenspraktiken in der Riesenstadt. In ganz Deutschland spricht man mittlerweile (Ende 2014) von bis zu 9.000 solcher Jugendlichen, die kein Zuhause mehr haben oder haben wollen. Hier ist es im Kongo allein in der Hauptstadt die doppelte oder gar dreifache Zahl.

Auch sind die katholischen Familien nicht verschont von der ‚Unsitte', dass die Männer oft einfach die Familien verlassen und Mütter und Kinder sich alleine durchschlagen müssen, zumal es ja dort auch keine rechtliche Handhabe gibt, um die Männer zur weiteren Unterstützung der Familie zu verpflichten. Die Bedeutung der Frauen in finanziellen und familiären Angelegenheiten wächst jedenfalls langsam aber unaufhörlich.

So kommt dann auch das traditionelle Familienbild auf dem Prüfstand: wollen wir wirklich noch so viele Kinder? Und wie verhüten wir Schwangerschaften? Die bisherige kirchliche einzige Antwort bleibt die natürliche Verhütung, die als einzig gültige Empfehlung ebenso überheblich wie unrealistisch ist. Ich habe in den Kreisen des beginnenden Mittelstandes in der dortigen Kirche und Gesellschaft den Eindruck gewonnen, dass die Familien heute – wie die bei uns in Europa nach 1900 – darauf achten, wie auch immer, weniger Kinder zu haben, weil die einziehende moderne Gesellschaft sie weder als Schutz im Alter nötig noch als Belastung in der Moderne finanziell tragbar macht.

Damit berühren wir das Feld des kommenden Kulturwandels in der beginnenden modernen Gesellschaft, etwa durch TV und Internet, das hier nicht weiter erörtert werden kann, zumal es doch relativ spekulativ bliebe (vgl. aber die Priesterantworten oben im →*Dritten Kapitel*, Abschnitt 3). Jedenfalls glaube ich, dass die traditionelle Kraft in Afrika ein stärkeres Gegengewicht sein wird als in Europa, das durch die beiden Weltkriege sozusagen auch moralisch aus der Bahn geworfen worden war und quasi in die Moderne flüchtete. Allerdings gilt auch dies in Bezug auf den Kongo unter Vorbehalt, denkt man nur an die wohl 5 Millionen Toten der Kriege an den ,Großen Seen' in den letzten beiden Jahrzehnten und an die moralischen Verwüstungen der vielen Bürgerkriege dieser Zeit. Die Bischöfe haben mir jedenfalls des Öfteren unterwegs im Inland bestätigt, dass man in der Gefahr sei, in eine Unkultur der Gewalt abzurutschen und daher die Arbeit für eine Ethik der Gewaltfreiheit sehr begrüßt werde.

1.2 Progressiv – „Revolutionär"

Kaum war ich im November 2010 mit meiner Frau Margret in Kinshasa angekommen, erlebte ich schon am *Tag nach der Landung* – die Koffer im vorläufig bezogenen kleinen Hotel waren noch gar nicht ausgepackt – bei einer großen Konferenz in Kinshasa die nach vorne drängenden, meinen beginnenden Friedensdienst ermutigenden Stimmen unserer Weltkirche im Kongo. Ich zitiere aus meinem Tagebuch vom 5.11.2010, dem zweiten Tag der Konferenz:

„Ich erlebte noch mehrere Vorträge aus der ersten Reihe sozusagen, weil ich mich auf die persönliche Einladung des
Uni-Direktors bezogen hatte, die er uns am Vortag aussprach
– in gutem Deutsch; er hat wie manch anderer in der Runde
in Deutschland studiert. In der Pause erlebte ich manche Stu-
denten, die interessiert anfragten, woher und warum ich
gekommen sei. Die ausführliche Tagungs-Zusammenfassung
meiner künftigen Chefin, Schwester Marie-Bernard, ermöglichte mir noch einen guten Gesamtüberblick. Bei der
Rede des Uni-Direktors Prof. Matand freute mich besonders
der Satz, die veranstaltende Katholische Uni sei mit ihrem
neuen Institut Panafricain Cardinal Martino ein „wahres La-
boratorium für die Friedensarbeiter in Afrika" („pour les artisans de paix de l'Afrique"). Mit diesem Institut bzw. in
diesem Institut werde auch ich mitarbeiten; es ist gerade ein
knappes Jahr alt und im Aufbau.

Und am 19. November sah und hörte ich wieder den Generalsek-
retär dieser Universität nach der ersten zweiwöchigen Qualifi-
zierung für Multiplikatoren; zwei Wochen lang hatte die erste
Fortbildung für 36 Teilnehmer/innen aus DR Kongo, Ruanda,
Burundi und Togo gedauert: Laien und Priester, darunter fünf
Frauen, die nun als allererste Gruppe dieser Art das Zertifikat
erhielten („Certificat de l'Institut Panafricain Cardinal Martino /
IPCM pour l' enseignement social de l' Eglise").

Der Generalsekretär der Kath. Uni, der mir schon bekannte
Dr. Libambu, betonte die Pionierleistung des ersten Seminars
dieser Art und wurde pathetisch: „La rêve des évêques de-
vient réalité!" („Der Traum der Bischöfe wird Realität!") Die
Welt brauche dringend mehr Gerechtigkeit und Frieden –
und dazu Menschen, die sich einsetzen wie im Bild des Paulus die Läufer, die den Sieg anstreben. Er beglückwünschte
die Kirche zu ihrer „nouvelle politique pastorale" und sprach
vor der Zertifikatsverleihung von einem „moment historique". Auch die Teilnehmenden schickten zwei Redner nach

vor, den einen zum Dank für das Seminar und zur Bekräftigung der Ziele des IPCM, nämlich „former des artisans de paix" („Friedensstifter auszubilden"), den anderen, um allen Mitarbeiter/innen des Hauses zu danken. – Bischof Joseph BANGA, Vizepräsident der CENCO aus der Diözese BUTA, verteilte die Zertifikate und gab allen seinen Segen. Auch er sprach von der „responsabilité historique d'être pioniers" (der historischen Verantwortung, Pioniere zu sein) und nannte die katholische Soziallehre deren „inspiration principale" (Kern-Inspiration).

Die *Bischöfliche Kommission „Justitia et Pax"* (CEJP), deren Mitglied ich nun wurde, hat vier Bischöfe an der Spitze – darunter den bischöflichen Präsidenten, Msgr. Fridolin AMBONGO -, dazu ein Team in Kinshasa unter Leitung von Schwester Marie Bernard ALIMA (ab Juli 2013 Père Clément MAKIOBO) mit Programmsekretär, Projektverantwortlichem, im Idealfall sechs Regionalreferenten für die Kirchenprovinzen und einen angemessenen Stab zur Unterstützung durch Logistik, Fahrdienste und Sonstiges. Das nationale Netz ist 2010 beeindruckend groß: 1.479 Gemeindekommissionen (CPJP) und ihre Koordinationsteams auf Diözesanebene (CDJP); außerdem 2.518 Laienkomitees (CLJP = Commissiones Laiques de Gouvernement Participative) und viele „Parlamentarische Kontakt-Zellen" (Cellules de Liaisons Parlementaires / CLP).

Ich lernte die Abkürzungen der drei regionalen Stufen „unserer" Kommissionen: „meine" CEJP = *Commission Episcopale Justice et Paix*; sowie die 47 auf Bistums-Ebene CDJP = *Commissions Diocésaines Justice et Paix*; und auf Pfarrei-Ebene CPJP = *Commission Paroissiale Justice et Paix* – , oft auch einfach CJP; und dann noch die schon erklärten Varianten mit den zum Verwechseln ähnlichen Abkürzungen CLJP / CLP.

Eine neue Perspektive wurde schon seit 1996 mit dem Programm „Erziehung zu guter Regierungsführung" in 30 Diözesen einge-läutet, danach noch in weiteren 15, mit den vier Modulen: Rechtssystem, Staatsverständnis (als Dienst am Volk), Men-schenrechte und Steuersystem.

Durch den Krieg Ende der 90er Jahre stieg die Kirchenkritik am Staat und mündete schließlich in das Staatsbürger- und Wahlerziehungs-Programm („Programme d'éducation civique et électorale") von 2004-2006, das die erste freie Wahl von 2006 mit vorbereitete und verbunden war mit einem Netzwerk von Wahlbeobachter/innen. Dazu wurde ein neues Versöhnungspro-gramm („Réconciliation et Bonne Gouvernance") begonnen und ein Programm zur Beteiligung von Frauen. Dies führte zu einem Staat-Kirche-Vertrag (Katholische Kirche und Ministerium der „Décentralisation"), in dem der Staat der Kirche zusagte, die Kosten der Fortbildung und des Lehrmaterials zu übernehmen. Ein wichtiges Thema wurde die Kritik an der Inflation von Steu-ern und Abgaben – manchmal dreifach erhoben! Nach einer Un-tersuchungsphase gab es dann das Programm gegen die Korrup-tion mit einem Vertrag zwischen Staat und Kirche: die Kirche ruft zur Steuerehrlichkeit auf, wenn der Staat die Korruption be-kämpft.

2014 wurde endlich eine weitere Kommission, die Kommissi-on Rohstoffe („Commission Episcopale Ressources Naturelles / CERN") nach vielen Probejahren nunmehr auf Dauer von den Bischöfen eingerichtet, nachdem sie schon über ein halbes Jahr-zehnt als provisorisches Gremium gearbeitet hatte.

Die Außenvertretung der Kirche in sozialen und politischen Fragen ist Sache der Bischöfe im Kongo; den Laien ist es von ihnen ausdrücklich im Sinne der katholischen Soziallehre erlaubt und geboten, sich für die Menschen politisch einzusetzen; aber ebenso kategorisch verbieten die Bischöfe dies dem Klerus: der Kardinal hat es im bewegten Wahlkampf 2010/11 ausdrücklich erneut getan und sogar einen Priester deswegen strafversetzt bzw. in seiner Tätigkeit für ein Jahr eingeschränkt. Monsengwo selbst aber hat als Kardinal eine enorm starke politische Rolle gespielt und sich dabei in der Beurteilung dieser Wahl sogar nicht nur selbst in Gefahr gebracht, sondern auch enormen öffentlich-politischen Einfluss gehabt. Er wertete nach der Wahl am 12. Dezember 2011 diese Präsidenten- und Parlamentswahl als „weder konform mit der Wahrheit noch mit der Gerechtigkeit".

Bei der letzten Verzögerung vom 8. zum 9. Dezember brach der stärkste Oppositionsführer der 10 Konkurrenten des bisherigen Staatschefs Kabila sein Schweigen und sprach von „auf Wahlfälschungen beruhenden illegalen Resultaten". Spät am Abend des 9.12. saß die ganze Nation vor Radios oder Fernsehern, als die Wahlkommission CENI sehr langatmig und detailliert „ihre" Ergebnisse verkündete: JOSEPH KABILA (PPRD = Parti du Peuple pour la Reconstruction et la Démocratie) 48,95% : 8 880 944 Stimmen, besonders aus den Provinzen Bandundu, Katanga, Orientale, Maniema, Nord- und Süd-Kivu; ETIENNE TSHISEKEDI (UDPS = Union pour la Démocratie et le Progrès Social) 32,33% : 5 864 795 Stimmen, besonders aus Kinshasa, sowie den Provinzen Bas-Congo, West- und Ost-Kasaï. […]
Der Erzbischof von Kinshasa, Kardinal Monsengwo, protestierte drei Tage später in seiner typischen Klarheit und Schärfe gegen die Ergebnisse und wurde offiziell sofort isoliert, bekämpft und verunglimpft. Er setzte sich von seinem bischöflichen Kollegen der Lutherischen Kirche ECC ab und sagte: wegen der stark gefälschten Wahlen („élections extrêmement frauduleuses") seien die proklamierten Ergebnisse „weder konform mit der Wahrheit noch mit der Gerechtigkeit"!
Der Oberste Gerichtshof aber kam nach allzu kurzer Prüfung zu dem - wenn auch vorsichtig noch als „provisorisch" bezeichneten - Ergebnis, dass die CENI richtig gezählt habe. Der belgische Außenminister sagte in letzter Minute auch noch seinen Besuch ab, weil diese Überprüfung in der Eile nicht glaubwürdig sei; er schwenkte damit auf die Linie der EU ein. So konnte Kabila wie vorgesehen am 20. Dezember seinen Amtseid leisten: vor pompöser Kulisse, aber wenigen ho-

hen Staatsgästen. Neben Botschaftern und Ministern war als einziger veritabler Staatschef der benachbarte und weltweit isolierte Präsident Zimbabwes, Robert Mugabe, anwesend. Jason Stearns, Schriftsteller und Kenner des Kongo, erklärte (in seinem Blog vom 3. Dezember) die Reaktionen des UN-Sicherheitsrats in New York: „Der Rat ist tief gespalten; einige westliche Mächte wie Frankreich und Deutschland haben Fragen, andere wir Brasilien, Russland, China und Südafrika unterstützen die Version der kongolesischen Regierung. Aber auch die Westmächte qualifizieren, obwohl sie die Wahlfälschungen sehen, diese als ‚nicht systematisch' oder ‚nicht im großen Maßstab' ein – um ihre eigenen Interessen zu wahren." [Auszug aus meinem Tagebuch vom Dezember 2012]

Wenn der Kardinal durch sein Vorpreschen auch sofort unter besondere Beobachtung des Staates und auch zeitweise in einen gewissen Gegensatz zu den eher vorsichtigen Urteilen der Bischofskonferenz (CENCO) geriet, so waren doch nach deren nächster Konferenz des „Ständigen Rates" die Wogen wieder weitgehend geglättet. Die Politik der Distanzierung vom Staat bei gleichzeitiger punktueller Kooperation wurde seitens der CENCO fortgesetzt: weiterhin und fortan noch deutlicher klangen die Voten der CENCO eher als Mahnungen denn als Bitten an den Staat.

1.3 Spannungserfahrungen
in der Kirche im Kongo und der Umgang damit

ZÖLIBATSPROBLEME: ein Bischof geht auf verheiratete Priester seiner Diözese zu, stellt aber Bedingungen und organisiert Mediationen und Fortbildung zur Konfliktbearbeitung.

Die Bischöfe sehen sich immer wieder mit dem Problem konfrontiert, dass ihre Diözesanpriester quasi verheiratet fest mit Frauen zusammenleben; im Falle von Polygamie ist dann wohl die Trennung und Exkommunikation unumgänglich. Aber der Bischof von Bokungu-Ikela (Nordwestprovinz Equateur) unternahm einen Mediationsversuch, um den verheirateten Priestern die Fortdauer ihres Amtsdienstes zu ermöglichen. Er diskutierte unter Zuhilfenahme eines auswärtigen kirchlichen Mediators seinen Vorschlag, sie möchten die Trennung von Tisch und Bett vollziehen, ohne Frauen und Kinder allein zu lassen, d.h. die Verantwortung für deren Lebensunterhalt weiter zu übernehmen. Ich habe noch nicht erfahren, ob dieser Versuch erfolgreich war; ich hörte nur von weiteren Seminaren zur Qualifizierung in Theologie und Konfliktbearbeitung in seiner Diözese.

Der Zölibat in Afrika ist ein ungeliebtes Kind der Weltkirche, denn ein unverheirateter Mann gilt nicht wirklich als vollständig und vorbildlich. Er kann sogar eine unfruchtbare Frau zu ihrer Familie zurückschicken und eine neue nehmen, da die erste ihm keine Kinder schenkte. Man erinnert sich an analoge Praktiken des Alten Testaments (etwa Abraham). Hier käme der durchaus seriöse Vorschlag in Frage, auch von deutschen Bischöfen schon gemacht, nämlich die Heirat einfacher Priester zuzulassen und den Zölibat auf die höheren Weihen zu beschränken. Ein verheirateter Priester könnte also nicht Bischof werden.

EIN UNTERBELICHTETES PROBLEM DES KLERUS: SEINE ARMUT

Der „Kollektenklau" (die Entwendung von Kollekten als Ausdruck der Armut) – auch von Gemeindepriestern – wurde in meinen Seminarauswertungen öfter genannt. Das erstaunt den auswärtigen Besucher denn doch, bis er erfährt, dass die Priester überhaupt kein Gehalt bekommen. Sie leben von der Güte ihrer Gemeinden. Bei uns in Deutschland war dies vor der Einführung der Kirchensteuer durchaus nicht unbekannt. In Frankreich gab es niemals eine vom Staat eingezogene Kirchensteuer – wegen der dort als „laïcité" bezeichneten totalen Trennung von Staat und Kirche. Deshalb sammelten Priester – wie ich es in einer Studentengemeinde in Paris erlebte – bei den eh finanziell auch klammen Gottesdienst-Besuchern extra für ihren Lebensunterhalt, parallel zur Kollekte für gute Zwecke.

Priester sind im besten Falle in gemeinsamen Häusern untergebracht und haben so durch ihre Kommunität Essen und Schlafen gratis. Auch sind Austausch und Abstimmung in der Pastoral ein Vorteil dieser Struktur; aber viele leben so leider nicht unbedingt im Zentrum ihrer Gemeinden. Die Kleriker haben durchaus oft weitere Probleme der Selbstversorgung.[1]

FINANZIELLE UNABHÄNGIGKEIT DER KIRCHE ALS ERKLÄRTES ZIEL
In den letzten Jahren hing immer wieder ein Banner über dem Haupteingang unseres Kirchenzentrums, dem Centre Interdiocésain in Kinshasa, das dazu aufforderte, doch die Telefongesellschaft zu wechseln bzw. bei *Vodacom* ein neues Konto einzurichten, von dem dann der Konzern einen Minimalprozentsatz an die Kirche abzuführen versprach. Auch in Fernsehspots warb der Vorsitzende der Bischofskonferenz (CENCO); Msgr. Nicolas Djomo, für diesen Schritt, eine neue entsprechende „Simkarte" zu erwerben. Die Überwindung der kolonial ererbten Abhängigkeit vom Norden führt also nun zu neuen Strategien und Bündnispartnern. Auch wird immer mal wieder die wohl oft vergessene Regel eingeklagt, mindestens einen Dollar pro Jahr und Person für die Kirche zu geben. Und die Kirche wird zunehmend erfindungsreicher und mutiger auf diesem Wege, Geld für die eigene Unabhängigkeit zu verdienen; das reicht in unserem Kirchenzentrum von der zeitweisen Einrichtung eines Hühnerstalles mit Hunderten von Tieren über die Betreibung eines Biogartens für den Verkauf insbesondere an Mitarbeiter der umliegenden Ministerien bis hin zu einem kompletten Neubau mit Riesenkonferenzsaal auf dem Gelände, um neben der Eigennutzung insbesondere durch Vermietung von Büro- und Versammlungsräumen mittelfristig daraus Gewinne zu erzielen.

Hingegen wird das Bemühen um manchmal auch international gestreute Finanzierung von Programmen so lange wie möglich weitergehen. Hier achten eher die Förderer im Ausland („bailleurs") auf den antrags-entsprechenden Einsatz der Mittel und auf die längerfristigen Chancen ihrer Förderanstöße: dort wurde die *Wirkungsorientierung* zur derzeitigen Leitidee.

---

[1] Siehe auch oben →Drittes Kapitel, *Abschnitt* 3.

1.4 Jahreserinnerung
an die christlichen Märtyrer
bei der Demonstration der Christen
gegen Mobutu (1992-2012)

Das Gedenken an die gescheiterte Reform unter Mobutu während der „Souveränen National-Versammlung" 1991-92 und die Niederschlagung der Christendemonstration am 16. Februar 1992 wird jedes Jahr begangen; es ist für die Kirche ein Märtyrergedenktag geworden. Es finden Gottesdienste und Gebete, Gedenkversammlungen und Demonstrationen statt, vor allem in Kinshasa, aber auch anderswo im Land. Und es wird zunehmend ein gewaltfreier Demonstrationstag, der – gut vorbereitet und ohne direkte Konfrontation mit der Staatsgewalt durchgeführt – in den letzten Jahren eine wichtige und wirksame nationale Aktion geblieben ist. Hier sind meine Eindrücke vom 20. Jahrestag:

GEWALTFREIER „MARCHE" FÜR GERECHTIGKEIT UND WAHRHEIT am Jahrestag der Märtyrer des 16.2.1992 in der Erzdiözese Kinshasa unter Führung und Inspiration des Kardinals und nach wochenlanger Vorbereitung für Ordensleute und Laien in Aktiver Gewaltfreiheit, manchmal hieß es auch zusätzlich: „Evangeliumsgemäße Aktive Gewaltfreiheit". Diesen Terminus ist also jetzt eingeführt; die Saat beginnt zu wachsen. – Aber die CENCO (Bischofskonferenz) auf Nationalebene zögert und hält sich (und mich damit auch) zurück! – Heute sollte der lang und gut vorbereitete „MARSCH" AM 20. JAHRESTAG DER CHRISTLICHEN MÄRTYRER aus allen katholischen Kirchen der Riesenstadt sternartig nach St. Joseph stattfinden, wo damals die Toten aufgebahrt waren. Man hatte von 200.000 Menschen gesprochen oder geträumt! Aufgerufen hat der Laienrat; letztlich dann doch nicht die Erzdiözese. Die hatte ja wochenlange Vorbereitungen zur Aktiven Gewaltfreiheit durchgeführt und vor Tagen einen kleinen „Marsch der Kleriker und Ordensleute" zum Dom gemacht, wo Kardinal Monsengwo seinen vierten Jahrestag als Erzbischof von Kinshasa feierte. – Heute nun sind drei Sender kurzfristig gesperrt worden, darunter auch der katholische RTCE (Elikiya)! Unerhört und diktatorisch vom Skandalminister Mende (Kommunikationsminister). Gerade rechtzeitig hat auch der Bürgermeister von KIN den ganzen Marsch verboten!!! Das lässt einen sprachlos werden – und soll ja auch genau das bezwecken für die hiesige Öffentlichkeit. Ist es der Grund, damit dann auch wie geplant heute das neue Parlament ungestört zusammentreten kann? Es sind über 400 der knapp 500 Delegierten da; ein gutes Dutzend muss wegen zu großen Wahlbetruges nachgewählt werden." (Tagebuchauszug R. Voß, 16.2.2012)

1.5 Konflikt
zwischen Bischofskonferenz und Abbé Malu Malu
zum Amtsbeginn als Leiter der neuen Wahlkommission 2014

Pfarrer Malu Malu war schon einmal Leiter der Wahlkommission 2006 bei der ersten international unterstützten Präsidenten- und Parlamentswahl gewesen und scheint es nun besser machen zu wollen, nachdem ein protestantischer Vorsitzender die Wahl 2011 nicht zur Zufriedenheit des Publikums geleitet hatte. Er wurde wieder der Leiter der neuen Nationalen Wahlkommission ab 2014 (für die kommenden Wahlen 2016). Als er um diesen neuen Dienst seitens des Staates gebeten wurde, sagte er ohne Rücksicht auf das Verbot des Kardinals (der untersagt die politische Betätigung für Priester) prompt wieder zu und riskierte einen Konflikt in der Bischofskonferenz.
Diese entzog ihm sofort die Leitung des neuen Sozialinstituts ihrer Kirche (IPCM). Nach viel Lärm und Aufregung endete das alles mit der Empfehlung, der Bischof seiner Diözese solle administrative und personalrechtliche Konsequenzen ziehen. Der Bischof im fernen Beni (nördlich von Goma im Nord-Kivu) hob dann lediglich die Priestertätigkeit von Malu Malu für die Zeit seiner Amtsführung auf.

1.6 Zwei Konfrontationen
von Staat und Kirche: 2014/2015

Das erste aktuelle Beispiel war eine *Replik von Regierungssprecher und Informationsminister* MENDE *an die CENCO vom September 2014*. Der Regierungssprecher erhob (mit den folgenden ausführlichen Zitaten; Übersetzung: RV) den Vorwurf der Vaterlands-Untreue in polemischer Weise, was schon zu Gewalt gegen die Kirche und ihre Mitarbeiter/innen geführt hat (zuerst in Mendes Heimatort im Inland, in Lodja).

Mende holte in seiner Pressekonferenz vom 18. September 2014 gegen die römische Erklärung der gesamten Bischofskonferenz seines Landes weit aus und betonte mehrfach dabei, dass es völlig diskreditierend sein, die Erklärung von Rom aus an ihr Land und ihre Regierung im Kongo zu richten. Hauptanliegen ist: wegen des bisher kaum nachweisbaren Manövers der weiteren Verlängerung des Präsidentenmandats im Falle eines erneuten Wahlsieges 2016 durch Kabila könnten die Prälaten dem Staat keinen Vorwurf der Untreue zur Verfassung machen. Nachdem er sie dermaßen aktuell angegriffen hatte, holte er zum historischen Rundumschlag aus:

„Die Regierung ist der Meinung, dass 54 Jahre nach der Verwirklichung unserer nationalen und internationalen Unabhängigkeit die Zeit gekommen ist, uns mental zu befreien vom Einfluss des Auslands auf unsere Souveränitätsfragen. Nach dem Ort zu urteilen (d.h. Rom; RV), den die kongolesischen Bischöfe auswählten zur Unterzeichnung und Verbreitung ihres Pastoralbriefes, ist es offensichtlich, dass Hauptakteure der Geschichte unseres Landes ausländisch beeinflussten Agenten gefallen wollten. Diese bischöfliche Ermahnung seitens der Mitglieder der Bischofskonferenz CENCO sieht in den Augen vieler Kongolesen aus wie ein Treue-Beweis für gewisse westliche Vordenker. – Manche denken schon an eine Wiederholung der heimlichen Interessenannäherung zwischen kongolesischen Bischöfen und neokolonialistischen Milieus wie 1960. [...] Es sieht offensichtlich so aus, dass es heute wie 1960 in der DR Kongo gewisse Mitglieder seiner Eliten im Dienste mächtiger ausländischer Interessengruppen gibt, die keine anderen Ziele haben als die, ihre Privilegien zu retten. [...] So sind die Bischöfe mehr oder minder in die Falle der Stellvertretung geraten, denn sie setzen sich mehr oder weniger deutlich an die Stelle des kongolesischen Volkes, dieses ersten Souveräns, dessen unveräußerliche Rechte sie zu verteidigen behaupten."

Und dann überschreitet Mende jede Anstandslinie, indem er die Bischöfe im Kern zu Vaterlandsverrätern zu stempeln sucht und sich gleichzeitig selbst beim „Volk" anbiedert:

„Wir Kongolesen werden nie vergessen, wie andere respektable Kirchenfürsten durch solch krankhafte Verkürzungen dazu beitrugen, den Kongolesen ihren Sieg über den Kolonialismus zu nehmen. In dieser Zeit waren es flammende Pastoralbriefe, die in alle Himmelsrichtungen ein grob deformiertes Bild von Patrice Lumumba verbreiteten, indem sie ihn hinstellten als gefährlichen Kommunisten und die Christen aufforderten, seinen Zugang zur Macht zu verhindern. Wir wissen, dass der strahlende Sieg des Vaters der Unabhängigkeit in den ersten bei uns organisierten demokratischen Wahlen leider nicht zur Folge hatte, dass diese seltsamen Demokraten ihre Haltung und subversiven Methoden änderten, und dass sie fortfuhren, ihn systematisch zu zerstören, um zunächst seine Neutralisierung und dann seinen Tod am 17. Januar 1961 zu rechtfertigen. [...] Die schmerzhafte Geschichte Lumumbas und des katholischen Klerus 1960 hat uns widerstrebend gelehrt, dass es nicht ausreicht zu sagen, man denke an das Gute der Nation, um glaubwürdig zu sein. Unsere Toten und unsere Wunden haben uns gelehrt: das einzige und alleinige Bollwerk gegen den Egozentrismus mächtiger Gruppen mit ausländischen Interessen ist und bleibt das Volk als einziger Souverän. [...]

Das Recht der Bischöfe so wie das jedes Kongolesen, ihre Meinung in die Debatte über die Revision der Verfassung einzubringen, soll in keiner Weise infrage gestellt werden. Aber mehr Bescheidenheit und mehr Toleranz sind nötig, wie in jeder demokratischen Debatte. Die Positionen seines Gegenübers zu verachten und seine Meinungen in Bausch und Bogen abzulehnen, indem man das Volk mit dem Feuer der Apokalypse bedroht, passt nicht mehr in unsere Zeit. Die schwachen Argumente dieser Autoritäten sind von beunruhigender Taktlosigkeit („indélicatesse"), sowohl gegenüber den katholischen Christen als auch gegenüber den Kongolesen im Allgemeinen. Das kann doch nur schwache Geister beeindrucken.

Man muss unseren heutigen Bischöfen in der Nationalen Bischofskonferenz des Kongo wünschen, dass sie den Mut haben, ihren Weg zu gehen jenseits der ausgetretenen Pfade einiger ihrer Vorgänger von 1960, die nicht zögerten, ‚das Volk Gottes im Kongo' aufzurufen, sich wie ein Mann gegen Lumumba aufzulehnen, um ihn, die Frucht des Volkswillens, am Regieren zu hindern. Nur zur Erinnerung: Millionen noch lebender Kongolesen mussten sich Predigten anhören, in denen allen Ernstes gefordert wurde, dass die Frauen und Güter der Kongolesen nicht mehr allein ihren Männern und ihren Eigentümern gehören sollten, sondern Frauen und Güter von jedermann werden sollten. Der zauberartige [‚incantatoire'] Ton der aktuellen Bischofserklärung mit ihrer dramatischen Komposition und ihrer unterschiedslosen Verteufelung wie 1960 sind nicht geeignet uns zu beruhigen."

Die oben (→Drittes Kapitel, *Abschnitt* 2) dargelegten Dokumente zeigen die Unhaltbarkeit dieser Vorwürfe. Und abschließend versuchte der Regierungssprecher gar noch, den Papst Franziskus gegen die nach Rom gereisten kongolesischen Bischöfe auszuspielen: er habe betont, dass das politische Engagement Sache der Laien in der Kirche sei und die Bischöfe sich da heraushalten sollten, da sie vielmehr Wächter des Glaubens und Ratgeber seien. Dies hatten die Bischöfe selbst auch stets gesagt – nur eben nicht ausdrücklich in dieser Stellungnahme, was Mende bemängelt! Und genau das war geschehen: die Bischöfe hatten ihren Rat gegeben, was offenbar auch genau verstanden wurde von der kongolesischen Regierung und ihrem Machtapparat ... Ihr Sprecher zitiert zum Schluss pikanter Weise (und widerlegt damit sich selbst) Papst Franziskus; in seiner Begrüßungsrede hatte er den kongolesischen Bischöfen in Rom gesagt: „Ihr Land hat wichtige Zukunftsentscheidungen vor sich und dazu leistet die Kirche ihren Beitrag, vermeidet aber dabei, sich an die Stelle politischer Institutionen und temporärer Realitäten zu setzen, die ihre Autonomie haben."

Ein zweites Beispiel ist der Generalstreik gegen die mögliche Wahlverschiebung. Dazu habe ich direkt nach den *Unruhen und dem Sieg des Volkes im Januar 2015* in Berlin ein Gespräch mit einem führenden Vertreter der CENCO gehabt (am 25.1.2015). Anfang Februar hat unsere pax christi-Kommission „Solidarität mit Zentralafrika" dann auf diesem Hintergrund folgende Meldung auf der Website www.paxchristi.de eingestellt:

Das Ende der Duldsamkeit im Kongo – Erzbischof Monsengwo reagiert solidarisch im Namen der katholischen Kirche.

Die Kommission „Solidarität mit Zentralafrika" ist bestürzt wegen der Toten bei den Protesten in Kinshasa und anderen Städten der DR Kongo, die sich gegen die Versuche von Präsident Kabila richteten, seine Macht über die 2016 ablaufende zweite Amtszeit hinweg zu sichern. Eines ist sehr deutlich geworden: Bei den Unruhen der zweiten Januarhälfte hat die Regierung erfahren müssen, dass sie trotz tagelanger skandalöser Internetsperre und noch längerer Kappung der sms-Möglichkeiten bei fünf Telefongesellschaften im Land ihr Gesetzesprojekt *nicht* durchsetzen konnte. Darin verlangte sie eine aktuelle Volkszählung vor den Wahlen. Das hätte zur zwingenden Folge gehabt, die regulären Parlaments- und Präsidentschaftswahlen im nächsten Jahr (2016) um bis zu drei Jahre zu verschieben.

Die Regierung hatte den populären französischen Auslands-
rundfunk *rfi* (Radio France International) sowie den katholischen kongolesischen Fernsehsender RTCE und KIN TV sperren lassen. Polizei und Sondereinheiten des Militärs hatten
Schießerlaubnis und scheuten nicht einmal davor zurück, ge-
suchte Leute der Opposition mit Schüssen bis in ein Krankenhaus zu verfolgen. Die Bilanz des Todes, die der Staat zu
verantworten hat, waren mehrere Dutzend Tote und weit
mehr schussverletzte unbescholtene Bürger. Die Opposition
sprach von über 140 Toten.

Hintergrund dieser Strategie der Präsidentenmehrheit war es,
seine Amtszeit zu verlängern und so den verfassungsgemäßen Rücktritt zu umgehen. Gemäß der Verfassung hat der
Präsident nach zwei Amtsperioden den Platz für einen Nachfolger freizumachen. Kabila hat zwei Wahlperioden regiert,
obwohl beide Wahlen umstritten waren und vor allem die
letzte vom November 2011 ihm deshalb keine wirkliche Legitimität gegeben hatte. Daran hatte letztlich auch eine Sonder-
versammlung von fast eintausend Delegierten aus dem ganzen Land („Consultation nationale") Ende 2012 nichts geändert, denn die dort versprochene Regierungsumbildung ließ
ein weiteres Jahr auf sich warten und führte dann kaum zu
Änderungen an den wirklichen Schaltstellen der Macht.

Nach den blutig unterdrückten Protesten von Bevölkerung,
Opposition und Zivilgesellschaft sowie der Solidarisierung
durch Kardinal Monsengwo, Erzbischof von Kinshasa, scheiterte das Gesetzesprojekt im Senat mit etwa 90% Neinstim-
men. Daraufhin musste die Nationalversammlung den umstrittenen Paragraphen zurückziehen, der vor den Wahlen eine Volkszählung verlangt hätte. Die kongolesische Tageszei-
tung „Le Potentiel" sprach von einem „Triumpf des Volkes"
und der Senatspräsident würdigte den Volkswillen auf der
Straße. Opposition, Senat und Zivilgesellschaft forderten die
Wahlkommission CENI auf, nun schnell einen verbindlichen
Wahlkalender vorzulegen. – Dr. Reinhard J. Voß, der in
Kinshasa von 2010 bis 2014 als Berater der Katholischen Bi-

schofskonferenz arbeitete, meinte nach Rücksprache mit seinem früheren Vorgesetzten, der sich in Berlin zu Lobbygesprächen aufhielt: „Die Kirche hat sich in diesen Tagen als ein Hort der Opposition gezeigt und auch angekündigt, mit der gesamten Zivilgesellschaft und der politischen Opposition auf die Straße zu gehen. Das wird sie auch tun, falls noch einmal versucht werden sollte, entweder die Wahlen zu verschieben oder gar die Verfassung in Art. 220 zu verändern, um weitere Mandatsjahre des Präsidenten zu erlauben." Zum ersten Mal war die Hauptstadt Kinshasa eine ganze Woche lang lahmgelegt. „Die Leute hungerten lieber, als mit ihren politischen Rechten weiter spielen zu lassen", so Reinhard Voß weiter.

Laurent Kardinal MONSENGWO PASINYA, der Erzbischof von Kinshasa, hat am 20. Januar vehement im Namen der katholischen Kirche öffentlich protestiert[2]:

1. In den letzten Tagen befindet sich Kinshasa in einem unbegreiflichen Ausnahmezustand. Die Bevölkerung ist im Aufstand; gewisse Politiker säen zusammen mit den Ordnungskräften Verzweiflung und schaffen eine allgemeine Unsicherheit. *Wir verurteilen diese Machenschaften, die zu Todesopfern führten* und verbreiten nachdrücklich diesen Appell: *Haltet ein Euer Volk zu töten, marschiert nicht auf den sterblichen Überresten eurer Mitbürger.* Außerdem *missbilligen und verurteilen wir jede Veränderung des Wahlgesetzes*, die zum Ziele hat, den Artikel 220 unserer Verfassung seines wesentlichen Inhaltes zu entleeren und illegaler Weise die Wahltermine von 2016 zu verschieben.

2. Des Weiteren laden wir den *Minister für Medien ein, alle audiovisuellen Medien wieder freizugeben*, deren Signale willkürlich unterbrochen wurden: *Die Demokratie bedeutet Pluralismus von Meinung und Denken. Sie verabscheut das Einheitsdenken.* Es

---

[2] Die Hervorhebungen im folgenden Zitat sind von ihm selbst markiert.

ist nicht recht, dass die nationalen Fernsehsender ausschließlich die Meinung der Mehrheit, die an der Macht ist, verbreiten.

3. Wir rufen unser Volk auf, wachsam zu bleiben, um sich jedem Versuch der Änderung wesentlicher, für den Wahlprozess wichtiger Gesetze unseres Landes entgegen zu stellen – und zwar mit allen legalen und friedlichen Mitteln und unter Vermeidung jedweder Plünderungen von privaten oder öffentlichen Gütern.

4. Wir sprechen unser ernstes und tiefes Beileid den Familien der Opfer aus, und wir beten für das ewige Heil der Verstorbenen. Möge der Herr, durch die Fürbitte der Jungfrau Maria, unserem Land einen dauerhaften Frieden in Gerechtigkeit und Wahrheit schenken.

Mit unserem herzlichen Segen!
Erzbischöflicher Sitz in Kinshasa, den 20. Januar 2015
gez. + L. Kardinal Monsengwo Pasinya,
Erzbischof von Kinshasa

2. Hundert Jahre Christentum: Überraschend junges Kirche-Sein in Afrika

In diesem zweiten Jahrzehnt des 21. Jahrhunderts finden in vielen Pfarreien in der DR Kongo, besonders im Westen und Osten, Hundertjahrfeiern der Pfarreien statt. Wie jung diese Kirche ist, denkt man spontan als Europäer.

Die Kirche in Afrika und besonders auch im Kongo ist in der Tat „jung"! Denken wir an Bonifatius, den Apostel der Deutschen, so gehen wir ins 8. Jahrhundert zurück: 1.300 Jahre! Da kommt man sich in Afrika doch sehr „jung" in der Kirche vor: man kann die Kolonialisierung und Missionierung von Westen und von Osten beispielhaft an den Jahreszahlen der „Einrichtung der pastoralen Dienste" in den jeweiligen Orten verfolgen. Auf einer Landkarte der CENCO, der Katholischen Bischofskonferenz des Kongo, kann man Gründungszahlen der Bistümer lesen, die bis in die 50er Jahre des 20. Jhds. reichen, also bis hinein in die Lebzeiten der Älteren unter uns. Gehen wir von Westen zur Mitte: Boma 1880 – Matadi 1891 – Kinshasa 1899 – Kikwit 1912 – und weiter ins Inland: Kananga 1935 – Mbuji Mayi 1947 – Idiofa 1948. Da berührt das Datum schon fast mein eigenes Geburtsdatum! Dies korrespondiert mit der Erfahrung, dass die Liturgien im Kongo einerseits meist klassisch-lateinisch sind, andererseits aber ganz neue Formen wie der von Rom anerkannte Zaïrische Ritus existieren, die sogar den Ablauf der Messe dem afrikanischen Gefühl und Traditionsbewusstsein angepasst hat.

Diese „Junge Kirche" haben wir hier im Norden erst wieder neu zu entdecken oder neu zu entwickeln. Man kommt sich als Mitglied einer Kirche sehr alt vor, die ins späte 8. Jahrhundert zurückgeht. Ich stamme aus einer Pfarrei, deren Pfarrkirche im 12. Jahrhundert erbaut wurde: meine Heimatkirche in Lenne / Hochsauerland wurde von der „Urpfarrei" Wormbach gegründet, diese wiederum von dem im 11. Jahrhundert gegründeten Kloster Grafschaft im Erzbistum Paderborn. Erst in den jungen Kirchen spürt man die Betagtheit dieser älteren in Europa.

Und das begeisterte Mitfeiern, Singen, Jauchzen und Fröhlichsein ist ein deutlich spürbarer Kontrast zu den oft an frühere „Stille Messen" erinnernden Kirchen in vielen deutschen Pfarreien und nunmehr Pfarrverbünden. Diese wurden eingerichtet, nicht nur, weil es nicht mehr genug Priester, sondern auch immer weniger Kirchgänger gab. Das wiederum ist beispielsweise in Kinshasa, wo wir in diesen Jahren in vier Pfarreien zu Gast waren, nicht der Fall: es gibt sonntags drei bis fünf Messen (in bestimmten Kirchen in Lingala, Latein und Englisch oder Französisch nacheinander), und sie dauern meist knapp eineinhalb Stunden. Und Priesterüberschuss ist auch vorhanden, wenn auch meist ohne Gehälter. Da erinnert man sich der Situation in Deutschland vor einigen Jahrhunderten, als Pfarrer noch Vieh und Nebenaufgaben zum Verdienen ihres Lebensunterhaltes hatten. Wenn man, wie wir es oben exemplarisch taten, ins Detail geht, so sieht man auch Einiges an Überlebenskunst und Bescheidenheit bei den kongolesischen Pfarrern (die Bischöfe sind hingegen meist besser versorgt).

Bemerkenswert ist das Selbstbewusstsein der jungen Kirchen in Afrika, was sich ja im Kongo auch an der Möglichkeit des eigenen offiziellen Mess-Ritus zeigt, dem kongolesischen Ritus mit seiner sensiblen Verflochtenheit in die zugleich chef-und konsens-betonte Palaver-Tradition Afrikas. Allerdings habe ich sie in den vier Jahren in Kinshasa nur wenige Male erlebt, meist zu festlichen und besonderen Anlässen.

Verständnisvoll und verzeihend scheint die Kirche bei Abweichungen zu sein: es ist die Kraft der Re-Integration spürbar, wie sie auch bei den ehemaligen Rebellen und Kindersoldaten anzuwenden versucht wird. Dabei sind die staatlichen Versuche durchaus oft fragwürdig. Dort wo Soldaten der Rebellen ihre Waffen abgegeben hatten und in Camps auf ihre Reintegration warteten, passierte es auch, dass sie auf dem Lande vergessen wurden; so blieb ihnen oft nur die erneute Flucht zurück zu den Rebellen oder der Hungertod!

Aber die Kirche kann durchaus anschließen mit ihrer Buß- und Umkehrpredigt an die afrikanische Palaver-Tradition, die unter Leitung des Dorf- oder Clanchefs vor einer Entscheidung ALLE anhört, die etwas sagen wollen und die genügend Zeit zum Entscheidungsprozess einräumt. Man kann überhaupt sagen – das sprengt den Rahmen dieser Darstellung –, dass das afrikanische Gerichts- und Schlichtungsverständnis den Einzelmenschen mehr im Blick hat, der an der Gemeinschaft schuldig wurde, um ihn zu re-integrieren; die europäische Gerichtsbarkeit hingegen mit ihrer strikten Fakten-und Indizien-Beweisführung bleibt immer auch offen für Lüge und bewusste Täuschungsversuche bei der Wahrheitsfindung. Lange hat sie die Person des Angeklagten weniger interessiert als die Tat als solche. Das hat sich geändert durch psychologische Gutachten über die Täter/innen, durch Prüfgespräche zur vorzeigen Freilassung unter Bedingungen und Auflagen, durch Revisionsprozesse wegen späterer Unschuldsvermutung – oft auch noch nach langer Zeit. Und zuletzt durch die Integration der Mediationsmethoden, was immer öfter zu außergerichtlichen Einigungen führt und seit 2014 auch stärker anerkannt und durchorganisiert ist.

Kinder haben einen Karren zum Spielwagen gemacht, in Kananga 2013

3. FAZIT:
VONEINANDER LERNEN?!

Der Unterschied zwischen den Beharrungstendenzen in theologischen Lehrfragen und dem gesellschaftspolitischen Engagement ist im Kongo (im Gegensatz zu Deutschland) kein Grund zu tiefgehendem Streit, sondern einigt beide Seiten. Es wird – so ist mein Eindruck – deshalb auch keinen Generationenschock geben wie in Europa, und es gibt bisher keine wirklichen Flügelbildungen und Spaltungstendenzen. Das hat natürlich auch mit einem grundlegenden Kleriker-Selbstverständnis zu tun: man gehorcht eben Gott und seinen Stellvertretern auf Erden und schätzt wohl weniger das Bibel-Wort des Petrus: Man muss „Gott mehr gehorchen als den Menschen".

Der deutsche reformatorische Impuls fehlt und scheint derzeit auch unnötig bis unrealistisch (zumal es eine Fülle protestantischer Kirchen gibt, die sich scheinbar immer weiter zerspalten). Wir wiesen schon auf die erfolgreichen Bemühungen von Kardinal Malula hin, den zaïrischen Ritus als Zeichen gelungener Inkulturation einzuführen. So wird es selbst-bewusst weitergehen, allerdings immer verknüpft mit einer beeindruckenden Rom-Treue. Was dies allerdings bedeutet bei Beschlüssen, die den afrikanischen Bischöfen nicht gefallen, wenn etwa die zweite beschließende Sitzung der Bischofssynode zu Ehe und Familie neue Wege zu gehen versucht, wird sich zeigen. Diese hat sich im Oktober 2014 für die Zeit nach den lokalen Diskussionen und Umsetzungsüberlegungen auf Ende 2015 zur Beschlussfassung vertagt. Ich rechne persönlich auch dabei mit einer romtreuen Gehorsamsanpassung – und sei es in nicht wirklich gewollte „progressiv-theologische" Richtung, wie etwa die Abendmahls-Zulassung Geschiedener zur Eucharistie. Man hört nämlich in der katholischen Kirche im Kongo, speziell auf dem breiten Lande, gerne Radio Vatikan. Die vielen kleinen Kirchensender füllen – wie wir mehrfach unterwegs erlebten – die meiste Zeit des Tages und abends ihr Programm, das sie nur stundenweise selbst produzieren, mit der Umschaltung auf Radio Vatikan.

Und in der gesellschaftspolitischen Wirklichkeit von Staat und Gesellschaft in der DR Kongo ist es für die Kirche klar, dass sie ein Feld des Widerstandes gegen weiteren Abbau von Bürgerrechten, gegen Korruption und Misswirtschaft sowie gegen Verletzung der Menschen- und Bürgerrechte ist und bleiben wird. Der Eindruck hat sich in diesen Jahren verfestigt, dass die katholische Kirche sozusagen die glaubwürdigste Opposition im Lande ist.

Wir sind damit bei der Frage angelangt, was wir voneinander lernen können in Nord und Süd. Die römische Synode zu Ehe und Familie (2014/15) sollte ein Prüfstein dafür werden, wie lernfähig und anpassungsbereit die katholische Weltkirche in der Moderne ist (etwa beim Umgang mit wiederverheirateten Geschiedenen). In Europa sollten wir wieder lernen, „junge Kirche" zu sein und im Sinne des Zweiten Vatikanums offener für eine „ecclesia „semper reformanda", eine Kirche der stetigen Erneuerung, werden. Wir sollten auch von den Afrikanern lernen, Spannungen nicht zu Spaltungen werden zu lassen. Hier in Deutschland sind die Unversöhnlichkeiten scheinbar größer und tiefer als in Afrika, wenn es um verschiedenen Glaubenspraktiken und Haltungen geht.

Eine weitere Lernperspektive zeigte mir ein Fernsehgespräch am 11. November 2014 (ARD-Alpha) über den interreligiösen Dialog: wir sollten auch kirchenintern lernen, das Positive und Originelle und das Glaubwürdig-Authentische bei anderen zu sehen.

Umgekehrt sollte man in Afrika in den Kirchen anfangen, darüber nachzudenken, wie und warum Traditionen zu relativieren sind und die Geschichte als lernendes Miteinander-Unterwegs-Sein zu sehen ist. Dort fällt einem spontan auf, dass Glauben und Leben ziemlich rigide getrennt sind, was mir auch häufig in den Predigten dieser Jahre der Fall zu sein schien. Das Leben stärker und glaubwürdiger am Evangelium Jesu auszurichten, bleibt – hier wie dort – eine ständige und dringende Aufgabe.

In Isiro, oben: Begrüßung durch die CDJP (Comm. Diocésaine Justice+Paix); unten: Gefängnisbesuch (Isiro).

Fünftes Kapitel
Persönliche Erfahrungen:
Erlebnisse und Einsichten

Auszüge aus meinen Tagebüchern der Jahre 2010 bis 2014 –
als Berater der Nationalen Bischofskonferenz (CENCO) in der
Kommission „Gerechtigkeit und Frieden" (Kinshasa)

Wie bereits an anderer Stelle erwähnt, sind die ersten Jahre dieses Tagesbuches schon in Auszügen – von 20 Seiten – dokumentiert in der pax christi-Reihe „Impulse" Nr. 29 (Oktober 2013): *„Friedenskultur und Versöhnungsarbeit im Kongo"*, hgg. v. d. Kommission „Solidarität mit Zentralafrika"[1].

Diese sollen – außer einigen Texten – hier nicht wiederholt werden; vielmehr werden hier die insgesamt 40 Monatsbriefe aus Kinshasa[2] auszugsweise unter sechs ausgewählten Aspekten vorgestellt (dabei dienen Hervorhebungen im Text der Orientierung und Findung):

1. Zur politischen Entwicklung: „fremde" Beobachtungen
2. Zum gesellschaftlichen Alltag: Alltagseindrücke
3. Arbeiten in der Katholischen Kirche:
   Eindrücke und Aktivitäten
4. Kurzporträts von Menschen aus Kirche und Zivilgesellschaft
5. Zur landesweiten Seminarreihe „Gewaltfreiheit"
   (Beitrag für AGEH)
6. Bleibende Reise-Eindrücke aus dem kongolesischen Inland
   („Intérieur": Goma/Kikwit/Kananga/Lubumbashi/Mwene
   Ditu/Luiza).

---

[1] Online bestellbar bei: sekretariat@paxchristi.de
[2] Ungekürzt im Internet eingestellt unter: www.reinhard-voss-wethen.de

1. Zur politischen Entwicklung: Beobachtungen, die „befremden"

Wir kamen in spannenden Zeiten in die DR Kongo: *die zweiten freien Wahlen* nach der Diktatur Mobutus wurden vorbereitet (2010/11), durchgeführt und bewertet (November 2011/2012). Diese Wahlen bestimmten weiter die innenpolitische Agenda: die Folgen der vielfach erlebten Intoleranz, Intransparenz und der so genannten „Unregelmäßigkeiten" wurden diskutiert, kritisiert und durch die militärische Abspaltung der „M 23" weiter skandalisiert (2012/13). Auch dauerte die Regierungsbildung sehr lange – über vier Monate nach der Wahl ernannte Präsident Kabila endlich den international geschätzten ehemaligen Mitarbeiter beim IWF, Augustin Matata Ponyo, zum Premierminister. Das Ausland honorierte vielfach diesen Schritt. Auch die an den Aufbruch Anfang der 90er Jahre erinnernde Nationale Konsultation *(„concertations nationales")* mit ungefähr eintausend Vertreter/innen der verschiedenen Regionen, politischen Richtungen und zivilgesellschaftlichen Organisationen war ein Versuch, die Gesellschaft zu einen und zu motivieren – zu dem was Kabila seit der Wahl Ende 2011 seine „Revolution der Modernität" nannte. Auch diese Extraversammlung verpuffte Ende 2012 weitgehend, weil sie nur Empfehlungen aussprechen konnte, die dann aber sehr wenig umgesetzt wurden. Eine Regierungsumbildung nach Monaten ließ alle wichtigen Akteure in ihren Ämtern – und die Gesamtsituation des Volkes wie des Landes blieb prekär. Eine neue Wahlkommission, wie die erste vor 2006 unter Leitung des katholischen Priesters Malu Malu (der für diese Zeit vom Priesteramt suspendiert wurde), machte mehrfach Terminvorschläge für die Fülle der anstehenden (weil verschobenen) Wahlen, die sich dann wiederum verschoben. Nur die Präsidentschafts- und Parlamentswahlen fanden 2006 und 2011 statt. Aber der Wahlkampf wurde zur Dauersituation. Auch die nie klar aufgeklärte Revolte zwischen Weihnachten und Neujahr Ende 2013 in Kinshasa (Flughafen, Radiozentrale, Hauptgefängnis) gehört in diese Reihe; sie wurde blutig niedergeschlagen und bald einer religiösen Endzeitsekte angelastet.

Im →ANHANG I dieses Buches findet sich meine Wahlanalyse, die anonym auch in Paris vom französischen Versöhnungsbund-Zweig veröffentlicht wurde.

*

Wichtig bleibt im Rückblick außerdem der *Tod Nelson Mandelas*, des wohl größten Zeitgenossen Afrikas, von dessen Tod ich nachts auf dem Flughafen von Nairobi hörte:

6.12.2013: An diesem Nikolaustag morgens um 5 Uhr Ortszeit im Flughafen Kenyatta von Nairobi sehen und hören wir beim Transit auf den Fernsehschirmen von BBC World News: *Nelson MANDELA ist in dieser Nacht gestorben*, am 5.12.2013. Es geht mir nahe; obgleich wir alle ja durch seine Krankheit darauf vorbereitet sind. Ich sehe Menschen in Südafrika tanzen und weiß, dass dies ein Totenritual ist, das ich kenne von den Beerdigungen in Kinshasa, wenn die Angehörigen und Freunde und Nachbarn des Toten um den offenen Sarg herumgehen und auch eben tanzen, im Rhythmus gemeinsamer Trauer. Sein Nachfolger Zuma, Präsident von Südafrika sagt: „Er ist friedlich gegangen. Jetzt ist er im Frieden. Die Nation hat ihren größten Sohn verloren." UN-Generalsekretär Ban Ki Moon: „Wir sind dankbar für das, was er uns hinterlassen hat." Und US-Präsident Obama, der ja noch vor wenigen Monaten dort war, wenn auch ohne den kranken Mandela zu treffen, lobt ihn als sein großes Vorbild.

Daneben ist lediglich die unter enormen Sicherheitsmaßnahmen und geschickter Vorzeige-Propaganda durchgeführte Tagung der französischsprachigen Länder zu erwähnen; genannt „La Francophonie", zu denen der französische Staatspräsident Hollande allerdings (wegen der horrende teuer angebotenen Hotelsuite) ohne Übernachtung vorbeikam.

Außerdem gab es noch (Mitte 2014) die *Vertreibung fast aller Kinshasa-Kongolesen aus dem gegenüberliegenden Brazzaville* – angeblich wegen deren krassen bis kriminellen Verhaltens im wirtschaftlichen Bereich. So entstand ein recht absurdes Flüchtlingslager mehr am Rande der Hauptstadt – als Durchgangslager der Rückkehr in die jeweiligen Heimprovinzen. Die Gründe bleiben letztlich im Dunkeln, zumal oder weil die Nachbarrepublik gegenüber doch nur gut 4 Mio. Einwohner hat.

Der *EU-Afrika-Gipfel* sei zum Schluss noch erwähnt; in meinem vorletzten Rundbrief (Nr. 39) brachte ich die Einschätzung der Berliner Forschungsstelle SWP, in der die Chancen künftiger Zusammenarbeit beschrieben werden.

*

Es folgen hier noch zwei Auszüge aus dem Tagebuch von *Ende 2011* und *Ende 2012*.

Zum Abschluss der ersten Phase meines Friedensdienstes im Kongo schrieb ich Ende 2011 einen nachdenklichen Text über Advent als Wartezeit und über das im kongolesischen Alltag so übliche wie nervende Warten:

„Kongolesischer Advent"[3]
Es gab die zweite landesweite Wahl zum Präsidenten und zum Parlament für die nächsten fünf Jahre und das Volk hat Bewundernswertes auf sich genommen, um dieses Recht wahrzunehmen: Fast 60 Prozent der 32 Millionen Wahlberechtigten „gingen" zur Wahl – was vielerorts durchaus wörtlich zu nehmen ist – auch tagelang – zu den über 62.000 Wahlbüros in einem Land, so groß wie Westeuropa von Portugal bis Polen, von Dänemark bis Sizilien.

---

[3] Veröffentlicht im Dezember 2011 vom Französischen Zweig des Internationalen Versöhnungsbundes (FOR) in Paris in französischer Übersetzung.

Es gab das große Warten und Rätseln ob die Wahl verschoben würde. Bis ich selbst eine Woche vorher erst in meinem Kalender das Fragezeichen durchkreuzte.

Es gab das große Warten auf die Ergebnisse und das mehrfache Verschieben; über eine Woche lang stand das Leben hier in Kinshasa und sicher auch anderswo im Kongo fast still.

Es gab das Warten auf die Reaktionen nach der mühsamen und komplizierten Auszählung. Erste Unruhen und ein Abend des Freuens der Siegesanhänger, nur ein Abend um uns herum im zentralen Stadtteil Gombe. Danach wieder tagelang, ein ganzes l-a-n-g-e-s Wochenende lähmender Ruhe. Der Deutschen Botschaft folgend, warteten wir weiter und verließen die Wohnung nicht. Zeit für Advent, für Er-Warten.

Warten ist überhaupt eine Tugend oder Gewohnheit, die wir hier im letzten Jahr lernen konnten.

Es gab und gibt das Warten und die Angst, ob die Verlierer wirklich solche sind, und wenn zu solchen erklärt, ob sie Unruhe schüren werden. Ob die Regierung genügend Legitimität haben wird, und internationales Gewicht. Es gab und gibt das Warten auf das endgültige Urteil des Obersten Gerichtshofes in einer Woche. Und Warten und Hoffen auf bessere Zeiten sowieso – wie wir auf allen Radio- und Fernseh-Kanälen hören, wo auch alle den „ewigen Frieden" ersehnen …

Der Kongo wartet lange schon auf bessere Zeiten, aber tut er genug dafür: oder holen sich die Reichen und Mächtigen die besseren Zeiten einfach im Vorgriff nur für sich selbst herbei? Die alten „Westmächte" stehen zur Fortsetzung der Regierung, auch die neuen „Weltmächte" China, Indien und Brasilien. Wir Deutschen bleiben skeptisch-solidarisch – mit dem Land und Volk, auch mit der katholischen Kirche (ergänze ich für mich), mehr als mit der Regierung. Wir erleben gerade die Spannung eines Machtspiels und wissen nicht, ob wir Weihnachten hier oder als Evakuierte woanders erleben werden – nur zwei Wochen entfernt! Aber wir sind zuversichtlich, wegen der vielen Gedanken und Gebete für Kongo, und weil unser Gott selbst Weihnachten kommt und uns beschützt.

Ende 2012 waren die Wahlen sozusagen immer noch nicht „verdaut" und die Bilanz der Opposition war schockierend und provozierend zugleich. Im Dezember hielt ich nach der Rebellion der „M23" (Teil der Armee) fest:

> Politisch haben sich die Entwicklungen seit der Einnahme Gomas durch die Rebellen (mit schweigender Komplizenschaft der Nachbarländer Ruanda und Uganda) überschlagen. Das Ultimatum zum Abzug, das eben diese Nachbar-Staatschefs mit anderen zusammen an die Rebellen stellten, lief ab, ohne dass sie alle abgezogen wären. Aber die angedrohte Intervention blieb auch Gott-sei-Dank aus, denn es ist genug zerstört, gelitten und gestorben worden. Die Einnahme der Stadt hat keine Toten, aber doch an die 150 Verletzte gekostet, schon viel zu viele. Und eine Woche ohne Strom und Wasser... Ich hielt den Kontakt zu Nicolas und seiner Familie, wie viele, um die Leidenden und Verängstigten in der Stadt zu beruhigen, einfach durch das Bezeugen, dass sie nicht allein sind. Ich hoffe, schon in der Osterwoche dort eine Seminarwoche zur christlichen Gewaltfreiheit durchzuführen. – Nach dem Abzug der Rebellen spricht man von einer prekären Ruhe, bzw. wie mein Freund Nicolas, von einer „Atempause". (Rundbrief 25, Einleitung)

Auch die THEMEN bleiben länger in der Diskussion; sie sind länger aktuell, aber werden auch langweiliger im wahrsten Sinne des Wortes. Und manchmal mag sie das Volk auch nicht mehr hören, weil man den Mächtigen unterstellt, alles vor sich her zu schieben und die Verantwortung auf den eigenen Vorteil zu beschränken. Dazu die folgende *kritische Bilanz des ersten Jahres nach der Wahl* (Anhang Rundbrief 25). Es ist „der bisher interessanteste Vorschlag zu einer konstruktiven Krisenlösung" (taz), einer Gruppe von 11 Senatoren der Opposition, die hauptsächlich beheimatet sind im Umfeld der drittgrößten Oppositionspartei UFC des ehemaligen Senatspräsidenten Kengo wa Dondo, die darin umfassende politische Gespräche fordert und letztlich die späteren offiziellen „Consultations" vorwegnimmt. Die Plattform der *„Befürworter republikanischer Verhandlungen"* (Partisans des négociations républicaines – PNR) wurde am 26. November 2012 öffentlich von UFC-Generalsekretär Michel Bongongo vorgestellt.

Hier der komplette Text der Ersten Erklärung der *„Partisans des Négociations Républicaines"*[4]:

„Der Kongo, unser Land, durchlebt seit dem Schicksalsdatum des 28. November 2011 *(das Wahldatum, d.Red.)* die besorgniserregendste und katastrophalste soziale und politische Situation in der Geschichte der 3. Republik, die das Regime von Präsident Kabila an die Macht trug. Der 28. November 2011 ist tatsächlich inzwischen für das kongolesische Bewusstsein das unverrückbare Symbol der auf die Spitze getriebenen schlechten Regierungsführung unseres Landes. Seit diesem Datum schält sich eine Abfolge von Mißständen heraus, die den nationalen Zusammenhalt von Grund auf erschüttert haben. Es geht vor allem um:

- die Organisation schlechter Wahlen, die durch den Willen der Machthaber in den Institutionen Männer und Frauen installiert haben, die mehrheitlich nicht das Vertrauen des Volkes genießen. Daraus folgt eine tiefe Legitimitätskrise, die die gesamte kongolesische Bevölkerung bis in die Eingeweide ergreift und sich in einer einzigen, bisher dem Volk verweigerten Forderung resümiert: Zugang zur Wahrheit der Urnen.

---

[4] nach: taz, 27.11.2012.

- Straflosigkeit in allen Formen, insbesondere in Verbindung mit sexueller Gewalt und Wirtschaftsverbrechen.
- Tägliche Menschenrechtsverletzungen.
- Einschränkung der Meinungs- und Versammlungsfreiheit.
- Manipulation bewaffneter Gruppen zu uneingestandenen persönlichen Zwecken.
- Instrumentalisierung der Justiz.
- Ständige Abwesenheit der staatlichen Autorität.
- Schwächung der Institutionen der Republik.
- Politisierung und bewusste und gewollte Schwächung unserer Streitkräfte, Polizei und Sicherheitskräfte.
- Arrogante und maßlose Vetternwirtschaft.
- Schlechte Beziehungen mit den Nachbarländern.

All diese Missstände finden im Namen einer systematischen Ausgrenzungspolitik statt. Diese Politik führt allmählich zum Bruch des politischen Vertrages zwischen Machthaber und Bevölkerung. Da dieselben Ursachen dieselben Wirkungen erzeugen, wie gestern in den letzten Monaten des Endes der 2. Republik (*das Mobutu-Regime, die Red.*), befindet sich die Demokratische Republik Kongo heute wieder im Aufruhr: allgemeine Unzufriedenheit der Bevölkerungen hier, Ablehnung gewisser von der Staatsmacht aufgezwungenen Gouverneure dort, Säbelrasseln in Kasai, Rebellion in Kivu, Vermehrung bewaffneter Gruppen.

Die Demokratische Republik Kongo steht in einem Krieg, den wir verurteilen. Dieser Krieg ist nicht der Krieg des Ostens, und er findet nicht nur im Osten statt. Es ist der Krieg gegen das ganze Volk, das überdies die Unfähigkeit der Regierung leid ist.

Angesichts dieser Situation müssen die Führer der politischen Klasse aller Parteien und die der Zivilgesellschaft Verantwortung übernehmen. Die Volksweisheit lehrt uns, dass es nie zu spät ist, sich eines Besseren zu besinnen und besser zu handeln.

Daher fordert wir, die „Partisans des Négociations Républicaines" (PNR), den Staatschef und die genannten Verantwor-
tungsträger auf, ihre hoheitlichen, politischen und sozialen
Funktionen zu erfüllen, um einzig das höchste Interesse unserer geschundenen Bevölkerungen anzuerkennen. Im Hinblick
auf die Wiederherstellung des nationalen Zusammenhalts ist
es zwingend, die politischen Verhandlungen aufzunehmen,
die das kongolesische Volk mit all seinen Stimmen dringend
fordert.

Diese Verhandlungen, die das Volk republikanisch und in-
nerkongolesisch will, und die unter der Ägide der Vereinten
Nationen, der Afrikanischen Union und der Europäischen
Union abzuhalten sind, sollten sich vor allem um folgende
Achsen und Leitprinzipien drehen.

Was die Achsen angeht, scheint uns wichtig, alle für das Leben
und Überleben der Nation wesentlichen politischen Fragen
zur Diskussion zu stellen, vor allem:

- die Reform der Streitkräfte, der Polizei und Sicherheitsdienste, damit das kongolesische Volk in ihnen zukünftig
  den Ausdruck seiner Größe und seiner Würde findet und
  darauf verdienten Stolz empfindet.

- die Reform des Wahlsystems, die unbedingt eine tiefgrei-
  fende Umstrukturierung der Wahlkommission und eine
  Volkszählung vor jeder weiteren Wahl einschließen muss.

- die Konkretisierung des Dezentralisierungsprozesses mit
  der Verpflichtung, in den Föderalismus zu münden, der
  zur Geburt großer Bundesländer im Rahmen der Bundes-
  republik Kongo führen wird.

- die Reform der Justiz als Garant des sozialen und ökonomischen Friedens.

Was Leitprinzipien angeht, die bei der Organisation dieser Gespräche zu betonen sind, sollten sie folgendes berücksichti-
gen:

- Die Verhandlungen dürfen nie mehr wie früher einzig
  und allein vom Chef vorangetrieben werden.

- Die Liste der Teilnehmer dieser Gespräche müsste paritä-
  tisch von Vertretern der Präsidialen Mehrheit, der Opposition, der Zivilgesellschaft und der kongolesischen Diaspora zusammengestellt werden.
- Die Neutralität und Unparteilichkeit der Teilnehmer sollte sich jenseits ihrer Zugehörigkeit zu unterschiedlichen
  politischen und sozialen Schichten bewahren.

Denn das Ziel dieser Verhandlungen besteht nicht darin, die
Interessen eines Lagers gegen die eines anderen zu schützen,
sondern als kongolesische Bürger an das Krankenbett der
schwer leidenden Nation zu eilen und geeignete Heilmittel
für die Krankheit zu finden."

2. Zum gesellschaftlichen Alltag: Alltagseindrücke

März 2011: Der März war unser letzter Monat in der alten Sch(lechten)-Wohnung; wir haben zu den ersten Monaten aufgelistet: unsere *sieben Plagen und ein Haus-See*:
- Garagenabriss trotz Zusage derselben im Mietvertrag, gleich Anfang Januar;
- Ameisen in der Küche;
- Schimmel im ersten Schlafzimmer an Decke und Wand; wir haben es abgesperrt;
- Kein Wasser des Öfteren, oder undichte Leitungen in der Küche: öfters Überschwemmungen, die aber glücklicherweise gleich unter der Tür hinausliefen;
- Oft kein Strom, auch tagelang; später dann auch noch zeitweise Ausfall des Stromaggregats im Hof, inmitten der Baustelle kein Wunder;
- Küchenschaben der größeren amerikanischen Art, die aber wohl von draußen kamen, was den tagelangen Schreck nicht verhinderte;
- Die vielen baufälligen Möbel in der Wohnung; unbenutzbare Schubladen, etc.
- UND vor dem Haus, sobald es regnet, ein See der erst nach langen Tagen abtrocknet. (Rundbrief 7)

Neue Spontaneindrücke
Das *Singen*: Ein Arbeiter auf der Baustelle im Kirchenzentrum tanzt um seinen Beton-Mischtopf herum, als sei es ein Lagerfeuer oder ein Dorfplatz – und singt dabei; Singen bei der Arbeit erklingt auch hinter unserem Haus des Öfteren; Versüßen des Billiglohns?! These: Es ist bescheidene Lebensfreude.

Das *Freuen*: Kollege Doli freut sich ehrlich und fast kindlich über die Entlassung seines Verwandten aus dem Krankenhaus. Es war gefährlich und er kehrt zurück.

Das *Trauern*: Kollege Kimbese trauert um einen Verwandten in Brüssel, freut sich aber, dass er überführt werden kann, da dessen Freunde gespendet haben. Er will den Leichnam aus Leuwen und Brüssel nach Hause in den Kongo begleiten.

Das Schlürfen der Kollegen auf'm Flur droht für mich zu einem Teilsymbol des Landes zu werden. (Selbstermahnung: Vorsicht vor Vorurteilen!)

Die „Hängepartien" machen mir Probleme – mit fast allen Absprachen und Planungen, mehr als ich mir eingestehen will; aber ich sehe, dass es fast allen auch so geht. Eine Kostprobe gestern Abend auf dem Zettel ergab ein ganzes Dutzend begonnener unerledigter Punkte, auf deren Beschleunigung ich keinen oder kaum Einfluss habe. (Unterschriften, Anschaffungen, Manuskripte und Drucksachen, Anträge, Visa und Papiere …)

Mich freut z.B.: der Käse von Goma, das Bier Marke Primus, die Herzlichkeit vieler Leute; die Tatsache, dass unser großer Autoaufkleber auf beiden Türen die Polizisten spürbar davon abhält, uns weiter um Geld zu bedrängen – wegen meist vorgeschobener angeblichen Verkehrsregelverletzungen. Bei „deutschkongolesischer Kooperation" befürchten sie wohl selbst Komplikationen mit ihren Vorgesetzten! – Und dass ich einem jungen Kellner seine Weltuntergangs-Ängste für 2012 nehmen konnte (in Sektenkreisen hier verbreitet) – mit dem Argument, dann wären wir sicher schon zurück zu unseren Kindern und Enkeln nach Deutschland gefahren! Weniger mit dem Argument, dass dies schon so oft vorhergesagt, aber auch schon oft genug in den menschen-gemachten Katastrophen durchlebt wurde.

Mich nervt z.B.: das ungenaue Arbeiten vieler Handwerker ohne „Rück-Blick" auf das fertig gestellte Arbeitsergebnis; die Verantwortungslosigkeit im Verkehr – auch ohne Rückblick und Rücksicht, aber doch mit hoher Präsenz, immer „in letzter Sekunde"; die Gerissenheit vieler Leute, wenn's um Geld geht; das Angebettelt-werden besonders auch von Kindern und Jugendlichen; die unbeauftragten „Autobeschützer", die beim Abfahren Geld erwarten; vieles, was lange „hängt" und dann in letzter Minute geschehen muss, gerade auch in der Vorbereitung der großen Tagung.

Zwei Marktfrauen in Kankinda bei Walungu, Süd-Kivu

August 2011: Eindrücke aus Kinshasa, der verwahrlosten
und übervölkerten 10-Millionen-Hauptstadt am Kongo.
Am 6.8. 2011 teils zustimmend, teils ablehnend abgeschrieben
aus dem Buch „Road to Nowhere" von Marc Helsen, Tielt / Belgien, 2006: „In Kinshasa am Straßenrand kann man alles kaufen,
was Kinshasa/die Hauptstadt zu bieten hat: Ananas, Autoreifen,
Waschbecken, Kloschüsseln, Telefonkarten, Bier, Antilopenköpfe,
Särge mit Glasfenstern, Sandalen, Maismehl, Sex. Dort herrscht
der chaotischste Verkehr der Welt; am meisten ähnelt er dem
Abzug einer geschlagenen Armee: Rauch speiende Lastwagen...,
zerbeulte Busse, Sattelschlepper, beladen mit ... Metallcon-
tainern, aus deren Löchern Dutzende von Passagieren ihre Köpfe
stecken ..., Autos ohne Motorhaube oder ohne Türen, Müll und
offene Kloaken am Straßenrand [S.49] So könnte die Welt nach
einem Atomkrieg aussehen, der jegliche Zivilisation ausgelöscht
hat." – *Ich könnte hinzufügen*: der rücksichtslose Verkehr, die
überfüllten und maroden Kleinbusse, die vielen Straßenlöcher
oder gar Löcher-Straßen, die stinkenden Abwässer, besonders in
der Trockenzeit von Mai bis September, der allgegenwärtige
Sand und Staub und die offenen nächtlichen Müllverbrennungen
mit ihren verteilten feinen Rußpartikeln auf den Balkons und
Fenstern, usw.
Aber ich setze diese Erfahrungen dagegen: die Brot- und Obstver-
kaufsfrauen überall an den Straßen und Kreuzungen, ohne die
weniger funktionierte, immer mehr neu geteerte Hauptstraßen,
einige schöne Verkehrsinseln mit volkstümlichem Flair, freundliche Privat-„Taxi-"fahrer in alten Autos, die Frauen – immer in
schönen bunten Röcken und Kleidern (Panjes – Wickelröcken),
engagierte Schuhputzer und Kleinhändler, die Unzahl von
Nachtwächtern vor den Häusern im zentralen Stadtteil Gombe
vor/hinter den Türen, lebendige Märkte, interessierte Student-
Innen in meist alten Unigebäuden, die Märkte für Kleinkunst-
werk und Gemälde unter freiem Himmel, ebenso wie frisch ge-
fertigte Möbel vom Regal über Betten bis zu Schränken; or-
dentliche Bankfilialen und Einkaufsläden für die Bessergestellten
... so sieht eine (leider immer noch) Nachkriegsstadt im Auf-

bruch aus, die eine bessere Zukunft vor sich hat! – Alles in allem: die konkrete Hoffnung auf die Erfüllung des Versprechens der Nationalhymne für „einen schöneren Kongo als zuvor"!

12. März 2012: Gestern wurden *fast 150 Tote drüben in Brazzaville beigesetzt*; auch Kardinal Monsengwo, kaum zurück aus Rom, nahm teil. Vor einer Woche am Sonntagmorgen explodierte das Munitionslager der Armee. Viel Sprachlosigkeit, Wut, aber auch viel Hilfe aus Bruderstaaten in Afrika und den historisch verbundenen Ländern Frankreich und Belgien. Aus Deutschland hörte man nichts?! – Kardinal Monsengwo nahm an der Beerdigung eine Woche später teil und ließ die Samstagabendkollekte aller Gemeinden in KINSHASA für die Überlebenden spenden. Unter dem direkten Eindruck schrieb ich: „Die *Explosionskatastrophe* gestern am Sonntagmorgen, 4.3.2012, war enorm und passierte jenseits des Flusses in Brazzaville, nur 1-2 km weg von uns. Die Fenster und Türen wackelten, und zerbrachen auch hier die wir über einen km weg sind! Dort war und ist die Zerstörung groß! Man hat schon 147 Tote nach den Morgenmeldungen gezählt und über 1.500 Verletzte. Der Dom und eine zweite Kirche sind Hospitäler geworden. Medizinische Hilfe kommt heute von Frankreich, man sollte auch von Deutschland aus helfen! Später sprach man von fast 15.000 zeitweise Obdachlosen. (Rundbrief 19)

5. September 2012: *Anfang September sind wir nach langen vier Monaten wieder in den Kongo zurückgekehrt* – das Wort passt, denn es ist wirklich unsere zweite Heimat für über drei Jahre geworden. Die zweite Halbzeit hat begonnen und es ist jetzt viel leichter und selbstverständlicher, hierher zu kommen und hier zu sein. All die praktischen Probleme des Anfangs, die Kommunikations- und Logistikfragen, die Geldfragen und die Klärung des Auftrags vor Ort, die Unkenntnis von Gegend, Mentalität, Gefahren etc. – entfallen. Wir gehen noch nach einer Stunde Warten auf das Gepäck am Flughafen und 2 Stunden meist im Stau gegen 21 Uhr in einem nahen Laden das Nötigste einkaufen.

Eine Freundin hat durch ihre Putzfrau dafür gesorgt, dass unsere Wohnung nicht mehr vom monatelangen Sommerstaub zugedeckt ist. Die Trockenzeit geht bald zu Ende und wir haben sie, weil staubig und meist ohne Sonne, fast nicht vermisst, obwohl alle hier betonen, dass das Klima dann am angenehmsten, weil konstant unter 30 Grad Celsius ist. Das hatten wir ja zur Genüge in Deutschlands allzu kühlem Sommer... die paar Tropentage haben zwar um den 10. August dort viel Wirbel gemacht und Simeons und Claudias Hochzeit geprägt mit einer lauen Sommernacht, aber sonst?! – Das Wiedersehen im Team war sehr herzlich; ich muss neu sehen und verhandeln, wie es werden wird mit meinen Arbeitsschwerpunkten – und fülle meinen kleinen Platz nun wieder aus! (Rundbrief 22)

Januar 2013: Nun beginnt schon der dritte Teil unseres „Abenteuers" (wie es viele von euch vor unserer Ausreise 2010 genannt haben). Das fanden wir übertrieben, aber mittlerweile berechtigt. Splitter von Eindrücken:

- Ich lese, dass *in China das „Gelb das neue Rot"* der Ampeln ist; überfahren von Gelb ist eine Rotstrafe. Viel Unmut ist entstanden unter den Chinesen, aber weil es 60.000 Tote im Verkehr in China im letzten Jahr gab, versucht man vieles, wenn auch nicht das Richtige.
- Nach Neujahr herrscht *hier in Kin mehr Festtagsstimmung* als vorher, letztlich geht das bis zum Doppelfeiertag Mitte Januar, den Todesgedenktagen der ermordeten Kabila (16.1.) und Lumumba (17.1.). Nach dem Dreikönigstag gehen die Arbeit und die Schule zwar schon wieder los, aber nicht so richtig, meine ich zu spüren. Das ganz normale Leben – was ist hier „normal"? – startet erst ab 20. Januar – deshalb werden wir auch nächstes Jahr diese Zeit erstmals wieder nach drei Jahren in Deutschland verbringen. Dann aber wohl nochmals für ein letztes halbes Jahr herkommen.
- Ein schönes *Sprichwort zum Geld-Leihen*, das hier fast unmöglich ist, weil man nicht zurückzahlen kann, aber es doch ver-

suchen will: „Les bons comptes font les bons amis." (etwa: Genauigkeit in Geldsachen erhält die Freundschaft.)

– Die viele *Straßenfeger-innen* tun mir weiter leid: ihre so vergebliche Arbeit, schlecht bezahlt dazu, in drei Schichten auch des Nachts mancherorten, ist so ungesund, dass einige mit einer Art Gasmaske und Kopftüchern in der Hitze arbeiten... Es gäbe besser begründete und wirklich gemeinnützige Arbeiten zuhauf: die Entrümpelung der Stadt vom jahrelangen Müll; eine gute Müllabfuhr u.ä.

– *Organisation und Präzision* ist nicht die Stärke der Afrikaner – zumindest erleben wir es nicht nur bei Handwerkern, sondern auch bei Tagungsorganisationen und in der Kommune, dass Dinge erledigt werden, aber dann irgendetwas übersehen, schlecht gemacht oder übertüncht wurde. Dafür wird aber eben *Improvisation* großgeschrieben und beherrscht! Unter den unklaren und unsicheren Lebensbedingungen muss sich solch ein Stil wohl ausbilden, und wir passen uns an.

– *Der Verkehr* bleibt chaotisch; auf der je dreispurigen Straße zum Flughafen hatte ein Dutzend Polizisten wegen Falschfahrens auf der Gegenfahrbahn eine Sperre errichtet: ein Brett mit Nägeln, das sie bewachten. Man fuhr brav vorbei und einige Hundert Meter weiter bei der nächsten Lücke wieder „rüber"! Schwer regierbarer Kongo, dachte ich ...

22. Januar 2013:
Gestern sind *die ersten 50 Linienbusse* im Kongo eingetroffen; es fragt sich nur, wann sie eingesetzt werden und wann die restlichen 250 kommen. Premier Matata Ponyo hält immerhin Wort! Dann wird wohl auch in diesem Jahr immer mehr die Würde der Menschen und nicht nur die Erneuerung der Straßen in den Mittelpunkt rücken: es ist einfach unwürdig, wie die Menschen eingezwängt werden in diese alten VW-Busse mit schlecht hinein geschnittenen Löchern. Und stundenlang halten die Menschen aus, ohne die Fassung zu verlieren. Und wenn sie aussteigen, tun sie es, als stiegen sie aus einer Staatskarosse aus. Schon bewundernswert. Ich hielte das nicht aus!!! (Rundbrief 26)

26. Juni 2013:
Im Angesicht des Vulkans (im Flugzeug von Goma nach Kinshasa)
Endlich habe ich ihn gerade wieder mal gesehen, den Nyiragongo-Vulkan bei Goma, zuletzt ausgebrochen 2002. Im UN-Flugzeug sitzend zeigte er sich mir ganz überraschend kurz vor dem Start auf der linken Seite in den Wolken; umgeben und eingehüllt wir meistens, aber doch gut sichtbar mit seinen beiden ansteigenden Seiten, die des riesigen 800 m hohen Bergkegels, direkt neben dem Flughafen, dessen große Startbahn bis heute trotz Engagement der Welthungerhilfe noch nicht rehabilitiert ist. [Außenminister Steinmeier weihte sie dann Anfang 2015 ein.]

Majestätisch ist er wirklich, ganz so wie ich ihn vor zwei Jahren einmal habe fotografieren können. Nachts ist bei guter Sicht nicht nur der Rauch, sondern manchmal auch der Feuerschein zu sehen, die aus dem Krater aufsteigen. Aus Filmen und Artikeln weiß ich, dass man vom Kraterrand hinab sehen kann in den großen Krater. Dieser ist trocken, aber in seiner Mitte hat er einen kleineren „Topf", der wiederum kraterähnlich die flüssige und sprudelnden Lava umfasst, die manchmal leicht darüber hinweggeschleudert wird – also in den breiten trockenen Vulkankegel. Und alle Generationen einmal ist das dann so viel, dass der ganze Vulkan überläuft und die Umgebung an einer vorher nicht bestimmbaren Seite überflutet mit seinem rotflüssigen Lavastrom. Dreimal in einem Jahrhundert passierte es, aber mit unterschiedlich schlimmen Folgen. Goma ist eigentlich erst seit einem Jahrhundert mehr als ein kleiner Hafen, der es vorher lediglich gewesen ist. Heute ist es fast eine Millionenstadt, zählt man all die vielen Flüchtlinge mit, die in und um Goma auf ein besseres Leben hoffen.

Die Rebellenbewegung, die Goma im Oktober 2012 einige Wochen okkupierte, plünderte und dann wieder verließ, um sie gleichwohl von Westen und Norden her umzingelt zu halten, diese „M23" behindert seit einem Jahr regelmäßige Expertenmessungen, so dass Vorhersagen schwieriger werden, wann der nächste Ausbruch sein könnte. In deutschen Medien habe ich gelegentlich Alarmismus festgestellt in Bezug darauf. – Hier in

Goma lebt man mit dem geliebten und gefürchteten Ungeheuer und weiß, dass es zugleich schadet und nützt. Der Lavafluss ist langsam genug, dass alle fliehen können, außer sie würden im Schlaf überrascht. Die Steine sind begehrtes und in Goma überall genutztes Baumaterial: schwarze Steine mit weißen Umrandungen prägen Bauten und Mauern. Die Lava, die in den Kivusee floss, erkaltete schnell und schaffte neues Bauland, wo jetzt neue exquisite Häuser direkt am See stehen. Der Rauch der auf den umgebenden Feldern niederfällt, macht diese sehr fruchtbar. Und in Friedenszeiten wäre der Vulkan sicherlich ein riesiger Tourismusmagnet; Besteigungen haben schon begonnen, obwohl es eigentlich gar keine Wege nach oben gibt – man kann Führer mieten und auch provisorisch oben übernachten. Ein Traum der mir aus Altersgründen wohl nicht mehr zur Wirklichkeit werden wird.

Ich verbeuge mich vor diesem besonderen Berg ohne ihn zu mythisieren, wie es sicherlich viele Einwohner hier tun. Im direkt östlich an die Stadt angrenzenden Ruanda gibt es noch eine ganze Bergkette erloschener Vulkane, die ja vielleicht auch nur ein paar Jahrhunderte lang schlafen. Bedenkt man dann noch, dass diese Seen in Ostafrika Teil eines riesigen geologischen Grabenbruches vom Niltal bis ins südliche Afrika sind, wird man ganz leise, wenn man am Ufer des Kivusees die Wellen plätschern hört oder gar in mancher Nacht ihn zu einem Rauschen anschwellen hört, das einen bis in den Traum begleitet. So liegen Traum und Trauma nahe beieinander, vielleicht nirgendwo so nahe wie am Nyiragongo: das Trauma des Überfallenwerdens von menschlichen, kosmischen und naturbedingten Zerstörungskräften – und der Traum vom Aufblühen nach der Zerstörung, von der heilen neuen Welt. (Rundbrief 30)

August 2012:
31.7. Das *Anbetteln* nimmt zu: nun ruft mich schon der Heizungsmonteur an, um 30 $ für die Entlassung seiner Frau aus dem Krankenhaus zu bekommen; trotz Entbindungsfall bleibe ich diesmal hart aber freundlich und höre mich sagen: vielleicht,

wenn er nochmal reparieren komme. Dabei weiß ich, dass unser direkter Nachbar (Franzose) in einer Heizungsfirma arbeitet und künftig den Wartungs-Auftrag für alle Wohnungen im Hause hat. Ich kann nicht zum Paten aller werden; manchmal muss die Reisslinie gezogen werden. Aber man sagt es freundlich und der andere bedankt sich trotzdem, dass er fragen konnte. Hart ist das alles! – Und da warnt – passend zum Thema? – der Telefonriese VODACOM per Massen-Email: „Öffnen Sie keine sms, die Sie nicht kennen, um Ihnen Unannehmlichkeiten zu ersparen". (Rundbrief 32)

November 2013: Eine intensive Reise
ging nach Isiro in den hohen Nordosten der DR Kongo.
Das *Seminar* dauerte vom 6. bis 9. November 2013. Es hatte eine gute Atmosphäre, ja sogar herzlich und sehr interessiert und lernbegierig. Man spürt den Unterschied dieses großen Interesses in den Provinzstädten, wo solch ein Seminar etwas Besonderes ist, im Vergleich zu den großen Städten, wo man Fortbildungen öfter organisiert. Der Bischof von Isiro stattete uns zum Schluss persönlich seinen Besuch ab, um das Seminar offiziell zu schließen. Vorher hörte er die Zusammenfassung der Woche und die anderen Dankesworte des Leiters der Kommission Gerechtigkeit und Frieden (Organisatorin), der Teilnehmenden und meinerseits, der ich daraus noch eine kleine Lerngelegenheit machte, um das hier gewachsene „Sechseck der Gewaltfreiheit" („Hexagone de la Non-violence") vorzustellen. Er hat auch Deutsch gelernt, bei Urlaubsvertretungen in süddeutschen Pfarreien während seines Studiums in der Schweiz. Msgr. Julien ANDAVO zeigte sich äußerst zufrieden über die technische, inhaltliche und didaktische Bilanz der Kurzwoche von Mittwoch bis Samstag. – Die Teilnahmeliste (20 TN) zeigt, dass mehrere Priester und Schwestern teilnahmen, sowie Mitglieder der Kommissionen Justice et Paix auf Diözesan- und Pfarrei-Ebene.

Die *Reisebedingungen* waren wie zu erwarten nicht einfach; letztlich saßen wir lange Stunden in Goma fest; dann stoppte das Kleinflugzeug beim zweiten Zwischenhalt in Bunia und blieb ungeplant dort über Nacht. Nach einer Stunde in einem Minibus fanden wir schließlich ein Hotel, das uns versorgte und übernachten liess, auf Kosten immerhin der Fluggesellschaft CAA. Am nächsten Morgen kam ich fast noch pünktlich auf dem Miniflughafen von Isiro an und wurde von dem ganzen Kurs im Flughafen begrüßt mit dem Namensschild der Kommission und frischem Gesang. Diese Geste gab mir die Kraft sogleich anzufangen, ohne mein Zimmer erst einzurichten. Wir arbeiteten dann auch bis kurz vor Tagesschluss gegen 18 Uhr. Zur Eröffnung hatte der Bischof seinen Kanzler geschickt, der uns wärmstens das Seminar eröffnete.

Nachmittags bleibt noch Zeit für zwei intensive *Exkursionen* zum schrecklich verwahrlosten örtlichen Gefängnis und zu den Stationen des Lebens und Sterbens von Sr. Anuarite, einer hoch verehrten Seligen im Kongo, deren 50. Sterbejahr dieses Jahr begangen wird. Im Flur vor meinem Büro in Kinshasa ist auch ein Gedenkplatz und so ist sie mir vertraut.

26. November 2013. Ein *heimliches Hauptthema sind die über 20.000 Straßenkinder in Kinshasa: die Kuluna.* Es ist erfreulich, wie sich manche zu Musikgruppen zusammenschließen oder von kirchlichen Organisationen zu Berufsbildungen ermutigt und befähigt werden, wie etwa bei den „cités de jeunes" hier und in Lubumbashi. Aber jetzt ist es hier in Kinshasa zur *offiziellen Hatz auf diese „shégués"* gekommen. Ich höre: Neunzig sollen schon polizeilich erschossen worden sein, und die Presse habe ein Schweigegebot; die Bevölkerung applaudiere, mehr wohl aus Angst denn aus Freude. Selbst die Deutsche Botschaft schickte eine Warnung der UNO herum, nicht in die Außenbezirke Kinshasas zu gehen, erwähnte aber die Morde mit keinem Wort. Ich sage nicht allein: Das ist ein Verbrechen gegen die Menschlichkeit in dieser „unserer" Stadt, das internationales Echo fordert. Ich erzähle und merke die Angst bei Zuhörern, auch das Erschrecken und die „klamm-heimliche Freude"! Wer erinnert sich dabei in Deutschland nicht an die Tötungen von Prominenten in den 70er Jahren durch Terroristen und an eben dieses „Volks"-Echo?! Verschiedene Enqueten wurden dementiert oder liefen ins Leere, so von ASADHO und Human Rights Watch. (Rundbrief 35)

Herbst 2013 (mein Schlusswort
zum pax christi-Kongo-Heft in der Reihe „Impulse" Nr. 29)
Zum Schluss dieser in der Kommission „Solidarität mit Zentralafrika" abgestimmten und noch einmal gemeinsam bearbeiteten Auswahl meiner Notizen sei nochmals betont, dass dieser Einsatz als Friedensdienst im Rahmen des ZFD-Programmes der AGEH (Köln) sowohl inhaltliche Schwerpunkte bei Anregung und Durchführung von Programmen und Projekten als auch menschliche Begegnungen und gegenseitige Anregungen in Fülle erbringt. Ich bin sicher, dass daraus noch mehr erwachsen kann und wird, sowohl durch Nachfolger/innen in diesem Einsatz als auch durch von deer Kommission angestoßene Prozesse in Deutschland.

Bei mir persönlich sind Vertrauen und Hoffnungen gewachsen, dass dem Kongo eine friedlichere Phase bevorsteht. Die Bevölkerung ist sehr kriegsmüde, die Parteien und der Präsident sind zum Frieden und zur friedlichen Austragung ihrer internen Konflikte um den Preis ihrer eigenen Glaubwürdigkeit „verdammt" – und das nahe und ferne Ausland bemerkt immer mehr, dass dieser Konflikt in Zentralafrika eigentlich allen schadet, außer einer kleinen politischen und wirtschaftlichen Minderheit die davon extrem profitiert, unterstützt durch eine doppelgesichtige Politik von Uganda und besonders Ruanda.

Ich werde jedenfalls persönlich dieser Kirche und ihrem einzigen Kardinal, dem früheren Präsidenten von Pax Christi International, Kardinal Monsengwo, sowie den Kommissionen „Justice et Paix" weiter zur Seite stehen, wenn ich nächstes Jahr nach Pfingsten wieder nach Deutschland zurückkehre.

20. Januar 2014:
im Flugzeug von „Brussels Airlines" über Mittelmeer und Sahara:
Nun bin ich auf dem *Rückflug nach Kinshasa*; es ist derzeit auch noch ein Heimflug! […] Die Reise dauert ohne Halt ziemlich ge-

nau acht Std. von Brüssel nach „Kin". In 1.200 m Höhe fliegen wir mit 870 Stunden-km über die Sahara. Gerade noch sah ich die Dörfer in Südfrankreich und das schmale Mittelmeer; jetzt über Algerien ist schon eine Mischung aus Felsen und Wüstensand unter uns; dazwischen meteorologische „Turbulenzen" – ja, aber es ist auch die Zone des Aufeinandertreffens der Kulturen und Religionen, der Bootsflüchtlinge und Abschiebekandidaten (oft auch Todeskandidaten) zwischen Afrika und Europa. Das zur Römerzeit als „mare nostro/ unser Meer" einigende Meer gilt nun als Symbol von Teilung, Trennung und europäischer Mauer!

Kommend aus dem nebligen Norden, das wolken-flockige Südfrankreich passierend, wird es immer, immer heller, der Blick ist wie geblendet. Irgendwie schmilzt auch mittlerweile die Entfernung zusammen; ist es ein Bewegen zwischen meinen / unseren zwei Lebensschwerpunkten, zwei *„Heimaten"*; ich bekomme neu eine Ahnung von der Einen Welt, der heranwachsenden Vielfalt der Weltkultur, die Kulturen, Völker und Sprachen übergreift – indem versucht wird, die Vielfalt zu achten statt sich gegenseitig schlecht zu machen oder zu vernichten trachten …

Ich lese nochmals zustimmend ein passendes Zitat vom Kölner BAP-Liedersänger Wolfgang *Niedecken* aus einem kleinen Reisetagebuch von seiner *Reise nach Nordkivu im Ostkongo Ende 2013)*: „Meine ‚Jetzt-erst-recht-Akkus' laden sich auf. Es kann sich etwas ändern. Auch dank der ‚modernen Sysiphosse', der Mitarbeiter/innen der Hilfsorganisationen von ‚Gemeinsam für Afrika'"… Mir kommt die Liedzeile von ‚Verdamp lang her' in den Sinn: „…nit resigniert, nur reichlich desillusioniert…" (Rundbrief 36)

22. Januar 2014: Erste Eindrücke in Kinshasa – Die Stadt ist „sicherer" und sauberer. Aber man muss wohl schon von Säuberungen sprechen!! Noch mehr schlechte Autos sind ab dieser Woche in Gombe verboten (in den Vororten bleiben sie)! Motorräder sowieso. Aber auch *die KleinhändlerInnen und Brotverkäuferinnen sind weg; der Kleinladen uns gegenüber und der kleine Markt – alles.*

Gleich kam, als ich auf der Straße war, einer der Händler auf mich zu und erklärte, dass sie nun hinter der Privatmauer eine Straße weiter existieren... Wohl auch „Säuberungen", die zugleich Existenzen vernichten; Premier Matatas harter Besen! Hier geht er entschieden zu weit. Es erinnert mich an den Anfang des letzten Jahres, als die Mehrwertsteuer („TVA") ohne viele Erklärungen eingeführt wurde, als auch manche Läden schließen mussten, bevor sie nicht die TVA eingerechnet hatten in alle Produktpreise ... Ich erzähle dann gern, dass sich Deutschland 20 Jahre Zeit lässt bei der Verschiebung der Rente von 65 auf 67. (Rundbrief 36)

16./17. März 2014:
Ich las in einem kleinen Büchlein der Ordensleute von „Afriquespoir" über die *Straßenkinder-Schicksale und Porträts hier aus der Stadt;* man spricht von 20.000, die meist als „Ndoki" (als verhext) dämonisiert werden. Beeindruckend sind für mich die Männer und mehr noch Frauen, die sich der Verteufelung entgegenstellen, und z.B. in Ordensgemeinschaften Obhut und Ausbildung anbieten. Zu einem Jungen heißt es da nach dessen Tod: „Francis ist eines der zahlreichen Beispiele dieser misshandelten und ganz verwehrten kongolesischen Kindheit. Seine Geschichte fordert uns dazu auf, uns ganz stark zu engagieren gegen diese Mechanismen, die das Leben verletzen und beleidigen, besonders das Leben der Schwächsten und Verlassensten." (Eigene Übersetzung)

Heute erlebte ich ein Beispiel dieser „Schwächsten": ein etwa 12-jähriger sitzt vor unserem Haus auf der Steinkante am Straßenrand und um ihn herum etwa 30 kaputte Wassertüten. Ich komme gerade von der Arbeit, gehe hin und ziehe noch einen zufällig vorbeikommenden Prof. der nahen Uni mit hinein: der Junge hat im Wohnviertel Wassertüten verkauft und ist von Polizisten angegriffen worden, die ihm alle Tüten zerstört haben. Wir versuchen ihn zu trösten, auch mit etwas Geld, aber der Skandal ist, dass der Staat diesen Jungen nichts bietet und dann noch ihre notwendige Eigeninitiative bestraft; ich bin richtig zornig auf das System, das bestraft und nicht wirklich aufbaut, bei gleichzeitig überall präsenter Korruption.

10. April 2014: In der Zeitung wurde die politische Elite der Untätig-keit geziehen. Die angesehene Zeitung „Le Potentiel" vom 9.4.2014 zeigte eine Karikatur auf der Titelseite mit einem Regierungsau-to, hinter dem ein Oppositionsvertreter mit hängender Zunge herläuft, während am Rande die Bevölkerung die dringend not-wendigen Reformen auf Hinweisschildern hochstreckte. Und in einem beißenden Leitartikel hieß es dann da unter der Über-schrift „Kollektive Verantwortungslosigkeit": *„Das Erstaunlichste in dieser Situation; die manche als Lethargie der Regierung bezeichnen, ist die Fassadenpolitik derselben, während in Wirklichkeit die Zeit ste-hen bleibt. Konkret? Es ist nicht übertrieben zu behaupten, dass selbst die Regierung sich nicht einmal mehr daran erinnert, wann der letzte Ministerrat getagt hat. In der Tat besteht die nationale Exekutive seit einiger Zeit aus den Entscheidungen der ‚ökonomischen Troïka' (Regie-rungschef Matata Ponyo mit zwei ausgewählten Ministern, die wö-chentlich tagen und auftreten.) Es gibt Minister die Knöpfchen drehen und nicht wissen, was sie real tun sollen, da es keine koordinierten Ak-tionen mehr gibt."* (Rundbrief 39, eigene Übersetzung)

Mai 2014: Wir haben uns getragen gefühlt von so vielen Gedan-ken, Gebeten und kleinen Gesten, so dass *unser Gottvertrauen wachsen konnte, etwa so wie es Dorothee Sölle meinte,* als sie einmal unter Verweis auf die Quäker gesagt hat, dass, wer volles Ver-trauen in Gott habe, folgende drei Haltungen entwickeln könne: Grenzenlos glücklich sein; absolut furchtlos werden; immer in Schwierigkeiten sein, ohne zu verzweifeln. Ich finde, das passt nicht ganz auf uns selbst: wir haben/hatten schon manchmal Angst und Zweifel, wenn auch nicht Verzweiflung. Aber es passt viel mehr noch auf die Menschen hier im Kongo: sie sind fast alle dabei, sich irgendwie durchzuschlagen („se débrouiller"), aber sie haben ein gutes Gott-Vertrauen (wenn manchmal auch ge-trübt durch Aberglauben aller Art), und sie zeigen ihr Leiden nicht gern – sie lachen es lieber zusammen weg – zeitweise: „ça va un peu" („ach, es geht so")! (Rundbrief 40)

Teilnehmende unserer Seminare in Goma (oben: Gruppe
Evangelium & Gewaltfreiheit) und Mbandaka (unten)

3. Arbeiten in der Katholischen Kirche: Eindrücke und Aktivitäten

Wie schön, auch engagierte *Fachleute aus dem eigenen Erzbistum Paderborn* hier in der Ferne kennen zu lernen; die beiden sind Schwester Ingrid und ein Pfarrer aus Altenheerse (bei Paderborn), seit Jahrzehnten Gemeindeleiter in Kinshasa. Im Rundbrief 30 hielt ich fest: „Ende Juni 2013 hatten wir in Goma ein zweistündiges Gespräch im Garten mit Schw. Ingrid vom Institut St. Boniface; sie kommt wie wir aus dem Erzbistum Paderborn, lebte aber seit über 30 Jahren in Ruanda. Sie freut sich mit uns, dass im Bistumsblatt ‚Dom' am letzten Sonntag eine Seite über unsere Arbeit erschienen ist, und dass Weihbischof König letztes Jahr hier war, über den auch eines unserer Seminare aus Paderborn finanziert wurde. Die Schwester ist nach ihrer Zeit in Ruanda jetzt so lange wie wir im Kongo und arbeitet in der Familien- und Gemeindepastoral (‚Berufungspastoral') in Goma. Sie sieht beide Länder an einem kritischen Punkt: Kongo eher in Anarchie abgleitend, zumindest hier im Osten, und Ruanda eher in eine Erziehungsdiktatur sich entwickelnd, wenn nicht schlimmer. Aber wir spüren beiderseits, dass unsere Anwesenheit als Solidaritätszeichen und Ermutigung wichtig ist. Und mit und in der Kirche sehen wir die Basis einer neuen Entwicklung!" – Dafür steht auch Pfr. Hugo Tewes in Kinshasa, den wir mehrfach zum Gottesdienst und anschließenden Begegnungen im Priesterkreis besuchten. Kurz vor Projektende hielt ich in der Pfarrei noch einen Vortrag vor fast einhundert Interessierten; die Diskussion war kompetent und engagiert.

Arbeitsfeld und Arbeitsbasis für mich war die *Bischöfliche Kommission „Justice et Paix"* (s.o. im →*Dritten Kapitel*). Dort war mein Einsatz in das laufende Programm zu guter Regierungsführung integriert und ich nahm auch mehrfach an Fortbildungen der KollegInnen teil: zur Lobbyarbeit mit Parlamentariern, zu den Inhalten Steuergerechtigkeit und Korruption, Staatsbürgerliche Erziehung, Wahlaufklärung, etc. Dabei konnte ich auch mehrfach meine Erfahrungen zur Gewaltfreiheit einbringen und erkannte so einen Schwerpunkt, zu dem mich unsere Kommissi-ons-Leiterin, Sr. Marie Bernard, ermutigte. So kam es schließlich zu meinen zwei Lehrbüchern als Basis für die Fortbildungen in den 47 Diözesen Kongos. Ein besonderes Erlebnis war es für mich, dieses Thema eines Sonntags genau in der mir vertrauten Tendenz von einem jungen Priester in seiner Gemeindepredigt zu hören; ihm schenkte ich danach gerne auf seinen Wunsch hin die beiden Bände zur Information und Vertiefung.

Unsere Kommission arbeitet im „kleinen Haus" der *CENCO* neben dem Hauptgebäude (im Kolonialstil) und dem während meiner Jahre dort entstandenen weiteren großen Haus, das der CEJP vor die Nase gesetzt wurde. Einige von uns, wie auch ich, hatten ihre Büros aber im alten großen Haus, was mir viel mehr Kontakte einbrachte, so dass im letzten Jahr daraus auch noch eine Kooperation mit der Schulkommission zur Durchführung unserer Seminare entstand. Deren stellvertretender Leiter ist be-geistert und will den Ansatz weiter in die katholischen Schulen in Kinshasa tragen. Das scheint mir auch sehr nötig, denn un-terwegs haben wir manche extrem autoritären und „schlagen-den" Schulbeispiele im Lande gesehen.

Ich erlebte die CENCO offiziell nur zu Beginn und zum Schluss als meinen offiziellen Dienstgeber und als Garanten un-serer Wohnung und des nötigen Umzuges nach einem halben Jahr. Und gern spielte ich die Orgel zur Unterstützung von Ge-sang und Trommel beim großen Gottesdienst immer am ersten Montag des Monats. Und als nach einigem Zögern eine Vorstel-lung unseres Projektes zur evangeliums-gemäßen Gewaltfreiheit in der Monatszeitschrift „Renaître" in Form eines Interviews mit mir „zur Diskussion" erschien, da empfand ich mich auch „in-haltlich im Hause angekommen".

Die CENCO hat sich bemüht, in Zusammenarbeit mit dem Vatikan ein neues *Sozialinstitut* zur Fortbildung von Priestern und Laien in der christlichen Gesellschaftslehre bzw. Katholi-schen Soziallehre zu entwickeln: das „Institut Panafricain Cardi-nal Martino" (IPCM). Martino war bis 2014 Leiter von *Justitia et Pax* im Vatikan. Der neue Institutsleiter, der für erste Wochen-seminare verantwortlich war, Abbé Malu Malu, musste diese Aufgabe abgeben, als er 2014 Leiter der staatlichen Wahlkommission wurde. Seine Nachfolge wurde der Katholischen Fakultät der Universität von Kinshasa anvertraut.

Auch einige Pressekonferenzen beeindruckten mich:

– Zunächst die *Solidaritätsreise der CENCO* unter ihrem stellvertretenden Sekretär, Abbé Nshole, der gegen den Rat der UN in den Nordkivu fuhr, um den Menschen in der von der Militärabspaltung „M 23" kontrollierten Zone beizustehen: mit einer großen Messe im Freien in ihrer Hauptstadt Rutshuru. Man krümmte ihnen kein Haar. Der Abbé lud uns schließlich auch privat zu seinem 50. Geburtstag ein.

– Es gab verschiedene gemeinsam mit den anderen Konfessionen und Religionen erstellte Aufrufe zu fairen, friedlichen, transparenten und demokratischen Wahlen. Im Vorfeld der Wahlen 2015/16 hieß es da (Rundbrief 40, Mai 2014): Kinshasa: Die religiösen Chefs gründen eine *„Kommission Ehrliche Wahlen"* (laut UN-Radio Okapi). Die religiösen Führer aus Kinshasa haben am Sonntag, 11.5., eine „Kommission der Ehrlichkeit und Wahl-Mediation" gegründet („Commission d'Intégrité et de Médiation Electorale" / CIME), nach einem viertägigen Seminar der Wahlkommission (CENI). Diese Struktur soll „die Glaubwürdigkeit des Wahlprozesses begleiten" durch Prävention, Begleitung und Mediation von Konflikten bei allen Wahlen des kommenden Wahlzyklus 2015-16. Sie wird aus 16 Personen bestehen; die CIME sagt, dass sie sich einreiht inmitten all der Tendenzen, die Versöhnung zwischen unterschiedlichen Ansichten stiften wollen, um freie, transparente und friedliche Wahlen zu garantieren.

– Die Friedensinitiative für den Osten des Landes in Zusammenarbeit mit den Kirchen Ruandas und Burundis, begann nach einem Jahr Verzögerung endlich Fuß zu fassen, als der Erzbischof der Anglikanischen Kirche Englands in Goma war und dort explizit zusammen mit der Katholischen Kirche am 11. Februar 2014 dazu aufrief und den Start zu finanzieren versprach.

11.2.2014: Die kongolesische Katholische Kirche
trifft JUSTIN WELBY beim Gebet für den Frieden in Goma
In GOMA trifft am 11. Februar der Erzbischof von Canterbury, Justin Welby, zu einem offiziellen 3-Tages-Partnerbesuch der Anglikanischen und Katholischen Kirche im Kongo ein. Damit will er die Kirchliche „Friedensinitiative Große Seen" unterstützen, organisiert von der britischen Hilfsorganisation CAFOD und ihren kongolesischen Kirchenpartnern. Katholische und anglikanische Bischöfe aus Kongo, Ruanda und Burundi arbeiten mit dem Ziel zusammen, durch Zusammenarbeit und Versöhnung von Gemeinden aus diesen drei Ländern Frieden und Versöhnung in der Region voran zu bringen.

Erzbischof Welby sagte: „Ich bin erfreut, Goma mit meiner Frau Caroline zusammen zu besuchen, um die Liebe und Solidarität der größeren Kirchengemeinschaft denen zu vermitteln, die so viel durchgemacht haben. Zusammen müssen wir für Stabilität und dauerhaften Frieden in der DR Kongo eintreten." – *Der katholische Generalvikar von Goma, Mgr Louis Nzabanita*, hieß Erzbischof Welby willkommen, indem er sagte, sein Besuch sende eine wichtige Botschaft der Verpflichtung zur Arbeit für den Frieden: „Es ist das erste Mal, dass der Erzbischof von Canterbury unsere Region besucht, und mit unserer sich entwickelnden Friedensinitiative ist klar geworden, dass die anglikanische und die katholische Kirche eine vitale Rolle bei der Verbreitung der Botschaft zu spielen haben, dass Zivilisten geschützt werden müssen und dass wir zusammen arbeiten für einen noch dauerhafteren Friedensprozess. Zusammen müssen wir die Instrumente des Wandels sein."

Bernard Balibuno, CAFOD-Landesvertreter in der DR Kongo, sagte: „Die Arbeit der Kirchenpartner von CAFOD war entscheidend im Bereich der humanitären Hilfe und bei der langfristigen Arbeit mit Gemeinschaften für Entwicklung und beim Friedens-Aufbau. ... Die Kirche lebt auf der Ebene des täglichen

Lebens der Gemeinschaften mit, und dieser Besuch des Erzbischofs Welby gibt uns Grund zur Hoffnung, dass wir in der Solidarität mit der Anglikanischen Kirche Angst und Leiden von Hunderttausenden Kongolesen ein Ende setzen, für die, die so lange gelitten haben."[5]

Da oben schon ein eigenes Kapitel Einblicke in die Katholischen Kirche gewährte, sollen hier weitere Beispiele unterbleiben, gerade auch zu verschiedenen selbst erlebten Konferenzen der internationalen Justitia et Pax-Ebene in Kinshasa. Stattdessen sei am Schluss dieses Unterkapitels eine erbetene Zwischenbilanz meiner Seminararbeit abgedruckt:

Adventsgedanken im Kongo 2013[6]
Ich komme gerade aus dem Urwald zurück, aus Isiro im Norden der Provinz Orientale, die angrenzt an den Süd-Sudan und an Uganda. Reicher Urwald umgibt die Stadt, die vielleicht etwas mehr als 20-30 Tausend Einwohner umfasst; Die Menschen sind arm aber herzlich. Ganz anders bei „uns" in Kinshasa, wo ich mit meiner Frau Margret seit genau drei Jahren lebe und als Friedensarbeiter die Kommission Justitia et Pax begleite. (Unsere vier erwachsenen Kinder sind verteilt über Deutschland, England und China.)
Es war eine Reise unter sehr schwierigen Bedingungen zu einem fernen Fleck, fast 2000 km von Kinshasa entfernt, wie so oft hier im weiten Land wieder eine „Schule des Wartens": Ich kam nach einer ungeplanten Übernachtung wegen zu starken Tropenregens just morgens noch an dem Tag an, an dem das Seminar über die „Aktive Gewaltfreiheit nach dem Evangelium" beginnen sollte! Dieses Warten und Überrascht-werden – manchmal positiv, oft negativ – hat uns hier seit drei Jahren begleitet und wir haben etwas gelernt, dass das Evangelium uns auch lehrt: warten ist nicht so schlimm,

---

5 [www.cisanewsafrica.com: CISA NEWS AFRICA. I P O Box 14861, 00800 Nairobi, Westlands, Kenya].
6 Für den „Boten" aus Herrnhaag, die Zeitschrift der Herrnhuter Brüdergemeine.

wenn man es „ausfüllt" (man denke nur an die wartenden Jungfrauen im Gleichnis Jesu).

Teilnehmende waren 18 - 20 Verantwortliche der dortigen Kommission „Gerechtigkeit und Frieden", die viel praktische Arbeit bei der Schlichtung von Konflikten um kleine Erbschaften und Land, zwischen Nachbarn und Ethnien, Generationen und Dörfern leistet.

„Warten": Advent ist genauso gedacht: das Warten auf unseren Herrn und Gott, der als Kind in unsere Welt kommt, braucht Zeit, Geduld, innere Bereitschaft und freudige Einstimmung auch unter schwierigen irdischen Bedingungen. Er reifte als Mensch wie wir neun Monate heran, blieb dann 30 Jahre in der normalen „Sozialisation" seiner Heimat in Nazareth. Er wurde „auf Herz und Nieren" geprüft und bewährte sich in der Wüste. Er lehrte seine Umgebung auf neue überraschende, für viele (später gerade auch Paulus im Wortsinne) „umwerfende" Weise und er heilte viele. Er sprach von Gott als seinem „Väterchen", seinem „lieben Vater" (wörtlich übersetzt heißt „abba" genau dies!).

Zurück nach Isiro: wir haben uns dort vier dichte Tage lang vertieft in den „Faden der Gewaltfreiheit" im Alten (ja auch dort!) und im Neuen Testament. Wir „besuchten" im AT Kain, der Abel seinen Bruder getötet hatte und von Gott am Leben gelassen wurde, damit es keine „Spirale der Gewalt" in der Menschengeschichte gebe; die Frauen Sarah und Lea und Agar und andere als Vorbilder der Güte und Klarheit; Joseph als den mit Güte und Liebe zurückkommenden ehemaligen Verstoßenen, usw. Wir durchquerten das Matthäusevangelium sowie zu Kindheit, Leiden und Tod Jesu auch Lukas und Johannes, um eine Fülle von Taten und Worten Jesu zu finden, die ihn als Meister, als Heiler und Lehrer ausweisen. Mit einer einfühlsamen, gewaltfreien, verständnisvollen, aber auch moralisch klaren Sprache und Haltung. Unser Freund, Bruder und gerade durch sein so geprägtes Leben auch ein „Herr" und Vorbild. Weg-Weiser zu Wahrheit und Leben.

Auf diesen Jesus, den von Gott gesalbten Christus, gehen wir jetzt wieder neu zu. Auf sein Immer-Wieder-Kommen freuen wir uns als Christen – und als Menschen guten Willens (wie die Katholische Kirche hier immer gerne sagt) –, weil wir wie er als Getaufte, als „Gesalbte" (mit Chrisam), für eine bessere Welt leben und arbeiten, überall auf dieser Welt in der universalen christlichen Kirche vieler Konfessionen und Traditionen, die alle auf ihn zurückweisen und aus seiner Kraft leben und wirken.

Wir bedachten folgende Bibelstellen als „Faden der Gewaltfreiheit im Leben Jesu":

Lk 1,46-56, Lk 2,14 und 49; Lk 2,14 und 49; Mt 2,13-15; Mt 4,1-11; Mt 5,1-12; 21-24; 38-41; 43-45; Mt 6, 9-15; Mt 7, 1-5; Mt 10,34; viele der Gleichnisse und Heilungen in Mt Kap. 11-17; Mt 17,21; Mt 18, 1-5; 15-20; 21-22; Mt 20, 20-27; Mt 21, 12-13; Mt 22, 15-22; Mt 28,5 und 10. Und zu seinem Leiden und Sterben Lk 22,36-38 und 49; Joh 18,33 – 19,5; Lk 23, 34 und 39-43; Lk 23,46; und zur besonderen Meditation sein Umgang mit der Frau, die wg. Ehebruchs gesteinigt werden sollte und die er mit kluger Gewissensarbeit rettete ohne das Gesetz des Moses anzugreifen: er vollendet das Gesetz durch die Verbreitung der Einsicht dass wir alle Fehler und Sünden begehen und auf Gottes Barmherzigkeit und Jesu Begleitung angewiesen sind.

Reinhard J. Voß (derzeit Kinshasa)

4. Kurzporträts von Menschen
aus Kirche und Zivilgesellschaft

Menschen, denen ich ständig im Büroumfeld begegne
(Rundbrief 30 – Juni 2013):
Papa Nganga habe ich schon früher erwähnt: er bot uns einmal
eine kleine Spende für zwei Getränke an und freute sich darüber,
dass ich es annahm; er hat mich nie um Geld gebeten und tut
seine Putzarbeit treu und gern; jetzt ist er verantwortlich im na-
gelneuen Nebengebäude der Kirche für die Sauberkeit und An-
leitung im ganzen vierstöckigen Haus. Er geht ungefähr mit uns
aus der Berufswelt und schaut immer noch gern grüßend in
meinem Büro vorbei. Ein anderer *Putzmann* ist zugleich Tromm-
ler und Vorsänger im Monatsgottesdienst mit meist 6-8 Zelebranten in dem Tagungsraum im Altbau, in dem ich auch arbeite. Er hatte uns vor gut einem Jahr zu seiner Hochzeit eingeladen
und vergeblich um Arbeit für seine Frau bei uns gebeten; die Beziehung ist herzlich; auch er immer freundlich und aufmerksam.
Später war Papa Nganga mit Frau noch einmal bei uns zuhause
in Kinshasa zu Besuch.

1.3.2014: Besuch von Papa Nganga und seiner Frau Clémentine am
Samstagmittag zum Essen bei uns. Margret hatte sie unbedingt
einladen wollen, weil er ein so überzeugender Mensch ist, der
uns sogar mal 500 Francs schenkte, um uns eine Cola zu kaufen;
der mich nie angebettelt hätte. Wir überreichten ihm eine Schär-
pe mit der Aufschrift „Maître de couloir" = „Herr/Meister/ Chef
des Flures", weil er die Putzkolonne unter sich hat. Sie haben 7
Kinder, davon noch 4 zuhause, und offenbar ihr einfaches Leben
so eingerichtet, dass sie zurechtkommen. Er ist etwas älter als
ich; sie ist 53; er erzählt viel, auch davon, dass in seiner Vorstadt
die Leute skeptisch gegenüber diesem Besuch bei einem deutschen Paar
in der besseren Gegend von Gombe gewesen seien. Er habe sie
überzeugt, dass wir alle Christen und dass nicht alle Deutschen
schlecht seien. Wir realisieren, welch ein großer Schritt das für
sie war, und schätzen sie umso mehr. Nicht ohne ein paar Ge-

schenke an die Familie sind sie dann nach 2 Stunden offenbar an dem Punkt, wieder gehen zu wollen. Wir haben sie per Auto den halben Weg nach Hause gebracht, nachdem er ein wirklich berührendes Gebet gesprochen hatte und ihm daraufhin Margret noch ein Kreuz aus ihrem Elternhaus schenkte. Eine bewegende Begegnung! (Rundbrief 38)

Dann habe ich meinen *Kollegen Bernard*, unseren Pressemann vor Augen; er stellt regelmäßig für die Bischöfe Meldungen und Ereignisse zusammen, die die politische und soziale Situation im Lande beschreiben, die „politische Landschaft". Er hat parallel ein Studium zum Master an der hiesigen Friedensuni gemacht, und ich habe seine Arbeit als 2. Begleiter betreut und gefördert. Viel lernte ich dabei über die kriegerischen Geschicke des Landes. Seine Familie kenne ich noch nicht, habe sie aber mehrfach unterstützt.

Ähnlich geht es mit *Kollegen Etienne und seiner Familie*, wo ich ja Pate des zweiten von 3 Kindern bin: Etienne Pascal, der nun auch schon gut 2 Jahre jung ist. Für ihn sparen wir einen Betrag an, den er mit 16 bekommen wird als Startgeld für die Berufsorientierung. Mit dieser Familie (einschließlich der Großeltern vom Lande) waren wir letztes Jahr vor Weihnachten einen sehr schönen Tag in unserer Wohnung zusammen; wir sehen uns nicht oft als Paare, aber doch mehrfach jährlich, weil sie sehr weit draußen wohnen.

Zu meiner scheidenden *Chefin Schwester Marie-Bernard* kann ich sagen, dass sie trotz vieler Reisen doch stets präsent ist und ihre Abwesenheiten mit Aufgaben für das Team zu versüßen weiß; ich erlebe sie auch als Verfechterin unserer Ideen, Arbeiten und Vorschläge gegenüber der Bischofskonferenz. Sie wird demnächst nach drei Mandaten hier aufhören und in den Osten des Landes wechseln.

Verlasse ich den Kollegenkreis, so sehe ich meinen *Nachbarn im Büroflur, Norbert* und seine Frau, die wir zu den Freunden zählen. Wir werden sie nach Deutschland einladen [was 2014 geschah]; er ist *Chef eines kleinen Beratungsunternehmens* und Bilanzprüfungsbüros und freut sich darauf. Wir waren noch nie bei ihnen zuhause und treffen uns nach einem schönen langen Abend bei uns nun in Restaurants, alle paar Monate mal wieder mit den Frauen und manchmal auch noch einer seiner Töchter; ein Mann, der mit Europäern gearbeitet hat und wirklich verlässlich ist, wenn auch stets etwas überarbeitet. Ein Besuch in ihrem Haus fand dann kurz vor unserer Abreise statt.

Sehr schön ist die Beziehung zum *Kollegen Adeye* und seinen beiden Jugendlichen Abi und Bissi; er vertritt seit bald einem Jahr Misereor im Kongo. Sein Büro ist nur wenige 100 Meter von uns entfernt. Wir laden uns ein und sehen uns regelmäßig; wir teilen das Schicksal, viel unterwegs zu sein – er weit mehr; und schon sprechen wir von der Ersatzrolle als Großeltern!

Frédéric Kabasele ist selbständiger Berater, der sein Büro auch in unserem Flur hat. Ein Gespräch ergab sich, als ich ihn zusammen mit einem Öffentlichkeitsmann der Regierungspartei PPRD traf. Wir kommen kurz ins *Gespräch über seinen regierungsfreundlichen Artikel*, recht antifranzösisch, in der letzten Ausgabe der Wochenzeitung der Kirche, DIA (sie erscheint derzeit wegen Geldmangel seltener). Ich stimme zu: der französische Präsident Hollande hätte in Kinshasa auch der Opfer der Regierungsseite gedenken müssen, nicht nur derer der Opposition. Ich divergiere in der Einschätzung des Hausarrests von Oppositionsführer Tshisekedi. Mein Partner ist nah an der Macht – das hatte ich auch schon bei seiner Verteidigung der Kongo-China-Verträge (Rohstoffe im „Naturaltausch" gegen Straßenbau und Infrastruktur) letztes Jahr gespürt.

Zugeben muss ich ihm, dass die Demokratische Republik Kongo eine Pressevielfalt hat – aber ich denke an die vielen systematischen Verhinderungen von genehmigten Oppositionsterminen im Wahlkampf…, an verbotene Zeitungen und Sender im und nach dem Wahlkampf…!

Interessant war noch, dass er für Polizei und Armee um Verständnis bat, denn sie seien eigentlich nie republikanisch gewesen: unter Leopold II und den Belgiern waren sie zur Disziplinierung des Volkes eingerichtet, unter Mobutu war das nicht anders. Dann die Kriegsjahre um 2000 … In seinem Artikel zieht

Kabasele folgende positive Bilanz des Kongo (DIA du 28.10. - 4.11.2012, p.7): „Kann man von Menschenrechten reden ohne zu erwähnen die Kindergerichte, ohne Magistrate und Wirtschaftswachstum? Schaut doch, was getan wurde in diesen 10 Jahren nach 17 Jahren Niedergang. Die Kupferproduktion – erstes Exportprodukt – stieg von 26.000 t (1996) auf jetzt 700.000 t. Die Inflationsrate ging in der gleichen Zeit von 9.000% auf 9,89% zurück. Das Bruttosozialprodukt ist in den letzten 10 Jahren um das Dreifache gestiegen. [Bei entsprechenden UN-Rankings liegt die DR Kongo auf den letzten Plätzen, immer noch! RV]. Wer hat denn wohl Angst, dass er den Kongo sein Haupt erheben sieht? Wer hat denn Angst vor Demokratie in diesem Land?" (Nachtrag aus Rundbrief 24)

PORTRÄTS VON MENSCHEN AUS BENACHBARTEN ORGANISATIONEN (Rundbrief 31 / Juli 2013)

JEAN-CLAUDE KATENDE – ASADHO:
Der knapp wiedergewählte Chef der Menschenrechtsorganisation ASADHO mit Sitz in Kinshasa (seine Familie aus Lubumbashi zog erst kürzlich nach) muss vorsichtig leben, denn er wurde auch schon mit dem Tode bedroht. Er ist scharfsinnig, umsichtig, ruhig und redegewandt, und dirigiert seine kleine NGO mit unerbittlicher Klarheit nach innen und außen. Eine Abspaltung wegen Korruption eines Kollegen hat er überstanden; unsere Kollegin Sandra Afanou (ZFD) stand ihm sehr zur Seite bis 2012 und wird bald eineN NachfolgerIn bekommen.

SUSANNE BISCHOF – EED+YWCA:
Susanne kam Ende Juni und hat gleich die Wohnung im Hausteil neben uns (an)genommen, bevor sie gleich eine Woche später nach Goma im Osten musste: sie ist über den EED und die AGEH vorbereitet und geschickt, auch mit einem Mandat des Zivilen Friedensdienstes (ZFD) und konnte sich durch unseren Rat manche Sackgassen und Gelder in Kinshasa sparen. Viele andere bleiben auch ihr nicht erspart. Sie ist Physiotherapeutin und arbeitet für YWCA, die Kongo-Sektion des Internationalen Pfadfinderinnenverbandes (mit derzeit 800 Mitgliedern). Ein

Apollonie Furaha aus Goma (vgl. zu ihr →Seite 223)

bisschen jünger als wir, im Dienste der Jugend, sportlich, resolut, erfahren. Wir freuen uns über sie.

NICOLAS BWEMA aus Goma und seine Frau APOLLONIE FURAHA: Dieses Paar mit 12 Kindern aus Goma ist uns ans Herz gewachsen, und umgekehrt ist es wohl auch so. Ich hoffe immer noch seit 2 Jahren auf ein Misereorprojekt zur Belebung und Ermutigung der Landbevölkerung südwestlich Gomas im Nord-Kivu. Es verzögerte sich alles durch interne Unklarheiten, mehr noch durch den Krieg um Goma letztes Jahr. Als wir im Juni beim Seminar zusammen waren, haben wir uns versprochen, eine Zusage gemeinsam zu feiern. Ich sollte wohl anfangs Berater des Projektes bis Sommer 2014 werden. – Die beiden sind in ihrer langen Ehe – wohl über 30 Jahre – auch als Botschafter des Evangeliums unterwegs gewesen, eindrucksvoll in Ruanda in der Zeit nach dem Völkermord vor fast 20 Jahren. Er war 20 Jahre für die kath. Schulen der Diözese zuständig und hat eine kleine Musterfarm, von der aus das Projekt angedacht wurde.

SERGE SIVYA, GOMA (GBU = groupes bibliques universitaires): Dieser junge Mann beeindruckte mich beim Seminar zur Gewaltfreiheit in Goma im Juni durch seine präzisen Zusammenfassungen, kritischen Fragen und klugen Beiträge. Er leitet einen Studentenkreis zwischen DR Kongo und Ruanda, in den beiden Nachbarstädten Goma und Gisenyi. Leider konnte ich nicht teilnehmen, als er am letzten Tag unseres Seminars eine Begegnung organisierte, aber ich bin gerne weiter informiert. Er gehört mit seinen 30 Jahren für mich zur neuen Generation der „leaders politiques", zudem auf tief christlicher Basis und in ökumenischer und interreligiöser Offenheit.

MICHAELA FRANZ – Rotes Kreuz Kongo: Wir lernten sie eher zufällig bei einem Inlandsflug der Monusco kennen; erst beim Abschied in Kinshasa. Aber beiderseitiges Interesse führte zu einem Kennenlernen bei uns: sie fuhr mit einem großen Landrover des Internationalen Roten Kreuzes auf den Hof unseres Wohngeländes und erzählte uns, dass sie nach vier Jahren Afghanistan nun im Kongo für zwei Dutzend große Gefängnisse zuständig sei. Dort überprüft sie die gesundheitlichen

Zustände und kann auch einiges im Hinblick auf Verpflegung tun – immer über die internen Strukturen der Gefangenensprecher und Anstaltsleiter dort: alles scheint sehr schwierig und kompliziert. Sie ist durchsetzungsfähig, aber zugleich freundlich und zurückhaltend. Gute Voraussetzungen. Ihr Münchner lebensbejahendes Temperament kommt ihr sicher zugute. So kann sie dann auch schlimme Dinge erzählen von den Zuständen (auch von Kindern und Jugendlichen) dort, ohne zu verzweifeln oder zu erstarren. Wir halten locker Kontakt und hoffen z.b. gemeinsam, einem Mann im Inland aus einem unserer Seminare zu einer Beinprothese verhelfen zu können.

EIN ABBÉ AUS KOLE IM KONGO-INNEREN,
DER UNS ZUM FREUND WURDE (Rundbrief 32 – 8/2013):
Zum 41. Geburtstag also lud ich *Abbé Constantin* ein, der seit zwei Jahren hier ein Studium in Presse und Öffentlichkeitsarbeit macht und derzeit beim Praktikum in unserem Hause ist. Seine Magisterarbeit geht zu Habermas: „La rationalité communicationnelle au coeur de la socialité", ungefähr übersetzt: Die Rationalität in der Kommunikation als Herzstück der Gemeinschaftsfähigkeit! Habermas ist sein Star; überhaupt stoße ich hier immer wieder auf ihn und die alte Frankfurter Schule. (Später noch organisieren wir für den baufälligen Kindergarten seiner Mutter im Heimatort die Neubauförderung.)

„ÜBERFLÜSSIGE",
ABER IDENTITÄTSSTIFTENDE BERUFE / TÄTIGKEITEN
(Rundbrief 32 – 8/2013):
   StraßenfegerIn: Diesen „Beruf" kann man sich schenken; er wird sehr schlecht bezahlt, sogar ohne Fahrtgeld, er ist mitten im gefährlichen und stickigen Verkehr, manchmal mit Nasen- und Augenmasken, und es ist ein „modernes" Vorzeigeprojekt der Regierung Matata Ponyo: Schilder zur „sauberen Stadt" stellen sie zu Schutz und Begründung auf! Eine zweite Abteilung hat wochenlang den Müll an den Straßenrändern und Gräben weggeräumt. Das war sehr hilfreich und sinnvoll; es geht woanders

weiter damit! Aber mir tun die meist jungen Feger/innen immer Leid, wenn ich sie sehe. Sonntags gab ich schon mal einen Dollar zum Trost, denn sie arbeiten in drei Schichten und auch am Wochenende. Und es ist so nutzlos! Jetzt höre ich, dass man eine Steuer zur Bezahlung dieser Leute einführen will...

Gemeinde-Animator beim Singen im Gottesdienst: Ebenso überflüssig ist dieses kasperlehafte Animier-Getue vorn zwischen Altar und Gemeinde – vor einer Gottesdienstgemeinde, die ohnehin dem Chor lieber zuhört als mitsingt. Fast unmöglich, sie zum lauten Singen zu bewegen. Es stört mehr als dass es denn der Andacht hilft. Beim Eröffnungslied (wo die Kirche oft noch ziemlich leer ist, weil viele erst verspätet kommen), beim Gloria und Sanctus und bei der „Action de grâce" (Danksagung) klatscht man gern mit!

Zweiter Wächter (Gardien) in unserem Hof: Tja, es sind jetzt schon über ein Jahr lang immer zwei, die uns bewachen sollen. Irgendwie beruhigend einerseits, andererseits nicht wirklich wirkungsvoll. Einer ist sogar jetzt des Diebstahls überführt worden. Auch früher wurde ein anderer entlassen, sicher aus ähnlichem Anlass. Die armen Schlucker können sicherlich von dem kleinen Lohn keine Familie ernähren. Wir stecken ihnen immer mal etwas zu, sonntags auch einen Kaffee / Tee mit Milch und Plätzchen – aber es darf daraus auch kein Anspruch werden. Der Haus-Chef ist zuständig, ihnen lt. Vertrag von unseren üppigen Mieten ein anständiges Auskommen zu schaffen – das darf man nicht vergessen, wenn sie beflissentlich Einkauftüten tragen oder das Auto waschen wollen... Margret hat ihnen auch immer wieder bei Wunden und Krankheiten geholfen.

Die Chauffeure: oft sind sie ja auch unterbeschäftigt und hängen stundenlang schläfrig herum. Ich gönne das meinem Fahrer gern, denn jede Fahrt hier ist Stress. Und er kann so seine Gedränge-Fahrten von morgens und abends in den Minibussen etwas ausgleichen. Deshalb mache ich ihm ja auch immer gern ein Frühstück, das er in der Pause vor der Abfahrt sehr genießt – mit Radio und Lektüre. Ich brauche ihn definitiv außerhalb des eigenen Stadtteils, sonst eigentlich nicht; er mich schon eher.

Wohnungsvermittler als gefährliche Wegelagerer: Makler mochte ich noch nie. Damals in den Siebziger Jahren hatten die Jusos sogar einen Parteibeschluss der SPD durchgesetzt, den Beruf ganz zu verbieten. Aber niemand, schon gar nicht Kanzler Schmidt, hat je daran gedacht, das umzusetzen. In Deutschland hat das Internet in dieser Hinsicht einiges vereinfacht und geklärt, aber hier ist die Wohnungssuche immer von solchen staatlich zugelassenen Vermittlern begleitet, die eine ganze Monatsmiete beanspruchen (zwischen 2 und 6 Tsd. Dollar!) Einer kam nach unserem Umzug ungefragt und überraschend vor unsere Tür und drohte mit einem Prozess, da er uns doch diese Wohnung vor 4 Monaten gezeigt habe; sein Dienst, falls man ihn doch noch im Jahr darauf in Anspruch nähme, müsse nachgezahlt werden! Nach mühsamen Gesprächen zahlten wir der Ruhe halber die Hälfte.

ZWEI PROMINENTE
KONGOLESINNEN IN ROM
(Rundbrief 33 – September 2013)
Vatikan-Nachrichten von *„Fides"*: Die *Ehefrau des kongolesischen Präsidenten* Joseph Kabila bittet den Papst um sein Gebet für einen dauerhaften Frieden in der Demokratischen Republik Kongo. In ihrem Schreiben erinnert Marie Live Lembe Kabila Kabange laut Agentur *Fides* an die „Gräueltaten jeglicher Art, die die Menschen seit Jahrzehnten infolge von ungerechten Kriegen ertragen und die derzeit vorwiegend im Osten der Demokratischen Republik ausgetragen werden". Weiter lädt die Präsidentengattin Papst Franziskus zu einem Besuch in dem Land ein -- ein solcher könne den vorwiegend katholischen Bürgern Trost und Hoffnung spenden. – *(Ich ergänze:* In einem Interview mit Radio Vatikan erzählte sie von ihrem Traum, nach dem Konflikt im Nordkivu dort eine große Kathedrale mit Geldern aus dem Volk bauen zu lassen; das fand ich extrem befremdlich, muss ich sagen. Sie arbeitet an ihrem eigenen Denkmal... aber sie ist populär und wirkt bescheiden; das stärkt politisch ihren Mann, ein schwacher Präsident.)

Die *Ordensfrau Angelique Namaoka* erhält den Nansen-Preis des Flüchtlings-Hochkommissariates der Vereinten Nationen. Der Hochkommissar der UNO nannte sie in seiner Begründung eine „echte Heldin". Die kongolesische Schwester leitet ein *Rehabilitations- und Flüchtlingszentrum* in Dungu. Der Nansen-Preis, der nach dem norwegischen Entdecker und Politiker Fridtjof Nansen benannt ist, wird jedes Jahr für hervorragende Dienste für Flüchtlinge vergeben. Am 30. September wird Schwester Angelique den Preis in Genf in Empfang nehmen und am 2. Oktober mit Papst Franziskus in Rom zusammentreffen.

KIRCHENMENSCHEN AUS DER PROVINZ
(Rundbrief 34 – Oktober 2013):
Abbé Gabriel aus Kananga (in der Mitte des Kongo im Ost-Kasai) ist ein zurückhaltender, einfühlsamer Ortspfarrer. Seine ruhige Art ist eine besondere Form der zugewandten Seelsorge. Als rechte Hand des Erzbischofs hat er für uns zu diesem auch gleich ein vertrauensvolles Band geknüpft. Er ist auch den Kindern sehr zugewandt. – Und er war es auch, der uns für einen Abend zu sich ins Pfarrhaus und in die Kirche nebenan einlud, wo wir dann mit zwei Gemeindeschwestern zusammen zu Abend aßen. Er hatte seine Redebeiträge wohl des Nachts geschrieben und gab sie mir alle schriftlich mit: In seiner Pfarrei wurden auch die Teilnahmebescheinigungen gefertigt und dann vom Bischof ausgehändigt, der den Kurs zu Beginn und zum Schluss besuchte. Ein Pfarrer – Zeuge Christi.

Abbé Hilaire von Mbandaka, das genau auf dem Äquator liegt, nördlich von Kinshasa direkt am großen Kongofluss, fast ohne Autos, aber mit einer beeindruckenden Fahrradtaxiflotte. Der Abbé war neu im Amt, als ich dort mit der Seminarreihe kurz vor der Fastenzeit 2012 begann. Es wurde Thema in allen Kirchen der Diözese während der Fastenzeit. Im Rückblick sehe ich diese Arbeitsteilung: Theologen weisen den Weg – Pädagogen helfen ihn zu gehen. Abbé Hilaire ist beides.

Abbé Jean-Paul aus Inongo am großen Binnensee „Mai Ndonge" zwischen Mbandaka und Kinshasa in der Provinz Bandundu, ganz im Norden der Provinz. Von dort fährt er mit uns noch weiter zu einem der entferntesten Punkte seines Wirkungsgebietes: dem Städtchen Kiri am Fluss Lotoï. 10-11 Stunden Fahrt teils auf rauem Binnensee, teils auf malerischem Flussgelände mit seitlich vielen Wassern: ei veritabler Weg in den Regen-Urwald. Dieser Abbé ist bekannt und stets winken und freuen sich Leute, wenn sie ihn mit uns auf dem Boot vorbeifahren sehen. Er hat das Ohr am Volk und macht parallel zu unserem Wochenseminar Einzelgespräche mit verschiedenen Volksgruppen und Stadtteilen. Denn es gibt viele, manchmal sogar tödliche Konflikte in diesem vergifteten Paradies. Mein Ruf hängt an seinem, und ich spüre große Achtung und Zuneigung gegenüber Margret und mir bei der Bevölkerung. Eine andere Welt als Kinshasa, das von hier aus weit weg ist.

Dann eine beeindruckende Schwester: *Soeur Marceline aus Lodja* im West-Kasaï. Mitten in der Republik. Sie baut ein Waisenhaus auf und schreibt: „Hiermit gebe ich Ihnen einige Informationen über die Waisenkinder der Stadt Lodja und ihre Umgebung. Es gibt 23 Waisenkinder (8 Jungs und 15 Mädchen im Alter von 3, 4, 5 und 13 Jahren). Wir betreuen diese Kinder, lassen sie aber bisher in der Obhut ihrer Großeltern. Ab und zu bekommen sie über uns zu essen, aber wir sind alleine nicht in der Lage, für sie Schulgeld und medizinische Versorgung zu bezahlen. Deshalb suchen wir jetzt Paten für diese armen, ihrem Schicksal überlassenen Kinder. Wir bitten also Familien, denen das Leiden dieser Kinder nicht egal ist und die ihnen zu Hilfe kommen könnten, zu überlegen wie sie helfen können." Diese Schwester packt an: Baupläne genauso wie Baugeräte; Werbung für Paten genauso wie kurzfristige Aufnahme von Kindern; Gemeinschaftsgründung der Kommunität vor Ort genauso wie Lobbying in Kinshasa. Ihre Einsatzfreude hat wirklich zugunsten der betroffenen Familien und Kinder Beachtung und Förderung verdient. Das hat man auch bei missio in Aachen verstanden und deshalb den Rohbau gefördert!

PERSÖNLICHE BEGEGNUNGEN
BEI EINER REISE ÜBER GOMA NACH ISIRO
(Rundbrief 35 – Dezember 2013):
Ein *junger Chinese* fragt mich in Goma beim Zwischenstopp, ob
es dort sicher sei, weil er weiter nach Norden mitfliegt, um in
Beni Goldgeschäfte zu machen. Ich beruhige ihn: die Rebellen
seien gerade vor wenigen Tagen nach Uganda vertrieben worden. Er ist zufrieden und dankt mir in schlechtem Englisch; ich
zeige ihnen die chinesisch-deutsche Familie unseres Sohnes, was
ihn durchaus interessiert, aber dann ist die Konversation auch
schon zu Ende.

Ein *59jähriger Zoll-Beamter* (DGM) will wissen, ganz privat,
wo ich herkomme usw. Er ist nach unserem angeregten Gespräch sehr dankbar und wir verabschieden uns freundlichst mit
dreifachem „Kopfnuss"-Gruß und Rententräumen.

Beim weiteren (unfreiwilligen) Zwischenstopp in Bunia lerne
ich den spanischen Abbé Andreas *García aus Wamba bei Isiro* kennen, ein „Missionnaire de la Consolata". Er war sehr interessiert
an meiner Arbeit, und ich schenkte ihm eines der Bücher, wie
übrigens auch dem sehr offenen anderen Missionar der Pfingst-
ler, der schon den französischen Autor Semelin erlebt hatte, auch
ein Prediger der Gewaltfreiheit.

Auf der *Rückfahrt* erlebe ich morgens um halb sechs eine
Frühmesse zum Abschluss mit zwei Priestern und uns zwei
Laien. Im Gebet denken wir an die selige Anuarite, die „alles getan hat mit Liebe, wie Jesus und für Jesus". – Gleich beim Abflug
im Flughafen Isiro kann ich dies üben: *eine sehr bein-kranke Frau*
wird mir von den Verwandten sozusagen anvertraut und schon
bin ich Kranken-Begleiter für zwei Flugstationen: Tröster, Beru-
higer, Ablenker, Ratgeber und auch Unterstützer!

Im Flughafen Goma treffe ich dann den *Erzbischof von Kisangani*, den ich vor fast drei Jahren in Kinshasa in unserem Toyota
mitgenommen und in die VIP-Lounge des dortigen Flughafens
begleitet hatte; beide konnten wir uns an die langen Gespräche
dort erinnern, und er hörte sehr interessiert zu, als ich ihm von
den Wochenseminaren zur Evangeliums-orientierten Gewalt-

freiheit erzählte. Ich war ja auch schon in seiner Diözese, ohne dass ich ihn treffen konnte!

Selbst im Flugzeug bekam ich hinter mir mit, wie zwei Männer diskutierten, *ob Jesus wirklich gewaltfrei war* oder auch geschlagen habe, wie etwa bei der Vertreibung der Händler aus dem Tempel-Vorhof. Ich habe mich nicht eingemischt, aber bleibe überzeugt, dass es ein „heiliger Zorn" Jesu war, der das Tun und nicht die Menschen traf. – Der neben mir sitzende *Mitarbeiter einer Telefongesellschaft* liest meine Kirchen-Zeitung und vergisst nachher seinen Koffer mit PC etc., als ich ihn in Kinshasa freiwillig in unserem Auto mitnehme – bis er ihn nach 2 Tagen Dienstag in meinem Büro abholt … Er wusste wie ich weder Namen noch Adresse, sondern nur, dass ich bei der Kirchenzentrale arbeite und hatte sich bei der Zeitungsredaktion durchgefragt. Da ich der einzige Weiße unter den sicher 150 Mitarbeitern im Hause bin, war das dann leicht und erlösend für ihn.

EINIGE BEGEGNUNGEN
MIT MENSCHEN IM KINSHASA-ALLTAG
(Rundbrief 40 – 5/2014):

Margret und die Marktfrauen: Wenn meine Frau Margret zu ihrem Lieblingsmarkt, der zwar ziemlich matschig und dreckig ist, mit Fahrer Daniel hinter das große Stadion fährt, wird sie von einigen der Marktfrauen dort schon von weitem erkannt. Sie sagt immer, dass sie die Echtheit dort schätzt und ein wenig die Würde dieser Frauen durch ihre Einkäufe unterstützen kann. Ich bin nicht gern in dem Gewühl und Gedränge, aber Margret ist dort noch nie etwas abhandengekommen.

Madame Marie im Schwimmbad: sie ist jeden Tag außer Dienstag dort, begrüßt, passt auf, kassiert, mahnt die Kinder, ist einfach freundlich und ansprechbar für das Centre Français. Wir kennen sie nur so. Und größte Freude herrschte, als Margret ihr neue und dann auch noch gebrauchte Schuhe ihrer Größe schenkte. Einfach so. Die Treue mit der sie ihren Dienst tut, hatte es wirklich verdient, belohnt zu werden.

Fussballgespräche mit einem Putzmann: ganz normal tauschen wir uns meist montags über die Fussballwochenenden aus. Er fegt das Laub zusammen, was ja immer fällt und nachwächst, da es keine Winter gibt. Er kennt sich aus. Und jetzt ist bald Weltmeisterschaft in Brasilien, da wird Brasilien Deutschland besiegen, meint er. Ich sage: mal sehen, und wenn, Zweiter sein hinter Brasilien mit Heimvorteil wäre immer noch etwas Besonderes. Aber Deutschland will gewinnen!

Familienbesuche bei den Kollegen Etienne Muhiya und Bernard Nzemba: am 1. Mai mitten in der Woche und am folgenden Wochenende waren wir zu Abschiedsbesuchen bei den beiden Familien der Kollegen, denen wir menschlich am nächsten stehen nach diesen gut 3 Jahren. Ich bin einmal selbst gefahren, das andere Mal musste der Fahrer kommen und uns in seine Nähe kutschieren, weit hinaus. Wir haben Papa Daniel ja auch schon besucht und wollen das jetzt zum Schluss eher vermeiden, um nicht noch Hoffnungen auf „danach" zu wecken. Sie bekommen noch als Familie einen PC geschenkt und ein wenig Extrageld, aber dann ist es auch gut. Ähnlich ist das mit den Kollegen-Familien. Bei der einen bin ich ja Pate von Etienne Pascal – da musste es zum 3. Geburtstag etwas Besonderes sein: er bekam einen schönen Rucksack. Und im Nachgang zum Besuch bei Bernard und Jolie konnten wir auch noch ein paar Tipps zum jahrzehntelangen Zusammenleben geben: gegenüber unseren 42 Jahren sind sie ein frisches Ehepaar von 7 - 8 Jahren – mit fünf Kindern, darunter auch ein ‚Problemkind'.

Unsere Wächter zwischen Fleiß und Durchhängen: Tja, unsere vier Wächter, die je zu zweit tageweise incl. Nacht ihren Dienst tun, im Wesentlichen indem sie das Tor auf und zu schieben für das Dutzend an Autos, die im Hof parken; und sie schreiben – wichtigtuerisch manchmal, unwillig ein andermal – alle Passagen in eine Kladde! Relativ monoton. Deshalb schätzen sie es wohl sehr, dass wir dem jeweils wechselnden Team am Sonntag eine Kanne Tee mit schönen Tassen und Gebäck und genug Zucker runterbringen.

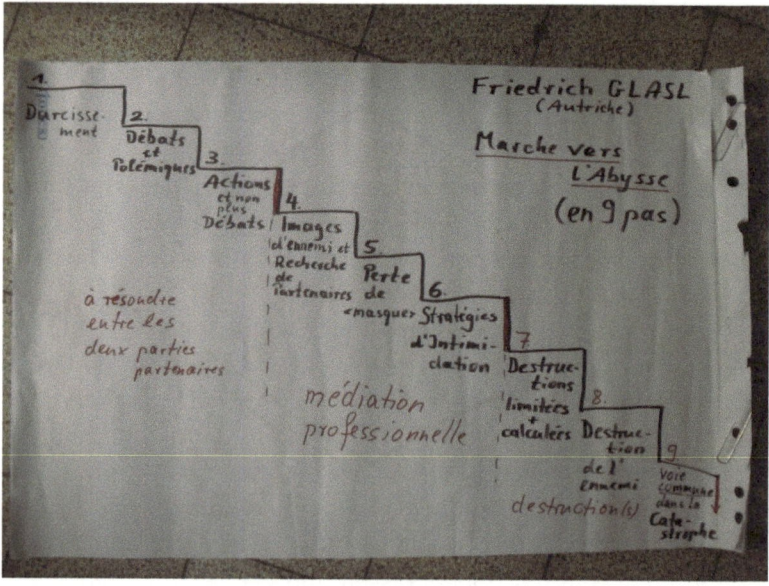

Oben: Mahnmal gegen Vergewaltigung auf einem Schulhof in Goma;
unten: Seminarplakat „Die ‚9 Stufen in den Abgrund' - nach Friedrich Glasl"

5. Zur landesweiten Seminarreihe „Gewaltfreiheit"

5.1 „Evangeliums-orientierte aktive Gewaltfreiheit":
Rückblick auf eine zweijährige Seminarreihe im Kongo

(Kurzbericht
der entsendenden AGEH in Köln[7])

In der DR Kongo haben in den Jahren 2012 und 2013 in allen sechs Kirchenprovinzen des riesigen Landes von der Größe Westeuropas Vertiefungsseminare für Verantwortliche (Priester, Ordensleute und Laien; Frauen und Männer) in den diözesanen Kommissionen für Gerechtigkeit und Frieden stattgefunden. Dies wurde von der Bischöflichen Kommission „Justice et Paix" koordiniert, die ihren Berater Dr. Reinhard J.Voß damit beauftragte (Ziviler Friedensdienst AGEH bei der CENCO, der kongolesischen Bischofskonferenz). Zwei weitere Kollegen waren in die Arbeit mit einbezogen. Die Seminare wurden in den Folgejahren fortgesetzt; Misereor hatte die 3. Auflage (2014) beider Lehrbücher gefördert.

Jede Kirchenprovinz hatte zwei, einige auch drei Fortbildungen. In je 5 Tagen lernten jeweils 20 Teilnehmende, also insgesamt über 300 Verantwortliche auf Bistums-, manchmal auch Pfarrei-Ebene, in Theorie und Praxis das Evangelium Jesu neu kennen. Dessen konsequente, wenn auch zu seiner Zeit gar nicht „normale" Botschaft der aktiven Güte, der einladenden kraftvollen Gewaltfreiheit, der verstehenden und versöhnenden Gesten und Aktionen enthält heilende Beispiele und Wirkungen, die gerade in Ländern und Zonen der Konflikte und Gegensätze ethnischer, religiöser oder politischer Art Frieden entfalten können. Die Kirche im Kongo hat seit dem Revolutionsversuch 1991 mit der (letztlich gescheiterten, aber weiter präsenten) „Unabhängigen Nationalversammlung" diesen Akzent verstärkt; aber eine solche Seminarreihe war denn doch etwas Neues. In Lubum-

---

[7] Der Beitrag erschien gekürzt in der AGEH-Zeitschrift „contacts" im November 2013.

bashi konnten sich noch zwei Teilnehmende, in Mwene Ditu der Ortsbischof an ein ähnliches Seminar vor gut 20 Jahren mit Hildegard Goss-Mayr und Jean Goss erinnern. Es war die Aufbruchs- Zeit nach 1990.

In den Kursen entwickelte sich meist eine dichte Auseinandersetzung mit der entstandenen „Kultur der Gewalt", wie es mehrere Bischöfe formulierten. Die Gewaltschwelle sei in den letzten Jahrzehnten des Krieges und Bürgerkrieges und der Unsicherheiten, von Straflosigkeit und Rebellenbewegungen eher weiter gesunken. Daraus resultiere eine gewachsene Gewaltbereitschaft. Diese erlebt man in der Hauptstadt Kinshasa durchaus auch täglich in Form von Intoleranz auf der Straße – immer wenn es darum geht, anderen zuvor zu kommen: beim Einsteigen in die stets überfüllten Kleinbusse, beim Gerangel der Autos, bei der riskanten Fahrweise der Kleinbusse, an Marktständen oder Straßenrändern. Sie entspricht so gar nicht der Tradition, sagt man uns derweil, sondern ist eher dem Dauerstress im Überlebenskampf des Alltags geschuldet – ein Kampf für viele am Rande des Existenzminimums.

Überall wurde betont, dass es nun darum gehe, diese erneuerte Sicht bis hinein in die Ortsgemeinden zu tragen; dazu werden noch Kurzübersetzungen wichtiger Teile des Lehrmaterials in den vier Landessprachen Chiluba, Lingala, Swaheli und Kikongo erstellt.

Denn alle erhielten als Basis zur eigenen Vertiefung und zur Weitergabe zwei Bände unter dem Thema „Apprendre la Non-Violence de la Bible": Bd. 1 (145 S.) enthält Dokumente zu Geschichte, Theorie und Theologie des „gerechten Friedens", Grundlagen und Beispielen der Gewaltfreiheit aus AT und NT sowie Praxishilfen im Anhang. – Band 2 (75 S.) bringt Rollenspielvorschläge zum Evangelium, Informationen zur Mediationsmethode und eine Vielzahl pädagogischer Spiele und Übungen. Beide Bände sind über das Internet zu bekommen, und in Ausnahmefällen bei der AGEH zu beziehen.

5.2 Sechseck („Hexagon") der Gewaltfreiheit

In den Wochenseminaren entwickelte sich im Dialog folgendes Hexagon über „Die aktive und Evangeliums-orientierte Gewaltfreiheit":

I.   ein Lebensstil (Ethik),

II.   eine Philosophie (Prinzipien),

III. das Beispiel einer langen Geschichte seit Kain bis heute! (Kain, der von Gott gezeichnet, aber zur Vermeidung von unendlicher Rache am Leben gelassen wird, obwohl er seinen Bruder Abel tötete),

IV.   Teil der Friedens-Theologie, die noch weiter zu entwickeln ist,

V.   Teil der Pädagogik und Andragogik: eine Selbst-/ Erziehungs-Methode,

VI.   eine Form der „Politik" des Widerstands gegen schlechte und ungerechte Zustände (besonders gegen Gewalt und Ungerechtigkeit).

5.3 Ein Praxisbericht:
Theorie und Praxis von Seminaren
und Basis-Friedensarbeit

Ein doppeltes Beispiel für die Wirkung des Ansatzes, der Seminare und der Bücher waren zwei Dreitagesseminare im Territorium von Bondo in der Provinz Orientale (DR Kongo) direkt an der Grenze zur Zentralafrikanischen Republik, aus der eine große Zahl Flüchtlinge nach dem dortigen Militärputsch gekommen waren. Aus Monga berichtete am 10. Juli 2013 Abbé Raphaël NGBEMZA, der Leiter der Kommission Gerechtigkeit und Frieden (CDJP/BONDO):

„Die Fortbildung der Leiter von Gemeinschaften und Mitglieder der lokalen Komitees ‚Justice et Paix' aus NDU über die aktive und Evangeliumsgemäße Gewaltfreiheit fand statt in der katholischen Kapelle (Kirche) von NDU vom 29. bis 31. Mai 2013. Dieser Grenzort liegt direkt gegenüber von Bangassou (Zentralafrikanische Republik). 61 Personen nahmen an dieser Sitzung teil; sie stammten aus allen sozialen Schichten der Bevölkerung; auch zentralafrikanische Flüchtlinge waren darunter.

Die gleiche Fortbildung der Leiter von Gemeinschaften und Mitglieder der CLJP aus MONGA fand im großen Saal der Schreinerei der Pfarrgemeinde Sainte Odile MONGA vom 3. bis 5. Juni 2013 statt. An dieser Versammlung nahmen 40 Personen aus allen sozialen Schichten der Bevölkerung von Monga teil, nicht zu vergessen die Vertreter der zentralafrikanischen Flüchtlinge sowie einige Mitglieder der Komitees aus Bangamote.

Thema beider Tagungen: Die aktive und evangeliumsgemäße Gewaltfreiheit lernen."

Bilanz: „Alle Teilnehmenden, sowohl in NDU wie auch in MONGA haben das Programm zur aktiven und evangeliumsgemäßen Gewaltfreiheit mit großem Interesse verfolgt. Die erhaltenen Informationen und Vorträge haben sowohl die Gemüter der Kongolesen als auch die der zentralafrikanischen Flüchtlinge erleichtert und beruhigt. Auf beiden Seiten gab es ein starkes Eintreten für ein friedliches Zusammenleben. Alle Teilnehmenden haben gewünscht, dass dieses Programm der aktiven und evangeliumsgemäßen Gewaltfreiheit weiter getragen wird in alle Grenzdörfer sowohl auf Seiten der DR Kongo als auch auf Seiten der Zentralafrikanischen Republik.

Zum Erfolg dieser Fortbildungs-Sitzungen haben Christen von NDU und MONGA beigetragen [im wahrsten Sinne des Wortes, RV] durch Feuerholz, Gemüse in Form von Maniokblättern [woraus man ‚Pondu' herstellt], durch Wasserschöpfen für die Küche, usw."

Diese beiden Seminare waren eine direkte Folge der Teilnahme des verantwortlichen Abbé Raphäel an einer unserer Wochen-Fortbildungen einige Monate zuvor in Kisangani! Immer wieder wurde in den vielen Seminaren am Schluss betont, dass man sich ernst genommen fühlte und zugleich ernst und heiter war, dass gerade wegen der weder aufgedrückten noch zu langen Vorträge im partizipatorischen Suchgespräch und durch viele Schaubilder und Beispiele mehr gelernt wurde als je gedacht.

Um die dahinterstehende Planung und Arbeit mit den Leitern der Seminare zu zeigen, wird hier ein Protokoll abgedruckt:

Vorbereitungstreffen mit den Verantwortlichen der *Diözesanen Kommission Justitia et Pax* in der Diözese Bondo im äußersten Nordwesten der *Province Orientale*, angrenzend an die kongolesische Provinz *Equateur* und die Zentralafrikanische Republik. Vom *15. bis 16. Mai 2013 in Bondo.*

SACHBERICHT:
Sensibilisierung der Bevölkerung der Diözese Bondo
über die Evangeliumsgemäße Gewaltfreiheit
und das friedliche Zusammenleben

Einführung: In den Monaten März und Mai 2013 sprachen Berichte der CDJP Bondo an die CEJP Kinshasa von einem Ansturm zentralafrikanischer Flüchtlinge auf die Dörfer NDU und MONGA in der Diözese BONDO (Kirchenprovinz Kisangani). Nach eben diesem Rapport hatten die Einwohner dieser beiden erwähnten Orte Neigungen zur Gewalt gegenüber diesen Flüchtlingen, die zurückgingen auf die schlechte Behandlung, der sie in der Zentralafrikanischen Republik immer dann ausgesetzt waren, wenn sie ihrerseits wegen der angespannten Sicherheitslage aus dem eigenen Land (Kongo-Zaire in den 80er und 90er Jahren) flüchten mussten.

So hatte die CEJP in Abstimmung mit ihrem Berater, Herrn Dr. Voß, beschlossen, einige Sensibilisierungsanstrengungen zu unternehmen in Bezug auf die evangeliumsgemäße Gewaltfreiheit und das friedliche Zusammenleben; davon sollten die Bewohner/innen der Dörfer Ndu und Monga profitieren wie auch die zentralafrikanischen Flüchtlinge die sich dort befänden.

Um das umzusetzen, wurde ein Experte der Kommission (CEJP), Herr Cyrille Ebotoko, entsandt, um vor Ort mit den Animateuren der CDJP Bondo über die exakte Botschaft an die Bevölkerung dieser Orte nachzudenken. Es oblag also den letzteren, anschließend vor Ort zu fahren, um in diesem Sinne aufklärend mit der Bevölkerung zu arbeiten. Dieser Teil des Rapports zeigt die großen Linien dieser ersten Aktivität auf, die sich mit der Verbesserung der Fähigkeiten der Animateure der CDJP Bondo befasste.

Aktivitäten zur Verbesserung der Fähigkeiten: Bisher ging es noch nie darum, die Bevölkerung fortzubilden über die evangeliumsgemäße Gewaltfreiheit. Deshalb war es Sorge und Aufgabe zugleich, eine Botschaft, die an die Leute zu richten wäre, zu finden und zu formulieren, damit Folgendes nicht passiert:

- Dass sich die Einheimischen nicht für die schlechte Behandlung rächen, die sie seinerzeit in Zentralafrika erlebt haben;
- dass die zentralafrikanische Bevölkerung sich nicht des kongolesischen Territoriums bedienen, um eine Rückzugsbasis für Expeditionen zu haben, die sie nach Zentralafrika organisieren;
- dass die zentralafrikanische Bevölkerung das Übel anerkennt und zugibt, das sie seinerzeit den kongolesischen Geschwistern angetan hat; und
- dass die Einheimischen mit den zentralafrikanischen Flüchtlingen zusammenarbeiten, für eine solide Solidarität und ein friedliches Zusammenleben in den künftigen Tagen und in der Zukunft.

Um dorthin zu gelangen, wurden folgende *Papiere und Dokumente* benutzt:

- Apprendre la Non-violence de la Bible (Manuel de formation à l'intention des Commissions Diocésaines Justice et Paix en RDC) de Dr. Reinhard J. Voss [Die Gewaltfreiheit der Bibel lernen – Handbuch zur Fortbildung für die diözesanen Kommissionen von Justitia et Pax in der DR Kongo];
- Apprendre la Non-violence de la Bible (Exercices pratiques et Exercices de communication) de Dr. Reinhard J. Voss; [Die Gewaltfreiheit der Bibel lernen – praktische und Kommunikationsübungen];
- die Verfassung der Demokratischen Republik Kongo;
- andere Instrumente auf nationaler und internationaler Ebene, die die Rechte und Aufgaben von Auslands- und Inlands-Flüchtlingen („refugiés et déplacés internes") behandeln;

- der Rahmenvertrag für Frieden, Sicherheit und Kooperation für die DR Kongo und die Länder der Großen Seen, kürzlich in Addis Abeba unterzeichnet – auch von der DR Kongo und der Zentralafrikanischen Republik;
- die Bibel.

Die folgende *Methodologie* wurde während dieser Bewusstseinsbildung eingehalten:

- Von der Bevölkerung auf beiden Seiten (Flüchtlinge und Einheimische) die Gewalt anschauen, die es in Zentralafrika gegen die kongolesischen Flüchtlinge gegeben hat, die aus NDU und MONGA kamen.
- Gemeinsam die Gewalttaten und -formen anschauen, die sich derzeit im Umfeld der Einheimischen wie auch der Flüchtlinge abspielen.
- Diese Gewaltbeispiele und ihre Konsequenzen analysieren.
- Geeignete Mechanismen in Gang setzen, die beiden Seiten Raum geben für Dialog und für die friedliche Lösung ihrer Konflikte.
- Eine Zeremonie der Versöhnung organisieren und einen Nicht-Aggressionspakt zwischen den Bevölkerungen aushandeln.

Auf diese Weise wurde während zwei Tagen gemeinsam vom Direktor der CDJP Bondo und einer kleinen Gruppe seiner Animatoren mithilfe des Experten von der CEJP (Kinshasa) eine Botschaft aktiver Gewaltfreiheit entworfen, die an die betroffene Bevölkerung zu richten ist.

Schlussfolgerung: Nach zwei Tagen Arbeit, vom 15. bis 16. Mai 2013, ist es den Teilnehmenden gelungen, ausgehend von den oben erwähnten Texten, eine geeignete Botschaft zu entwerfen, um dem Konflikt vorzugreifen, der sich zwischen einem Teil der Bevölkerung in Ndu und Monga einerseits und den Flüchtlingen aus der Zentralafrikanischen Republik entwickelt. Diese Botschaft beruhte auf den folgenden starken Ideen:

- Die Gewalt ist eine schlechte Sache;

- Gewalt erzeugt Gewalt; sie ist eine brutale Zerstörungskraft;
- Konflikte gehören zum Leben der Menschen dazu, aber man muss und kann sie immer durch gewaltfreie Mittel überwinden;
- Die Einheimischen und die Flüchtlinge aus Zentralafrika waren immer Brüder und Schwestern, nach Gottes Gleichnis und Ebenbild geschaffen, und sind alle teuer erkauft durch das vergossene Blut Jesu;
- Es ist notwendig, dass sie alle ein Zeugnis dieser Geschwisterlichkeit in ihrem täglichen Leben geben, in dem sie unerlässlich für den Frieden unter allen arbeiten;
- Die einheimische Bevölkerung muss die Rechte der Flüchtlinge anerkennen und respektieren;
- Die Flüchtlinge müssen ihre Pflichten kennen und sie beachten;
- Um einer besseren Zukunft willen müssen die Bevölkerungen zusammenarbeiten, für die Solidarität und einen miteinander geteilten Frieden!

Kinshasa, am 22. Mai 2013,
Cyrille Ebotoko Longomo

Oben: Nicolas Bwema (→S. 223) bei seiner ‚Aufklärungsarbeit auf der Straße'; unten: Seminarteilnehmerin mit unserem Arbeitsbuch zur Gewaltfreiheit (→S. 109, 234).

6. Reise-Eindrücke aus dem
Kongolesischen Inland
(„Intérieur")

Juli 2011 Goma – Kirchenprovinz Bukavu / Kivu (Rundbrief 12)
31.7.   Am Sonntagmorgen standen wir wie in der Osternacht
in Wethen sehr früh auf und waren von 6.00 - 11.00 unterwegs
zusammen mit dem Kanzler des Bischofs, der dem Gottesdienst
von 6-8 Uhr vorstand und über die Nothilfe an die Hungernden
in Ostafrika predigte, und der uns danach eine kleine Stadtfüh-
rung einschl. vieler Beispiele der Vulkanzerstörungen von 2002
zeigte (15 km nahe der Stadt und 800 über ihr!). Wir staunten
über die Wiederaufbauleistungen der Kirche, der Privaten und
der Stadt – z.B. gibt es jetzt einen kleinen neu bebauten Stadtteil
auf Lavagrund (300 x 800 m). Nachmittags hatten wir dann noch
Zeit im Caritasgarten am See mit dem AGEH-Bevollmächtigten
in der Region der großen Seen, Kuijstermans (Bujumbura).
1.8.   Zweite Exkursion nach Mbinga-Nord und Kalehe – noch
laenger als die erste mit Hin und Zurück 200 km Buckelpiste:
Empfang, Rundführung in der Region und Planungsgespräche
mit dem Chef des Territoriums von Kalehe, M. Placide Chirim-
wami („Président du Conseil de Gestion").

Karfreitag in Goma, 5.4.2012
Karfreitag in Goma, nach drei Stunden Gottesdienst mit Kreuz-
verehrung und Kommunion schreibe ich meine Gedanken an
diesem denkwürdigen Orte auf:
   Jesus, mein Bruder,
   wenn mir etwas passiert, so bleibe ich bei dir.
   Wenn ich sterben muss – wie du, so sterbe ich zu dir.
   Wenn ich spüre, wie du für mich gestorben bist,
   so spüre ich dein Mit-leiden.
Gar nicht weit von hier, in Masisi, Walikale und Rutshuru, sind
diese Woche Unruhen im Militär entstanden; hunderte Soldaten
sind aus der Armee ausgeschert mit General Bosco Ntaganda
(einem Gefährten des verurteilten Thomas Lubanga), um ihn vor

dem drohenden Zugriff aus den Haag zu schützen. [...] Unklare Verhältnisse in der Armee, aber auch in Kinshasa, wo vier Monate nach den Wahlen noch keine Regierung steht. Kabila schickt Truppenverstärkung nach Goma, zum Schutz, nicht zum Krieg, heißt es. Prekär trotzdem. So bleiben wir diese Tage in der Stadt Goma; Ausflüge von 30-50 km west-nordwestlich, wie geplant zur kirchlichen Musterfarm bei Masisi, sind zu riskant.

Aber in Goma ist es friedlich, normal, ruhig. Keine Anzeichen von Panik. Diesem Eindruck traue ich mehr noch als den Medien. Interne Diskussionen im Internet bestätigen mir, dass es um eine interne Militär-Rebellion geht, die nicht ansteckend sein wird. Es wird eher ein politischer Konflikt zwischen Kinshasa und Den Haag.

Karfreitag in Goma: Eine Stadt zwischen Hoffen und Bangen trotzdem, weil das Lebensniveau eher gefallen als gestiegen ist, weil die politische Lähmung trotz der Wahl eines neuen Deputierten der Opposition anhält, als Abbild der Lähmung des Landes.

Die Folgen sind, dass Separationswünsche gedeihen, dass die Leute abwandern und Häuser billig zum Verkauf leer stehen, dass unser Freund Nicolas, keiner der Ärmsten, seit Monaten in seinem Haus kein Wasser mehr hat.

Die Leute sind trotzdem in der Mehrheit Optimisten (oder Fatalisten?).

Wer im Schatten des Vulkans zu leben gelernt hat, der alle dreißig Jahre etwa ausbricht, wer Flüchtlingsströme und Lavaströme erlebt und überstanden hat, wer militärische und politische Unruhen einrechnet in sein Planen, der setzt auf das Trotzdem des nächsten Tages, die setzt auf die enge Gemeinschaft in Gemeinde, Clan, Familie.

Zum Überlebenskampf im Schatten des Vulkans setzen sie hier auf die Osterhoffnung am Karfreitag! So haben sie uns heute hineingenommen, so haben wir es heute gespürt in dem Herz ergreifenden Gesang des Volkes Gottes in der Gemeinde zum Heiligen Geist (Paroisse du Saint Esprit) am Karfreitag in Goma 2012.

Oktober 2012 Kikwit – Kirchenprovinz Bandundu (RUNDBRIEF 23)
Rückblick aus Kinshasa auf diese Wochenreise; ein kleiner Weltenwechsel:

- Staubige und stinkige Luft in Kinshasa – gute Luft in der grünen Stadt Kikwit.
- Dreckige Großstadt voll Müll – „dreckige" Kleinstadt voll Sand – und die Ironie des Sandfegens hier in Kin vor der Frankophonie: eine wahre Sysiphusarbeit!
- Die gefährliche Großstadt, wo man ab 19 Uhr nicht mehr sicher ist und die schützende Kleinstadt, wo wir ohne Angst auch später allein nachhause gehen und wo Diebstahl oft zwischen den Beteiligten rückgängig gemacht werden kann, ohne Gerichte und Gefängnisse zu bemühen. (Andererseits sahen wir in dem kleinen Städtchen Kenge unterwegs, wie Gefangene in dem Ortsgefängnis sichtbar hinter Stäben tagelang auf ihren Abtransport ins größere Gefängnis warten mussten und wie im Mittelalter quasi am Pranger den Blicken – und der Verachtung? – der Leute ausgesetzt sind.)
- Ein Seminar mit Leuten guten Willens und viel Erfahrung, aber auch mit eigenen (Familien-)Erwartungen an gutes Tagegeld, das es nicht gab, und Fahrgeld, das es ausreichend gab.
- Eine Großstadt mit total egoistischem Verkehr und eine Kleinstadt fast ohne Privatautos, aber ebenso wagemutigen Motorradfahrern.
- Eine Nationalstraße 1 (Kin-Kikwit, 530 km) mit fast mehr LKWs „en panne" als noch fahrend unterwegs („en route") – und doch drei sehr schlimmen Unfällen mit Toten und Verletzten.
- Gleich zu Beginn die fast blockierte Straße, weil ein Lastwagen mit *einem* großen Tropenbaum sich quergelegt hatte und man Tage brauchte, um dies wegräumen zu können, wohl nicht mehr mit Menschenkraft, sondern nur noch mit Spezialmaschinen.

Wir sind gut zurück seit Sonntag aus der Provinz, waren über 500 km Straße unterwegs (zurück nochmal so viel, jeweils um die 10 Stunden); kamen dann zurück in die hochbewachte und unübersichtlich abgesperrte Innenstadt – wegen des 14. Treffens der frankophonen Länder (220 Mio. Menschen leben in den französischsprachigen Ländern). Viel Theater und große Worte; die Abschlusserklärung der „Francophonie" beschreibt jedenfalls nicht den Stand der halbherzigen Demokratie in diesem Land hier, sondern eher Idealvorstellungen – immerhin! Man sprach vom Ende der französischen Vorherrschaft, auch wenn alles fixiert war auf den französischen Präsidenten François Hollande!

März 2013 Kananga – Kirchenprovinz Kananga / Kasaï (RUNDBRIEF 28)
In Kananga müssen zwar alle etwa 30 Fluggäste zum Zwischenstopp wegen Flugzeugbetankung aussteigen, aber nur ein Afrikaner bleibt noch mit uns in der angeblichen Millionenstadt, die auch wieder wie eine sich lang hinziehende Ansammlung vieler Dorfsiedlungen aussieht. Eine spätere Stadtrundfahrt mit dem gemieteten Caritas-Auto zeigt uns dann auch noch den Stadtkern, der Parlamentsgebäude und Provinzregierung beherbergt – Ahnungen einer schönen Kolonialstadt der reichen Belgier, und nostalgische Erinnerung der Einwohner an die kurze Zeit, als man dachte, die Hauptstadt Kongos zu werden, was dann Kinshasa als offenbar sicherere und leichter erreichbare Stadt im weiten Westen wurde, die erst danach zur Multi-Millionenstadt anwuchs. – Am Samstag (9.3.) nimmt sich der Erzbischof fast eine Stunde für uns Zeit und betont, wie wichtig ihm das Anliegen des Seminars ist: die Friedens-Fähigkeit!

Wir sind eine Woche in Kananga; beim Voreinkauf merken wir die Armut der Stadt: nicht nur, dass wir beide als Weiße übermäßig angebettelt werden (und dem nur unzureichend gerecht werden), sondern auch, dass wir das Wasser für die Teilnehmenden der Woche in meist großen Flaschen regelrecht zusammenkaufen müssen. Der Samstag wird so zum kleinen Kulturschock und wir spüren beide unsere Grenzen. Da sind wir also wirklich bei der Realität angekommen, der Armut, die evtl. auf dem Lande mit Kleinvieh noch erträglicher sein mag als hier.

Der Sonntag wird ruhiger – wir sind in einem kirchlichen Tagungszentrum einfacher Art, aber etwas abgeschirmt, was Kleinhändler nicht hindert ...

Und ein PS: Bei aller Liebe zum Kongo nun doch auch mal ein paar kritische Worte!

Im Kongo mangelt es an Selbstkritik und schonungsloser Selbstwahrnehmung der eigenen Fehler und Anteile an der gegenwärtigen Misere. Das gilt außenpolitisch in Bezug auf die Anteile an der Krise im Osten (schlecht bezahltes Militär, Vernachlässigung der Hilfen für die dortigen Provinzen, wie etwa das skandalöse Zurückhalten oder Entwenden der Gelder für die Straßenreparatur in Goma ...), aber ebenso gilt es in Bezug auf den Alltag und das Verhalten fast aller: die *anderen* geben, zahlen, machen, sind schuld, führen Krieg ... Die Expats kommen und helfen bei der Infrastruktur etc., Kredite kommen (manchmal auch nicht) von der Weltbank, die Chinesen zahlen wir mit Rohstoffen und lassen sie hier die Straßen usw. bauen, – wie und warum denn wir selbst? Immerhin finden viele Kongolesen dabei Arbeit! Jeder sieht wo er bleibt. Selbst beim Fußball gab es so viel Korruption vor der Afrika-Meisterschaft im Februar 2012, dass die Vorbereitungen mangelhaft waren, weil die Sportförderung letztlich gar nicht an der Basis ankam. Kein Wunder, dass Kongo nicht über die erste Runde hinauskam. Trost und Stolz: immerhin haben sie auch keinmal verloren!

Mai 2013 – Lubumbashi – Kirchenprovinz Lubumbashi/Katanga (RUNDBRIEF 29)
Spontane Stadteindrücke
Wir fingen natürlich an zu vergleichen zwischen Kinshasa und Lubumbashi, der 10-Mio- und 1-Mio-Stadt. Die Preise sind nicht teurer als in Kin, aber oft günstiger, wohl auch wegen der Importe aus dem näheren Südafrika und aus Zimbabwe auf dem Landweg. Jedenfalls gibt es hier keine Phantasiepreise wie in Kin. Von hier aus sieht Kinshasa noch künstlicher und aufgeblähter (in vielerlei Hinsicht) aus, wo vieles grundlos teurer und oft spekulativ ist. Ohne gutes Umfeld ist dort ein Völkergemisch

mit wenig eigener Tradition entstanden, ohne tragende und natürlich einengende Bindungen an Moral, Herkunft, Pflichten und Rechten.

Lubumbashi scheint auch nicht diese extremen Unterschiede aufzuweisen zwischen einer Oberklasse der Neureichen und der Masse der Verarmten, sondern eher eine geringere „Spreizung" der Lebensverhältnisse; mehr Kleineigentum, mehr Raum zum Leben. Eben eher der Charakter einer Kleinstadt mit viel Grün. Hier wird eher eine Mittelklasse wachsen, die das Land so dringend braucht zur Entwicklung; folglich werden auch von hier aus eher politische Neuerungen kommen. Maurice KATUMBI als Gouverneur von Katanga weiß durch Schenkungen Politik auch für sich zu machen, mit reichlich Selbstreklame vom Fernsehen über gesponserte Lastwagen bis hin zu öffentlichen Einrichtungen wie dem Zoo, etc. Er fördert die Straße, weil er selbst als Unternehmer am Straßentransport verdient, aber nicht die Schiene als Konkurrenz, die dahinsiecht; die Eisenbahnangestellten streikten, weil ihnen seit 68 (!) Monaten kein Lohn mehr gezahlt wurde.

Was sehr stört und belastet, ist die staubige Luft, trotz der vielen Teerstraßen. Die Bürgersteige sind zwar staubig, aber sauber – was „bei uns" in Gombe gerade mal begonnen hat und in Kinshasa noch unüblich ist. In der Stadt fühlten wir uns sicherer als in Kinshasa und das wird uns so auch bestätigt. Trotzdem parkte Abbé Claude seinen Wagen vor dem Bischofsbesuch im Hof bei uns und nicht auf der Straße, aus Angst vor Vandalismus am helllichten Tage – etwas übertrieben, fanden wir.

Es bleibt in Erinnerung eine grüne Stadt mit viel Staub, relativer Sicherheit und Sauberkeit, mit den großen Abraumhalden der Kupferminen der „Gécamines" nebenan. Auch die wenigen noch fahrenden Eisenbahnen und ihr lautes Hupen, auch nachts beim Rangieren. Sie fahren noch – nach Norden bis zum Kongofluss, nach Süden ins benachbarte Sambia.

Auch denken wir zurück an freundliche Menschen wie die Eltern meines Kollegen und die erwähnte Claire, an zuvorkommende Polizisten, die nicht Almosen erwarten; aber wohl auch welche, die zwei Weiße anbetteln, aber nicht so direkt und intensiv wie bei unserem Start vor Jahren manchmal hier in Kin. Dort war es eher ein Drängen der Händlerinnen, um etwas zu verkaufen!

März 2014 – Mwene Ditu und Luiza – Kirchenprovinz Kananga (RUNDBRIEF 38)
Unsere REISE vom 19.3. bis 1.4. führte uns in die beiden Kasai-Staaten im Süden, nach MBUJI MAYI, der Hauptstadt des Ost-Kasai, wo wir das SEMINAR von vor einem Monat nochmals erinnerten; nach MWENE DITU (dem Seminarort der zweiten Woche) und für ein langes Wochenende nach LUIZA im Westkasai, auf schlimmen Wegen in einem völlig überladenen Toyota zur Bischofsweihe von Abbé Félicien, den ich seit drei Jahren hier gut kenne. Ich habe einige Notizen zusammengestellt. Drei Wegebilder vorweg: 250 km Steppengras, schmalste Wege, Schlamm, ausgedehnte Wasserlöcher!

21. März. Ein in vielerlei Hinsicht unvergesslicher Reisetag:
12 Std. (von 7 bis 19 Uhr) mit 15 Personen im Caravan, 260 km durch die Steppe mit wenigen Wäldchen und Meter hohem Gras, und der große Fluss Lulua, den wir mit einem Floss aus vier kleinen Schiffen überqueren – mit einer einfachen stromlosen Technik an einem Stahlseil wie wir es noch von der Weser bei Karlshafen heute kennen. Es ist eigentlich nur ein Feldweg nach unseren Maßstäben mit einem unkalkulierbaren Auf und Ab zwischen 10 und 50 km/h, zwischen Stop and Go, zwischen riesigen Wasserpfützen, Schlammszenen und schmalsten Wegen, oft in hohem Riedgras kaum zu sehen. Und die Rückfahrt ging sogar bis 3 Uhr nachts, nachdem wir schon um 11 Uhr früh gestartet waren, aber lange am Fluss warten mussten. Nach einer verdienten Essenspause in einer Pfarrei gerieten wir dann auf einem Nebenweg in eine Falle und hingen über einem zwei Meter tiefen Graben; mit eigener Anstrengung, auch noch mitten in einem Tropenschauer, schafften wir es, den Wagen nach 90 Minuten wieder freizukriegen. Dann abenteuerliche Wasserlöcher weiterhin; aber mutig kam der Fahrer hindurch und schüttelte

uns kräftig durcheinander. Auch beim Herunterfahren von der
Fähre wäre der Wagen durch schlechtes Lotsen fast ins Wasser
gekippt; ich konnte nur danken und klatschen über die Fahr-
künste und die ruhig-zupackende Art unseres Fahrers.

Den Ruhetag in Luiza, einer Kleinstadt ganz im Süden des
Westkasai Richtung Angola, hatten wir wirklich nötig. Es ist der
Bischofssitz des am Sonntag vom Vorsitzenden des Regionalkon-
ferenz der Bischöfe beider Kasai (Erzbischof aus Kananga) und
dem vatikanischen Nuntius aus Kinshasa (in der vatikanischen
Botschaft neben unserer CENCO) ins Amt gehoben Abbé Félici-
en. Sie geschah in einer 5-stündigen eindrucksvollen Zeremonie
auf dem Sportplatz des Ortes neben der viel zu kleinen Kirche
angesichts der vielen Tausend BesucherInnen des Festes. Margret und ich besuchten den kommenden Bischof am Samstag noch
im Hof seiner neuen Residenz und sahen, wie er sich freute über
unser Kommen.

Er war dort zusammen mit seinem Vorgänger, der aus Altersgründen in den Ruhestand geht, aber die Übergangszeit
kommissarisch im Amt geblieben war. Auch der vatikanische
Nuntius und mehrere Mitglieder aus unserem Kirchenhause, an
der Spitze Generalsekretär Abbé Santedi, kamen an, teils spät
nachts: die Anfahrt aus Kananga war ebenso beschwerlich wie
die unsre aus Mwene Ditu. Das Volk tanzte schon in Erwartung
seit dem Nachmittag! Der Präsident der Bischofskonferenz würde am Sonntag erst zum Schluss des Gottesdienstes eintreffen,
verspätet und ohne Talar, verliest er dennoch seine warmherzige
Botschaft an den Kollegen „aus dem Hause".

Wir brauchen diesen Entspannungstag und lassen die *vielen
Eindrücke des wartenden und schon feiernden Gottesvolkes* auf uns
wirken. Wir fallen auf, weil nur sieben Weiße zu sehen sind. Wir
bekommen ein knappes Bett in der Procure, dem Wirtschaftshof
der Diözese, wo auch die Gäste verpflegt werden. Nach einer
etwas kalten Nacht (ca. 20 Grad C) ohne Oberdecke auf sehr har-
tem Bett, und nach dieser Anfahrt, finden wir gleichwohl eine
schöne innere Ruhe, bei all dem Trubel draußen: Singen und
Proben und Musizieren selbst mit Blasinstrumenten zu später

Stunde … Unser Mitfahrer vom ärztlichen Dienst, auch ein „doc-
teur", zeigt uns gern das ganze Umfeld und sogar das Krankenhaus von innen! Die etwas kleine Kirche erinnert uns an die
Klosterkirche in Kigali, mit dem Altar in einer Ecke und einem
Hauch von Meditation. Unser Führer ist beim Staat angestellt,
betreut ärztlich aber auch viele Priester und Nonnen, wie er sagt,
und ist bekannt wie ein bunter Hund. Ein beeindruckender,
praktischer, zupackender und freundlicher Nachbar – wir hatten
uns beim Wagen-frei-schaufeln schätzen gelernt.

Die Nacht zum Sonntag regnete es fast durch, aber der Festtag selbst war sonnig und eher zu heiß! Schon 15 Minuten Son-
nenexposition richten großen Schaden an; auch wir hatten wieder mal einen Sonnenbrand, aber doch verkraftbar nach drei Jahren Hautveränderung. Von 9 bis 16 Uhr erlebten wir ein großes
Liturgiefest zur Einführung des neuen Bischofs Félicien, selbst
ein Sohn der Stadt! Er nahm kein Geschenk persönlich an, weil
er die Verwandtschaftsansprüche schon kommen sah. Und die
Reihe der Schenker und Gratulanten war sehr lang.

Da mehrere Mitglieder des folgenden *Seminars zur „aktiven
und evangeliums-orientierten Gewaltfreiheit"* in *Mwene Ditu* hin und
zurück mitgefahren und mitgelitten hatten, lief das Seminar
noch besser als manche vorher. Es war das letzte für uns in dieser Reihe, und schon nächste Woche macht mein Kollege Bern-
hard im Kasai noch mit einer Woche weiter! Auch Luiza soll
noch eine Woche erleben, haben wir dem neuen Bischof auf seine
Bitte hin versprochen – und suchen dafür eine deutsche Diözese.[8]

---

[8] [Paderborn hat diese ‚Seminar-Partnerschaft' 2015 übernommen.]

Sechstes Kapitel
Zwischenfazit & Folgerungen: „Den weiteren Aufbruch begleiten" (2015)

Liebe Leserinnen und Leser,

diese wenigen Jahre gaben mir und – durch meine Berichte – auch vielen einen Einblick in die prekäre Situation eines Landes, das weiterhin am unteren Ende der Skala des „Human Development Index" der UNO rangiert, dessen Selbstbewusstsein aber durch die zwei demokratischen Wahlen von 2006 und 2011 enorm gewachsen ist.

Dieses Selbstbewusstsein nimmt manchmal nach außen wie nach innen schon wieder staatlich-dirigistische Züge an, die einen Rückfall in die Diktatur immer wieder befürchten lassen. Davor hat insbesondere seit den 90er Jahren die Katholische Kirche in ihren immer mutigeren und klareren Stellungnahmen des Öfteren gewarnt. Sie ist nach meiner Einschätzung die stärkste Oppositionskraft im Lande und zählt sich nur bedingt zur „Zivilgesellschaft". Sie sieht diese vielmehr als Bündnispartnerin an, möchte sich aber niemals (mehr) vor den Karren anderer spannen lassen. Das hat ihr eine gewisse Skepsis bei manchen Organisationen, aber eine große Glaubwürdigkeit im Volke verschafft.

Mein Fazit nach diesen Beratungs- und Lernjahren in der Demokratischen Republik Kongo lautet, dass es noch einen langen Atem bis zu einer stabilen afrikanischen Demokratie in diesem Lande braucht, die nur auf der Basis eines funktionierenden und die Gewaltenteilung achtenden Rechtsstaates eine Chance hat. Und erst dann wird es zu größeren ausländischen Investitionen (des Westens) kommen. Bisher sind dennoch fast alle Bereiche der Ökonomie in ausländischen Händen – illegal oftmals im Bereich der Rohstoffexporte, der aber durch Zertifizierungen zunehmend legalisiert werden wird. Aber auch der Lebensmittelsektor ist in libanesischen, israelischen und chinesischen Händen. Die frühere Kolonialmacht Belgien ist eher unsichtbar präsent: im Diamantenhandel besonders, aber auch beim Import von Waren des täglichen Bedarfs und durch die in die Hunderttausende gehende belgische – durchaus doppelstaatlich organisierte – Kongogemeinde. Auch in Süd-China hat sich eine mehrere Hunderttausend zählende kongolesische Händlergemeinde gebildet, die am Klein-Import verdient. China ist außerdem durch Extraverträge aus der Nach-Mobutu-Zeit überall im Lande präsent: besonders beim Straßenbau, beim Rohstoffabbau und beim Aufbau von Telefonnetzen. Der Kongo „bezahlt" sozusagen direkt mit seinen Rohstoffen. Es wird zunehmend kritisiert, dass es sich dabei um ungerechte Verträge („contrats léonins") handelt, die neu austariert werden sollten.

Die Gastfreundschaft im Kongo ist wirklich bewundernswert, wenn auch manchmal allzu leicht verknüpft mit unrealistischen Erwartungen an europäische Gutwilligkeit und Hilfe.

Möge das Land Ruhe und Klarheit zum Aufbau aufgrund des eigenen Reichtums finden! Dabei mitzuhelfen ist lohnenswert – und ansteckend wie die dortige Musik.

Siebtes Kapitel
Poker um Neuwahlen
seit Dezember 2016 bis 2019

1.
ZUR AKTUELLEN LAGE
VOR GEPLANTEN NEUWAHLEN AM 23.12.2018

Francois Misser / Thomas Seiterich:

Demo nach der Sonntagmesse.
Für faire Wahlen, Regimewechsel und Menschenrechte:
Die katholische Kirche unterstützt den
gewaltfreien Aufstand im Kongo.

[Nachdruck mit freundlicher Genehmigung
der Autoren aus Publik-Forum Nr. 14 / 27.7.2018]

Politische Krise im Kongo – und die Kirche im gewaltfreien Widerstand, als Oppositionsbewegung für Demokratie: Die verfassungsmäßige Amtszeit des Präsidenen endete an Silvester 2017. Trotzdem herrscht Joseph Kabila weiter als Präsident des größten und an seltenen Bodenschätzen reichsten Landes in Afrika. Zweimal bereits verschob er die Wahlen. Gegen das Gewaltregime Kabilas protestiert die katholische Kirche. Sie ist mächtig, vor Ort die gewichtigste Gegenspielerin der Regierung, wenn es um Bürger-und Menschenrechte geht. Einzig die Kirche verfügt in dem unwegsamen, über 2,3 Quadratkilometer großen Land der Ströme, Regenwälder und Savannen über ein verlässliches Netzwerk von aktiven Gemeinden, das in das gesamte Gebiet der DR Kongo reicht.

Die katholischen Bischöfe hatten als ehrliche Makler mit der Regierung einen Fahrplan für faire Wahlen bis Ende 2017 ausgehandelt. Nun fühlen sie sich von Kabila, der seit 17 Jahren amtiert, betrogen.

In der Protestbewegung für faire Wahlen übernahm der *Verband katholischer Laien CLC* die Führung. Denn vier Jahre lang, von 2010 bis 2014, hatten Margret Voß und ihr Mann Reinhard Voß, der ehemalige Generalsekretär von *Pax Christi* in Deutschland, die führenden Frauen und Männer in der katholischen Kirche des Kongo in gewaltfreiem Widerstand und Konfliktverhalten geschult. „Auf Einladung der Bischofskonferenz", erzählt Reinhard Voß: „Im Lauf der vier Jahre gelangten wir, trotz schier unüberwindlicher Reiseschwierigkeiten in 26 der insgesamt 47 kongolesischen Bistümer. Wir haben in Ein-Wochen-Kursen vor Ort die führenden Laien, Ordensfrauen und Geistlichen in gewaltfreier Aktion geschult." Das seien „höchst praktische Kurse" gewesen, ein intensives Miteinander, „in dem die Teilnehmenden lernten, sich der bewaffneten Macht entgegenzustellen und Konflikte selbstbewusst zu bestehen."

[… Dann] schickte Papst Franziskus im Juli einen Vertrauten, Erzbischof Ettore Balestrero, nach Kinshasa. Der Auftrag für den 51-Jährigen Nuntius, der als eine Spitzenkraft unter den Papstdiplomaten gilt: Stärkung der Kirche und der Menschenrechtsbewegung. Nach der Sonntagsmesse schwenken vielerorts im Kongo Demonstranten Banner mit der Aufschrift: „Wir, die engagierten Christen, fordern faire Wahlen." Zehntausende Nichtkatholiken demonstrierten mit, darunter viele oppositionelle Protestanten, Freikirchler sowie Gläubige der charismatischen Kimbanguistenkirche, die 1921 im Protest gegen den kolonialen Rassismus entstand.

Anders agiert der Führer der traditionsreichen, evangelischen *Église du Christ au Congo (ECC)* Pierre Marini Bodho. Der Bischof wirkt seit vielen Jahren als Politiker, Senator und Hofkaplan für Präsident Kabila.[1]

Die säkulare Opposition im Kongo kriselt. Infolgedessen rutscht die Kirche mehr oder weniger unwillentlich in die Rolle

---

[1] [Anm. RV: Sein Nachfolger und dessen Kirchenleitung haben sich mittlerweile kritischer geäußert. →Dokument vom 23.2.2018.]

der Oppositionsführerin. Doch es gibt viele Probleme, denn mehr als faire Wahlen und den Respekt vor der Verfassung sowie Einhalt der Bürger- und Menschenrechte hat die Kirche nicht im Programm. Sie kann inhaltlich eine handlungsfähige Opposition nicht ersetzen. Doch die säkularen Oppositionellen spalten sich aktuell in rund 600 Miniparteien. Ihre Aufrufe zum Generalstreik scheiterten kläglich.

Ein Netz, unabhängig vom Staat

Mehr als die Hälfte der Kongolesen zählt sich zur katholischen Kirche. Deren Stärke rührt daher, dass sie dank ihrer Pfarreien, Gemeindearbeit, Basisgemeinden und Laienbewegung unabhängig agiert und das Vertrauen der Bevölkerung genießt.

Die Bischofskonferenz und ihre „Kommission für Gerechtigkeit und Frieden" kritisieren auch die Plünderung von Rohstoffen, die Knebelverträge im Bergbau und die Umweltverbrechen. Fulgence Muteba, Bischof von Kilwa Kasenga in der Provinz Katanga, verurteilt den Schmuggel von Rosenholz, an dem die Präsidentenfamilien mitverdient. Dabei beruft er sich auf die Öko-Enzyklika *Laudato si* von Papst Franziskus: „Die Erde verletzen heißt, sich gegen sich selbst versündigen."

Bereits 2011 wiesen die Wahlbeobachter der Bischofskonferenz öffentlich nach, dass die damalige Wiederwahl von Staatschef Kabila manipuliert war. Solche Aktionen zeugen von der Unabhängigkeit der Kirche. Diese Tradition bricht mit den üblen Traditionen des kolonialbelgischen Katholizismus vor 1960 im Kongo."

[…] [*Die Ausführungen zur Geschichte von Kirche und Staat seit 1960 werden hier übersprungen, da sie in diesem Buch mehrfach an anderer Stelle behandelt werden. RV*]

Da der Staat [ab den frühen 90er Jahren, RV] in der Daseinsvorsorgung völlig ausfiel, sprangen die Gemeinden in die Bresche. Die Kirchen waren damals wie in späteren Kriegszeiten die einzige Institution, die in der Gesellschaft Aufgaben übernahm, aus denen der Staat sich völlig verabschiedet hatte. Sie organisierte Schulen, Krankenstationen und die Spitäler. Nach dem Crash der Banken gründete die Kirche Sparkassen. Theologisch jedoch war die Kirche nicht stets eine folgsame Tochter Roms. Sie beanspruchte ihre eigene, afrikanische Identität, etwa indem sie das Ritual der getanzten Messe entwickelte. Rom hat den kongolesischen Messritus schließlich 1986 offiziell anerkannt.

Kongos Bischöfe bei Merkel

Und heute? Die Kirche praktiziert den Widerstand. Die Gewalttaten des Regimes gegen Ordensfrauen, Priester und Katecheten sorgen in der Weltkirche für eine Welle der Solidarität. Doch außer bei Pax Christi ist in Deutschland vom Kampf der Christen im Kongo nicht viel die Rede. Das verwundert. Bereits 2015 hatte eine Delegation der kongolesischen Bischofskonferenz die Bundeskanzlerin besucht mit dem Anliegen, Deutschland und die EU sollten sich mehr einsetzen für die Demokratie und Bürgerrechte im Kongo.

In der praktischen Alltagstheologie der kongolesischen Christen gleicht Staatschef Kabila dem biblischen „Mordherrscher" Herodes oder dem Pharao, der das Volk daran hindert, ins gelobte Land der Demokratie einzuziehen. Diese Analogien mögen überzeichnet sein, doch wenn sie von Millionen im Kongo als Realität wahrgenommen werden, werden sie lebendig und „machen" Politik.

*

[Vgl. jetzt auch einen weiteren Beitrag, der während der Drucklegung dieses Buches in Publik-Forum erschienen ist und die klare Kritik der Bischofskonferenz an den jüngsten Wahlfälschungen erhellt:

THOMAS SEITERICH: Ein fauler Pakt im Herzen Afrikas – Die katholische Kirche im Kongo bemühte sich mit allen Kräften um faire Wahlen. Doch jetzt droht Chaos. In: Publik-Forum Nr. 2 vom 25.1.2019, S. 36-37.]

REPRÄSENTATIVE UMFRAGE IM KONGO VOM OKTOBER 2018
Nachtrag des Autors (RV)], Anfang Dezember 2018

Eine repräsentative Umfrage des Instituts BERCI und der *Groupe d´Étude sur le Congo* vom 29.9. - 15.10.2018 bei 1.179 Personen aus den 26 Provinzen des Landes ergab diese Tendenz:

Félix Antoine TSHISEKEDI	36%	
Vital KAMERHE	17%	
Emmanuel RAMAZANI Shadary	16%	(Kabilas Vorschlag)
Martin FAYULU	8%	
Freddy MATUNGULU	5%	(beide stehen Bemba nahe)

Die beiden aussichtsreichsten Kandidaten sind nicht dabei, denn: Jean-Pierre BEMBA wurde zwar vom Internationalen Strafgerichtshof frei-, aber im Kongo nicht zur Wahl zugelassen; Moise KATUMBI aus Lubumbashi wurde Mitte 2018 bei seiner versuchten Rückkehr aus dem Exil nicht ins Land gelassen![2]

Kommentar von *Afrikarabia*: „Die Zahlen sind grausam für die Machthaber vor Ort." Dazu muss man wissen, dass an anderer Stelle der Umfrage nach den fünf Politikern gefragt wurde, die das größte Vertrauen des Volkes hätten, wobei Kabila weit hinten landete!

Moise KATUMBI	80%	
Jean-Pierre BEMBA	77%	
Félix TSHISEKEDI	76%	
Ebe BAZAIBA	75%	
Vital KAMERHE	72%	
Joseph KABILA	22%	(d.h. 78% mit schlechter Meinung zu ihm!)

---

[2] Laut: afrikarabia.com/wordpress/ – Zugriff am 6.11.2018.

2.
DIE GROßEN LINIEN DES ENGAGEMENTS
DER KATHOLISCHEN KIRCHE IM KONGO
FÜR GERECHTIGKEIT, FRIEDEN UND VERSÖHNUNG

Vortrag beim Katholikentag in Münster (12.5.2018)

Père Clément MAKIOBO,
Direktor der Bischöflichen Kommission Gerechtigkeit und Frieden
(„Justice et Paix") bei der Katholischen Bischofskonferenz (CENCO)
in Kinshasa, DR Kongo.

Nach ihrer Gründung durch die westlichen Missionare hat sich die katholische Kirche im belgischen Kongo am Vorabend der Unabhängigkeit dadurch einen Namen gemacht, dass sie die Elite vorbereitete und die Bestrebungen des kongolesischen Volkes nach Autonomie und nationaler Unabhängigkeit begleitete.

Nach der Unabhängigkeit des Kongo 1960 fiel sie – neben der Fortsetzung ihres traditionellen Engagements in den Bereichen der Erziehung, der menschlichen Bildung, der Entwicklungs- und Gesundheitsdienste – besonders auf durch die Betreuung des Volkes während der Rebellion wegen Kardinal Malulas Verfolgung (in den 70er Jahren), die manche ihrer Mitglieder bis zum Martyrium führte. Die 90er Jahre sind dann geprägt durch die Umwälzungen geostrategischer Art, besonders sichtbar am Fall der Berliner Mauer und im Wachsen der Demokratie in Afrika. In großer Sorge wegen dem Ausbruch der Rebellion im Osten des Landes im Oktober 1996, positionierte sich die katholische Kirche mit einem klaren „Nein zum Krieg, Ja zu Frieden und Gerechtigkeit", denn für sie löst sich kein Problem durch Gewalt, im Gegenteil; sie erhöht nur das Leiden und Elend der Ärmsten.

Die verschiedenen Aufrufe der Bischöfe der RD Kongo zeigen in klarer Form ihre Überzeugungen, nämlich: Ja zum Frieden, Ja zur nationalen Einheit, Ja zum Respekt vor dem Leben und der Würde der menschlichen Person – geschaffen als Abbild Gottes,

Ja zur nationalen Versöhnung, Ja zum Rechtsstaat durch freie, transparente und demokratische Wahlen, Ja zum nationalen Wiederaufbau, und Ja zu den demokratischen, moralischen und spirituellen Werten, die den Wert zivilisierter Nationen kennzeichnen.

Mehr noch: die Bischöfe beharren darauf zu sagen: Nein zur Balkanisierung [d. h. zur Aufspaltung; d. Übers.] des Landes, Nein zur Gewalt, Nein zu den Plünderungen der Rohstoffe des Landes, Nein zu den „Anti-Werten"! Um diese Option für Frieden und gegen Krieg weiter zu konkretisieren, hat die katholische Kirche im Kongo durch die Vermittlung ihrer Bischöflichen Kommission Gerechtigkeit und Frieden (seit 2006) ein Programm namens *„Friedens-Aufbau"* begründet. Und im Rahmen dieses Programmes gibt es seit Dezember 2013 eine Kampagne namens „Friede den Großen Seen". Diese hat in Partnerschaft mit der Anglikanischen Kirche im Kongo, in Ruanda und Burundi das Ziel, positive Alternativen zum Frieden in der Region der Großen Seen vorzuschlagen.

In der Tat – bei aller Freude über diese gemeinsame Anstrengung in jedem Land der Große Seen-Region, erkennen die Leiter dieser beiden Glaubensgemeinschaften an, dass ein Schweigen der Waffen oder ein nach langen Verhandlungen erreichter Friede noch nicht ausreichen, um für die Völker einen dauerhaften Frieden zu verankern. Die Festigung der im Bereich Frieden erreichten Ergebnisse bedeutet ergänzend ebenso: die Heilung der verletzten Herzen, die Wiederannäherung der Gemeinschaften, eine Kultur der erbetenen, gegebenen und erhaltenen Verzeihung, und deren Einwurzelung in Sitten und Gebräuchen auf Ebene von Gemeinschaften und Institutionen.

Eine weitere Achse des Engagements der katholischen Kirche in der DR Kongo ist der Bereich der Bürger- und Wahl-Erziehung. Nach der das Land erschütternden Phase der Kriege von 1996 bis 2003 hat der kongolesische Episkopat aus Sorge um den friedlichen Aufbau des Rechtsstaates das Prinzip der staatsbürgerlichen Aufklärung als grund-legende Option zur Begleitung des Volkes in Richtung demokratischer Wahlen eingeführt.

Um diese Option zu verankern, lancierte die katholische Kirche ein umfassendes Programm zur Staatsbürgerlichen und Wahl-Aufklärung während der erste freien Wahlen 2006, und danach bei den Wahlen von 2011 zusätzlich noch eine der wichtigsten Wahlbeobachtungs-Missionen des Landes. Gemäß der Verfassung der DR Kongo wird der Präsident der Republik durch allgemeines Wahlrecht für ein Mandat von 5 Jahren gewählt, das einmal erneuert werden darf. So hätte also der amtierende Präsident im Dezember 2016 Wahlen für einen friedlichen Übergang organisieren müssen. Seit Anfang 2016 begannen sich die Gemüter der kongolesischen Bürger zu erhitzen, weil der bisherige Präsident keinerlei Garantie gab, die Macht abzugeben. Somit ist das Land seither eingetreten in die Periode einer schweren politischen Krise, mit friedlichen Demonstrationen, die aber brutal von den Ordnungskräften unterdrückt wurden.

Unter dem Druck der Straße und der Internationalen Gemeinschaft versuchte Präsident Kabila nun die Krise zu beherrschen, indem er zu einem nationalen Dialog aufrief, unter Moderation eines früheren Gemeralsekretärs der Afrikanischen Union, Eden Kodjo. Dieser von einer großen Mehrheit der politischen Opposition boykottierte Dialog schaffte es mangels Konsenses nicht, die Krise zu lösen.

Während dieser gesamten Krisenzeit hielt die katholische Kirche informelle Konsultationen ab, um so die präsidentielle Mehrheit und die Opposition an einen Tisch zu bekommen und so das Land aus einer Krise zu führen, die in der Gefahr stand zu implodieren. In diesem Kontext bittet dann Anfang Dezember 2016 der Präsident der Republik die Katholische Bischofskonferenz/CENCO offiziell um eine Mission guter Dienste zur friedlichen Krisenlösung.

Nach mehreren Wochen mit Hintergrundgesprächen zwischen den Delegierten der Präsidentenmehrheit, der Opposition und der Zivilgesellschaft unter derMediation der CENCO, wird ein politischer Kompromiss in der Nacht des 31. Dezember 2016 am Sitz der kongolesischen Bischofskonferenz unterzeichnet. Dieser umfassende und inklusive politische Vertrag hat damals viel Hoffnung für die Kongolesen geweckt, denn er zielte darauf ab, den republikanischen Pakt zu schließen und einen dauerhaften Frieden zu schaffen. – Die wesentlichen Punkte dieses politischen Kompromisses waren die folgenden:

- Keinen Wechsel und keine Veränderung der Verfassung während des Übergangsprozesses;
- Der amtierende Präsident der Republik darf kein drittes Mandat anstreben;
- Während der Übergangszeit darf kein Referendum abgehalten werden;
- Die Wahlen zur Präsidentschaft, zum Nationalparlament und zu den Regionalparlamenten werden in einem Zuge organisiert;
- Folgende Maßnahmen zur politischen Beruhigung sollen ergriffen werden: Befreiung der politischen und der Gesinnungs-Gefangenen; Rückkehr der Exilanten und politischen Flüchtlinge, Stopp der ungerechtfertigten juristischen Anklagen gegen mehrere Oppositionsmitglieder.

Leider sind eineinhalb Jahre nach der Unterzeichnng des Vertrages mehrere Empfehlungen ohne Umsetzung geblieben, und das Land treibt immer mehr in eine politische Krise mit ihren wirtschaftlichen, sozialen und humanitären Folgen. Getreu ihrer Versöhnungsmission, erinnert die Kirche des Kongo weiter an die Notwendigkeit, gemeinsam eine bessere Gesellschaft für alle aufzubauen, eine Gesellschaft, die beruht:

- auf der Pflicht der Bürger, an der Zukunftsentwicklung des Landes teilzunehmen;
- auf der rechtmäßigen Wahrnehmung der Rechte und Aufgaben derer, die für das öffentliche Wohl verantwortlich sind;
- auf der gerechten Verteilung von Gütern und Verantwortlichkeiten;
- auf der Solidarität zwischen den verschiedenen Provinzen des Landes.

In der Tat unbestreitbar ist eine der größten Herausforderungen die Situation von Armut und Prekarität, in der die Bevölkerung lebt. Diese Armut wird verstärkt durch die laufenden bewaffneten Konflikte, durch die massive Vertreibung der Bevölkerungen, durch die Präsenz bewaffneter Grupen vor allem im Osten des Landes, durch die immer größere Korruption und das schlechte Management der öffentlichen Angelegenheiten. Angesichts dieser verzweifelten Situation bietet die Kirche des Kongo ihren bescheidenen Beitrag mit mehr als 40% der Gesundheits- und Pflegedienste im ganzen Land, und in der Begleitung lokaler Strukturen der selbständigen Entwicklung von Landwirtschaft und Ernährungssicherheit. Und seit Juni 2016 hat die CENCO offiziell die Aktivitäten ihrer Mikrofinanz-Gesellschaft IFOD gestartet („Institution Financière pour les Œuvres de Développement" = „Finanz-Institution für Entwicklungs-Aktivitäten"). Dieses Werk der Katholischen Kirche des Kongo hat die Aufgabe, Bankdienste vor Ort anzubieten.

Zum Schluss kann man sagen, dass das Engagement der Katholischen Kirche in der DR Kongo im Bereich von Frieden, Gerechtigkeit, Versöhnung und Entwicklung eine Aufgabe und eine Verpflichtung evangeliumsgemäßer Nächstenliebe ist, die kennzeichnend ist für die pastorale Aktion des kongolesischen Episkopats. In jeder wichtigen Phase des nationalen Lebens intervenieren die Bischöfe zugunsten des Volkes Gottes, deren Hoffnungen, Freuden und Leiden sie teilen. [Eine Anspielung auf das Konzilsdokument „Gaudium et Spes", D. Übers.] Durch zahlreiche Erklärungen, Predigten und Pastoralbriefe klagen sie die Situationen von Ungerechtigkeit und auch die politischen Abwege an und empfehlen die Entfaltung einen neuen Kongo, der auf Geschwisterlichkiet, Frieden, friedlicher Lösung von Konflikten und Entwicklung für alle beruht.

Père Clément MAKIOBO[3], Secrétaire Exécutif de la Commission Episcopale Justice et Paix / CENCO

---

[3] Vgl. zu Père Makiobo das Foto auf →Seite 293.

3.
HINTERGRUND-ANALYSE
ZUM DAUERKONFLIKT IN DER DR KONGO

Positionspapier der pax christi-Kommission
„Solidarität mit Zentralafrika", Mai 2018:
Antikolonialismus in der Endlosschleife: Abgründe
des machtpolitischen Zynismus in der DR Kongo[4]

Humanitäre Katastrophe im Kivu, Hungersnot im Kasai? Einer der vielen Krisenherde in Afrika, ein wenig humanitäre Hilfe zusammengepackt und schon fühlen wir uns wieder besser dabei. Zumal die Regierung der Demokratischen Republik Kongo auch noch sagt, die humanitäre Krise sei nur ein Gerücht. Wie bitte? Da findet eine Geberkonferenz für die DR Kongo in Genf statt, und die kongolesische Regierung geht nicht hin. Angesichts dessen fallen die Geberzusagen noch niedriger aus als erwartet: Für lediglich 430 Millionen Euro von den als dringendste Hilfe veranschlagten 1,4 Milliarden Euro liegen Zusagen vor. Deutschland sagte gerade mal 20 Millionen für die kommenden drei Jahre zu.

Unterschiedlicher könnten die Narrative nicht sein: Der UN-Nothilfekoordinator Mark Lowcock spricht von 13 Millionen Notleidenden, von zwei Millionen unterernährten Kindern, 4,5 Millionen internen Vertriebenen. Die Regierung der DR Kongo dagegen sieht hier einen raffinierten Versuch neokolonialistischer Einmischung unter Missachtung der nationalen Souveränität. Staatspräsident Kabila reagiert immer empfindlicher auf Kritik von außen, in der er einen Komplott gegen die Nation sieht und bedient sich dabei gewohnheitsmäßig im Fundus der gängigen Floskeln antikolonialistischer Rhetorik. Kongos Außenminister Léonard She Okitundu drohte sogar, humanitären Organisationen die Arbeitserlaubnis zu entziehen, die weiter humanitäre Hilfe aus Belgien annehmen. Diese rabiate Drohung soll vor al-

---

[4] Das Dokument ist zugänglich auf der Homepage der Deutschen Sektion von pax christi: www.paxchristi.de

lem das UN-Flüchtlingshilfswerk (UNHCR) und das UN-Welternährungsprogramm (WFP) einschüchtern, über die ein Großteil der Hilfe verteilt wird. Die DR Kongo hatte 1961 die Unabhängigkeit von der belgischen Kolonialmacht errungen.

1,4 Milliarden Euro an humanitärer Hilfe – ohnehin ein Minimum, um die Hungerkatastrophe im Kasai und die Nahrungsmittelknappheit vor allem der Vertriebenen in immer mehr Regionen des großen Landes abzumildern. Man bedenke jedoch: Es geht um Nothilfe, um Leben und Tod von ungezählten Menschen, denen übrigens nicht nur das Recht auf Nahrung verweigert wird, sondern auch auf Bildung und auf politische Mitsprache. Warum versuchen die eigentlich nicht als Asylanten über das Mittelmeer nach Europa zu kommen? Vermutlich, weil sie zu arm und zu perspektivlos sind.

Seit dem Ende des zweiten Kongokriegs Anfang der 2000er Jahre gab es keinen wirklichen Frieden, aber die Intensität der komplexen gewaltsamen Konflikte hat jüngst wieder deutlich zugenommen. Die Ordnungsfunktion des Staates ist in vielen Regionen gleich null. Schlimmer noch: Die offizielle Armee (FARDC) agiert in vielen Regionen nicht anders als die Milizen der warlords, die das Land unsicher machen.

In der Zeit des sogenannten Kongo-Freistaats 1885-1908 – ein Produkt der Berliner Afrika-Konferenz von 1885 – kam rund die Hälfte der damaligen Bevölkerung der Kolonie ums Leben. Dabei spielte neben dem Freihandel ein menschenrechtliches Motiv eine wichtige Rolle bei der Herrschaftslegitimation des belgischen Königs Leopold II, nämlich die Bekämpfung der arabischen Sklavenhändler. Nach der Unabhängigkeit 1961 baute sich Mubutu Sese-Seko, mit Unterstützung seiner westlichen Verbündeten, ein brutales System der obrigkeitsstaatlichen Wertabschöpfung auf, während er nach außen die kulturelle, soziale und ökonomische „Afrikanisierung" zum Programm erhob. Im 21. Jahrhundert betrachtet nun ganz ähnlich Joseph Kabila das Land praktisch als sein Privateigentum, das er nach Belieben und am Parlament vorbei beherrschen und ausbeuten kann. Dabei bedient er sich antikolonialer Floskeln und der Rhetorik der nationalen Souveränität. Ob es eine Hungerkatastrophe im Kasai gibt oder nicht – das will der Präsident selbst bestimmen. Am Anfang seiner Regierungszeit hatte er noch von den „fünf Baustellen" gesprochen, die er als Präsident bearbeiten wollte – Infrastruktur, Wasser und Elektrizität, Bildung, Arbeit und Gesundheit. Das konnte zur Not vielleicht als politisches Programm durchgehen – 2006 war die westliche Welt sogar ein wenig auf seiner Seite, denn seine magere Entwicklungsphilosophie war marktfreundlich. Inzwischen macht er nur noch seine Deals – am liebsten mit chinesischen Firmen, die sich nicht sonderlich in seine Regierungsgeschäfte einmischen und deren Anteil am Ressourcengeschäft immer mehr zunimmt. Und während kirchliche und nichtkirchliche Hilfswerke Schulen, Gesundheitszentren und sogar Straßen bauen, bereichert sich nebenbei die Familie Kabila hemmungslos und ohne die geringsten Anzeichen von Gewissensbissen am Staat.

Gleichzeitig wird die Schraube der politischen Repression weiter angezogen. Polizei und republikanische Garde knüppeln Demonstrationen nieder, schießen mit scharfer Munition, von der Regierungspartei aufgestachelte Banden plündern sogar Kirchen – in einem durchsichtigen Versuch, die katholische Kirche einzuschüchtern. Die katholische Bischofskonferenz CENCO hat schon zu Zeiten Mobutus gelernt, Distanz zum Staatsapparat zu wahren. Mobutu war eine starke Persönlichkeit mit Prinzipien. Sein Apparat gehorchte ihm aufs Wort. Kabila dagegen ist mehr eine Marionette des Machtapparats inmitten von nichtfunktionierenden staatlichen Institutionen. Ein Macher ist er jedenfalls nicht. Auch kein Visionär. Ein Stratege sowieso nicht. Man sagt, er sei drogensüchtig. Den Zeitpunkt für einen einigermaßen ehrenwerten Abgang hat er jedenfalls verpasst.

Die seit 2016 mehrfach verschobenen nationalen Wahlen sind derzeit für den 23. Dezember 2018 angesagt. Die Wählerregistrierung soll sogar abgeschlossen sein. Die nationale Wahlkommission macht allerdings nicht den Eindruck, dass sie die logistischen Aufgaben im Griff hat. Der politische Willen zur Durchführung der Wahlen steht ohnehin auf tönernen Füßen. Staatspräsident Kabila kann laut Verfassung nach zwei Amtsperioden nicht mehr antreten, doch die Regierungspartei PPRD hat noch immer keinen Nachfolgekandidaten bestimmt. Von den Lokal- und Provinzwahlen, die Anfang der 2000er Jahre zum Gesamtpaket eines sich demokratisierenden Staates dazugehörten, ist ohnehin keine Rede mehr.

Währenddessen steht die DR Kongo ganz oben auf der Liste der gescheiterten Staaten ebenso wie beim Gesundheits- und Korruptionsindex. Selbst auf dem *Doing Business Index 2018* der Weltbank hält die DR Kongo Platz 182 von 190. Korruption und Unterschlagung auf allen Ebenen ist Teil des Systems.

Das Schlimmste ist die Zersplitterung der drangsalierten Opposition, die alle Zukunftsaussichten duster erscheinen lässt. Die katholische Bischofskonferenz CENCO kritisiert und mahnt die Politik, und inzwischen gehen endlich auch der protestantische Kirchenrat ECC und die islamische Gemeinschaft auf Distanz zur Regierung Kabila. Immerhin. Es herrscht aber auch ein zunehmendes Klima der Angst: Das Ende der Ära Kabila wird eine Befreiung aus jahrelanger Beklemmung sein, doch Kinshasa und der Rest des Landes haben noch die Plünderungen und das Chaos in den Knochen, das das Ende der Ära Mobutu mit sich brachte. Die Menschen wollen den Neuanfang, doch sie haben zugleich Sorge um die öffentliche Sicherheit. Und auch Kabila hat Angst, dass ihm nach dem Abgang der Prozess gemacht wird und seine Familie um die Milliarden Dollarwerte kommt, die sie in den letzten Jahren aufgehäuft hat.

Selbst wenn es Ende 2018 tatsächlich zu nationalen Wahlen kommen sollte, ist eher zweifelhaft, ob damit auch ein neuer Geist einzieht. Hoffnung liegt allein in den kritischen Geistern der Zivilgesellschaft, die überall aktiv sind, die diskutieren und analysieren, sich für Gewaltfreiheit und Menschenrechte einsetzen, innerhalb und außerhalb der Kirchen. Warum kommen diese Kräfte nicht zum Tragen? Wir freuen uns, dass die mit pax christi assoziierte Jugendbewegung LUCHA (Lutte pour le Changement) 2018 mit dem Friedenspreis des Ökumenischen

Netzes Zentralafrika (ÖNZ) ausgezeichnet wird. Wichtig ist aber, dass jetzt und sofort wirksame humanitäre Hilfe geleistet wird. Im Kasai und anderen Regionen fallen aufgrund der Kämpfe seit Jahren immer wieder die Ernten aus. Diese Krise ist nun zu einer umfassenden Hungersnot geworden, die es mit allen Mitteln zu bekämpfen gilt.

Was hat das mit uns zu tun? Die Rohstoffe des Kongo kommen direkt oder indirekt über verschlungene Wege in den Norden der Welt und finanzieren direkt oder indirekt die herrschende Kriegsökonomie. Eine Regierung, die wirklich regiert, müsste als erstes die zum Teil kaum mehr durchschaubaren Abbauverträge gründlich durchforsten und transparent machen. Die meisten der Verträge sind unter intransparenten Bedingungen zustande gekommen und für den Staat unvorteilhaft. Der sogenannte Lutundula-Bericht einer kongolesischen Parlamentskommission hatte die Dimensionen des Problems schon vor Jahren auf den Tisch gebracht, von wo aus er dann wieder in der Schublade verschwand. Ein sich langsam entwickelnder Zertifizierungsmechanismus für ausgewählte Rohstoffe, angestoßen vom deutschen Entwicklungsministerium und der Bundesanstalt für Geowissenschaften, hat in den letzten Jahren von außen einen Versuch gestartet, Modelle für gerechte Rohstoffgewinnung zu entwerfen.

Der Generalsekretär der katholischen Bischofskonferenz, Abbé Donatien Nshole, hat in einer Stellungnahme vom 13. April noch einmal die bedrückende Lage und den angstgesteuerten Aktivismus der Regierung Kabila mit unzweideutigen Worten benannt. Er mahnte darin vor allem an, dass eigentlich im Interesse des Volkes eine engere Kooperation zwischen der internationalen Gemeinschaft und der Regierung der DR Kongo wünschbar ist. Die Regierung gefällt sich jedoch darin, mit weitgehend symbolischen Akten wie der Schließung des Schengen-Hauses in Kinshasa Souveränität zu markieren. Dass mit dieser Schließung die Visa-Vergabe unter anderem für kongolesische Bürger, die nach Deutschland reisen wollen, einstweilen verunmöglicht wird, rührt diesen Vorgang nicht an.

Vielleicht sind Kabila und Co Symptome einer zu Ende ge-
henden Epoche. Die Freiheitskämpfer und erste Generation der
postkolonialen Politiker und Staatsführer in Afrika hatten hoff-
nungsvolle Visionäre hervorgebracht, die eine afrikanische Modernisierung vor Augen hatten – dazu gehörten Julius Nyerere,
Patrice Lumumba, Thomas Sankara und andere. Unter Robert
Mugabe, Jacob Zuma und Joseph Kabila sind die Bausteine post-
kolonialer Rhetorik zu substanzlosen Floskeln von sich in Selbst-
bereicherungs-Mechanismen verwickelnden Eliten verkommen.

Die moralischen Autoritäten der letzten 20 Jahre in Afrika wie
Nelson Mandela und Desmond Tutu haben vor dem dahinter-
steckenden Narzissmus gewarnt und stattdessen an die moralischen Ressourcen afrikanischer Gesellschaften appelliert. Diese
gilt es im 21. Jahrhundert noch einmal ganz neu zu entdecken. In
der Tat sehen viele Einzelpersonen und Organisationen, vor allem im kirchlichen Bereich, diesen dringenden Bedarf eines radikalen Neuaufbruchs, ohne dass deren Einsatz zum Tragen
kommt. Dabei geht es darum, gemeinschaftsbildende und kon-
flikttransformierende Kräfte noch einmal für ein neues und de-
mokratisches Staatswesen wirksam werden zu lassen. Die katholische Kirche, ob sie es will oder nicht, spielt dabei als der wichtigste zivilgesellschaftliche Akteur in der DR Kongo ebenso wie
in anderen Ländern in Subsahara-Afrika eine zentrale Rolle. In
allen ihren Formen – als Hierarchie, als Kommissionen Justitia et
Pax, die es hier auch auf Diözesan- und teilweise sogar auf Ge-
meindeebene gibt, als betende und hoffende Gemeinschaft der
Christen.

Anhang I

Dokumente der CENCO von 2011 bis 2015

(vom Autor ausgewählt
und übersetzt)

Übersicht

- **9.08.2011:** „Für friedliche Wahlen in der DR Kongo" – Appell der Leiter der Religiösen Konfessionen. Nachfolgend dazu: CENCO-Einladung *und* Notiz zur Pressekonferenz bei der Zeremonie zur offiziellen Bekanntgabe des Appells.
- **12.1.2012:** „Das kongolesische Volk hat Hunger und Durst nach Gerechtigkeit und Frieden." – Der Mut zur Wahrheit (vgl. 2 Kor 7,14) – Botschaft der Kongolesischen Bischofskonferenz.
- **13.09.2012:** Päpstlicher Rat „Justitia et Pax": Panafrikanische Konferenz über „Caritas in Veritate". Abschlusserklärung: Afrika – „Hab Vertrauen! Steh auf, ER ruft dich!" (Mk. 10,49). Die aktuellen Herausforderungen Afrikas im Lichte der kirchlichen Soziallehre. [*Nachfolgend:* vorherige Pressemeldung und Schluss-Botschaft der Teilnehmenden.]
- **5.12.2012:** „Kongelesisches Volk, erhebe dich und rette dein Vaterland!" – Botschaft des Ständigen Komitees der CENCO zur Sicherheitssituation unseres Landes.
- **März 2013:** Memorandum der CENCO an den Präsidenten der Republik zur aktuellen Situation der Nation.
- **3.03.2014:** Communiqué des Ständigen Rates der Nationalen Bischofskonferenz des Kongo (CENCO) zum Wahlzyklus 2013-2016.
- **20.01.2015:** Botschaft Seiner Eminenz Kardinal MONSENGWO PASINYA über die im Land herrschende dramatische Situation.

Zwei ältere Dokumente zu 2011 –
außerhalb dieser Erklärungen der CENCO:

- **29.06.2011:** Predigt von Kardinal Laurent Monsengwo (Kinshasa) aus Anlass des 51. Jahrestages der Unabhängigkeit.
- **Januar 2012:** Resümee von Reinhard J. Voß: Es bleibt ein klammes Gefühl. Rückblick auf die Präsidentschafts- und Parlamentswahlen in der DR Kongo am 28. November 2011.

9. August 2011

FÜR FRIEDLICHE WAHLEN IN DER DR KONGO
Appell der Leiter der Religiösen Konfessionen[1]

Präambel

Wir, die Leiter der Religiösen Gemeinschaften, berufen, Euch im Glauben zu führen und euer Bewusstsein zu schärfen, legen euch, kongolesische Brüder und Schwestern, einen Appell vor, der sich lebhaft, pathetisch und feierlich für friedliche Wahlen in unserem Land, der DR Kongo einsetzt.

Unser Schritt gilt dem Frieden, der Brüderlichkeit, dem Dienst und der Liebe. Gott hat uns die gute Botschaft des Friedens in passenden und unpassenden Zeiten anvertraut, an allen Orten und zu jeder Zeit, was auch die Umstände sein mögen, und auch allen Menschen, gleich welchen Ranges und Namens. Wir würden unserer Berufung als Botschafter des Friedens, ein anderer Name für Entwicklung, nicht gerecht werden, wenn wir in diesem Moment schwiegen.

In uns Leitern der Religiösen Gemeinschaften erkennt Ihr Euch wieder, und zweifelsohne erwartet Ihr von uns die Weisheit Salomons, um für die Zukunft unseres Landes die „Rolle eines objektiven Anrufers der Gewissen ohne Schmeichelei und Parteinahme" einzunehmen. Unser Schweigen wäre Komplizentum, und dieses Komplizentum wäre eine Katastrophe für unser Land. Hierher rührt die tiefste Begründung unseres Appells.

I. Der Grund unseres Appells

In den kommenden Tagen und Monaten sind wir aufgerufen, unsere Vertreter auf den verschiedenen Ebenen der Führung der öffentlichen Angelegenheiten zu wählen. *Als Organisation der*

---

[1] Übersetzung aus dem französischen Original: Dr. Reinhard J. Voß, Berater der kongolesischen Bischofskommission Justitia et Pax. Original (Hervorhebungen sind beibehalten): www.cenco.cd

„Religiösen Gemeinschaften" haben wir trotz unserer individuellen Präferenzen nicht Positionen zu beziehen für diese oder jene politische Partei, noch Ratschläge für oder gegen diesen oder jenen Kandidaten zu geben – außer natürlich bei schweren Angriffen auf die Moral, auf die Würde des Menschen und gegenüber unseren religiösen Überzeugungen.

Die Rückmeldungen, die wir aus dem Landesinneren erhalten, die verschiedenen Botschaften aus den Büros der politischen Parteien und die turbulenten Demonstrationen der letze Tage *lassen uns fürchten, dass es eher gewaltsame Wahlauseinandersetzungen als einen friedlichen Wahlprozess geben könnte.* Ähnliche und unglückliche Beispiele aus einigen afrikanischen Ländern sind für uns Alarmzeichen, die man absolut ernst nehmen muss. Wir haben die Aufgabe, dafür zu sorgen, dass sich das, was sich nicht weit von uns abspielte, bei uns nicht wiederholt. Die DR Kongo kann sich nicht sicher fühlen vor solchem Abrutschen; sie ist nicht sicher vor Unruhen, die als Ergebnis nur die Zerstörung der Infrastruktur und den Verlust von Menschenleben haben, der Familien und die ganze Nation in Trauer stürzt. *Deshalb melden wir uns gemeinsam zu Wort, um unserer gemeinsamen Geschichte alle diese unglücklichen Wahl- und Nach-Wahl-Situationen zu ersparen, die auf längere Sicht niemandem nützen, nicht einmal denen, die sie verursachen.* Sie führen im Gegenteil zu einer Spirale der Gewalt, aus der man nicht mehr heraus zu kommen weiß. Für unser Land, das nicht wenige Schandtaten und wiederholte Kriege erlebt hat, die alle sofort seine Entwicklung verzögert haben, können wir nur wünschen, um nicht zu sagen: fordern: Weisheit, Verständnis und Verständigung, Zurückhaltung und Toleranz. Das friedliche Klima der Wahlen hängt grundsätzlich von der Art und Weise ab, wie wir uns gegenüber unseren politischen Gegnern verhalten und agieren. Genau deshalb appellieren wir an das Gewissen jedes Einzelnen mit diesen Empfehlungen.

II. Unsere Empfehlungen

In der Verantwortung vor Gott und den Menschen für friedliche Wahlen, geben wir mit Herz und Seele allen Kongolesen, unseren Mitbürgern, die unsere Brüder und Schwestern im Glauben sind, Empfehlungen, indem wir appellieren an ihre Weisheit und ihren Patriotismus, Haltungen einzunehmen, die in unserem Land friedliche Wahlen garantieren, die es befrieden.

➢ *AN DIE FÜHRER DER POLITISCHEN PARTEIEN*

1. den demokratischen Werten verpflichtet sein
Die Demokratie ruht auf dem Respekt von Rechten und Pflichten. Daher *braucht sie mehr als alle anderen Regierungsformen die Tugend.* Sie wird getragen von einer Verfassung – dem Grundgesetz – und von Texten, die für alle gelten, d.h. von überpersönlichen rechtlichen Regeln, die die Gleichheit aller vor dem Gesetz garantieren. Niemand, welchen Ranges oder welcher sozialen Stellung auch immer, steht über dem Gesetz. Das Gesetz ist gegen alle anwendbar. Kann man denn vorgeben, die Gesetze des Landes im künftigen Amt zu respektieren, wenn man sie während der Wahlkampagne immer mit Füßen getreten hat?

Den demokratischen Werten verpflichtet sein, heißt also: den Pluralismus und die Regeln zu achten, besonders die Verfassung und die geltenden Gesetzestexte. Es bedeutet auch, ein gewisses *Vertrauen* in die Institutionen des Landes zu haben, ein Vertrauen, ohne das alles ständig in Frage gestellt zu sein scheint. *Das heißt also, dass die Justiz mit aller Härte einschreiten muss – wenn die Kandidaten sich über den Kodex guten Verhaltens lustig machen oder wenn sie von politischen Freiheiten reden und dabei Gesetze brechen –, um die Gesetze der Republik, die Rechte und Pflichten jedes Einzelnen respektieren zu helfen.* Die Beständigkeit und Sinnhaftigkeit des Kampfes gegen die Korruption in all ihren Formen findet genau hier ihren Platz. Es entsteht in der Tat Misstrauen durch die Korruption, wenn auf die eine oder andere Weise Wahlergebnisse gefälscht werden. *Für friedliche Wahlen ist es sehr wichtig, gegen die Straflosigkeit zu kämpfen, die auf ihre Art die Konflikte aufrechterhält.*

Wenn dies nicht geschieht, werden die geschädigten Kandidaten sich durch Gewalt Recht zu verschaffen suchen, statt vor Gericht zu ziehen, um dort die Wahlstreitigkeiten zu lösen. Auf jeden Fall, wie es auch sei, *rufen wir zur Zurückhaltung und Selbstbeherrschung auf, die jeden Staatsmann auszeichnen muss.*

Sich verbieten, mit dem Feuer der Spaltung zu spielen und sich zurückhalten, um die Infernos der Gewalt nicht zu schüren – das sind die Haltungen, die Jeder aus Liebe zu seinem Land einnehmen muss. Vor, während und nach den Wahlen, sollten sich die Kandidaten bemühen, eine verantwortliche Haltung einzunehmen, die im öffentlichen Raum fußt auf dem *Bürgersinn*, d.h. auf dem Respekt des anderen. Dieser Bürgersinn ist untrennbar verbunden mit der *Toleranz*. Diese wiederum erkennt dem anderen das Recht zu, nicht so zu sein, zu denken und zu handeln wie man selbst; sie setzt *Gegenseitigkeit* voraus, nämlich den gegenseitigen Respekt vor den Vorlieben des anderen. *Diese Haltung schließt mit dem Ziel von friedlichen Wahlen folgendes aus: Beleidigungen, Lügen, persönliche Attacken, Intrigen, Manipulationen und alle ähnlichen Praktiken, die dazu führen, Spannungen im Land auf nationaler wie auf lokaler Ebene zu schaffen oder zu verschlimmern.*

Wenn man auch anerkennt, dass die Kandidaten eher Gegner als Feinde sind, darf man nicht aus dem Blick verlieren, dass es eine Tendenz gibt, aus ihm meinen Feind zu machen, wenn der Erfolg meines Gegners meine eigene Vernichtung zur Konsequenz hat. *Daher die Wichtigkeit der Zurückhaltung und einer Vorsicht, die auf der Einübung guter Gewohnheiten basiert und es ermöglicht, im Falle einer Wahlniederlage diese ehrenhaft und mutig anzuerkennen, und im Falle eines Sieges jeden Triumphalismus zu vermeiden. Man darf nie aus den Augen verlieren, dass unsere Haltungen, unsere Worte als Kandidatin oder Kandidat sehr wichtig und entscheidend für friedliche Wahlen sind, da sie unsere Anhänger beeinflussen, die unsere Wähler sind. Hier wird eine gewisse Bescheidenheit die Dinge regeln: nicht immer denken, dass die anderen das Monopol des Bösen und wir selbst das des Guten haben. Und ebenso niemals die Wahlniederlage von heute als endgültiges Scheitern ansehen, ohne die Hoffnung, eines Tages und bei anderen Wahlterminen Sieger zu sein.*

Wir werden umso gemäßigter sein, als unser politisches Engagement auf ein Gesellschaftsprojekt ausgerichtet ist, das unser Handeln leitet und motiviert.

2. *dem guten Leitbild entsprechen und*
    sich auf der Basis eines Gesellschaftsprojektes engagieren

Die DR Congo braucht für ihre Zukunft – und wir wollen eine strahlende Zukunft – *Männer und Frauen, die einen besonderen Sinn haben für Verantwortlichkeit und Patriotismus, Männer und Frauen von erwiesener Weisheit, von Selbstbeherrschung in jeder Prüfung und von gewachsener Zurückhaltung, die durch gerechte, d.h. transparente und glaubhafte Wahlen an die Macht kommen.*

Die Achtung der Verfassung und der bestehenden Gesetze ist ein Zeichen von Patriotismus, das Zeichen der Liebe, die man für sein Land und dessen Bewohner hat.

Deshalb *müssen die Kandidaten immer das Gemeinwohl im Blick haben, das nicht zu verwechseln ist mit der Summe der Teilinteressen, die unter sich oft im Widerspruch liegen.* Es geht darum, das Wohl der Gesellschaft als Ganzes und jedes einzelnen ihrer Mitglieder zu suchen. Die Wege und Mittel dahin sind in den Projekten der Gesellschaft und in den Programmen der Regierung enthalten – wie Weg-Pläne, die die Kandidaten der Wahlentscheidung vorlegen.

Die Leiter der religiösen Konfessionen fordern die Organisation von Wahlkampagnen auf der Basis von Gesellschaftsprojekten und nicht von Wahlgeschenken und Angeboten, die den Kauf der Überzeugungen anpeilen. Eine Wahlkampagne dieser Art hat den Vorteil, soweit wie möglich zu verhindern, dass sich die politischen und Rede-Gefechte in öffentliche Beleidigungen und eine Unkultur des Hasses verwandeln. Ein Gesellschaftsprojekt ermöglicht es, die Debatten zu verbessern und über seine Ideen zu diskutieren. Außerdem müssen die Kandidaten dem Profil der Kompetenz, Loyalität, Integrität und Moralität entsprechen. In der Tat ist es unserer Meinung nach eine Chance für ruhige Wahlen, wenn Wahlausgaben gesenkt und Geschenke begrenzt und notfalls ganz gestrichen werden.

Das kongolesische Volk muss mit Geist und Seele abstimmen, in aller Verantwortung, nach einem Vergleich und einer Evaluation der Kandidaten aufgrund ihrer Programme, für diejenigen, die ihm das beste Gesellschaftsprojekt und das beste Profil anbieten.

Aber wenn das Volk dann einmal entschieden hat, muss jeder die Größe haben, die Entscheidung der Wahlurnen zu respektieren, als Ausdruck des Willens des ersten Souveräns.

3.   *das Ergebnis des Urnenganges respektieren*

Vor den Wahlen wettet jeder auf den Sieg. Nachher wird es auf jeden Fall Sieger und Verlierer geben. Für friedliche Wahlen ist es wichtiger, dass jeder Kandidat die Zeit und feierliche Art findet, seine persönliche Zusage zur Anerkennung des Wahlergebnisses auszudrücken. Dies ist eine Form, das souveräne Volk ernst zu nehmen. Ebenso *ist es wichtig, Tatsachen und Gesten zu verbreiten, die Vertrauen schaffen, um gegen Verdächtigungen anzugehen, die die Wahlen vergiften. Diese nämlich führen zur Ablehnung oder systematischen Zurückweisung der Ergebnisse. Und so könnten sie noch so frei, demokratisch, glaubwürdig und transparent sein – sie würden dennoch aus Misstrauen in Verdacht geraten.*

Die tendenziösen und waghalsigen Ablehnungen der Wahlergebnisse sind auch der *Böswilligkeit* geschuldet. Sie entstehen nicht, weil man im tiefsten Innern die Wahlergebnisse nicht anerkennt, sondern aus dem Bedauern als Folge der Enttäuschung, die verschlungenen Ausgaben nicht wieder herein zu bekommen. Man klammert sich in der Tat beim Fehlen eines wirklichen Gesellschaftsprojektes, statt an eine Überzeugung an die Illusion einer Popularität, die die interessierten Massen durch Gaben, Geschenke, Prämien und andere Vorteile an sich binden will.

Unter Bedingungen, wo die zu einer normalen Lebensform gewordene Korruption aus dem politischen Engagement den kürzesten Weg und das ideale Mittel zur persönlichen Bereicherung macht, eher ein Ort der Ehren und Privilegien als der Dienste und Opfer, unter solchen Bedingungen wird der Respekt vor dem Wahlergebnis im Falle einer Niederlage eher erlebt als ein Wegnehmen, ein Beiseite-stellen von der Verteilung des Kuchens. Nochmals: der Kampf gegen die Korruption ist zwingend, um der der Politik ihren Ruf des Edlen zurück zu geben.

Auf jeden Fall müssen sich an das Gesetz halten, wenn der Sieg verkündet wird. Als guter Demokrat muss man sich aller subversiven Aktionen enthalten, aller illegalen oder gewaltsamen Mittel, um sich etwa der Autorität des Gesetzes zu entziehen.

Wenn es Streitfälle gibt, müssen diese auf gerichtlichem Wege gelöst werden, nach den Vorschriften des Wahlgesetzes, und in Achtung vor Gott.

4. Gott achten

Als Leiter der religiösen Konfessionen bleiben wir überzeugt, dass *die Gottesfurcht der Anfang aller Weisheit* ist, besonders im Bereich der öffentlichen Angelegenheiten. Wir können in der Tat Menschen zu allen Zeiten können und an allen Orten täuschen, aber keinesfalls werden wir Gott täuschen, der die Tiefen und Untiefen unserer Herzen sieht.

Der Stolz eines jeden Gläubigen ist es, im Einklang mit seinem Glauben zu leben. Das Lebenszeugnis, selbst in der Politik, ist fruchtbarer als alle Worte. Eben deshalb denken wir, *dass man die Geschicke des Landes besser denen anvertraut, die kompetent sind, die sich leiten lassen vom Worte Gottes, an Personen guten Willens, an tugendhafte Männer, die auf die demokratischen und ethischen Werte achten, und die sich aufzuopfern wissen für ein nobles Ideal, das des Dienstes am Gemeinwohl des kongolesischen Volkes.*

Die Wahlen werden nur friedlich sein durch friedliche Gemüter und Herzen. Sie werden unruhig sein, wenn die Geister überhitzt und die Herzen verwirrt sind. So ist dies also und vor allem ein Problem des Menschen.

Für die Sicherheit, die Ernsthaftigkeit und die Friedlichkeit des Wahlprozesses braucht es eine wirkliche Umkehr der Herzen.

[Es folgen weitere entsprechende direkte Aufrufe
und Empfehlungen:]
- An das Volk, den ursprünglichen Souverän
- An die Unabhängige Wahlkommission

- An die Medien
- An die Regierung der Republik
- An die internationale Gemeinschaft, deren Anwesenheit durch MONUSCO und Wahlbeobachter begrüßt, aber von denen strikte Neutralität gefordert wird. Die MONUSCO solle entsprechend ihrem Auftrag die Bevölkerung und die Wahlurnen schützen und „zu einer guten Kommunikation zwischen allen Beteiligten beitragen, mit dem Ziel eines gegenseitigen Vertrauensklimas".

III. Abschlussbitte und -gebet

Wir bitten um den Segen Gottes für jede und jeden von Euch und wir versichern euch unserer Gebete, damit der Wahlprozess unter Bedingungen stattfindet, die Vertrauen schaffen.

Gott, der das Leben gibt und den Menschen die Aufgabe anvertraut, die Welt hin zu mehr Gerechtigkeit, Frieden und Liebe zu verwandeln, erleuchte uns alle, Kandidaten wie Wähler, Männer und Frauen – aufgerufen, auf einen guten Fortgang des Wahlprozesses zu achten -, so dass unsere Gesten als Bürger, unsere Taten als Gläubige und unsere Worte als Patrioten – vor, während und nach der Wahl – unserem Lande die Chance geben für friedliche Wahlen im Hinblick auf einen geeinten, starken und wohlhabenden Kongo.

Gegeben zu Kinshasa, den 9. August 2011

Mgr Nicolas DJOMO LOLA (Röm.-Kath.Kirche; CENCO)
Mgr Pierre MARINI BODHO (Ev.-Luth.Kirche; ECC)
Mgr Nicephore MICRAGIANNANITIS (Orthod. Kirche)
Son Eminence Simon KIMBANGU KIANGANI (Kimbanguist.Kirche)
Scheich ABDALLAH MANGALA (Imam der Islam. Gemeinschaft)
Albert KANKIENZA MUANA MBOO (Erweckungskirche im Kongo)
Mgr Simon NZINGA MALUKA (Unabhängige Kirchen im Kongo)
Kommissarin Madeleine NGWANGA (Heilsarmee)

ANHANG:

Einladung und Notiz zur Pressekonferenz

„Zeremonie zur offiziellen Bekanntgabe des Appells der Leiter der Religiösen Konfessionen für Friedliche Wahlen in der DR Congo" am 9.8.2011 in Kinshasa (Cenco)

Der Einladungstext:

Die Leiter der Religiösen Gemeinschaften, die das gemeinsame Protokoll für die staatsbürgerliche Aufklärung der Bevölkerung im Hinblick auf die Stärkung ihrer Beteiligung am Prozess der Demokratisierung und Konsolidierung des Rechtstaates in der DR Congo unterterzeichnet haben, geben sich die Ehre Sie zur Zeremonie zur offiziellen Bekanntgabe ihrer Botschaft für Friedliche Wahlen in der DR Congo am Dienstag, dem 9.8.2011 im Saal des Interdiözesanen Zentrums der CENCO einzuladen.

Das Programm der heutigen Zeremonie:
– Eröffnungsgebet Mgr Pierre MARINI BODHO,
   Präsident der ECC (ev.luth.)
– Kurzansprache von Mgr Nicolas DJOMO LOLA,
   Präsident der CENCO (röm.kath.)
– Verlesung der Botschaft durch den
   Generalsekretär der CENDO, Pfr. Leonard SANTEDI
– Schlussgebet durch die Vertreterin der Heilsarmee
   in der DR Congo, Kommissarin Madeleine NGWANGA
– Umtrunk

* * *

Kommentierende Notiz von R. Voß:

Die *Journalistenfragen* nach der Unterzeichnung des Appells betrafen besonders die Konkretisierung des Appells und die Ernsthaftigkeit der Kirchen, mehr als Worte zu machen. Der Vorsitzende der Kath. Bischofskonferenz, Mgr Nicolas Djomo, der schon in seinem Vorwort alle „Menschen des Glaubens und guten Willens" zum Ideenwettstreit und zum Respekt der Wahlergebnisse aufgerufen hatte, betonte: es geht um die Förderung der politischen Reife der Bevölkerung; die Kirche werde wachsam die Wahlen begleiten und wo sie könne, schlichtend wirken; und sie sehe es als ihre Verantwortung, über Worte hinaus entsprechend zu handeln.

Der lutherische Präsident der Eglise du Christ au Congo (ECC), Mgr Pierre Marini Bodho, pflichtet dem bei und verwies auf die Rolle der Kirchen in Südafrika und anderen afrikanischen Ländern beim Weg zur Demokratie, wie auch auf das kirchliche Engagement in den letzten Jahren im Kongo.

CEJP-Equipe Kinshasa im Januar 2011
(CEJP = Commission Episcopale Justice et Paix /
Bischöfliche Kommission Gerechtigkeit und Frieden)

12. Januar 2012

„DAS KONGOLESISCHE VOLK HAT
HUNGER UND DURST NACH GERECHTIGKEIT UND FRIEDEN."
Botschaft der Kongolesischen Bischofskonferenz (CENCO)[2]

Der Mut zur Wahrheit (vgl. 2 Kor 7,14)
*Botschaft der außerordentlichen Vollversammlung der CENCO
an die katholischen Gläubigen und das gesamt kongolesische Volk*

Einführung

1. An diesem Jahresanfang 2012 segne Gott das kongolesische Volk und behüte es! Er zeige ihm sein Angesicht voll Wohlwollen und Güte! Gott erweise ihm seine Güte und schenke ihm Frieden! (vgl. Numeri 6, 24-26)
2. Wir, Kardinal, Erzbischöfe und Bischöfe, Mitglieder der Kongolesischen Nationalen Bischofskonferenz (CENCO), versammelt zu einer außerordentlichen Vollversammlung in Kinshasa vom 9. bis 11.Januar 2012, haben in gemeinsamer Arbeit den Wahlbeobachtungs-Bericht unserer Kirche analysiert. Im Gebet und im Glauben an eine glückliche Zukunft unseres Landes richten wir diese Botschaft an unsere Gläubigen und an das ganze kongolesische Volk, um Lektionen aus dem laufenden Wahlprozess zu ziehen.

Errungenschaften des Wahlprozesses

3. Wir begrüßen die Entschlossenheit unseres Volkes , das am 28. November 2011 einen Beweis seiner Reife und seines staatsbürgerlichen Pflichtgefühls gegeben hat, indem es in großer Zahl zu den Urnen ging, manchmal unter schwierigsten Bedingungen, um in souveräner Weise seine Regierenden zu wählen. Wir beglückwünschen unsere Regierung, die zum großen Teil die Fi-

---

[2] Quelle: www.cenco.cd; Übersetzung: Dr. Reinhard J. Voß, Berater der AGEH bei der CENCO, Kinshasa (Hervorhebungen im Original).

nanzierung dieser Wahlen erfolgreich geregelt hat. Dies zeigt
dass wir Erfolg haben können beim Aufbau unseres Landes,
wenn wir nur die Mittel und den guten Willen einbringen. Wir
sollten auch die Bemühungen der CENI nicht verschweigen, die
sie im logistischen Bereich unternommen hat, um die Wahlmate-
rialien unter Meisterung vieler Herausforderungen durch die
schlechten Kommunikationsbedingungen in unserem riesigen
Lande zu verteilen. Wir beglückwünschen auch alle Wahlbeobachter und -zeugen, die viele Mühen auf sich genommen, um
ihre Aufgabe zu erfüllen.

Schwächen

4. Gleichwohl hat die Behandlung der Früchte dieser Arbeit nicht
wenige Kongolesen enttäuscht. In unserer Botschaft vom 25. Februar 2011 unter dem Titel „Wahljahr 2011: was sollen wir tun?"
(Apg. 2, 37)", wünschten wir von ganzem Herzen, dass die Wahlen ablaufen würden in Transparenz, Wahrheit und Frieden,
damit sich unser Land einreihe unter den respektierten und
würdigen Nationen [1][3] In ihrem *Appell vom 3. Dezember 2011* hat
die **CENCO unter Betonung, dass sie nicht das Ziel hatte,
Wahlergebnisse zu veröffentlichen, die ihre Beobachtermissi-
on übrigens auch nicht hat, das kongolesische Volk, die politischen Akteure und die CENI aufgerufen, sich unbedingt an die
Wahrheit der Urnen zu halten.** In ihrer *Klarstellung des General-
sekretariates vom 8. Dezember 2011* hat die CENCO positive Elemente des Wahlprozesses betont, aber auch Irregularitäten und
beunruhigende Schwächen hervorgehoben. Genau in dieser Logik lag die *Erklärung des Kardinals und Erzbischofs von Kinshasa
vom 12. Dezember 2011*, die angesichts dieser Unregelmäßigkeiten
und Schwächen die Nicht-Übereinstimmung der von der CENI
veröffentlichten provisorischen Resultate mit der Wahrheit und
Gerechtigkeit anprangerte.

---

[3] [1] Cf. CENCO, *Année électorale: Que devons-nous faire ? (Ac 2,37)*, n° 23.

5. Heute geht aus dem Abschlussbericht der Wahlbeobachtungs-
mission der CENCO und aus den Zeugnissen von verschiedenen
Diözesen und anderen Quellen hervor, dass der Wahlprozess an
vielen Orten in einem chaotischen Klima abgelaufen ist. Dort ist
die Rede von vielfältigem Versagen, von erwiesenen und offensichtlich geplanten Wahlfälschungen, von zahlreichen unglücklichen Vorfällen, die auch Menschenleben forderten, von totalem
Chaos und – an manchen Orten – von einem andauernden Klima
des Schreckens, das absichtlich verbreitet wurde mit dem Ziel,
die (Zugänge zu den) Wahlurnen zu verstopfen (*bourrer*). Und
dies ist noch nicht alles. **Was sich derzeit abspielt im Bereich
des Zusammentragens** (*compilation*) **der Ergebnisse der Parlamentswahlen, ist unakzeptabel. Dies ist eine Schande für unser Land.**

6. Angesichts all dessen **beurteilen wir den Wahlprozess als mit
schweren Irregularitäten behaftet, die die Glaubwürdigkeit
der veröffentlichten Resultate in Frage stellen. Wir fordern von
den Organisatoren, den Mut und die Ehrenhaftigkeit zu zeigen, die notwendigen Konsequenzen daraus zu ziehen.** Denn
seine Irrtümer anzuerkennen, ist ein Zeichen von Größe. Wenn
man aber das Risiko eingeht, **das Land so provokant weiter zu
regieren**, dann könnten die inneren Spannungen, die bisher
kurzfristig mehr oder weniger beherrscht werden, in eine schwere und schwierig zu lösende Krise münden. Es ist also an der
Zeit, dass man in einem inklusiven Vorgehen den Weg des Dialoges bevorzugt – im höheren Interesse der Nation. Es ist dies die
Stunde des Mutes zur Wahrheit.

Unser prophetischer Auftrag

7. Getreu unserem Auftrag, Wächter des Volkes Gottes zu sein
(vgl. Ez 3,17), entnehmen wir aus diesem Prozess mehrere Herausforderungen für die Zukunft im Hinblick auf die Entwicklung eines Rechtsstaates in der DR Congo und auf das Wohlergehen seiner Bevölkerung. Indem wir das tun, wollen wir nicht
den politischen Kampf aufnehmen, um die möglichst gerechteste

aller Gesellschaften aufzubauen. Wir setzen uns auch nicht für eine bestimmte Partei ein. Wie Papst Benedikt XVI. empfiehlt, „kann und darf sich die Kirche nicht an Stelle des Staates setzen, aber sie kann und darf auch nicht abseits stehen bleiben im Kampf für Gerechtigkeit" [2][4]. Deshalb *„will die Kirche bereit sein, Rechenschaft zu geben von der Hoffnung, die in uns lebt" (vgl. 1Petr 3,15), „in ihrer prophetischen Rolle – wann immer das Volk zu ihr ruft: ‚Wächter, wie lange noch dauert die Nacht?' „ (Jes 21, 11), denn eine neue Morgendämmerung zieht am Horizont herauf.(Offb 22, 5)* [3][5] Und wir machen uns den Aufruf Papst Benedikts XVI. zu Eigen: *„Wegen Christus und aus Treue gegenüber dem Vorbild seines Lebens weiß sich unsere Kirche aufgefordert, dort zu sein, wo die Menschheit Leiden erfährt, und sich zur Anwältin des stillen Schreis der unschuldig Verfolgten oder der Völker zu machen, deren Herrscher die Gegenwart und die Zukunft im Namen persönlicher Interessen belasten."* [4][6]

8. Deshalb werden wir nicht aufhören, alles zu verurteilen, was den Aufbau eines demokratischen Staates in Gefahr bringt. **Man baut einen Rechtsstaat nicht auf einer Kultur der Betrügerei, der Lüge und des Schreckens, der Militarisierung und der offensichtlichen Einschränkung der Meinungsfreiheit auf.** Wenn die Demokratie die Macht des Volkes durch das Volk und für das Volk ist, dann muss das Volk respektiert werden. Im aktuellen Kontext **nimmt das tief verletzte und frustrierte Volk ohnmächtig an einem Prozess teil, der immer noch nicht seinen Willen widergibt und der mancherorts eher einem Arrangement zwischen verschiedenen politischen Akteuren gleicht.**

Der Friede in der Wahrheit

9. „Die Kirche hat eine Sendung der Wahrheit zu erfüllen, eine wichtige Botschaft, einen Dienst an der Wahrheit, die befreit." [5][7]. Der Wahlprozess sollte die Konsolidierung der demokrati-

---

[4] [2] Benoît XVI, Lettre encyclique *Deus caritas est*, n° 28.

[5] [3] Benoît XVI, Exhortation apostolique post-synodale *Africae munus*, n° 30.

[6] [4] Benoît XVI, Exhortation apostolique post-synodale *Africae munus*, n° 30.

[7] [5] Benoît XVI, Exhortation apostolique post-synodale *Africae munus*, n° 22.

schen Kultur und die Befriedung des Landes ermöglichen. **Wir wollen den Frieden. Aber dieser braucht Bedingungen, gegen die man nicht verstossen sollte, nämlich die Wahrheit, die Gerechtigkeit und den Respekt vor dem Volk.** Um des Friedens willen hört die Kirche nicht auf, die kongolesischen Führer zu Gerechtigkeit, Liebe und Wahrheit aufzurufen. Von welchen Werten wird unsere Jugend durchdrungen, wenn man ihr auf Dauer ein solches Spektakel der Anti-Werte bietet?

Angriff auf die Integrität und Würde von Personen

10. In diesem Zusammenhang verdammen wir die öffentlich inszenierte Kampagne gegen den Kardinal. Diese Woge an Beleidigungen hat nicht nur die gläubigen Katholiken erschüttert, sondern auch viele andere. Sie zeigt die Entstehung eines Einheitsdenkens, das jede abweichende Meinung mit einem Maulkorb versehen möchte. Ebenso verurteilen wir die Beleidigungen und Drohungen gegen den Präsidenten der CENCO. Wir erinnern daran, dass der Streit der Ideen in der Demokratie keine persönlichen Angriffe erlaubt.

11. Wir können nicht schweigen angesichts dieser Verirrungen und vieler anderer, die wir verurteilen: körperliche Bedrohungen, Angriffe auf die Menschenrechte, Entführungen und Einschüchterungen, der Missbrauch öffentlicher Kommunikationsmittel durch *ein* politisches Lager. Nur wegen ihrer Ansichten waren Bischöfe, Geistliche und friedliche Bürger Opfer solcher Drohungen; und sie sind es noch immer.

12. Wir laden unsere katholischen Gläubigen und das ganze kongolesische Volk ein zur Gewaltfreiheit, denn Gewalt erzeugt Gewalt. Sie bringt Zerstörung und Elend mit sich. In diesem Sinne **bitten wir unsere Mitbürger im Ausland, mit denen wir die Sorge für einen neuen Kongo teilen und deren Anstrengungen und Opfer wir anerkennen, die sie auf sich nehmen, um denen zu helfen, die im Lande sind, nicht auf die Gewalt zu setzen und friedliche Wege zu finden, um ihren Beitrag zu leisten für den Wiederaufbau eines wirklich demokratischen Kongo.**

Nach dem Beispiel unseres göttlichen Meisters sollen wir auf die Gewalt mit der Liebe antworten (vgl. Mt. 5, 43-44).

Empfehlungen

13. Wir empfehlen:
- *Dem ganzen kongolesischen Volk*: nicht dem Pessimismus zu verfallen, nicht der Hoffnungslosigkeit, nicht der Gewalt, nicht dem Stammesdenken und nicht der Fremdenfeindlichkeit, sondern sich um die christlichen und demokratischen Werte der Gerechtigkeit und Wahrheit zu scharen, **zu wachsen im Bewusstsein seiner nationalen Einheit** und seiner Kraft als erster Souverän, um diese in großer Wachsamkeit und in der Legalität auszuüben;
- *Den politischen Akteuren*: ein Zeugnis **politischer Reife zu geben und die Kraft zu haben, sich zu organisieren, um ihrer Verantwortung voll gerecht zu werden;** die politische Debatte zu verbessern, indem sie allen Beleidigungen und Lügen ein Ende setzen, und sich statt dessen um die staatsbürgerliche Erziehung der Bevölkerung und ihr Wohlergehen kümmern;
- *Der aktuellen Equipe der CENI* : **den Mut zu haben sich in Frage zu stellen,** die schweren begangenen Fehler zu korrigieren, die das Vertrauen der Bevölkerung in diese Institution beschädigt haben, und wenn nicht, dann zurück zu treten;
- *Dem Parlament:* dringend die Zusammensetzung der CENI zu überprüfen, die nicht mehr das Vertrauen der Bevölkerung hat und dort **die Vertretung der Zivilgesellschaft zu integrieren, um sie unabhängiger zu machen;** außerdem sich klar zu machen, dass **das Volk keinen Versuch weiterer Veränderungen der geschützten Artikel der Verfassung dulden wird;**
- *Der Regierung:* Lektionen aus diesem Wahldebakel zu ziehen, die Mittel für die kommenden Wahlen vorzusehen und sie rechtzeitig für eine bessere Durchführung freizugeben; **aufzuhören, aus dem öffentlichen Etat Gelder für persönliche Zecke zu nehmen und zu begreifen, dass das Volk die Veränderung will;**

- *Der nationalen Polizei und den Streitkräften:* Professionalismus zu beweisen, die Bevölkerung zu schützen, und vor allem keinen ungerechten Befehlen zu gehorchen;
- **Dem Obersten Gerichtshof: gewissenhaft und völlig unabhängig** Recht zu sprechen bei der Behandlung von Wahl-Streitsachen. Denn es geht um die Glaubwürdigkeit der Jurisdiktion in unserem Land;
- *Der internationalen Gemeinschaft:* das Interesse des kongolesischen Volkes vorrangig zu sehen; nicht zu gefällig (complaisante) zu sein; das kongolesische Volk in seiner Suche nach Gerechtigkeit und Frieden zu unterstützen und seine Selbstbestimmung zu achten.

Schlussfolgerung

14. Unser Land durchlebt derzeit eine Phase der Unsicherheit und der Angst. Unser Glaube an Gott und unser Vertrauen in den Menschen als Ebenbild Gottes geben uns die Gewissheit, dass diese Unsicherheit und dies Angst überwunden werden können und eine Veränderung der Herzen, Mentalitäten und Gewohnheiten bewirken werden. **Es ist die Liebe zum Land und der Wille nötig, auf egoistische Interessen zu verzichten, um im Dialog Wege zu suchen, den Frieden in der DR Kongo zu entwickeln. Aber der Friede, den wir wollen, findet seine Wurzeln in Gerechtigkeit, Liebe und Wahrheit. Denn der Friede der Menschen, der glaubt ohne Gerechtigkeit auszukommen, ist illusorisch und von kurzer Dauer.** Eine Gerechtigkeit der Menschen, die ihre Wurzel nicht in der Versöhnung durch die Wahrheit hat, bleibt unvollendet. Nur die Liebe und der Mut zur Wahrheit bahnen den Weg zu wahrer Gerechtigkeit und gerechtem Frieden, die wir für die DR Kongo wollen.
15. Die Fürbitte der Heiligen Jungfrau Maria, Königin des Friedens und Unsere liebe Frau des Kongo, deren Herz immer auf den Willen Gottes ausgerichtet ist, möge jeden Willen zur Umkehr unterstützen, jede Initiative zu Versöhnung und Dialog

stärken, und alle Bemühungen stärken zugunsten eines Kongo, der Hunger und Durst nach Gerechtigkeit und Frieden hat.

Kinshasa, am 11. Januar 2012

[Unterschrieben
von allen anwesenden Bischöfen
und Kardinal Monsengwo]

September 2012

PÄPSTLICHER RAT „JUSTITIA ET PAX":
PANAFRIKANISCHE KONFERENZ ÜBER „CARITAS IN VERITATE"
VOM 9. – 13. SEPTEMBER 2012 IN KINSHASA, RD KONGO

Afrika: „Hab Vertrauen! Steh auf, ER ruft dich!" (Mk. 10,49).
„Die aktuellen Herausforderungen Afrikas
im Lichte der kirchlichen Soziallehre"

Bericht (Autor: Dr. Reinhard Voß[8])

Eine hochrangig besetzte und inhaltlich anspruchsvolle Tagung im Rahmen einer weltweiten Serie von Konferenzen der Päpstlichen Kommission Justitia et Pax fand Anfang September 2012 in Kinshasa, RD Kongo, mit fast 90 Teilnehmenden aus einem Dutzend Ländern Zentral- und Ostafrikas statt, darunter etwa ein Drittel Erzbischöfe und Bischöfe. Zu Beginn und zum Schluss erhöhte sich die Zahl der Anwesenden um fast die Hälfte durch Presse und Prominenz, darunter auch der Vizepremier des Landes. Anlass dieser Serie ist die Veröffentlichung des Kompendiums der kirchlichen Soziallehre (im Französischen strenger „doctrine sociale" genannt) durch Kardinal Martino, den damaligen Präsidenten von Justitia et Pax; sie erschien in Rom im Jahre 2004, die französische Fassung dann 2007. Mit diesem knapp über 300-seitigen Text sollen die bisherigen päpstlichen Sozial-Enzykliken seit 1891 und die allein drei Sozialenzykliken unter Papst Johannes Paul II. (von „Laborem exercens" über Sollicitudo rei socialis bis zu „Centesimus annus" 1991) zusammen gefasst und aktualisiert werden, um Klerus und Kirchenvolk als Orientierung und Begründung ihres gesellschaftlichen Engagements zu dienen – ein anspruchsvoller Aufruf und eine Bestätigung für engagierte Laien in der katholischen Kirche.

Der Arbeitsteil der Tagung dauerte von Montag, 10.9. bis Mittwoch, 12.9.2012. Am Schluss wurde eine Botschaft der Ta-

---

[8] Reinhard J. Voß, seit Herbst 2010 Berater bei der CEJP in Kinshasa, DR Kongo (Bischöfliche Kommission Justitia et Pax).

gung veröffentlicht, die ihre Solidarität mit den Völkern und Staaten in Afrika kundtat, die weiterhin unter Krieg und Bürgerkrieg zu leiden haben; dabei wurde auch insbesondere zum Frieden im Osten des Kongo aufgerufen; auswärtige Einmischungen, namentlich die Ruandas in den Kivu-Provinzen, wurden verurteilt. Eine Bischofsdelegation brach nach der Tagung eben dorthin auf, um Solidarität und Friedenswillen zu demonstrieren. Denn gerade diese Tagung von Justitia et Pax in Zentralafrika – eine von dreien im ganzen Kontinent – hatte ihrerseits ja schon die Grenzen überwunden und Einigkeit und Respekt voreinander demonstriert.

Im Einzelnen wurden fünf Schwerpunktthemen mit FachreferentInnen behandelt, denen jeweils eine Persönlichkeit aus dem Plenum eine Rückmeldung gab; es wurde eine Arbeitsgruppen-Sitzung abgehalten; eine Plenumssitzung war dem Austausch von „best practices" („bonnes pratiques") gewidmet.

Die fünf Schwerpunktthemen waren:

- *Die kirchliche Soziallehre*
  mit Beiträgen zur Auswirkung dieser Lehre auf Politik, Wirtschaft, Soziales und Kulturleben (Dr. Camillus KASSALA aus Tanzania) und zum Prinzip der Unentgeltlichkeit („gratuité"; Schw. Catherine GBEDOLO aus Benin, die in München promoviert)
- *Ökonomie und Entwicklung in Afrika*
  mit Beiträgen zu Armut und Entwicklung in Afrika (Senator Prof. Evariste MABI MULUMBA aus Kinshasa), zur Globalisierung eine kritische Anfrage an Abhängigkeit: „Internationale Hilfe und Autonomie von afrikanischen Kirchen und Gesellschaften" (Dr. HONNY aus Ghana) und ein Beitrag zur „Rolle der Frauen in der Entwicklung" (Frau Milimo MWIBA aus Sambia)
- *Politik und gute Regierungsführung*
  mit Beiträgen eben zu diesem Thema (Dr. David KAULEM aus Zimbabwe), zu Wahlen und Legitimität von Macht (Mgr. Generalvikar Alphonse SECK aus Dakar im Senegal), zur

Fortbildung und Begleitung politischer Führer (Laurent Kardinal MONSENGWO)
- *Ökologie und soziale Gerechtigkeit*
mit Beiträgen zu Entwicklung und Umweltschutz in Afrika (von Prof. Rose KOUAYI KEMAJOU) und zum verantwortlichen Umgang mit natürlichen Ressourcen (Mme Hannah OWUSU KORANTENG aus Ghana) sowie einem spontanen Beitrag einer Schwester aus Europa zu den Flüchtlingsproblemen in Algerien, die beim Traum von der Überfahrt ins „europäische Paradies" entstehen.
- *Frieden und Versöhnung*
mit Beiträgen zu „Integrale menschliche Entwicklung, Lebensschutz und Sicherheitsfragen" (Soziologe Prof. Philippe MAKUTU BIYOYA aus Kinshasa, mit einer erfahrungsreichen Antwort von Erzbischof OBAMA aus Gulu in Uganda), Integrale menschliche Entwicklung und dauerhafter Friede in Afrika (P. Emmanuel NTAKARUTIMANA aus Burundi) und „Frauen und Lebensschutz" (Schw. Elizabeth Nduku NZIVU aus Kenia)

Die Tagung präsentierte nach diesen ausführlichen Fachreferaten, Diskussionen und fünf parallelen Arbeitsgruppen (getrennt in Englisch / Französisch: Umsetzungswege und –strategien) zum Schluss zwei Texte für die nationale und internationale Öffentlichkeit. Zum einen gab es die *Botschaft der Veranstalter*, die sich im Laufe der Tagung stark auf den aktuellen Konflikt (im Kongo spricht man derzeit schon von „Krieg") im Osten der Republik zwischen Kongo und Ruanda fokussierte und vor einer Balkanisierung der DR Kongo warnte – eine Kritik, die hier im Volk äußerst populär ist: eine Warnung also vor einer Abspaltung im Osten oder einer weiteren Zerstückelung des Riesenlandes; zum anderen wurde eine *Deklaration der Arbeitstagung* verabschiedet, die Ideen und Forderungen der Delegierten zur Umsetzung der kirchlichen Soziallehre enthielt; sie umfassen das gesamte pädagogische und pastorale Spektrum der hiesigen Kirche, soziale Netzwerke und vielfältige Materialien zur Popularisierung der Soziallehre wie auch die Förderung des Sozialinstituts im Aufbau, das nach Kardinal Martino benannt ist: *Institut Panafricain Cardinal Martino* in Kinshasa.

Grundsätzliche Akzente setzten die kurzen Eröffnungsreden der Tagung:

Bischof Djomo, Präsident der CENCO: Grundlage unserer Arbeit für Gerechtigkeit und Frieden sei die von Papst Paul VI. verkündete „universelle Solidarität": „Dies hat Papst Benedikt XVI. in Lehre und Beispiel bekräftigt. Wir brauchen eine neue afrikanische Solidarität in den Bereichen guter Regierungsführung, ganzheitlicher menschlicher Entwicklung und Schutz der Umwelt." Er verwies auf die drei Tage Gebet mit anschließender öffentlicher Demonstration bzw. Prozession für die Einheit und Entwicklung der DR Kongo Anfang August 2012 und erwähnte explizit die „Erziehung zum Frieden".

Kardinal Turkson, Präsident der weltweiten Justitia et Pax in Rom, betonte nochmals die über hundertjährige Geschichte der katholischen Soziallehre seit Rerum Novarum 1891 und hob zu meiner Freude besonders Adolph Kolping als eine Art Patron der katholischen Soziallehre hervor, der sich „für die soziale Ordnung engagiert und nicht nur gebetet hat". (Ich musste meinen Nachbarn im Saal allerdings den Namen Kolping aufschreiben; so bekannt ist er hier nicht.)

Der Vizepremier des Landes stellte in seinem Grußwort den derzeitigen Zustand des Landes ungeschminkt dar, dankte der Kirche für ihre nationale Solidarität, und hob das leichte ökonomische Wachstum seit Kriegsende 2002/03 hervor, das allerdings weder zu deutlich mehr Beschäftigung noch zum Erreichen der Milleniumsziele 2015 ausreiche. Der Tiefpunkt aber sei durchschritten, meinte er. Allerdings sei die Infrastruktur nun vorrangig zu verbessern, denn – so wörtlich: „nur vier Provinzhauptstädte sind (von Kinshasa aus) über Nationalstraßen zu erreichen, die Elektrifizierungsrate in der DR Kongo liegt bei 9% und nur 22-24% haben trinkbares Wasser." Es sei die „größte Herausforderung", im privaten Sektor genügend Arbeitsplätze, besonders für die Jugend, zu schaffen. Das Ziel der Regierung sei jetzt, dass alle im Lande anständig leben könnten („vivre décemment") und eine Schulbildung erhielten; auch die Sterbezahlen von Müttern und Babys seien eine Herausforderung, da sie fast am höchsten in ganz Afrika seien. Weitere Aufgaben seien die politischen Regelungen der weiteren Wahlen, eine Volkszählung (die letzte war 1984!), die Dezentralisierung auf 26 (statt bisher 11) Provinzen mit relativer politischer und finanzieller Autonomie und die „enorme Herausforderung" von Polizei-, Justiz- und Armee-Reform. All dies läuft in der gegenwärtigen Legislaturperiode unter dem Leitwort der „Révolution de la Modernité" (Staatspräsident Kabila).

Père Clément Makiobo, Leiter der CEJP (Commission Episcopale Justice et Paix / Bischöfliche Kommission Gerechtigkeit und Frieden), Kinshasa. – Sein Vortrag beim Katholikentag in Münster (12.5.2018) ist auf den Seiten →258-262 nachzulesen.

5. Dezember 2012

KONGOLESISCHES VOLK, ERHEBE DICH
UND RETTE DEIN VATERLAND
Treue zur nationalen Einheit und Integrität der DR Kongo

Botschaft des Ständigen Komitees der Conférence Episcopale
Nationale du Congo (Kongol. Bischofskonferenz /CENCO)
zur Sicherheitssituation unseres Landes
(Übersicht und Originalauszüge aus der Erklärung vom 5.12.2012)

[Einleitung und Überblick des Übersetzers Dr. Reinhard J. Voß,
Kinshasa: In der PRÄAMBEL zeigen sich die Bischöfe besorgt wegen der Gewalt im Osten und der Einnahme Gomas durch die M23-Rebellen, weshalb sie zu einer Extra-Sitzung zusammenkamen. Sie verweisen auf ihre bisherigen Aussagen zum Konflikt und ihre Warnungen vor „Balkanisierung und illegaler Ressourcenausplünderung" sowie ihre kürzliche Solidaritätsreise im Nordkivu bis ins Rebellengebiet um Rutshuru hinein. Sie beklagen die schlimmen Folgen des „Krieges in Nord-Kivu" und betonen: „Der Fall Gomas hat alle Kongolesen in eine tiefe Betroffenheit gestürzt." Ein Teil des Territoriums sei nicht mehr unter Regierungskontrolle, sondern unter der Verwaltung der Rebellen mit Unterstützung der anliegenden Länder, „besonders Ruanda und Uganda": „Die Strategie der Balkanisierung wird schon umgesetzt." Einige sogenannte „Friedensverträge" mit bewaffneten Gruppen hätten ohne vorherige Abstimmung die Souveränität und Integrität der RD Kongo beschädigt

Nach ihrer Ablehnung dieser Entwicklung und ihrer schlimmen Folgen weisen sie auch eindeutig den Waffeneinsatz als angeblichen Lösungsweg für die nationalen Probleme zurück (Punkt 6/7)! Die kriminellen Akte würden nicht ungestraft bleiben.

Es folgt sodann eine „Einladung, die nationale Einheit zu verstärken" und die international seit 1960 anerkannte Souveränität und Integrität zu verteidigen. Diese Einheit sei der Preis der nationalen Versöhnung: „L'intégrité du territoire de la RD Congo n'est pas négociable", zitieren sie ihren Aufruf vom 6.7.2012: „Die Unantastbarkeit des Territoriums der RDC ist nicht verhandelbar".]

Nacholgend die Empfehlungen (ungekürzt und unverändert bei normaler, kursiver oder fetter Schrift):

EMPFEHLUNGEN

Aufruf zu einer patriotischen Anstrengung*
[*eigentlich: „Schub" / „sursaut"]

11. **Kongolesische Brüder und Schwestern, wir rufen euch auf zu einem patriotischen Schub.** *Die Treue zur nationalen Einheit und zur Bewahrung der territorialen Integrität der DR Kongo sind heilige Aufgaben aller Kongolesen. Die Verschiedenheit unserer Ethnien ist unser Reichtum.* Brüder und Schwestern, wir laden euch ein zur Wachsamkeit, damit jede/r Einzelne, auch die auf ethnischer Basis Gewählten, die eigene Identität nicht instrumentalisiert, um euch wegen uneingestandener Ziele gegeneinander aufzubringen. Nur durch die Einheit, die Bekehrung der Herzen und die Versöhnung können wir unser Land auf allen Ebenen voranbringen.

Verantwortung unserer Regierenden und der politischen Klasse

12. *Der gegenwärtige Zustand der kongolesischen Nation muss euch aufrütteln,* **euch, die uns regieren.** Euch fällt es zuerst zu, die Sicherheit der Bevölkerung und die nationale Einheit des Landes zu garantieren. *Indem ihr die berechtigten Wünsche der Bevölkerung nach innerem und äußerem Frieden, nach Würde und Entwicklung aufnehmt, stärkt ihr die nationale Einheit.* Habt dazu im Herzen die Bedeutung eurer historisch und visionär verantworteten Lei-

tungs-Rolle, indem ihr den nationalen und internationalen Partnern einen Ausweg aus der Krise entwickelt und präsentiert. *Es ist dringend, die gute Regierungsführung zu fördern und eine republikanische Armee auszubilden, die abschreckt und fähig ist, die Sicherheit der Kongolesen und die Integrität ihres Territoriums zu verteidigen gegen die Bedrohungen und alle Willkür der bewaffneten Gruppen.*

13. *Euch, der gesamten kongolesischen politischen Klasse, sagen wir: die Nation ist in Gefahr. Ihr habt nicht das Recht, eure Zeit zu vergeuden durch egoistischen Streit.* Es ist sehr beklagenswert, dass einige unter euch durch Bevorzugung ihrer eigenen Interessen sich zu Komplizen derer machen, die unsere nationale Einheit zerstören wollen. Die Verteidigung der nationalen Einheit und territorialen Integrität verpflichtet euch, alle Anstrengungen zu mobilisieren und zu verstärken, um ein für alle Mal jedem Versuch der Zerstückelung unseres Landes Einhalt zu gebieten. *Die Ideale unserer Gründerväter der Unabhängigkeit der DR Kongo müssen von euch geachtet und gefördert werden, nämlich die Unabhängigkeit, die Einheit, Wohlstand, Frieden und die Größe der Nation.* Es sind diese Ideale, die unseren Stolz ausmachen und den Sockel unserer nationalen Einheit bilden. Sie müssen der konstante Horizont bleiben, dem sich alle Bemühungen der Erziehung der kongolesischen Nation annähern, dank ernsthafter politscher und demokratischer Debatten. *Das ist jetzt der Zeitpunkt, sich gemeinsam der Zerstückelung und Unterwerfung unseres Landes zu erwehren, die seine Existenz sogar in Frage stellen und auch die der Nation.*

Im Hinblick auf die anstehenden Verhandlungen

14. Die Ansprüche jedweder kongolesischen Gruppe, die sich benachteiligt fühlt, müssen nach Recht und Gesetz der DR Kongo behandelt werden. Es gibt Anlass, sich zu fragen

nach dem juristischen Wert der Vereinbarungen des 23. März 2009 und der Bedeutung des Treffens in Kampala.

15. Auch *bitten wir alle die nach Kampala gehen, auf mögliche Fallen bei diesen Verhandlungen zu achten.* Dass durch sie dort nicht die Einheit der kongolesischen Nation aufs Spiel gesetzt wird und sie keine Vereinbarungen hinnehmen, die die Aufteilung der DR Kongo beinhalten. Es braucht Wachsamkeit und Klarsicht. Es muss klar sein, dass die fundamentalen und patriotischen Prinzipien, gegen die niemand verstossen darf, genauestens eingehalten werden; das gilt auch für ein Leit-Schema, das Ausmaß und Art der möglichen, akzeptablen und tolerablen Konzessionen festlegt. **Eine Übereinkunft, die die nationale Souveränität in Frage stellt, ist inakzeptabel.**

An die internationale Gemeinschaft

16. Wir erkennen alle von der internationalen Gemeinschaft für Frieden und Stabilität in der DR Kongo geleisteten Dienste an. Gleichwohl fragt sich das Volk weiterhin: wie konnte es sein, dass trotz der sehr starken Versprechen der Monusco weder das Gebiet um Rutshuru und die Stadt Goma ausreichend verteidigt noch die Bevölkerung wirksam geschützt wurde. *Braucht es also nicht eine Anpassung des Mandates der Monusco an die derzeit vorherrschende Situation in der DR Kongo?* Das kongolesische Volk erwartet dringend, dass das Prinzip des internationalen Rechts und der Solidarität triumphiert, die die Grundlagen eines Weltfriedens sind.

SCHLUSS

17. Wir appellieren an die Regierung unseres Landes, an alle Menschen guten Willens, an die humanitären Agenturen und an die Solidarität der internationalen Gemeinschaft, all denen ausreichende humanitäre Hilfe zu bringen, de-

nen ungerechter Weise Leiden aufgebürdet wurde: Hunderttausenden Kongolesinnen und Kongolesen im Nord-Kivu.

18. **Liebe Brüder und Schwestern,** *die Schwierigkeiten, selbst die größten, dürfen uns nicht in Verzweiflung und Resignation stürzen. Vertrauend auf Gott, die Quelle allen wahren Friedens und dank einer gemeinsamen patriotischen Anstrengung „lasst uns unsere Köpfe erheben und die Stirn bieten".* Getreu unserer prophetischen Vision haben wir verschiedene Kontakte geknüpft zu unseren Regiereden, zur politischen Klasse unseres Landes, zu manchen diplomatischen Vertretungen in der DR Kongo, zur Monusco und zu anderen internationalen Organisationen, mit dem Ziel eines wahren Friedens in unserem Land.

19. Wir empfehlen die Opfer dieses Krieges der Barmherzigkeit Gottes. Wir drücken Seiner Exzellenz Bischof Théophile Kaboy, Bischof von Goma, unsere spirituelle Nähe aus, und der ganzen Bevölkerung des Nord-Kivu unser Mitleid. Wir beten weiter zum Herrn, das, das die Herzen derer die Krieg führen, für den Frieden Christi öffne. Möge die Allerheiligste Jungfrau Maria, unsere Liebe Frau und Königin des Friedens im Kongo, für unser Land und alle seine Bewohner die Gnade der Einheit und des Friedens erhalten.

Gegeben zu Kinshasa, den 5. Dezember 2012

[Unterzeichnet von den Mitgliedern des Ständigen Komitees der „Conférence Episcopale Nationale du Congo" (Kongolesische Nationale Bischofskonferenz / CENCO), die anwesend waren bei der außerordentlichen Sitzung vom 3. bis 5. Dezember 2012: vierzehn Unterschriften, darunter die des Vorsitzenden Bischofs der CENCO, Mgr Nicolas DJOMO und seines Stellvertreters Mgr Joseph BANGA, sodann von Laurent Kardinal MONSENGWO aus Kinshasa und den Erzbischöfen von Lubumbashi, Kisangani und Kananga (TAFUNGA, UTEMBI und MADILA) sowie den Vorsitzenden der anwesenden Kommissionen, darunter für *Justitia et Pax* Bischof Fridolin AMBONGO aus der Diözese Bokungu-Ikela.]

ANHANG: vorherige Pressemeldung[9]
Päpstlicher Rat „Justitia et Pax": Panafrikanische Konferenz
über „Caritas in Veritate" vom 9.-13. September 2012
in Kinshasa, RD Kongo
Afrika: „Hab Vertrauen! Steh auf, ER ruft dich!" (Mk. 10,49).
„Die aktuellen Herausforderungen Afrikas
im Lichte der kirchlichen Soziallehre"

Der Päpstliche Rat „Gerechtigkeit und Frieden" organisiert in Kooperation mit der CENCO [Nationale Bischofskonferenz des Kongo] vom 9. bis 13. September 2012 das zweite Regional-Folge-Seminar zur Umsetzung der Enzyklika „Caritas in Veritate" von Papst Benedikt XVI. Dieses Seminar findet statt im Empfangszentrum der Caritas-Congo in Kinshasa. Dieses Treffen hat das Thema:

Afrika: „Hab Vertrauen! Steh auf, ER ruft dich!" (Mk 10,49). Von „Caritas in Veritate" zu „Africae Munus": Die aktuellen Herausforderungen Afrikas im Lichte der kirchlichen Soziallehre.

Das erste Seminar über die Enzyklika „Caritas in Veritate" hat in Cotonou (in Benin) vom 6.-10. März 2012 stattgefunden, für die Länder der Bischofskonferenz der Region West-Afrika (RECOWA/CERAO), der Konferenz der Bischöfe der Nord-Region Afrikas (CERNA) und Ägyptens.

Das Seminar in Kinshasa wird mehr als 120 Delegierte zusammenbringen, die aus Afrika, Europa und von anderswo kommen. (Aus Afrika sind vertreten: Burundi, Ruanda, Kamerun, Zentralafrikanische Republik, Demokratische Republik Kongo, Volksrepublik Kongo, Gabun, Dschibuti, Äthiopien, Kenia, Sudan, Tansania, Tschad, Uganda, Algerien, Senegal, Malawi, …)

Folgende Persönlichkeiten werden dabei sein: S.E. Augustin Matata Mponyo, Premierminister der RDC; S.E. Laurent Kardi-

---

[9] [Anmerkungen des Übersetzers Dr. Reinhard J. Voß in eckigen Klammern.]

nal Monsengwo Pasinya, Erzbischof von Kinshasa und Mitglied des Päpstlichen Rates „Justitia et Pax"; S.E. Peter Kardinal Turkson, Präsident des Päpstlichen Rates „Justitia et Pax"; S.E. Mgr. Adolfo Tito Yllana, Apostolischer Nuntius in der DRC; S.E. Mgr. Nicolas Djomo Lola, Präsident der CENCO und S.E. Mgr. Fridolin Ambongo Besungu, Präsident der Kommission Justitia et Pax von CENCO [Bischofskonferenz der DR Kongo] und ASEAC [Gemeinsame Konferenz der Bischofskonferenzen von DRK, Ruanda und Burundi].

Das Seminar findet in einem besonderen Umfeld statt. Die DR Kongo ist in der Tat Opfer eines x-ten ungerechten Krieges, der in ihrem Ostteil wütet, mit dem Ziel der illegalen Ausbeutung der natürlichen Rohstoffe und letztlich der Balkanisierung [Aufteilung; Zerschlagung der DRK]. Die Konsequenzen dieses Krieges sind vielfältig: Tötungen, Vergewaltigung, massenhafte Vertreibung der Bevölkerung, usw. Die DR Kongo sieht dieses Treffen als ein Zeichen der Solidarität durch die Weltkirche.

Dreizehn Konferenzteile sind in der Tagesordnung vorgesehen mit dem Ziel die Lehren von „Caritas in Veritate" und ihre Bedeutung für Afrika zu vertiefen, wie etwa in den besonderen Feldern guter Regierungsführung, integraler menschlicher Entwicklung und des Schutzes der Umwelt; sodann den Einfluss der kirchlichen Soziallehre in Afrika auszuwerten; die entsprechenden kirchlichen Institutionen zu sensibilisieren und ihre Kapazitäten auszuweiten, um den gegenwärtigen Herausforderungen der Kirche und der Gesellschaft in Afrika im Sinne des apostolischen Lehrschreibens „Africae Munus" zu begegnen.

Die Eröffnungsmesse wird am 9.9.2012 in der Kapelle des Caritas-Empfangs-Zentrums in der Gemeinde Gombe um 8.30 Uhr stattfinden. Die Abschlussmesse findet statt in der Pfarrei St. Alphonse in der Gemeinde Matete am 12. September 2012 um 18.00 Uhr.

Kontakt über Generalsekretariat der CENCO:
Tel. 00243 998248699; Email: cenco2009@yahoo.fr

September 2012

BOTSCHAFT DER TEILNEHMENDEN AM
AFRIKANISCHEN REGIONALEN FOLGESEMINAR
ZUR UMSETZUNG VON „CARITAS IN VERITATE"

Kinshasa vom 9.-13. September 2012

„Hab' Vertrauen! Steh auf; ich rufe dich!" (Mk. 10,49)

1. Gott hat sich in der Geschichte engagiert, um den Menschen das Werk zu seinem eigenen Heil anzuvertrauen, und sein Sohn ist Fleisch geworden in Jesus von Nazareth. Jesus Christus ist auch das Zeichen der Solidarität Gottes mit der Geschichte eines Volkes und einer Epoche. Dieses geschichtliche Handeln Gottes gibt uns eine weitere Begründung dafür, solidarisch zu sein mit denen, die auf unserem Kontinent Opfer von Gewalt und Kriegen sind.

2. Folglich teilen wir – die Teilnehmenden des regionalen Folgeseminars zur Umsetzung von „Caritas in Veritate" in Kinshasa vom 9.-13.September 2012 – die Freuden und Leiden, die Ängste und Hoffnungen des kongolesischen Volkes, das geplagt ist von den Schrecken des Krieges, besonders im Osten des Landes, und beklagen diese Situation, die so viel Leiden hervorbringt; wir drücken unser Mitleiden und unsere Solidarität mit dem kongolesischen Volk aus. In Solidarität mit der Kirche im Kongo machen wir uns diese Botschaft der CENCO (Nationale Konferenz der Bischöfe im Kongo) zu Eigen und sagen: „Nein zur Balkanisierung der DR Kongo!"

3. *„Hab' Vertrauen! Steh auf; ich rufe dich!"* Unsere Hoffnung, die sich gründet auf das Heil, das Gott uns in Christus geschenkt hat, kennt die Entmutigung nicht. So laden wir denn die Christen und alle Menschen guten Willens in dieser Region der großen Seen ein, Bedingungen eines harmonischen Lebens zu schaffen und gemeinsam ein kollektives Glück anzustreben und umzusetzen.

4. Das Volk Gottes erinnern wir daran, dass ihr alle Brüder und Schwestern seid, dazu berufen, in Frieden, in Gerechtigkeit und Versöhnung zu leben. Jenseits eurer Meinungsverschiedenheiten sucht und baut ein anderes Afrika auf, dessen Bemühungen und Hoffnungen beitragen können zur Entstehung einer Weltkultur der Allianz der Völker und der universellen Solidarität. Die Politiker laden wir ein, ihre Aufgabe wahrzunehmen, damit Frieden und Sicherheit zwischen den Völkern herrscht.

5. Wir flehen um die göttliche Gnade, dass sie die Leiden unserer Brüder und Schwestern in Somalia und in Mali erleichtere, dass der Friede regiere zwischen Eritrea und Äthiopien, zwischen Sudan und Süd-Sudan. So wird das Volk Gottes in Afrika Freiräume des Friedens und der Liebe genießen, die ihm zu seinem Wohlstand und verdienten Glück aufhelfen werden.

6. Es ist nicht mehr die Zeit des Krieges und der Eroberungen, sondern der Zusammenarbeit zwischen den Völkern, zwischen den Regionalen Bischofskonferenzen und der Weltkirche. Unsere Treffen müssen uns voranbringen, eine wirklich gesamtafrikanische Dynamik zu schaffen zu den Themen guter Regierungsführung, ganzheitlicher Entwicklung, des Schutzes der Umwelt, von Gerechtigkeit, Frieden und Versöhnung.

Mögen wir alle jederzeit im Dienste der Verkündigung der Werte des Evangeliums stehen und zusammen einen neuen Anstoss bekommen, um „immer mehr ein Segen für diesen edlen afrikanischen Kontinent und für die ganze Welt zu werden" (Africae Munus, Nr.117).

Mögen wir als kirchliche Familie Gottes in Afrika den Herausforderungen und Sorgen unserer Völker nahe sein, zuerst durch unsere eigene Bekehrung und durch die Schaffung von Strukturen, die eine ganzheitliche Entwicklung unseres Kontinentes und der Geschwisterlichkeit zwischen den Völkern ermöglichen.

Kinshasa, 12. September 2012

März 2013

MEMORANDUM DER CENCO AN DEN PRÄSIDENTEN DER REPUBLIK
ZUR AKTUELLEN SITUATION DER NATION
*Übersetzung der Erklärung, die am 4.3.2013
in Kinshasa der Presse vorgestellt wurde:*[10]

Präambel

Seine Exzellenz, Herr Präsident der Republik!

1. In Ihrer Rede zur Lage der Nation vom 15. Dezember 2012 haben Sie eine noble und lobenswerte Initiative zur Stärkung des nationalen Zusammenhalts angekündigt. Wir, Erzbischöfe und Bischöfe, Mitglieder des Ständigen Komitees der CENCO, zusammen gekommen zur Arbeitssitzung in Kinshasa vom 18. bis 22.2.2013, nutzen die Gelegenheit, uns den Stimmen anderer Kongolesen anzuschließen, um den Beitrag der Katholischen Kirche zu dessen Konkretisierung einzubringen.

2. Ihr Versprechen hat verschiedene Erwartungen geweckt in allen Schichten der kongolesischen Bevölkerung im Allgemeinen, und in der politischen Klasse im Besonderen. Die Idee eines Dialoges ist aufgetaucht und sie wird von allen begrüßt als Ausweg aus der Krise, die unser Land seit der Veröffentlichung der Wahlergebnisse vom November 2011 erschüttert hat. Diese Krise hat sich noch verstärkt durch die Zunahme der Gewalt im Osten unseres Landes. Diese Gewalttaten haben zu den tragischen Situationen im Zusammenhang mit der Besetzung der Stadt Goma durch die M23 geführt.

3. Wir halten, wie schon in unseren vorhergehenden Erklärungen ausgeführt [1][11], den *Dialog für den friedlichen Königsweg*

---

[10] Übersetzung vom frz. Original ins Deutsche: Dr. Reinhard J. Voß, Consultant bei der CENCO, Bischöfliche Kommission Gerechtigkeit und Frieden, Kinshasa, 6.3.2013 (nach der Vorstellung des Papiers in der Pressekonferenz vom 4. März 2013). Die Hervorhebungen im Text folgen dem Original.

zur Überwindung der Krise. Er ist ein konstitutives Element jedes demokratischen Systems. Im aktuellen Kontext der Krise geht es darum, ihn gut anzuwenden, damit er wirksam beiträgt zur Lösung der Probleme, die den guten Fortgang unseres Landes behindern.

4. Die Zeichen dieser Krise sind vielfältig. Wir führen hier die auffallendsten auf, die uns am meisten beschäftigen und die die Frustrationen der kongolesischen Bevölkerung verschlimmern.

I. UNSERE SORGEN

AUF POLITISCHER EBENE:

5. Wir anerkennen und schätzen wahrhaftig den Willen und die Bemühungen der Regierung der Republik, das Land zu demokratisieren. Gleichwohl erkennen wir ein Unbehagen wegen des mangelnden nationalen Konsenses nach den Wahlen vom November 2011 infolge der bemängelten Unregelmäßigkeiten, der Proteste gegen die Ergebnisse und die übereilte Art und Weise, wie die Justiz die Wahleinsprüche zurückgewiesen hat. Bis heute bleibt der Wahlprozess unvollendet. Die Lokalwahlen, die helfen sollten, die Demokratie an der Basis zu festigen und so das Volk den Regierenden näher zu bringen, sind wieder neu „erschwert" („hypothéquées") [2][12]. Die Verantwortlichkeit der organisierenden Machtebene ist stark gefordert. So verzögert sich die in der Verfassung vorgeschriebene Dezentralisierung weiter.

---

[11] [1] Cf. CENCO, *Le peuple congolais a faim et soif de justice et de paix. Le Courage de la vérité (cf. 2 Co 7,14).* Message de l'Assemblée plénière extraordinaire de la CENCO aux fidèles catholiques et à l'ensemble du peuple congolais, 11 janvier 2012, n. 6; CENCO, *Peuple congolais. lève-toi et sauve ta patrie. Fidélité à l'intégrité territoriale de la RD Congo (cf. 1Ma 14,35).* Message du Comité permanent de la CENCO sur la situation sécuritaire dans notre Pays, 5 décembre 2012.

[12] [2] Cf. CENCO, *Année élecrorale: que devons-nous faire? (Ac 2,37).* Exhortation du Comité permanent de la CENCO aux fidèles catholiques, aux hommes et aux femmes de bonne volonté, 25 février 2011. n. 6.

6. Zahlreiche politische Parteien, schnell gegründet, entwickeln sich ohne ein tragbares Gesellschaftsprojekt, denn alles was sie zu interessieren scheint, ist die Eroberung der Macht um ihrer selbst willen. Dies ist eine schwere Behinderung unserer jungen Demokratie.

7. Einige Organisationen der Zivilgesellschaft lassen sich, anstatt ihre Aufgabe zur Verteidigung der Interessen des Volkes zu erfüllen, von den politischen Parteien vereinnahmen für deren politische Ambitionen und materiellen Interessen.

AUF SOZIO-ÖKONOMISCHER EBENE:

8. Wir beobachten reale Bemühungen zur Beherrschung der Inflation und zur Stabilisierung des makro-ökonomischen Rahmens. Aber die Entwicklung von Industrien zur Weiterverarbeitung unserer Rohstoffe fehlt und die Investitionen im Landwirtschaftssektor sind noch nicht auf der Höhe der Bedürfnisse des Landes. Infolgedessen hat die Armut unserer Bevölkerung Ausmaße angenommen, die uns als Hirten beunruhigen und beschäftigen. Unterdessen fahren wir fort mit einer räuberischen und extravertierten Wirtschaft.

9. Die Entwicklung einer nationalen Politik der Ausbeutung der Rohstoffe zum Wohle des kongolesischen Volkes und zur Entwicklung des Landes, wie auch die genaue Kenntnis des Wertes dieser Rohstoffe, bleiben eine ständige Aufgabe. Man hat den Eindruck, dass das Land sozusagen auf Sicht fährt, ohne Rücksicht auf eine dauerhafte Gestaltung seiner Reichtümer. Das setzt das Land allen möglichen Formen von Druck aus, seitens multinationaler Konzerne und gewisser Mächte, die gierig darauf sind, die Rohstoffe im Boden, sowie Öl und Wälder zu kontrollieren.

10. Gleichzeitig lässt die Umsetzung des Entwicklungsplans der Infrastruktur auf sich warten. Im Volk hat man das Gefühl, vom Staat verlassen worden zu sein, besonders in den Grenz-Zonen, wo die Versuchung groß ist, den Sirenengesängen zu folgen, die Befreiung versprechen.

11. Die Grundbedürfnisse, insbesondere Nahrung, Gesundheit, Behausung und Erziehung, sind nicht genügend durch das Programm der Regierung in den Blick genommen worden.

12. Rückübertragung und Gleichbehandlung, die die Gleichbehandlung der Provinzen und die nationale Solidarität garantieren sollten, werden nicht respektiert. Das verstärkt noch die Frustration in den Provinzen.

IM BEREICH DER SICHERHEIT:

13. Seit mehr als zehn Jahren arbeitet die Regierung daran, eine republikanische Armee aufzustellen. Erste Erfolge sind wahrnehmbar, aber die Bemühungen müssen weiter gehen um vorzeigbare Resultate zu erreichen. Denn mit einer starken und abschreckenden Armee könnte man die bewaffneten Gruppen neutralisieren, die Tod und Unglück liefern und säen, besonders in den Orten, die wirtschaftlich durch natürliche Reichtümer ausgestattet sind. Die Anwesenheit dieser bewaffneten Gruppen in den Gebieten des Abbaus natürlicher Rohstoffe destabilisiert und verunsichert die dort wohnende Bevölkerung. All diese Konflikte spielen sich ab in den wirtschaftlichen Transportzonen und im Bereich der Rohstoffquellen. [3][13]

14. Die Sorge um die Modernisierung der nationalen Polizei ist wirklich sichtbar. Aber es braucht eine Verstärkung der Ausbildung und der Ausstattung, um ihr wirklich zu ermöglichen, gegen die städtische Gewalt wirksamer vorzugehen.

15. Die Justiz, einer der Pfeiler des Rechtsstaates, stellt die Bevölkerung nicht zufrieden, und zwar wegen ihrer mangelnden Unabhängigkeit gegenüber den anderen Gewalten. Zahlreiche kompetente Beobachter sagen, das kongolesische Rechtssystem sei durch unglaubliche Korruption und Straflosigkeit gekennzeichnet. Obwohl die Verfassung die Aufteilung des gegenwärtigen Höchsten Strafgerichtshofes in drei Jurisdiktionsbereiche vorsieht (Verfassungsgericht, Kassati-

---

[13] [3] CENCO, *La RD Congo pleure ses enfants, elle est inconsolable (Cf. Mt 2,18)*. Déclaration du Comité permanent de Evêques sur la guerre dans l'Est et dans le Nord-Est de la RD Congo, 13 novembre 2008, n. 4.

onsgericht und Staatsrat), ist bisher keiner davon eingerichtet. [4][14]

Exzellenz, Herr Präsident der Republik!

16. Diese unsere Hauptsorgen sind der Grund der Brüchigkeit des nationalen Zusammenhalts, der Verzögerung der Festigung von Demokratie und Entwicklung, die so sehr von allen Kongolesen erwartet werden.

II. UNSERE VORSCHLÄGE

17. Trotz dieser Krisenzeichen bleiben wir überzeugt, dass ein besseres Morgen jederzeit möglich und in Reichweite der DR Kongo ist. Diese Hoffnung wird aber nur Wirklichkeit durch ein ernsthaftes Engagement aller und eines jeden Kongolesen beim Aufbau unseres Landes. *Alle lebendigen Kräfte der Nation, die zum Dialog gerufen werden, müssen ihren Beitrag leisten beim Aufbau eines wirklich demokratischen Kongo. Aber zuallererst müssen sie sich ernsthaft einsetzen für die Bewahrung der nationalen Souveränität, der territorialen Integrität und der Verfassungsordnung.*

IM POLITISCHEN BEREICH:

18. Der Respekt vor der Verfassungsordnung muss von allen eingehalten werden. Das ist die Garantie des nationalen Zusammenhalts und der Einheit. **Die CENCO stellt sich energisch allen Versuchen der Verfassungsänderung des Artikels 220 entgegen, ein Artikel der unveränderbar in unserer Verfassung steht** [„article verrouillé"] **und der sagt:** *„Die republikanische Staatsverfassung, das Prinzip der allgemeinen Wahl, die repräsentative Regierungsform, Zahl und Dauer der Mandate des Präsidenten der Republik, die unabhängige Justizgewalt, der politische und gewerkschaftliche Pluralismus können*

---

14 [4] Cf. CENCO, *„La justice grandit une nation"* (*cf. Pr 14,34*). La restauration de la Nation par la lutte contre la corruption. Message aux fidèles catholiques, aux hommes et aux femmes de bonne volonté, à l'occasion du 49è anniversaire de l'indépendance de la RD Congo, 10 juillet 2009.

durch keine Verfassungsrevision in Frage gestellt werden." Genau zu diesem Zweck bemühen wir uns, die kongolesische Bevölkerung zu sensibilisieren, damit sie die Wichtigkeit dieses Artikels für die Stabilität des Landes begreift.

19. Der nationale Zusammenhalt muss auf republikanische Werte gegründet sein, insbesondere Vaterlandliebe, Gerechtigkeit, Frieden und Arbeit, die von allen Kongolesen geteilt und verteidigt werden müssen. Aus diesem Grunde vertragen sich der Geist der Teilung und der Ethnisierung soziopolitischer Probleme nicht mit diesen Werten.

20. Die Regierung sollte für die verantwortliche Leitung öffentlicher Angelegenheiten fähige und ehrenwerte Personen benennen. Denn es ist nicht akzeptabel, dass diejenigen die öffentliche Ämter ausüben, sich gemeinsam mit dem Volk darüber beklagen, was alles nicht geht in ihrem Verantwortungsbereich. Im Gegenteil, sie müssen ihre Verantwortung wahrnehmen, die Schuldigen bestrafen und die guten und loyalen Bürger belohnen. [5]¹⁵

21. Es muss auch betont werden, dass die Verstärkung der Autorität des Staates insofern noch geschehen muss, als es darum geht, die gesamte kongolesische Bevölkerung zu beruhigen und vor Gefahren zu sichern. Denn der Staat ist kein hohles Konzept. Er beinhaltet eine ganze Reihe von Rechten und Pflichten gegenüber dem Volk. Und ihrerseits ist auch die Bevölkerung – gerade wenn sie die Respektierung ihrer Rechte fordert – in der Pflicht, ihre eigenen Aufgaben gegenüber dem Staat anzuerkennen und zu erfüllen.

22. Der Prozess der Dezentralisierung muss weitergehen. Aber er muss gut geplant und tief studiert werden, um nicht als Vorwand der Balkanisierung des Landes zu dienen und spalterische Gelüste zu fördern. Deshalb enthalten auch die juristischen Texte für das grundlegende Gesetz Vorsichtsregeln, um all diese Fallen zu vermeiden und keine unwirksa-

---

¹⁵ [5] Conférence Episcopale du Zaïre, *Pour une Nation mieux préparée à ses responsabilités.* Message des Evêques du Zaïre aux fidèles catholiques et aux hommes de bonne volonté, n. 23.

men, unproduktiven und unnütz teuren Strukturen zu begründen. [6][16]

23. Das revidierte Gesetz der CENI (Wahlkommission) gibt nicht genügend Garantien für deren Unabhängigkeit und Unparteilichkeit. Es enthält neuen Konfliktstoff beim Funktionieren des CENI-Büros. Es kommt darauf an, diese Instanz zu entpolitisieren, um die künftigen Wahlen in unserem Land glaubwürdig zu machen.

IM SOZIO-ÖKONOMISCHEN BEREICH:

24. Die harmonische Zukunft unseres Landes erfordert eine Entwicklungsökonomie zugunsten der Kongolesen. Das bedeutet, dass man investieren muss in die Ernährung, die Gesundheit, die Wohnbedingungen und die Erziehung.

25. Es muss ein Industrialisierungsplan für die Sektoren Rohstoffe, Wald und Wasserkraft entwickelt werden. Dieser wird die Schaffung von Arbeitsplätzen, die Entwicklung der Infrastrukturen und die Erhöhung des Reichtums ermöglichen. Und dank einer guten Verwaltung wird die Regierung in der Lage sein, einen gerechten und anständigen Lohn zu zahlen wie auch eine ehrenwerte Rente für alle Funktionäre, insbesondere Lehrerinnen und Lehrer, medizinisches Personal, Militärs und Polizisten.

26. Der Kampf gegen die Korruption, Betrug und Steuerflucht muss wirksam, unparteilich und ohne Nachsicht geführt werden. Das gute Beispiel muss von oben kommen. Deshalb ist es Aufgabe von Regierung und Parlament, als erste das Beispiel eines guten Umgangs mit dem Prinzip der verantwortungsvollen Kontoführung zu geben.

IM SICHERHEITSBEREICH:

27. Im Hinblick auf die Reform unserer Armee ist eine Bestandsaufnahme vorrangig, um grundlegende Orientierungen für die Schaffung einer republikanischen Armee zu gewinnen. Um dieses Resultat zu erreichen, sollten Kriegsprä-

---

[16] [6] Cf. CENCO, *A vin nouveau, outre neuve (Mc 2,22). Ne pas décevoir les attentes de la nation.* Message de la CENCO à l'occasion du 47è anniversaire de l'indépendance, 7 juillet 2007, n. 18.

mien oder Privilegien für bestimmte Gruppen, welche auch immer, vermieden werden.

28. Ausrüstung und Ausbildung der Polizei verdienen die besondere Aufmerksamkeit der Regierung mit dem Ziel, die Sicherheit der Bevölkerung zu gewährleisten, die Opfer von Gewalttätigkeiten in den Großstädten und Städten wird.

29. Die drei Jurisdiktionsbereiche müssen eingerichtet werden, wie sie die Verfassung vorsieht: Verfassungsgericht, Kassationsgericht und Staatsrat.

SCHLUSS

Seine Exzellenz, Herr Präsident der Republik,

30. Die Nation befindet sich an einem entscheidenden Wendepunkt: sie kann eine bessere Zukunft erreichen, wenn alle tragenden Kräfte sich dafür einsetzen, die Regeln der Demokratie einzuhalten und genauestens auf die Verfassungsordnung zu achten. In diesem hier dargestellten Zusammenhang *bekräftigen wir deshalb, dass unsere Verfassung, die das Ergebnis eines nationalen Konsenses durch ein Referendum und der Sockel unserer Demokratie ist,* in ihrem Artikel 220 nicht geändert werden darf. Wir appellieren dazu mit ganzer Kraft an die Weisheit und Verantwortlichkeit aller Gewählten.

31. Unser Wunsch ist es, *dass der vorgesehene Dialog mit Mut und Ernsthaftigkeit die Lebensfragen der Nation aufgreift.* Im gegenseitigen Respekt vor den Meinungen der anderen möge man das oberste Wohl der Nation fördern. *Die moralische Neugründung unserer Gesellschaft muss im Zentrum der Bemühungen aller stehen, denn ohne Ethik im politischen Handeln ist es schwierig für die DR Kongo, voran zu schreiten und sich weiter zu entwickeln.*

32. Im Glauben und Hoffen auf Gott, dessen absolute Liebe uns auf besondere Weise im Kreuzestod seines Sohnes Jesus Christus offenbart ist, vertrauen wir ihm das kongolesische Volk und alle seine Regierenden an, auf die Fürbitte der Jungfrau Maria, unserer Lieben Frau des Kongo.

33. Wir versichern Ihnen, Herr Präsident der Republik, unsere Hochachtung und unsere Ergebenheit in unserem Herrn Jesus Christus.

Kinshasa, 22.2.2013

[Unterschriften der bischöflichen Mitglieder im
Ständigen Ausschuss der Bischofskonferenz der DR Kongo]

Les Evêques membres du Comité permanent de Evêques de la CENCO – presents a la session ordinaire
du 18 – 22 fevrier 2013

1. S. Exc. Mgr. Nicolas DJOMO,
   Evêque de Tshumbe, Président de la CENCO
2. S. Exc. Mgr. Joseph BANGA,
   Evêque de Buta, Vice-Président de la CENCO
3. S. Exc. Mgr. Joseph KUMUONDALA,
   Archevêque de Mbandaka-Bikoro
4. S. Exc. Mgr. Jean-Pierre TAFUNGA,
   Archevêque de de Lumbubashi
5. S. Exc. Mgr. Marcel UTEMBI,
   Archevêque de Kisangani
6. S. Exc. Mgr. Marcel MADILA,
   Archevêque de Kananga
7. S. Exc. Mgr. François-Xavier MAROY,
   Archevêque de de Bukavu
8. S. Exc. Mgr. Richard DOMBA,
   Evêque de Dungu-Doruma, Président de la CESC
9. S. Exc. Mgr. Janvier KATAKA,
   Evêque de Wamba, Président de la CECD
10. S. Exc. Mgr. Cyprien MBUKA,
    Evêque de Boma, Président de la CEIS
11. S. Exc. Mgr. Caspard MUDISO,
    Evêque de Kenge, Président de la CEDF

12. S. Exc. Mgr. Melchisédech SIKULI,
    Evêque de Butembo-Beni, Président de la CEEC
13. S. Exc. Mgr. Gaston RUVEZI,
    Evêque de Sakania-Kipushi, Président de la CECDI
14. S. Exc. Mgr. Fridolin AMBONGO, Evêque de Bokungu Ikela,
    Administrateur Apostolique de Kole, Président de la CEJP
15. S. Exc. Mgr. Fulgence MUTEBA,
    Evêque de Kilwa-Kasenga, Président de la CECOS
16. S. Exc. Mgr. Philibert TEMBO,
    Evêque de Budjala, Président de la CEE
17. S. Exc. Mgr. Willy NGUMBI,
    Evêque de Kindu, Président de la CEAL

3. März 2014

COMMUNIQUÉ DES STÄNDIGEN RATES
DER NATIONALEN BISCHOFSKONFERENZ DES KONGO (CENCO)
zum Wahlzyklus 2013-2016[17]

(03.03.2014)

1. Als Ständiger Rat haben die Erzbischöfe und Bischöfe, Mitglieder der Nationalen Bischofskonferenz des Kongo (CEN-CO), sich vom 24.bis 27. Februar 2014 u.a. mit der Situation unseres Landes befasst. Sie haben Gott gedankt für die verschiedenen glücklichen Ereignisse, die in unserem Land stattfanden, besonders die Durchführung der „Nationalen Konzertationen" und die Bildung eines Folge-Komitees, das die Beschlüsse dieser Konzertationen umsetzen soll, sodann die eingekehrte Ruhe in den vorher von der M23 besetzten Zonen sowie die Bemühungen zur Wiederherstellung der Sicherheit im Land, besonders im Nord- und Süd-Kivu wie auch in Katanga.

2. Sie haben ebenfalls die Vorschläge des Durchführungsplans zum laufenden Wahlzyklus geprüft, der von der unabhängigen Wahlkommission (CENI) vorgelegt wurde, wie auch deren Planung zur Garantie der Zuverlässigkeit der Wahldatei und zur Stabilisierung der einsatzbereiten Landkarten.

3. Da sie den gegenwärtigen Wahlzyklus für grundsätzlich und entscheidend beim Aufbau eines Kongo ansehen, der wirklich demokratisch und befriedet ist und der neue Entwicklungen ermöglicht; und da sie besorgt sind wegen des Überschreitens der Mandate der Provinzdelegierten und der Senatoren wie auch wegen des institutionellen Nichtfunktionierens und der Legitimitätskrise an der Basis in den territorialen Einheiten und Städten, sagen die Bischöfe Folgendes:

---

[17] *Hervorhebungen* im Original.

4. Die Bischöfe *empfehlen die Bereingung („apurement")* der Wahl-
verzögerungen als Garantie der Festigung der Demokratie
und Stärkung des nationalen Zusammenhalts.

5. Sie fordern deshalb *die Abhaltung der Provinzwahlen im ersten
Trimester 2015,* um so legitime Institutionen zu schaffen.

6. Sie empfehlen, *dass die laufende Arbeit an der Verlässlichkeit der
Wahldatei und die Stabilisierung der einsatzbereiten Landkarten
auf transparente und konsensorientierte Weise geschieht,* um das
ganze kongolesische Volk zu überzeugen.

7. Sie glauben, dass der Vorschlag zur indirekten Wahl von
Stadträten, Bürger- und Oberbürgermeistern, Sektorenchefs
und Provinzdelegierten dazu dienen würde, den Prozess der
Konsolidierung unserer jungen Demokratie zu kompromit-
tieren. Denn der Volkssouverän sähe sich so an den Rand
des Auswahlprozesses seiner Leiter gedrängt und in seinem
Recht geschwächt, sich direkt am öffentlichen Leben zu be-
teiligen. Bei dem Vorschlag eines indirekten Wahlrechts ist
die Furcht vor Manipulation und Korrumpierung der Wähler sehr viel größer.

8. So *fordern* die Bischöfe in Übereinstimmung mit den Vorschriften von Art. 19 der Verfassung *mit Nachdruck, dass die
Wahlen auf Ebene der Provinzen wie auch die Gemeinde-, Stadt-
und Lokalwahlen nach dem allgemeinen direkten Wahlrecht abgehalten werden, damit die Demokratie an der Basis gefördert wird,
um die Kontrolle seiner Vertreter durch das Volk zu verstärken.*

9. Angesichts der Kosten, die die Wahlen verursachen, schätzen die Bischöfe, dass es von Vorteil wäre, die Provinzial-
und Lokalwahlen zu verknüpfen. In der Perspektive, die
Souveränität unseres Staates zu garantieren, sollte die Regierung der Republik in ihrem Budget die entstehenden Kosten
dieser Wahlen vorher einplanen, bevor sie auf die finanzielle
Unterstützung ihrer traditionellen Partner setzt.

10. Die Bischöfe appellieren an den guten Willen unserer Regierenden und an die Mobilisierung der gesamten kongolesischen Bevölkerung, damit der Wahlprozess in Frieden und

Wahrheit, in Transparenz und im Respekt vor den verfas-
sungs-gemäßen Fristen abläuft.

11. Um den vollen Erfolg des laufenden Wahlprozesses zu garantieren, laden die Bischöfe die internationale Gemeinschaft
und insbesondere die Monusco ein, sich mehr einzubringen
in die finanzielle und logistische Unterstützung künftiger
Wahlen.

12. Die Katholische Kirche begleitet, ihrer evangelisierenden
Mission treu, durch Gebet und durch die Fortbildung in
staatsbürgerlicher Erziehung diesen Wahlprozess, von dem
die Zukunft der kongolesischen Nation abhängt.

13. In diesem 50. Jahr des Martyriums der Seligen Anuarite erheben die Bischöfe ihre Gebete zum Allmächtigen Gott, dass
die nächsten Wahlen unsere Demokratie festigen mögen und
unser Land einschreiben in die Reihe der respektablen und
würdigen Nationen.

Gegeben zu Kinshasa am 28.2.2014[18]

Für die bischöflichen Mitglieder
des Ständigen Rates der CENCO,

gez. Abbé Léonard SANTEDI,
Generalsekretär der CENCO

---

[18] Vorgestellt von Abbé Santedi auf der Pressekonferenz im Großen Saal der
CENCO am 3.3.2014.

ARCHIDIOCESE DE KINSHASA

Le Cardinal

N. Réf.:ARKIN/LMP/5927/15

**Message de Son Eminence Laurent Cardinal MONSENGWO PASINYA
sur la situation dramatique qui règne dans le pays**

Chers frères et sœurs,

1. Ces derniers jours, Kinshasa est dans un état de siège incompréhensible. La population est en révolte ; certains hommes politiques, avec les forces de l'ordre, sèment la désolation et créent l'insécurité générale. **Nous stigmatisons ces agissements qui ont causé mort d'hommes et lançons vivement cet appel : Arrêtez de tuer votre peuple, ne marchez pas sur les cendres de vos concitoyens.** En outre, **nous désapprouvons et condamnons toute révision de la loi électorale** qui viserait à vider l'article 220 de notre constitution de son contenu essentiel et à prolonger illégalement les échéances électorales de 2016.

2. Par ailleurs, nous invitons le **Ministre en charge des médias de libérer tous les médias audiovisuels** dont le signal a été volontairement interrompu. **La démocratie dit pluralisme d'opinion et de pensée. Elle répugne à la pensée unique.** Il n'est pas juste que les chaines nationales de télévision véhiculent uniquement la pensée de la majorité au pouvoir.

3. Nous appelons notre peuple à rester vigilant pour s'opposer par tous les moyens légaux et pacifiques à toute tentative de modification des lois essentielles au processus électoral dans notre pays et à éviter tout pillage de biens privés et publics.

4. Nous présentons nos sincères et profondes condoléances aux familles des victimes et prions pour le salut éternel des défunts. Puisse le Seigneur, par l'intercession de la Vierge Marie, accorder à notre pays une paix durable dans la justice et la vérité.

Avec notre cordiale bénédiction !

Archevêché de Kinshasa, le 20 janvier 2015.

+ L. Cardinal MONSENGWO PASINYA
Archevêque de Kinshasa

Avenue de l'Université, 2   B.P. 8431   B.P. 3215   548, Chaussée de Ninove   Tél : + (243) 817777934
Kinshasa/Limete (RD Congo)   Kinshasa 1 (RD Congo)   Kinshasa/Gombe   B-1070 Bruxelles (Belgique)   + (243) 813330875
                                                                                                E-mail: cardikin@gmail.com

„Botschaft Seiner Eminenz Kardinal MONSENGWO PASINYA über
die im Land herrschende dramatische Situation" (20. Januar 2015)
– Übersetzung auf den →Seiten 317-318 –

20 Januar 2015

BOTSCHAFT SEINER EMINENZ
KARDINAL MONSENGWO PASINYA
über die im Land herrschende dramatische Situation[19]

Liebe Brüder und Schwestern,

1. In den letzten Tagen befindet sich Kinshasa in einem unbegreiflichen Ausnahmezustand. Die Bevölkerung ist im Aufstand; gewisse Politiker säen zusammen mit den Ordnungskräften Verzweiflung und schaffen eine allgemeine Unsicherheit. *Wir verurteilen diese Machenschaften, die zu Todesopfern führten* und verbreiten nachdrücklich diesen Appell: *Haltet ein Euer Volk zu töten, marschiert nicht auf den sterblichen Überresten eurer Mitbürger.* Außerdem *missbilligen und verurteilen wir jede Veränderung des Wahlgesetzes,* die zum Ziele hat, den Artikel 220 unserer Verfassung seines wesentlichen Inhaltes zu entleeren und illegaler Weise die Wahltermine von 2016 zu verschieben.

2. Des Weiteren laden wir den *Minister für Medien ein, alle audiovisuellen Medien wieder freizugeben,* deren Signale willkürlich unterbrochen wurden: *Die Demokratie bedeutet Pluralismus von Meinung und Denken. Sie verabscheut das Einheitsdenken.* Es ist nicht recht, dass die nationalen Fernsehsender ausschließlich die Meinung der Mehrheit, die an der Macht ist, verbreiten.

3. Wir rufen unser Volk auf, wachsam zu bleiben, um sich jedem Versuch der Änderung wesentlicher, für den Wahlprozess wichtiger Gesetze unseres Landes entgegen zu stellen – und zwar mit allen legalen und friedlichen Mitteln und unter Vermeidung jedweder Plünderungen von privaten oder öffentlichen Gütern.

---

[19] *Anmerkung*: Kardinal Monsengwo war bis zu seiner Ernennung Präsident von PAX CHRISTI INTERNATIONAL (Übersetzung von Reinhard J. Voß – Hervorgehobene Stellen sind so im Original gedruckt).

4. Wir sprechen unser ernstes und tiefes Beileid den Familien der Opfer aus, und wir beten für das ewige Heil der Verstorbenen. Möge der Herr, durch die Fürbitte der Jungfrau Maria, unserem Land einen dauerhaften Frieden in Gerechtigkeit und Wahrheit schenken.

Mit unserem herzlichen Segen!

Erzbischöflicher Sitz in Kinshasa, den 20. Januar 2015
gez. + L. Kardinal MONSENGWO PASINYA,
Erzbischof von Kinshasa

Nachtrag zum Jahr 2011

<small>PREDIGT VON KARDINAL LAURENT MONSENGWO (KINSHASA)</small>
am Vortag des 51. Jahrestages der Unabhängigkeit
(29.6.2011)

*„Vom **Schicksal** geeint ... bauen wir ein Land in **Frieden** auf,
schöner als zuvor,"* (Nationalhymne)

Liebe Brüder und Schwestern, zu diesem 51. Jahrestag des Zugangs unseres Landes zur nationalen und internationalen Souveränität möchte ich Sie einladen, die Worte unserer Nationalhymne zu meditieren *„Vom Schicksal geeint...bauen wir durch unsere Arbeit ein Land in Frieden auf, schöner als zuvor."*

1. Zu Beginn lasst uns Gott Dank sagen, dem Herrn der Zeit und der Geschichte, der uns „im Schicksal geeint" hat, aus allen Teilen dieses riesigen Landes, um zu einer Nation zu werden, berufen zu Wohlstand und Wohlergehen in international anerkannten Grenzen. Ja, das Schicksal hat uns im *„Berliner Kongress"* (1885) durch den Willen der Monarchen zusammen geführt, aber hinter diesem politischen Willen der Menschen stand Gott, der die Geschichte lenkte und der uns aufrief – eine Berufung -, eine große Rolle in der Geschichte zu spielen: *in der Geschichte Afrikas und der Welt.*

2. Auch ist es nicht umsonst, dass er dieses Land **ausgestattet** hat mit Bodenschätzen, die man immer noch in allen Teilen des Landes neu entdeckt. Diese **Gaben** Gottes laden uns ein zu einem *entschlossenen und freiwilligen Einsatz,* um daraus Werte zu schaffen. Der Einsatz wird umso entschlossener sein, je größer unsere **Wertschätzung** der Gaben Gottes ist.

3. **Ein entschlossener Einsatz bedeutet auch ständige Arbeit.** Deshalb sagen wir in unserer Nationalhymne: „durch die Arbeit erbauen wir ein Land, schöner als zuvor". In der Tat: ohne Arbeit kein entschlossener Einsatz! „Ohne Arbeit" heißt, dass das Geschenk nicht geschätzt wird; ohne Arbeit,

ständige Arbeit, greift Faulheit um sich, ja Faulenzerei. Das heißt Barbesuche und Getränke-Absatz. Das ist *die falsche Sorglosigkeit eines ganzen Volkes,* das all seine Ressourcen in alle Teile der Welt nach Übersee davonfliegen sieht, ohne dass es sich die Mühe macht, den Finger zu rühren, um daraus Werte zu schaffen, wie es die Ausländer tun. Ohne Arbeit setzt sich das ständige Gejammer fort, immer dieselbe unproduktive Leier gegen die Ausländer ...

4. Liebe Brüder und Schwestern,
   Ohne die Arbeit bleibt die Vision von unserem „Land, schöner als zuvor" eine ewige *Fata morgana,* die in dem Maße verblasst, als wir uns ihr nähern.
   Aber wir werden dieses Land niemals aufbauen, wenn **der Friede** nicht mit dabei ist; Friede der Herzen, Friede des Geistes, Friede der Gefühle. *Unsere Herzen müssen im gleichen Rhythmus für den Frieden schlagen.* Wir werden den Frieden niemals aufbauen, wenn gewisse Söhne und Töchter aus schlechten und egoistischen Interessen heraus beim Aufbau des Landes nicht mitmachen und stattdessen ihr Glück auf dem Rücken anderer errichten, ganz im Gegensatz zu dem *Gemeinschaftsgeist und zur Clan-Solidarität, die der afrikanischen Tradition so wichtig sind.* Wir werden den Frieden niemals aufbauen, wenn die **Toleranz** der Intoleranz weicht, wenn die **Wahrheit** der Lüge weicht, wenn der Hass die **Liebe** in unseren Beziehungen ersetzt.

5. Um ein „Land, schöner als zuvor" aufzubauen, muss **jede/r motiviert sein,** muss **jede/r seinen Anteil finden;** und damit er seinen Anteil findet – ohne eine uneigennützige Großzügigkeit auszuschließen –, muss das Nationalprodukt **gerecht** verteilt werden unter allen. Das ist die Voraussetzung für soziale Gerechtigkeit.

6. Wir werden dieses Land niemals aufbauen, **wenn wir nicht geeint sind, angetrieben von denselben transzendenten Werten,** und von denselben Idealen. Und das wird nicht möglich sein, wenn wir einerseits in zerstreuter Ordnung [en ordres dispersés] vorangehen – was die Legitimität einer

starken Opposition überhaupt nicht ausschließt -, und anderseits keine **genaue und realistische Vision** von der Entwicklung haben, die wir für unser Volk wollen.

7. Liebe Brüder und Schwestern,

   „Ein Land, schöner als zuvor", das waren der **Traum** und die **Hoffnung** der Väter der Unabhängigkeit an diesem sonnigen Tag des 30.Juni 1960. Diesen Traum und diese Hoffnung gründeten sie auf die blühende wirtschaftliche Situation des damaligen Kongo. **Diesen Traum, machen wir ihn wahr; und wir können es!**

8. Ja, wir können es mit Gottes Hilfe, der unsere **Kraft**, unsere **Weisheit**, unser **Licht** und unser **Heil** ist (Ps.27,1). Unter der Bedingung, dass wir ihn als solchen anerkennen, d.h. dass wir seinen Gesetzen und Vorschriften folgen, indem wir das Leben wählen und nicht den Tod, die Liebe und nicht den Hass, das Heil und nicht das Un-Heil oder alles, was sich Gott entgegenstellt, die Klarheit und Wahrheit und nicht die Betrügerei. *„Wenn Gott das Haus nicht baut, so mühen sich die Bauleute vergebens."* (Ps.127,1)

9. Mit diesen Gedanken, die zu Gebeten werden, wünsche ich Euch allen einen fröhlichen und glücklichen Nationalfeiertag. Gott möge uns überreich segnen. Die Jungfrau Maria, Unsere liebe Frau vom Kongo, schütze unser Land.

Liebe Brüder und Schwestern, sprechen wir zum Abschluss das **Friedensgebet des Heiligen Franziskus** [...] Der Herr gebe uns das in seiner unendlichen Güte und zärtlichen Liebe für sein Volk. Amen.

+ Laurent Kard. MONSENGWO PASINYA –
Erzbischof von Kinshasa

2011/2012

Reinhard J. Voß:
ES BLEIBT EIN KLAMMES GEFÜHL[20]
*Rückblick auf die Präsidentschafts- und Parlamentswahlen
in der DR Kongo am 28. November 2011*

Nachdem der bisherige Präsident (2001 bis 2011) auch der künftige in der Demokratischen Republik Congo sein wird – Joseph Kabila Kabange –, möchte ich einige Erfahrungen des Wahl-"Kampfes" im Kongo vor, während und nach dem Doppelwahltag Ende November mitteilen, obgleich zum Zeitpunkt der Niederschrift die 500 Parlamentssitze noch nicht ausgezählt sind, um die sich 19.000 Kandidat/innen beworben hatten.

Viel Verwirrung vor und nach den Wahlen

Der 28.November 2011 war schließlich ein magisches Datum im Kongo: ich hatte selbst erst wenige Tage vor diesem Termin das Fragezeichen in meinem Kalender gelöscht! Vorher Gerüchte, Falschmeldungen, Vermutungen und Ängste aller Art... Alle schienen den Termin halten zu wollen außer den NROs, die eine Übergangsfrist vorgeschlagen hatten, weil die logistische Herausforderung und die Wahrscheinlichkeit von Wahlfälschungen zu groß seien. Die kriegs- und elendsmüde Bevölkerung wünschte baldige Klarheit und Verbesserung ihrer Lebenssituation – in einem Land, in dem zwei Drittel der 68 Millionen von durchschnittlich einem Euro pro Tag leben / überleben müssen. Auf keinen Fall wieder Krieg, hörte ich allenthalben. Die Wahlen fanden pünktlich statt, wenn auch mit unübersehbaren Schwierigkeiten, besonders beim Transport der Unterlagen, die schließlich auch zusätzlich verteilt wurden mit Hubschraubern aus den Nachbarländern (Südafrika, Angola u.a.), nachdem Stimmzettel aus Südafrika und Kabinen aus China in letzter Minute fertig wurden.

---

[20] Januar 2012; auszugsweise erschienen in der pax christi-Zeitschrift „pax zeit".

Es gab dann ein Verwirrspiel von Ergebnissen in der Öffentlichkeit, bevor schließlich die offizielle Wahlkommission (CENI) nach mehrfacher Verschiebung (einmal wurde eine große internationale Pressekonferenz nochmals weggeschickt). Bei der letzten Verzögerung vom 8. zum 9. Dezember brach der stärkste Oppositionsführer der 10 Konkurrenten des bisherigen Staatschefs Kabila sein Schweigen und sprach von „auf Wahlfälschungen beruhenden illegalen Resultaten". Spät am Abend des 9.12. saß die ganze Nation vor Radios oder Fernsehern, als die CENI sehr langatmig und detailliert „ihre" Ergebnisse verkündete: JOSEPH KABILA (PPRD[21]) 48,95% ; 8.880.944 Stimmen, besonders aus den Provinzen *Bandundu, Katanga, Orientale, Maniema, Nord- und Süd-Kivu*; ETIENNE TSHISEKEDI (UDPS[22]) 32,33% ; 5.864.795 Stimmen besonders aus Kinshasa, sowie den Provinzen *Bas-Congo*, West- und Ost-*Kasaï*. Die nächstfolgenden Kandidaten hatten Achtungserfolge, die übrigen lagen unter 1 %. VITAL KAMERHE kam auf 7,74 % und LÉON KENGE WA DONDO auf 4,25 %. Die Wahlbeteiligung lag bei 58,81 % von 32.024.640 Wahlberechtigten. Die vielfach von unabhängigen Stellen wie dem Carter Center (s.u.) konstatierten Wahlbeeinträchtigungen und Fälschungen blieben ungeklärt; so sind etwa die Wahlzettel von fast 5.000 Wahlbüros unauffindbar und ist die offizielle Wahlbeteiligung in einigen Kabila-nahen Gegenden fast bei 100%, an einem Ort sogar die Zustimmung für ihn 100% – ohne jede Gegenstimme und Enthaltung!

Der Erzbischof von Kinshasa, Kardinal Monsengwo, protestierte drei Tage später in seiner typischen Klarheit und Schärfe gegen die Ergebnisse und wurde offiziell sofort isoliert, bekämpft und verunglimpft. Er setzte sich von seinem bischöflichen Kollegen der Lutherischen Kirche ECC ab und sagte: wegen der stark gefälschten Wahlen („élections extrêmement frauduleuses") seien die proklamierten Ergebnisse „weder konform mit der Wahrheit noch mit der Gerechtigkeit"! Da aber der Oberste Gerichtshof nach allzu kurzer Prüfung zu dem, wenn auch vor-

---

[21] PPRD = Parti du Peuple pour la Reconstruction et la Démocratie
[22] UDPS = Union pour la Démocratie et le Progrès Social

sichtig noch als „provisorisch" bezeichneten Ergebnis kam, dass die CENI richtig gezählt habe. Der belgische Außenminister sagte in letzter Minute auch noch ab, weil diese Überprüfung in der Eile nicht glaubwürdig sei; er schwenkte damit auf die Linie der EU ein. So konnte Kabila wie vorgesehen am 20. Dezember seinen Amtseid leisten: vor pompöser Kulisse, aber wenigen hohen Staatsgästen. Neben Botschaftern und Ministern war als einziger Staatschef der benachbarte und weltweit isolierte Präsident Zimbabwes, Mugabe, anwesend.

Jason Stearns, Schriftsteller und Kenner des Kongo, erklärte[23] die Reaktionen des UN-Sicherheitsrats in New York: „Der Rat ist tief gespalten; einige westliche Mächte wie Frankreich und Deutschland haben Fragen, andere wir Brasilien, Russland, China und Südafrika unterstützen die Version der kongolesischen Regierung. Aber auch die Westmächte qualifizieren, obwohl sie die Wahlfälschungen sehen, diese als ‚nicht systematisch oder nicht im großen Maßstab' ein – um ihre eigenen Interessen zu wahren."

Hatte der Kongo nun zwei Sieger- und zwei Präsidenten? Jeder denkt bei dieser Bemerkung sogleich an die Elfenbeinküste!! Etienne Tshisekedi sah sich als den legitimen Sieger an und legte seinen Eid im eigenen von Polizei und Militär umstellten Haus im Kreise weniger Getreuer ab, da das Stadion dafür nicht freigegeben wurde. Eine Regierung der Nationalen Einheit ist undenkbar, es sei denn, Kabila müsste gegen eine Parlamentsmehrheit regieren, aber auch das ist unwahrscheinlich.

Wie „friedlich" waren die Wahlen?

Noch wenige Monate vor der Wahl sprach kaum jemand außer den Kirchen und religiösen Gemeinschaften von der Notwendigkeit „friedlicher Wahlen", eher von „demokratischen, transparenten und freien Wahlen". Aber während der heißen Phase mehrten sich dann plötzlich Ende November die Appelle zum

---

[23] Aus seiner Blog-Email vom 3. Dezember, 12:17 Uhr.

Frieden auf den Straßen im Radio und Fernsehen, von Experten aller Art.

Vor der Wahl gab es alarmistische Stimmen vor allem im Ausland, wo etwa die *New York Times* vor einem neuen Bürgerkrieg warnte. Es gab aber auch ein Highlight der Demokratie: erstmals in Form und Umfang gab es in über 20 Radio- und Fernsehkanälen für jeden Kandidaten (11 Männer) eine Extra-Stunde, in denen dieser Rede und Antwort zu stehen hatte gegenüber einem spezialisierten Journalistenteam. Ansonsten sah man keine direkten Wortwechsel. Ein zweites Highlight spielte sich zwischen den beiden Hauptkontrahenten in Goma an der ruandischen Grenze im Osten ab, wo zufällig beide zur gleichen Zeit eintrafen und Kabila seinen Gegner Tshisekedi zu sich einlud; letzterer akzeptierte; die Presse schwärmte schon vom „Geist von Goma", der aber nicht übertragbar war nach Kinshasa. Denn wenige Tage später spitzte sich gerade dort die Stimmung am Samstag vor den Montagswahlen des 28. November am Flughafen Kinshasa derart zu, dass weder Kabila noch sein Hauptkonkurrent Tshisekedi ihre Großveranstaltungen zum Abschluss des Wahlkampfes durchführen konnten; alle öffentlichen Veranstaltungen wurden kurzerhand von der Polizei abgesagt. Beide landeten auf anderen kleineren Flughäfen und Tshisekedi wurde gar von nachmittags bis abends mit seinem Auto eingekreist, so von seinen Fans getrennt und erst gegen Mitternacht unter Zwang nach Hause gefahren.

Ein gängiges neues Wort: „Unregelmäßigkeiten"

Die Unabhängige Nationale Wahlkommission CENI (Commission Electorale Nationale Indépendante) hatte Wort gehalten, aber um welchen Preis?! Die Internationale Föderation der Menschenrechtsvereinigungen (Fédération Internationale des ligues des Droits de l'Homme – FIDH) resümierte diese am Tag vor der Veröffentlichung („Verkündigung = proclamation") am 5. Dezember, auch hinweisend auf die vorhergehenden Irregularitäten, Hasstiraden und Bedrohungen, mehr als 20 Toten und Men-

schenrechtsverletzungen besonders durch die „Ordnungskräfte":
„Am Wahltag gab es evidente Irregularitäten und Manipulationen: die fast allgemeinen Verspätungen beim Öffnen der Wahl-
lokale, verspätetes Eintreffen der Wahlunterlagen; Auslagerung
von Wählern in mehreren Wahlbüros; Behinderungen beim Zu-
tritt zu Wahlbüros; Fälschungen oder vorheriges Ausfüllen von
Wahlzetteln; Druck auf Wähler, bestimmte Kandidaten zu wählen; voll gestopfte Urnen; in einigen Orten gar keine Wahl an
diesem Tag; Verweigerung des Zutritts für Wahlbeobachter in
einigen Wahlbüros, etc."[24]

Die verschiedenen internationalen Wahlbeobachter bestätigten diese Feststellungen, betonten aber, dass sie nicht für das
ganze Land gelte und folglich nicht repräsentativ seien.

Das Engagement der katholischen Kirche

Die katholische Kirche hat durch ihre Kommission Gerechtigkeit
und Frieden (Commission Episcopale Justice et Paix – CEJP)
mehr als 30.000 Wahlbeobachter-innen ausgebildet und eingesetzt. Sechstausend darunter haben eine professionelle Fortbildung mit technischer Unterstützung des Carter Centers durch
deren Sektion Menschenrechte in Kinshasa bekommen[25].
Dadurch konnten je zwei Experten genauer Wahlbeobachtung in
jedem der ausgewählten 3.000 Wahlbüros[26] platziert werden, die
am Wahltag des 28. November zu sechs festgelegten Zeiten aktuelle Details des Wahlablaufes per sms an die CEJP gaben. Die
katholische Kirche hat bis zum 4. Dezember gewartet, um auf einer Sonntags-Pressekonferenz im eigenen Hause der CENCO[27]
quasi einen Skandal auszulösen, indem sie sagte, sie gäbe keine

---

[24] Dismas Kitenge, Vizepräsident der FIDH. Zitiert n. http://www.fidh.org/RDC

[25] La mission d'observation du Centre Carter a été mise en place en RDC en août
2011 sur invitation de la CENI. Elle était composée de soixante-dix observateurs
issus de vingt-sept pays différents. Le centre a été fondé par l'ancien président
américain après sa défaite pour un second tout ; il s'est entre autre spécialisé sur
l'observation d'élections à travers le monde. Voir : www.cartercenter.org

[26] 5% du total des centres de vote

[27] CENCO = Conférence Episcopale Nationale du Congo – www.cenco.co

Zahlen bekannt, deren es ohnehin schon zu viele gäbe. Sie sei nur Beobachterin der Wahlen gewesen; und selbst ihre Datenbasis sei ungenügend für Vorhersagen, was nie ihre Aufgabe und Absicht gewesen sei. Stattdessen gab sie konkrete Ratschläge an Medien, politische Parteien, und Bevölkerung; an den Gewinner und die Verlierer: bleibt ruhig, respektiert und akzeptiert das Urteil der Urnen wie es schließlich von der CENI bekanntgegeben wird; seid patriotisch und – besonders an Polizei und Militär gerichtet – neutral. Keine Gewalt und Zerstörung mehr in unserem Land, das es nötig hat, nicht zerstört, sondern aufgebaut zu werden!

Leben im Zeichen der Angst und der Unsicherheit

Während dieser Zeit veränderten sich spürbar die Lebensbedingungen in der DR Kongo und speziell in Kinshasa, so dass die Medien schon von einer „Angstpsychose" sprachen. Die Märkte waren fast leer, die Lastwagen fuhren nicht mehr wie gewöhnlich[28], die Läden öffneten nicht oder nur begrenzt bis 14 Uhr; sie hatten oft nicht mehr genügend Ware nach den Angst- und Vorsorgekäufen der vergangenen Tage. Mehrere Tausend „Kinois" (wie die Einwohner Kinshasas hier genannt werden) gingen über den Kongogrenz, der beide Städte und Länder hier trennt, nach Brazzaville um dort die Resultate abzuwarten, andere hatten das Land schon vorsorglich Richtung Europa verlassen – oder sie blieben eben zuhause wie mehrere Botschaften und Zeitungen rieten. Man kaufte sich Telefon- und Sim-Karten von „drüben in Brazza", damit die Handys auch noch benutzbar blieben für den Fall einer totalen Abschaltung durch die Regierung, was dann aber „nur" für die fünf aktiven sms-Firmen und öfters tagelang für den Radiosender FRI (Radio France International) passierte. Und im Übrigen hoffte man darauf, dass es keine großen Unruhen gäbe und die Ordnungskräfte ihrem Namen in gutem Sinne gerecht würden. Dort war dann die Bilanz gemischt: einerseits

---

[28] Am 8. Dezember fuhren nur 70 von 300 Lastwagen vom Hafen in Matadi, dem einzigen Meerzugang des Landes, nach Kinshasa.

viele Fällen von Willkür und Rechtsbrüchen (Hausdurchsu-
chungen und Mitnahme von Personen und Sachen ohne entsprechende Befehle; Tödliche Schüsse und viel Tränengas); andererseits in einigen zentraleren Teilen der Hauptstadt ein fast „nor-
males" Leben (unter Polizeischutz).

*Aktive Gewaltfreiheit – **die** Herausforderung der Zukunft*

Vielleicht war ja die Aufschiebung der Bekanntgabe der Wahlergebnisse in der betreffenden Woche bis hinein in den späten
Freitag-Abend des 9. Dezember (gefolgt übrigens wieder am
nächsten Freitagabend vom Schlussurteil des Obersten Gerichts)
eine Maßnahme zur Beruhigung der Gemüter?! Es nützt ja
nichts, die Ergebnisse zu verkünden ohne die Menschen richtig
darauf vorbereitet zu haben. Nahezu alle Medien bemühten sich,
ein „friedliches Verhalten" zu propagieren (durch Friedens-
Spots, etwa gesponsert von UN und Japan, durch Weglassen oder Vermindern sonst üblicher Gewaltfilme etc.).

Aber Methoden der aktiven Gewaltfreiheit sind im Kongo
bislang wenig bekannt Deshalb hat die katholische Kirche professionelle Fortbildungen dazu im Blick, auch im Hinblick auf
die noch angekündigten Regional- und Kommunalwahlen in
diesen beiden Jahren 2012 und 2013. Die Prinzipien hat sie gegeben, es fehlt „nur" noch die Umsetzung in die Realität des Landes.

Die große Herausforderung des kongolesischen Volkes und
seiner Politiker-innen sind diese Regional- und Lokalwahlen.
Und dabei geht es auch und vor allem um Versöhnung, insbesondere in den beiden Kivu-Provinzen im Osten an den Grenzen
zu Ruanda und Burundi, in der nördlich davon gelegenen an
Uganda grenzenden Provinz Orientale sowie innerhalb einiger
Provinzen wie Katanga im Süden und den beiden Kasai-Provinzen.

„Der Friede ist die Grundbedingung für Entwicklung" – Justitia ET Pax: diese Lektion lernt Kongo gerade.

Anhang II

Botschaften der CENCO: eine Auswahl aus 2018

1.
ERKLÄRUNG DES ERZBISCHOFS VON KINSHASA
(22.1.2018)

Laurent Kard. Monsengwo Pasinya gibt eine couragierte Stellungnahme ab zu den Behinderungen und staatlichen Gewaltanwendungen gegen friedliche Demonstranten am 21. Januar 2018 und zuvor am 31.12.2017 in Kinshasa. Er ermutigt das organisierende Laien-Kommitee: „Wir katholischen Christen bleiben unbeugsam, ohne Gewalt anzuwenden, voller Nächstenliebe und in der frohen Hoffnung, dass der Herr uns nicht verlassen wird."

2.
PRESSE-COMMUNIQUE DER CENCO
(13.2.2018)

zur Begrüßung der neuen Sonderbotschafterin der UN und MONUSCO-Leiterin, Frau Leila Zerrougui – mit der Bitte, die Wahlen konstruktiv zu begleiten: „Die CENCO erneuert ihre Willkommensgrüße an Madame Leila und wünscht ihr Erfolg in ihrer Mission für einen dauerhaften Frieden in der DR Congo."

3.
ERKLÄRUNG DER CENCO (17.2.2018)[1]
(Abschluss der Außerordentlichen Vollversammlung
vom 15.-17.2.2018)

[...] Nach weniger als drei Monaten seit unserer letzten a.o. Vollversammlung haben wir uns erneut getroffen wegen der anhaltenden und sich verschärfenden soziopolitischen Krise unseres Landes. Als Leib Christi ist die Kirche nicht abhängig von irgendeiner politischen Organisation. Ihre einzige Sorge gilt dem Beitrag zum Wohlergehen des kongolesischen Volkes, dem Schutz und der Förderung der Würde der menschlichen Person, der Achtung des Lebens, und der fundamentalen Freiheiten und Rechte (vgl. Gaudium et Spes N. 7 § 29). [...]

Während wir eigentlich damit beschäftigt sind, uns auf das Abhalten der Wahlen im Hinblick auf einen friedlichen gesellschaftlichen Wandel der Macht einzustellen, werden wir zutiefst beunruhigt durch sehr schwerwiegende Fakten und feindselige Haltungen. Dazu zählen:

(1) *Die blutige Unterdrückung der friedlichen Märsche* (vom 31.12. 2017 u. 21.1. 2018).

Warum soviele Tote, Verletzte, Verhaftungen, Entführungen, Attacken auf kirchlichen Gemeinden und Gemeinschaften; soviele Demütigungen, Folterakte, Einschüchterungen, Entweihungen von Kirchen, Gebets-Verbote? **Welche Verbrechen haben sie begangen, diese kongolesischen Christen und Bürger, die auf friedliche Weise die volle Umsetzung des Silvestervertrages vom 31.12.2016 forderten?** Wir verurteilen mit aller Kraft die blutige Gewalt, durch welche beide Märsche unterdrückt wurden.

(2) *Die Kampagne der Herabwürdigung und Diffamierung der katholischen Kirche und ihrer Hierarchie.*

Die internationale und nationale Gemeinschaft sieht eine Serie von Kampagnen der Vergiftung und Herabwürdigung, ja Diffamierung, mit dem Ziel, die moralische Kraft der Kirche zu

---

[1] *Hervorhebungen* im Original.

schwächen, besonders S.E. Laurent Kardinal Monsengwo. Die Aufmerksamkeit des Volkes soll von den wahren Machenschaften abgelenkt werden. Wir bekräftigen unsere Unterstützung von und Nähe zum Erzbischof, dem Kardinal von Kinshasa. *Unerschütterlich in unserem Glauben an Jesus Christus, König des Universums, und getreu unserer prophetischen Mission, werden wir niemals unser Engagement für das Kommen eines Rechtsstaates in der DRK aufgeben.*

1. Die beunruhigende Ausdehnung
   der Unsicherheits-Zonen

[Genannt werden ausdrücklich die Großregion des Kasai, die beiden Kivu-Regionen sowie Ituri. D.Übers.] ... Die Präsenz der Mörder, die Tod und Verzweiflung säen, wirkt wie ein Plan der Besetzung und Balkanisierung, der doch stets angeprangert wurde. In den Provinzen von Kwango und Kwilu bewirkt die Präsenz von bewaffneten fremden Viehzüchtern" mit ihren Kuhherden ein Klima der Unruhe und Unsicherheit unter der Bevölkerung. **In** *diesem Stadium des Wahlprozesses fragt man sich mit Recht: wem dient diese Destabilisierung des Landes?*

2. Die selektive und umgangene
   Umsetzung des Silvesterabkommens

[...] Wenn man so weitermacht, bringt das nur anfechtbare Wahlen und neue Krisen. [...]

3. Die Polemik um die „Wahl-Maschinen"

Wir sind überrascht, dass das von der CENI geförderte Projekt von „Wahlmaschinen" in der politischen Klasse umstritten ist und die Bevölkerung nicht überzeugt. Auch dies lässt Proteste gegen die Wahlresultate erwarten.

EMPFEHLUNGEN

[...] Die CENCO bekräftigt die Dringlichkeit von Wahlen in 2018 und fordert beharrlich die vollständige und wirksame Umsetzung der noch ausstehenden Bestimmungen des Silvestervertrages, nämlich: die erfolgreiche Umsetzung der Entschärfungsmaßnahmen zum politischen Klima, die Wiederbelebung der CENI, und die Umsetzung der Beschlüsse zum Obersten Rat für Audiovisuelle und Kommunikationsmittel (CSAC).

Die CENCO fordert von den zuständigen Autoritäten:

- Die Verordnungen zum Verbot friedlicher Demonstrationen zu annulieren; juristische Verfolgung gegenüber denen einzuleiten, die strafbewehrte Akte gegen die vom „Laienkoordinations-Komitee" organisierten Märsche begangen haben und angemessene Maßnahmen zu ergreifen, um diese friedlichen Märsche zu betreuen, wie es in anderen Ländern üblich ist.
- Die Verfolgungen und Bedrohungen gegen die Organisatoren der friedlichen Märsche einzustellen, weil diese nur ihre von der Verfassung garantierten Rechte wahrnahmen.
- Die Autorität des Staates glaubwürdig und wirksam zu machen, um die Unteilbarkeit des nationalen Territoriums zu bewahren, die Grenzen zu schützen und die Sicherheit und Güter der Bevölkerung zu garantieren.

Die CENCO lädt die CENI ein, die Zweifel und Verdächtigungen rund um die Wahlmaschinen aufzulösen, indem sie die Zertifizierung derselben von nationalen und internationalen Experten akzeptiert.

Die CENCO rät dem kongolesischen Volk, standhaft und wachsam zu sein und sein Schicksal in die eigenen Hände zu nehmen, besonders durch das Gebet und durch Initiativen, die gewaltfrei alle Versuche der Konfiszierung oder der Machtergreifung auf nicht-demokratischen oder verfassungsfeindlichenWegen verhindern.

Die CENCO bittet die internationale Gemeinschaft, den Wahlprozess in der DRK weiterhin zu begleiten und das Wohl des kongolesischen Volkes höher zu achten als eigene Interessen.

SCHLUSS: Wir ehren alle Toten, alle Verletzten und drücken unsere Nähe und unser Mitgefühl mit allen geprüften Familien aus, die Angehörige während der Märsche am 31.12. 2017 und am 21.1.2018 verloren haben.

Die DR Kongo gehört allen ihren Töchtern und Söhnen: es ist Recht und Aufgabe aller, alles zu bekämpfen, was seine Zukunft belasten kann. Zehn Monate vor den Wahlen appellieren wir ein weiteres Mal an die Verantwortlichkeit der Personen und Institutionen, die mit Vorbereitung und Organisation der Wahlen im höheren Interesse der Nation befasst sind.

Durch die Vermittlung der Heiligen Jungfrau Maria, Unsere Frau des Kongo und Königin des Friedens, segne Gott die DRK und ihr Volk.

Kinshasa, den 17.2.2018

4.
27. Februar 2018:
COMUNIQUE DES CENCO-SEKRETARIATS
„Bilanz und Verurteilung der Unterdrückung der Demonstration am 25. Februar 2018" mit zwei Toten und 32 Verletzten durch Schüsse sowie 76 Verhaftungen:

„Unglücklicherweise haben wir, obwohl doch die Meinungsfreiheit durch friedliche Demonstrationen für jeden kongolesischen Bürger von der Verfassung garantiert ist (Art. 26), einmal mehr eine gewalttätige Repression der Märsche durch die Ordnungskräfte erlebt, obgleich die Demonstrierenden selbst keine Waffen trugen und friedlich ihr Recht ausübten."

5.
13. April 2018:
PRESSEMITTEILUNG DES
CENCO-GENERALSEKRETÄRS, ABBÉ DONATIEN NSHOLE,
nach der Sitzung des Ständigen Komitees der Bischöfe am 11./ 12.4. 2018 in Kinshasa *über die „Sorgen der CENCO wegen der aktuellen soziopolitischen Vorgänge", u.a. zur Schließung des Maison Schengen (Visavergabe) und der Ermordung des katholischen Priesters Etienne SENGIYUMVA im Nordkivu.*

6.

24.5.2018: Presse-Communique des Generalsekretärs
der CENCO zum Wahlprozess:
Aufruf zur Verantwortung.

„Die CENCO bleibt sehr unzufrieden, solange nicht die im Sil-
vestervertrag festgelegten Punkte von den Regierenden umgesetzt sind. *Sie erinnert an die Notwendigkeit von glaubwürdigen,
transparenten und inklusiven Wahlen zur Stabilisierung des Landes.*
Außerdem ist die CENCO beunruhigt wegen der Missachtung
der Freiheiten zu öffentlichen Kundgebungen."

*In dieser Perspektive von „friedlichen, transparenten und inklusi-
ven Wahlen" ist die Aufhebung des Dekretes, das öffentliche Kundgebungen verbietet, eine höchste Notwendigkeit, um allen beteiligten Parteien ein günstiges Klima der Wahlvorbereitung zu garantieren."*
[Hervorhebungen im Original!]

Weiter plädiert das Dokument für Meinungsfreiheit und Me-
dienzugang für ALLE Bewerber/Parteien und warnt vor Aus-
flüchten zu möglichen Wahlabsagen, wie etwa Geldmangel,
technische Fehler, oder politische Unruhen „in mehreren Lan-
desprovinzen"! Auch schlägt es vor, eine Nachkorrektur der
Wahllisten nach dem Listenschluss vom 11.5. zu ermöglichen.

7.

4.6.2018: Presse-Communique
des Generalsekretärs der CENCO
*zum illegalen Eindringen des Bürgermeisters von Kinshasa-Gombe
in ihr Gelände, begleitet von einem Polizisten, der die an der
Außenwand im Diözesanen Zentrum aufgehängten beiden
Spruchbänder konfiszierte: „Kein 3. Mandat für den Präsidenten
der Republik" und „Nein zur Veränderung der Verfassung".*

In dieser „Verurteilung der Verletzung des Hausrechts" schreibt
Generalsekretär Abbé Donatien Nshole unter Punkt 3 (im Original fett gedruckt): *„Die CENCO verurteilt energisch diese Verlet-*

zung von und diesen Angriff auf Rechte, die in besonderen Fällen garantiert sind von der politisch-administrativen Autorität, welche lautstark auf ihren juristischen Status verwies, während sie diesen rechtlosen Akt („acte incivique") durchführte. Die Spitze des Ganzen ist die Tatsache, dass das Interdiözesane Zentrum sich auf dem Gelände der Apostolischen Nuntiatur und damit einer [internationalen] Botschaft befindet. Es handelt sich also um eine Verletzung der diplomatischen Immunitäten. Dies ist ein Skandal und es ist inakzeptabel. Deshalb verdient dieser hier angezeigte Akt die volle Aufmerksamkeit der Stadt und des Landes. Falls dies nicht so ist, werden wir von staatlichem Banditentum sprechen und uns eine Anzeige vorbehalten.

[*Anmerkung*: Das Laien-Koordinierungs-Komitee (CLC), unterzeichnet von deren Sprecher Jonas Tshiombela, protestierte gleichfalls am 5.6.2018 gegen dieses „barbarische Eindringen".]

8.
29.6.2018: Retten wir den Wahlprozess.
„Der Menschensohn ist gekommen,
zu retten was verloren war." (Mt 18,11).
Botschaft zum Abschluss der 55. Vollversammlung der Nationalen Kongolesischen Bischofskonferenz (CENCO) – Kinshasa 25.-29.6.2018

1. [... Wir] sind sehr besorgt wegen der Unsicherheiten, dieüber unserem Land liegen. In Sechs Monate vor den Präsidenten- und den nationalen wie regionalen Wahlen bleibt das soziopolitische Klima immer noch angespannt, die Sicherheits- und humanitäre Situation prekär, und die Menschenrechte werden missachtet.
2. Gleichwohl sind wir überzeugt, dass nur durch das Organisieren guter Wahlen ein friedlicher Ausgang der Krise, die in unserem Land grassiert, möglich wird. […]

I. Blick auf den Wahlprozess
Wir weisen besonders auf folgende Unruhefaktoren hin:

1. Die Nichtumsetzung der vorgesehenen Maßnahmen zur politischen Entschärfung, die im Sylvesterabkommen vorgesehen waren, ist *unerklärlich und unannehmbar*. Die Fortsetzung von Gefängnis und Exil für Personen, die zeichenhaft ihre politische Meinung geäußert haben, trägt nicht dazu bei, die inklusiven und friedlichen Wahlen zu fördern, die wir alle wollen.

2. Das Wahlverzeichnis
   Nachgewiesene Schwächen sind u.a. die bisher fehlenden Fingerabdrücke von 16.6% der Wahlberechtigten, also 6,7 Millionen der registrierten WählerInnen. [Lt. Audit der OIF = Internationale Organisation der Francophonie, d.h. der Vereinigung der französisch-sprachigen Länder.]

3. Die Wahlmaschinen
   Wir stellen fest, dass es immer noch keinen Konsens über Einsatz oder Nichteinsatz von Wahlmaschinen gibt. Einige drohen sogar mit Wahlboykott, offenbar ohne die Konsequenzen abzuwägen.

4. Die Sicherheit
   Wir beklagen die andauernde und noch wachsende Unsicherheit in mehreren Provinzen, verstärkt durch die Vielzahl bewaffneter Gruppen. [...] Kann diese Unsicherheit, die wohl bewusst erzeugt wird, nicht womöglich zu dem Vorwand führen, dann die Wahlen erst später abzuhalten?

II. DIE WAHLEN, DIE DAS VOLK WILL

Hier werden nochmals in den Punkten 10 bis 12 die wichtigsten drei Aspekte betont:

- *Glaubwürdige Wahlen müssen im Rahmen von Verfassung und Silvester-Akommen stattfinden. Der Präsident kann nach der Verfassung nur zweimal nacheinander kandidieren und kein 3. Mandat anstreben, wie Präsident Kabila es versuchte.*

- *Im Sinne des Silvesterabkommens sind glaubwürdige und friedliche Wahlen geprägt von der gleichberechtigten Teilnahme aller Kandidaten.*

- *Weil seit Jahrzehnten die verschiedensten Regierungssysteme den Kongo „auf die Knie gewungen" haben, braucht das Land den Wechsel, neue Leiter und eine neue politische Klasse mit kompetenten und integren Frauen und Männern, die ihr Land wirklich lieben.*

III. UNSERE EMPFEHLUNGEN

Hier folgen daraus abgeleitete Empfehlungen an den Präsidenten (auf das Volk zu hören), an das Volk („Lasst uns nie weder der Angst noch der Resignation und noch weniger der Gewalt nachgeben!"), an die Jugend (sich nicht verführen und manipulieren zu lassen und Verantwortung zu übernehmen), an die Deputierten und Senatoren beider Kammern, dem Volk wirklich zu dienen, an die Zentralregierung, den Wahlkalender einzuhalten (und die Wahlen in einem guten politischen Klima durchzuführen und die CENI finanziell genügend auszurüsten), und der Wahlkommission CENI, die noch nicht per Fingerabdruck erfassten 6,7 Millionen Wahlberechtigten einzubeziehen und die zu erwartenden 1,2 Millionen überschüssigen, unbenutzten Wahlkarten durch „nationale und internationale Expertise" überwachen zu lassen. Die Wahlen seien in größtmöglicher Öffentlichkeit abzuhalten.

Zum Schluss wenden sich die Bischöfe an alle:

19. An euch, die politischen Akteure

Wir empfehlen, euch guten Glaubens im Wahlprozess zu engagieren und *jede Form des Extremismus zu vermeiden, die es riskiert, das Land in eine noch tiefere Krise zu stürzen;* euch darauf zu konzentrieren, die Mitglieder eurer Parteien zu schulen; politische Programme und Projekte für eine sachkundige Gesellschaft vorzuschlagen, in der es um eine Debatte von Ideen geht; sodann eure Zeugen und Beobachter für die Wahlkabinen vorzubereiten; und schließlich zu vermeiden, junge Leute zu maniulieren oder sie anzustiften zu Gewaltakten zur Beeinflussung der Wahlen. [...]

Kinshasa, den 29. Juni 2018, am 58. Jahrestag der Unabhängigkeit, Festtag St. Peter und Paul.

9.
CENCO KOMMUNIQUÉ VOM 6.8.2018 – APPELL DER BISCHÖFE
Aufruf zu umfassenden und friedlichen Wahlen.
Kommuniqué der CENCO anläßlich der Kandidaturen-Anmeldungen
zu den Präsidentschafts- und Parlamentswahlen am 23.12.2018
in der Demokratischen Republik Kongo

1. Überzeugt davon, dass glaubwürdige, transparente und alle einschließende Wahlen die Lösung der aktuellen Krise in der DRC bedeuten, ermutigen und verfolgen die Bischöfe der CEN-CO sehr genau den laufenden Wahlprozess – in ihrer Funktion als Garanten des Sylvesterabkommens und als Wächter und Erwecker („veilleurs et éveilleurs") eines verantwortlichen Bewusstseins in der Bevölkerung, und treu ihrer prophetischen Botschaft.

Danach gehen die Bischöfe sehr intensiv auf ihre Forderungen ein, den Wahlkalender bis zum 23.12.2018 einzuhalten (Punkt 2) und alle Kandidaten zu Wahl zuzulassen, insbesonderes Maurice Katumbi (aus Lubumbashi), dessen Ausschluss sie vehement kritisieren [Punkte 3-6].

7. Die CENCO *beklagt und verurteilt* zudem die Gewalt, die zu Toten und zu enormen materiellen Schäden geführt hat, insbesondere in diesen Tagen am Grenzort Kasumbasela. (Kasumbasela ist der Ort, an dem M. Katumbi die Einreise und damit die Möglichkeit seiner Kandidaten-Anmeldung zur Präsidentschaftswahl verweigert wurde. Der Übers.) *Sie fordert die kongolesischen Autoritäten dringend auf, Zurückhaltung und hohes Verantwortungsbewusstsein zu beweisen, indem sie die Sicherheit und den Schutz aller garantieren, ohne jede Benachteiligung.* Die Wahlen, die das ongolesische Volk erwartet, müssen *glaubwürdig, transparent und umfassend* sein.

Kinshasa, den 6.8.2018
Gez. + Marcel UTEMBI Tapa, CENCO-Präsident,
und + Fridolin AMBONGO Besungu, CENCO-Vizepräsident

10.
DIE BUNIA-MORDE IM FEBRUAR 2018
UND DIE BOTSCHAFT DES BISCHOFS

Botschaft S. E. Mgr. Dieudonné URINGI, Bischof von Bunia,
am 1.2.2018 zur Tragödie von Djugu in der Provinz von Ituri,
RD Kongo: „Stoppen wir die Gewalttaten! –
Was hast du deinem Bruder getan?" (vgl. Gen 4,10)

ANKLAGE DER FAKTEN

1. Zu Beginn des Monats Dezember 2017 war der Befriedungs-
    prozess weit gediehen, um den interethnischen Konflikt zwi-
    schen Hema und Lendu im Territorium von Djungu zu be-
    enden. Es gabe in Hoffnungslicht, aber dieses Hoffnungslicht
    wurde zerstört durch die traurigen Ereignisse vom 2.bis 10.
    Februar 2018: Ermordungen von Menschen – in der Mehr-
    zahl Frauen und Kinder -, Abbrennen von Häusern, Dieb-
    stahl, massive Flucht von Menschen im Land und über die
    Grenzen. Das alles öffnete die Tür für eine humanitäre Krise
    und zu schweren Menschenrechtsverletzungen [*in vielen Or-
    ten und Bezirken, die alle namentlich aufgeführt werden …*].
2. Wir beklagen den Verlust von Menschenleben (mehr als 60
    Tote), Gütern, Häusern (mehr als *2.000* Wohnungen abge-
    brannt), die Destabilisierung der Bevölkerung (mehrere Tau-
    send interne Flüchtlinge, darunter *20.000* von der Caritas
    Bunia erfasst, und mehr als *60.000* Flüchtlinge nach Uganda).
    Ungefähr *einhundert Schulen zerstört und verlassen, fünf Kran-
    kenhäuser* ausgeräumt und verlassen …
    [Hervorhebungen im Original]
3. Wir bedauern, dass das iturische Volk keine Lehren gezogen
    hat aus den noch nicht so lange vergangenen Bruderkriegen
    der Jahre 1999 bis 2003. Wir bedauern die Eigensinnigkeit
    mancher Personen, sich manipulieren zu lassen, um ihre
    Brüder und Schwestern aufzustacheln, auszurüsten, zu be-
    waffnen und zu töten. Wir bedauern den Eifer mancher Per-
    sonen in der Ausbeutung des Elends ihrer Brüder und

Schwestern zum Erlangen von Positionen und leichtem Geld. Wir bedauern ebenso, dass die Regierenden auf allen Ebenen diese Gewalt weder zu beenden noch deren Verursacher zu bestrafen wissen.

Wir wollen auch unsere Beunruhigung über die Gewalteskalation und ihre rasent schnelle Verbreitung über neun Tage in ganz Ituri ausdrücken.

Schließlich bedauern wir das maskierte Schweigen der örtlichen Autorität und ihre Passivität angesichts dieser Situation, ebenso wie die Gleichgültigkeit der Deputierten und Senatoren von Ituri. Während Polizei und Armee in den Gefahrzonen eingesetzt werden, gehen die Angriffe auf Menschen und die Inbrandsetzung von Dörfern einfach weiter.

[*Kurzbeschreibung der Punkte 4-14:*

4. Mitgefühl für alle Opfer der Gewaltakte, verbunden mit dem „Aufruf im Namen des Herrn: bleiben wir mutig!"

5. Hervorhebung „unserer Identität als Kinder Gottes".

6. Erneute Verdammung der Gewaltakte als „entehrend, ja entmenschlichend".]

EMPFEHLUNGEN:

7. An die Bevölkerung von Djugu (u.a.):
   - *Die Brüderlichkeit in Diözese und Land retten; zur Aufklärung aller Verbechen beitragen und keinen Volksverführern mehr nachlaufen;*
   - *Der Gewalt und Rache, dem Hass und den „identitären Ressentiments" keinen Raum geben!*
   - *„Spirituelle Bewegungen, welche Spaltung, Hass, Rache, Terrorismus und Krieg verbreiten" zu meiden.*

8. *An die Täter, umzukehren.*

9. *An Soldaten und Polizisten, das Volk zu schützen.*

10. *An die Jugend, sich nicht zu Waffen, Rache, Tribalismus und ethnischem Hass verführen zu lassen.*

11. *An Deputierte und Senatoren von Ituri, auf Regional- und Nationalebene parlamentarische Aufklärung zu fordern.*

12. *An den Premierminister und den Gouverneur, gute Regierungsführung zu praktizieren, besonders bei der Krisenbewältigung, gegenüber Flüchtlingen und Straftätern; sowie Vorsorge zu treffen zur Vermeidung weiterer Feindseligkeiten.*

13. *An die Monusco, ihren „so nötigen" Stabilisierungsauftrag zu erfüllen.*

14. *An Caritas und humanitäre Organisationen sowie Agenturen der UN, bei dieser humanitären Krise zu helfen.*

15. „Trotz dieser makabren Situation begrüßen und ermutigen wir die Friedensakteure in ihren Inititiven, die uns Gründe zur Hoffnung geben. In der Tat sind diese Ungeheuerlichkeiten, die denen von Tanganyika, von Nord-Kivu und den Kasai-Provinzen folgen, keine interethnischern Kriege, sondern die Folge von Instrumentalisierung und Manipulation einer kleinen Clique von Iturern und anderen." […]

11.

REPORTAGE VON MARTHE BOSUANDOLE ZUR KATHOLISCHEN
DEMONSTRATION AM 17.1.2018 MIT SECHS TOTEN

Das „schöne Kinshasa" (Kin-la-belle)
widersetzt sich der Polizei Kabilas

Kinshasa, 21. Jan 2018 (AFP) – „Sie ist nicht umsonst gestorben.
Sie ist eine Märtyrerin." Das sagt Jean-Claude, der sich zum
Sprecher des Familienclans im Wohnhof macht. Er spricht von
seiner großen Schwester Deshade (24), einer Ordensanwärterin,
die kurz zuvor in einem Kugelhagel vor der Gemeinde Sankt
Franz von Sales in Kitambo umgekommen ist. Kitambo ist ein
Stadtteil einfacher Leute in der Hauptstadt der DRK. Sie ist eines
von sechs Todesopfern bei der Unterdrückung des gewaltfreien
Marsches der Katholiken gegen das Festhalten von Josef Kabila
an der Macht. […] „Soldaten haben mindestens fünf Kugeln ver-
schossen und meine große Schwester hat viel Blut verloren."

Hl.-Franz, Christ-König, Sankt-Josef, Kathedrale Notre Dame
… : in vielen der 160 Pfarreien der Hauptstadt sind die Gläubigen nach den Messen auf die Straße gegangen und haben die Sicherheitskräfte herausgefordert, um Nein zu sagen zur Verlängerung der Macht von Präsident Kabila, dessen letztes Mandat
am 20. Dezember 2016 ausgelaufen ist. Im Gegensatz zum
Marsch davor am 31. Dezember 2016, haben die Katholiken
diesmal dem Tränengas widerstanden. Brennende Autoreifen,
umgeworfene Müllbehälter, barrikadierte Straßen: Kitambo, einer der ältesten Stadtteile von Kinshasa, mit seinen kleinen ein-
stöckigen Verkaufsbuden, war eines der Zentren des Volkszor-
nes.

Jugendliche, Frauen und Männer sind mit Palmzweigen in
der Hand losgezogen mit Anti-Kabila-Liedern auf den Lippen,
direkt bis vor die Polizisten. „Sie werden uns zusammen töten!"
– „Soll er gehen! Er tötet nur immer mehr Menschen, wir halten
das nicht mehr aus", schreit ein junger Mann von 20 Jahren.
„Kabila muss gehen; wir lassen ihm keine Zeit mehr", fügt ein
anderer hinzu. Einen Morgen lang hat „Kin-die Schöne", die

drittgößte afrikanische Megacity, überfließend an Energie trotz allen Elends, wieder Verbindung aufgenommen mit den dunklen Stunden seiner Geschichte.

Weiter weg in Lemba, einem anderen Viertel, spaziert ein Mann in Zivil hinter einem Motorrad her und feuert Schüsse in die Luft. [...] Zwanzig Meter weiter fordert eine Gruppe von zornigen Jungen sichtlich überlastete Polizisten heraus. Die Märsche haben am Ende der Messen begonnen, wie in der Pfarrei St. Josef in Matonge, zu normalen Zeiten bekannt wegen seiner Bars und Kneipen. „Wann immer wir bedroht werden, lasst uns vereint bleiben, und wenn sie uns töten wollen, dann töten sie eben uns alle", gibt einer der verantwortlichen Laien vor dem Marsch als Ratschlag. Die Prozession geht ins Freie, die Gläubigen nehmen Baumzweige in die Hand, um sie dann wie Friedenspalmen zu schwenken, hinter einem Chorknaben, der das Kreuz voranträgt. Nach hundert Metern verstummen die religiösen Lieder in den ersten Wolken von Tränengas.

„Ich möchte, dass zu einem neuen Marsch in drei Tagen aufgerufen wird. Der Druck auf die Staatsmacht muss weitergehen", regt sich Jean-René, ein Gläubiger, auf. „Wir haben den Polizisten standgehalten, trotz ihrer Brutalität", beglückwünscht sich Néhémia, Spezialist in digitalen Daten, noch ganz fertig vom Tränengas.

In einer anderen Pfarrei, Christkönig, sind die Gläubigen fast zwei km gelaufen, bevor sie mit Tränengas und ganz realen Kugeln konfrontiert wurden. Sie haben mit Steinwürfen reagiert. Nach einer Viertelstunde der Konfrontation fordert der Pfarrer sie auf, zum Kirchengelände zurück oder nach Hause zu gehen. „Dem Land geht es gut; die Polizei ist sehr freundlich", ironisiert ein Polizist, der die Equipe der französischen Nachrichten-Agentur von AFP an einer der zahllosen seit der Frühe aufgestellten Sperren kontrolliert.

Am späten Nachmittag beruhigte sich die Situation. Montags wird der Straßen-Handel weitergehen in den kleinen Shops von Kitambo, und die Einwohner von Kinshasa (man nennt sie die „Kinois") werden wieder ihr Bier in Matonge trinken. Bis zum nächsten Marsch? Die nächsten Präsidentenwahlen sind jedenfalls nicht vor dem 23. Dezember geplant.

12.
REPRÄSENTANTEN DER KATHOLISCHEN
BISCHOFSKONFERENZ DRÄNGEN AM 26.9.2018
IN BERLIN AUF MEHR INTERNATIONALEN DRUCK.

Dominic Johnson in: taz 27.9.2018:
Sorge um Wahlen im Kongo: Kirche fordert mehr Druck

BERLIN taz | Mehr internationalen Druck auf die Regierung der Demokratischen Republik Kongo – das fordert die einflussreiche katholische Bischofskonferenz des Landes (Cenco). Ihre Führer schlugen am Mittwoch in Berlin Alarm über den für den 23. Dezember geplanten Urnengang. – „Es besteht die Gefahr, dass die Wahlen nicht in einem friedlichen Klima ablaufen", warnte CENCO-Präsident Marcel Utembi, Erzbischof von Kisangani. Sollte das so kommen oder die Wahl gar ausfallen, „wird das eine Lage herbeiführen, die niemand im Griff hat"...

[http://www.taz.de/Sorge-um-Wahlen-im-Kongo/!5538776/]

13.

CENCO WAHL-INFORMATIONEN UND –ORIENTIERUNGEN
„WÄHLEN MIT VERSTAND"
(NOVEMBER 2018)
*Einige Kriterien zur Beurteilung und Aktion, die uns
das Evangelium anbietet in dieser Zeit der Wahlen*[2]

Eine wirkliche und aktive Solidarität mit den Kleinen und Armen. *Diese Solidarität beinhaltet natürlich die Ablehnung einzelner und kollektiver Egoismen.*

Die Intoleranz gegenüber dem Bösen in all seinen Formen und die Ablehnung der Komplizenschaft mit denen, die das kongolesische Volk ins Elend gestoßen haben. *Man muss sich hüten vor der Verbiegung der Fakten, vor Illusionen, doppeldeutigen Slogans und demagogischen Reden.*

Es braucht die scharfsinnige und offene Zusammenarbeit mit den Männern und Frauen guten Willens. *Jenseits aller Unterschiede, im Geiste des Friedens und der Brüderlichkeit, sollen Christen sich mit anderen Bürgern engagieren, um das fragile Gleichgewicht zwischen den lokalen Gemeinschaften zu erhalten.*

Ein starkes und unbeugsames Engagement zur Förderung des Gemeinwohls. *Der christliche Glaube ist tatsächlich gemeinschaftsbezogen, und die durch ihn bezeugte Befreiung ist universal. Folglich muss jedes Gesellschaftsprojekt, das die Schöpfung Gottes weiter entwickeln will, ein Hauptziel haben: nämlich das Gemeinwohl im Rahmen der legitimen Ansprüche der Einzelnen und der Gruppen zu suchen.*

[Schließlich geht es um die persönliche Verwandlung zum Geist des Evangeliums, der die notwendige Unterscheidung ermöglicht, um (in der Wahl) gut oder gar besser abzustimmen.

Im Innenteil werden die inhaltlichen Schwerpunkte einer „offenen und solidarischen Gesellschaft" aufgezählt:
-    Sie ist eine Gesellschaft der Teilhabe.

---

[2] Hervorhebungen im Original. – Quelle: „Zusammen für den Rechtsstaat" („Ensemble poir un etat de droit"). *Supplément de „Le Dialogue de Justice et Paix"* N° 71 – Novembre 2018.

- Sie gründet auf dem Respekt der Rechte und Pflichten jeder Person.
- Sie ist aufgebaut auf einer gerechten Veteilung der Güter und Verantwortlichkeiten.
- Sie achtet Kultur und Spiritualität.

Die Anforderungen an die Kandidaten sollten sich daran orientieren. Es folgt eine wörtliche Übersetzung des Absatzes: *„Welches Profil sollten künftige Führer haben?"*:]

„Wie die Soziallehre der Kirche unterstreicht, sollte jede Auswahl künftiger Führungspersonen in politisch verantwortlichen Ämtern gegründet sein auf Liebe und Suche des Gemeinwohls. In diesem Zusammenhang haben die Bischöfe der CENCO (schon am 6.9.1993) das kongolesische Volk daran erinnert, dass „Wenn wir aus der derzeitigen Krise herausfinden und vorankommen wollen, müssen wir die Leitung des Landes denen unter uns anvertrauen, die solide aufbauen auf Ehrenhaftigkeit, Kompetenz, Erfahrung und Aufopferung für die öffentlichen und privaten Angelegenheiten."

Hier nun die Profile, die dem Volk helfen können bei der Wahl künftiger Führungspersonen.

Es braucht:

- Führer, die unser Volk lieben und sich vor allem um die Interessen der Nation und das Wohlergehen unseres Volkes kümmern;
- Führer mit einem ausgeprägten partriotischen Sinn, die nicht den Interessen auswärtiger Mächte zum Nacheil des Volkes dienen;
- Kompetente Führer, die nicht wegen Klientismus oder Tribalismus gewählt werden – ohne jede Berücksichtigung der Frage nach der Kompetenz für die öffentliche Sache -, sondern wegen ihrer Fähigkeit und Wirksamkeit;
- Ehrenhafte Führer, de sich nicht die Ressourcen des Landes selbst aneignen und nicht ungestraft das Eigentum anderer oder des Staates entwenden;

- Neue Führer, die im Geiste der Wahrheit und des ernsthaften Dialoges Versöhnung und Solidarität zwischen den verschiedenen Ethnien begünstigen, ohne sie auszunutzen für politische Zwecke der Eroberung und Erhaltung von Macht;
- Friedliebende Führer, die eher Verhandlungen als Kriege führen;
- Neue Führer, die Frieden und Sicherheit garantieren und die den Aufbau solider Infrastrukturen im Dienste des Volkes voranbringen;
- Visionäre Führer, mit denen das Volk einen sozialen Regierungsvertrag entwerfen und unterzeichnen kann, der die Hauptfragen der ganzen Gemeinschaft anpackt; [mit Verweis auf das CENCO Wahlmaterial]
- Neue Menschen mit einem ausgeprägten Sinn der Liebe zum eigenen Land, besorgt um das Gemeinwohl, der guten Regierungsführung ergeben, mit einer moralischen Überzeugungskraft und guten intellektuellen Fähigkeiten, verbunden mit einer wohl ausgewiesenen Erfahrung;
- Menschen, die fähig sind, sich den großen Herausforderungen der modernen Welt zu stellen, die die Globalisierung und die Komplexität der Probleme mit sich bringen; [Hinweis auf die CENCO-Erklärung vom 3.3.2006: „Für einen neuen Kongo"]
- Menschen, die ihren Pflichten als Bürger nachkommen und ihre Steuern bezahlen.

Anhang III

Beiträge aus
der kongolesischen
Zivilgesellschaft 2018

1.
PAX CHRISTI DEUTSCHLAND / LA LUCHA[1]:
Gemeinsame Erklärung zur aktuellen Entwicklung im Kongo:
Friede und soziale Gerechtigkeit
für die Demokratische Republik Kongo!

(Goma und Berlin, 31.1.2018)

Die Gewalttaten vor wenigen Tagen am 21.1.2018 durch Einheiten der nationalen Polizei gegen Christ*innen und Gläubige, die friedlich demonstrierten, bedeuten eine neue Stufe der Konflikteskalation zwischen der Regierung und dem kongolesischen Volk, das sie schützen sollte. Die Demonstration in der Hauptstadt Kinshasa, die eine Rückkehr zur verfassungsgemäßen Ordnung (das heißt, Wahl eines neuen Präsidenten und der Abgeordneten) durch freie und transparente Wahlen forderte, ganz im Sinne der Silvester-Vereinbarung von 2016, wurde mit extrem

---

[1] La Lucha = LUtte pour le CHAngement = Kampf für den Wandel, gegründet im Ost-Kongo 2012/13.

gewaltförmigen Mitteln aufgelöst. Kardinal Laurent Monsengwo, Erzbischof von Kinshasa und ehemaliger Präsident von Pax
Christi International, verurteilt die Polizei-Repression und fordert: „Ohne der Gewalt zu erliegen", bleiben die katholischen
Christ*innen „unbeugsam".

Die Unterdrückung der Christ*innen, die nichts bei sich trugen als Rosenkränze, Kreuze und Palmzweige, ist der Beweis des
grausamen und der Verfassung gegenüber respektlosen Charak-
ters der Regierung Kabila. „Leben wir in einem Freiluft-Gefäng-
nis?", fragte der Erzbischof in seiner Presse-Erklärung vom 22.
Januar 2018. Seit fünf Jahren engagiert sich die kongolesische Initiative Lucha im Kampf für ein neues Bewusstsein der Kongoles*innen für einen Kongo der Gerechtigkeit und Würde. Lucha
hat bei zahlreichen Kongoles*innen, aber auch bei Freund*innen
des Kongo in der Welt damit Gehör gefunden. Die deutsche Sektion von pax christi unterstützt diesen gewaltfreien Kampf, wie
das pax christi als internationale Bewegung weltweit tut, seit der
Gründung als Bewegung für den Frieden im Kriegsjahr 1944.
Wir leben in einer Zeit, in der die menschliche Würde, die fundamentalen Rechte und Freiheiten in der DR Kongo von einem
Regime mit Füßen getreten werden, das schon seit 2016 die Dauer seines Mandates überschritten hat. Die Kongoles*innen lassen
nicht ihre Arme hängen, sondern denken daran, ihre Souveränität als Volk und Nation zurück zu gewinnen und das Land zu
retten. Für uns ist es wesentlich, dass unser Protest aktiv, aber
zugleich gewaltfrei abläuft.

Um zu verhindern, dass diese Verbrechen weitergehen, ermutigen Lucha und pax christi Deutschland die Kongoles*innen
und alle Freund*innen des Kongo, ihre Suche nach dem Ideal des
Friedens, der sozialen Gerechtigkeit und des Respektes der
Würde des Menschen weiterzutreiben, und zwar durch gewaltfreie bürgerliche Aktionen und durch den Einsatz für die Errichtung eines prosperierenden und demokratischen Staates.

Soziale Gerechtigkeit, Achtung der Menschenwürde jedes
Kongolesen und Respekt vor der Verfassung sind die dauerhaf-
testen Antworten auf alle aktuellen Herausforderungen des

Kongo. Wir appellieren schließlich an die internationalen und afrikanischen Institutionen, sich auf die Seite des kongolesischen Volkes in seinem Kampf für einen Rechtsstaat im Herzen Afrikas zu stellen. Mögen Frieden und Gewaltfreiheit sich durchsetzen – weltweit und besonders auch in der Demokratischen Republik Kongo!

pax christi-Kommission Solidarität mit Zentralafrika – www.paxchristi.de

www.luchacongo.org
(französischsprachige Version des Textes)

2.
ERKLÄRUNG DER ORGANISATIONEN DER ZIVILGESELLSCHAFT IN DER DR KONGO

Marsch am 25. Februar 2018: Mehr als 152 Organisationen der Zivilgesellschaft unterstützen das „Laienkomitee zur Koordination" und entsenden 1.670 BeobachterInnen zu den öffentlichen Kundgebungen in allen Pfarrgemeinden von Kinshasa.

Versammelt am 23. Februar 2018 zur Auswertung der Sicherheits- und soziopolitischen Lage des Landes, haben die kongolesischen Organisationen der Zivilgesellschaft, die an diesem Donnerstag, dem 23. Februar 2018 die vorliegende Erklärung unterzeichnet haben, mit großer Sorge eine Verschlechterung der Ausübungsrechte und -freiheiten der Bürger im gesamten nationalen Territorium festgestellt, besonders im Hinblick auf die unangemessene Unterdrückung der Märsche vom 31. Dezember 2017 und vom 21. Januar 2018. Sehr besorgt wegen dieser Situation lenken die unterzeichnenden Organisationen den Blick der Öffentlichkeit mit großer Sorge auf einige im Folgenden aufgezählte Umstände:

1. Die brutale Unterdrückung der friedlichen Demonstrationen vom 31. Dezember 2017 und vom 21. Januar 2018 durch die Ordnungskräfte mit mehreren Toten;

2. Gerichtliche Verfolgungen und ernsthafte Bedrohungen der Mitglieder des „Laienkomitees zur Koordination" (CLC= Comité Laic de Coordination"), die ihr Verfassungsrecht ausüben, und die Unsicherheiten für deren Familienmitglieder;

3. Der weiterhin andauernd fehlende Wille der kongolesischen Autoritäten bei der Umsetzung des Silvester-Abkommens;

4. Die bleibenden und sich ausweitenden Unsicherheitszonen im ganzen Land, die Herabsetzung der katholischen Kleriker von Kinshasa und dessen Kardinals, S.E. Laurent Monsengwo;

5. Die Instrumentalisierung der Ordnungskräfte und der Justizgewalt für einseitige und politische Zwecke zu Lasten des gemeinschaftlichen Interesses;

6. Die Starrsinnigkeit der Verantwortlichen der Wahlkommission CENI gegenüber der kongolesischen Bevölkerung bei der Durchsetzung der Wahlmaschinen mit ihrem offenkundigen Keim an Konflikten und Protesten wegen der unberechenbaren Konsequenzen nach den Wahlen;

7. Die Bereitstellung von genügend Raum für den demokratischen Diskurs;

Daraus ziehen wir folgende Konsequenzen:

1. Angesichts der Missstände und des exzessiven Einsatzes der Sicherheitskräfte, die bei den letzten Demonstrationen beobachtet wurden, werden die unterzeichnenden Organisationen an diesem Sonntag, dem 25. Februar 2018 in Kinshasa in allen Pfarrgemeinden 1.670 Beobachter der öffentlichen Demonstrationen einsetzen, ausgerüstet für professionelle Überwachung und bürgerschaftliche Beobachtung von Fällen von Menschenrechtsverletzungen, mit dem Auftrag, das Verhalten der einen wie der anderen zu verfolgen.

2. Indem sie an die fundamentalen Rechte und Freiheiten der Bürger erinnern, sich friedlich zu versammeln, wie in Verfassung und Silvesterabkommen vorgesehen, verbinden die unterzeichnenden Organisationen ihre Stimmen mit der des „Laien-Koordinations-Komitees" und rufen die kongolesische Bevölkerung und alle Personen guten Willens auf, Nein zu sagen zur Diktatur und sich massenhaft dem Friedensmarsch an diesem Sonntag, dem 25. Februar 2018, anzuschließen.

Beschlossen in Kinshasa am 23. Februar 2018.

3.

POSITIONIERUNG DER EVANGELISCH-LUTHERISCHEN KIRCHE (ECC)
Erklärung des Nationalen Exekutivkomitees der ECC
[*„Église du Christ au Congo"* = *(lutherische) Kirche Christi im Kongo*],
Kinshasa, 19.-22.2. 2018

[An das] Volk Gottes!
Wir, die Mitglieder des Nationalen Exekutivkomitees der Kirche Christi im Kongo, versammelt zur 53. Normalen Vollversammlung [...] in Kinshasa-Gombe, unter dem Thema „Machen wir aus der DR Kongo das Hauptsubjekt unserer Freude" (nach Ps. 137, 6b), um das Vorgehen unserer Kirche und die soziopolitische Situation unseres Landes zu bedenken, [...] Erklären vor der Nation und der Geschichte:

1. *Zur Sicherheitslage*: Die ECC bedauert die anhaltende Gewalt und die Unsicherheit in bestimmten Städten und manchen Dörfern der DR Kongo, die den laufenden Wahlprozess zu schädigen drohen.

2. *Zur sozioökonomischen Lage*: Das kongolesische Volk leidet weiter [„croupir" = dahinvegetieren! D. Übers.] an Elend und Prekarität, die von Tag zu Tag zunehmen.

3. *Zur politischen Lage*: Als Zeugen der von unseren Mitbürgern organisierten Demonstrationen für die integrale Umsetzung des Sylvester-Abkommens vom 31. Dezember 2016 (sic!) beobachten und verurteilen wir die Fälle von Gewalt und die Verluste an Menschenleben. [...] Außerdem stellen wir eine Verwirrung in der Arbeit der aktuellen politischen Institutionen fest, die aus der Existenz zweier Texte herrührt, nämlich der Verfassung und dem Silvesterabkommen.

Aufgrund des Vorhergehenden,
- dankbar für alle Bemühungen der kongolesischen Regierung, besonders bezüglich der spürbaren finanziellen Unterstützung, um den Wahlprozess zu ermöglichen;
- begrüßend die Regierungsinitiative zur Befreiung der politischen Gefangenen im Rahmen der Beruhigung der politischen Welt;

- unterstützend die CENI für ihre Anstrengungen bis heute, den Wahlprozess als Ganzes voranzubringen;

Formuliert die ECC folgende Empfehlungen:

1. AN DEN PRÄSIDENTEN DER REPUBLIK.
   - Die Bemühungen um Schutz und Sicherheit für Personen und Güter im gesamten Territorium des Landes erhöhen.
   - Dafür sorgen, dass der Wahlkalender respektiert wird.
   - Weiterhin den verschiedenen Forderungen der politischen Akteure Gehör schenken, um den Weg freizuhalten für friedliche Wahlen.
2. AN DAS PARLAMENT.
   - Möglichst bald das Grund-Gesetz („loi organique") verabschieden, das die Bedingungen öffentlicher Kundgebungen regelt.
   - All die richtigen und notwendigen Gesetze beschließen, um die Wahlen zu organisieren, insbesondere das Gesetz über die Sitzverteilung im Parlament.
3. AN DIE REGIERUNG.
   - Die Bemühungen der CENI zur Finanzierung und Organisation der für den 23. Dezember geplanten Wahlen honorieren.
   - Die Freilassung der politischen Gefangenen vorantreiben.
   - Die Löhne der Funktionäre entsprechend dem Budget neu festsetzen und bezahlen.
4. AN DIE JURIKATIVE GEWALT.
   - Prozessen ein Ende setzen, die die menschliche Würde abwerten.
   - Die Instrumentalisierung der Justiz für politischen Zwecke stoppen.
   - Den Justizapparat den Regeln des nationalen und internationalen Rechts unterordnen.
5. AN DIE SICHERHEITSDIENSTE.
   - Die Entheiligung der Kult-Orte beenden.

- Aufhören, sich in Berufungsprozessen als Gerichtsinstanz zu gebärden.
- Die Grenzen ihrer Zuständigkeit bei der Ausübung ihrer Funktionen respektieren.

6. AN DIE UNABHÄNGIGE WAHLKOMMISSION CENI.
- Sich an Wahrheit und Transparenz halten, was öffentlich erwartet wird.
- Regelmäßig die Öffentliche Meinung über die Entwicklung des Wahlvorbereitungs-Prozesses informieren.
- Weiterhin alles tun, damit die Wahlen am 23. Dezember 2018 stattfinden können.

7. AN DIE POLITISCHEN AKTEURE.
- Staatsbürgerliche Verantwortung beweisen.
- Sich engagieren in politischer Bildung und Wahlaufklärung der Mitglieder.
- Sich guten Willens in den laufenden Wahlprozess einbringen.

8. AN DIE INTERNATIONALE GEMEINSCHAFT.
- Mit offenen Karten spielen in der Begleitung des Wahlprozesses und der vollständigen Entwicklung der DR Kongo.

9. AN DIE RELIGIÖSEN KONFESSIONEN.
- Einen Rahmen für ernsthaften interkonfessionellen Dialog ermöglichen mit dem Ziel, den kollektiven Traum der Kongolesen zu verwirklichen.
- Ihre prophetische Rolle einnehmen.

10. AN DIE MEDIEN.
- Informationen vor der Veröffentlichung überprüfen.
- Professionell bleiben und eine Ethik der Verantwortung zeigen.

11. AN DAS KONGOLESISCHE VOLK.
- Sich einüben in die Entwicklung eines kollektiven Bewusstseins, um aus der DR Kongo das erste Ziel unserer Freude zu machen.

12. AN DIE PROTESTANTISCHEN CHRISTEN.
An die Gläubigen:

- Sich auf die Wahlen am 23. Dezember 2018 vorbereiten.
- Politische Ambitionen zeigen mit der Perspektive, von der Kirche unterstützt zu werden.

  An den Klerus:
- Die Gläubigen ermutigen, unterstützen und begleiten in ihren politischen Ambitionen.
- Fortbildungen in staatsbürgerlicher und Wahl-Erziehung organisieren.
- Weiterhin beten für den Frieden in unserem Land.

Im Vertrauen darauf, dass sich alle Versprechen Gottes für die DR Kongo eines nach dem anderen erfüllen werden, ermutigt die ECC die verschiedenen soziopolitischen Akteure – jeden im Rahmen seiner Verantwortung -, keine Mühen zu scheuen, um für einen günstigen Ausgang des oben beschriebenen Wahlprozesses zu sorgen. Genau so können wir die DR Kongo zum Hauptgrund unserer Freude machen.

Der Ewige Gott segne die DR Kongo, das kongolesische Volk, die ECC!

Kinshasa, den 23. Februar 2018

Für das Nationale Exekutivkomitee der ECC

Mgr. Gabriel UNDA YEMBA
(Modérator der National-Synode)
Rév. Dr. André BOKUNDOA-BO-LIKABE
(National-Präsident und Rechts-Vertreter)

4.

Centre Kamenge (Bujumbura, Burundi) & La Lucha (Bukavu, DRK) – Friedenspreisanwärter des „Ökumenischen Netzes Zentralafrika" (ÖNZ) 2018

Das Zentrum Kamenge

Das „Centre Kamenge" ist ein Jugendzentrum in Bujumbura (Burundi) und wurde 1991 von den drei italienischen Missionaren, Marino Bettinsoli, Victor Ghirardi und Claudio Marano, gegründet. Dort soll der Dialog zwischen Jugendlichen der Hutu und Tutsi Gemeinden gefördert werden, um ein gemeinsames Miteinander in Frieden und mit Respekt füreinander zu leben. Auch während der Jahre des burundischen Bürgerkrieges (1993-2000) unterstützte das Zentrum viele Vertriebene und Verletzte und stellte Nahrung, Kleidung und medizinische Versorgung zur Verfügung.

Heute fördert das Zentrum weiterhin Gruppenaktivitäten religiöser, sportlicher und kultureller Natur und bietet auch ein Friedens- und Versöhnungsprojekt sowie verschiedene Bildungsprojekte an. Zudem werden dort viele alltägliche Probleme der Jugendlichen, wie Alkoholismus, Drogenabhängigkeit, Prostitution, HIV/AIDS, Arbeitslosigkeit und Kriminalität thematisiert.

Seit 1994 haben rund 30.000 Jugendliche an den Aktivitäten teilgenommen und trotz Angriffen auf das Zentrum arbeiten die 50 Vollzeitbeschäftigten und etwa 40 Freiwillige dort unermüdlich weiter.

Besonders in der aktuellen politischen Krise ist das Centre Kamenge eine wichtige Säule und ein wichtiger Anlaufpunkt für Jugendliche, da es kaum vergleichbare Jungendzentren mit einem solchen breiten Angebot in Bujumbura gibt. Das Centre Kamenge sorgt durch seine friedensfördernde Arbeit der Instrumentalisierung der Jugendlichen durch Parteien und Milizen vor und bieten Ihnen einen Erholungs- und Schutzraum. Es wird auf die Gleichbehandlung (auch durch die vielfältigen Angebote) von Mädchen/Frauen und Jungen/Männer geachtet und Stereotypsierungen vorgebeugt.

http://www.rightlivelihoodaward.org/laureates/centre-jeunes-kamenge-cjk-fr/
https://www.peaceinsight.org/fr/conflicts/burundi/peacebuilding-organisations/kamenge-youth-centre/
http://www.paxchristi.net/member-organizations/burundi/110

La LUCHA

„Lutte pour le Changement" (sc. „Kampf für den Wandel") ist eine demokratische Jugendbewegung, die sich 2012 im universitären Bereich Gomas gegründet hat. Die Bewegung agiert landesweit und hat Zellen in fast allen größeren Städten der DR Kongo. Anfangs setzen sich für einen friedlichen demokratischen Wandel, die Einhaltung der Verfassung und vor allem gegen ein verfassungswidriges drittes Mandat des amtierenden Präsidenten Kabila ein. Diesen politischen Forderungen bleiben sie weiterhin treu, allerdings haben sie ihre anfangs sehr stark auf nationale Belange fokussierte Aktivitäten stärker auf lokale Forderungen für bessere Bedingungen auf lokalem Level, wie zum Beispiel Zugang zu sauberem Trinkwasser und Stromversorgung, ein Ende und eine Aufklärung der Massaker in Beni etc. ein. Die LUCHA handelt gewaltfrei und macht sich friedliche Sit-ins, „villes- mortes" (= stillgelegte Städte, d.h. Generalstreik und Stopp des öffentlichen Lebens für einen Tag. [D.Übers.]), offene Briefe und Märsche zu Nutze um gegen politische Ungerechtigkeiten zu demonstrieren und die Meinung der kongolesischen Jugend offen zu kommunizieren.

Die Regierung ist in den letzten Jahren immer wieder vehement gegen LUCHA-Mitglieder vorgegangen. Nationalen Sicherheitskräfte schlugen friedliche Demonstrationen brutal nieder und verhafteten viele der jungen Menschen arbiträr. So wurden zum Beispiel die LUCHA-Anhänger Fred Bauma und Yves Makwambala im Jahr 2015/16 für 18 Monate festgehalten. Der

Kommunikationsminister der DR Kongo diffamierte die friedliche Bewegung als „terroristische Vereinigung".

Trotz der Einschränkungen durch die Regierung und unter Gefährdung ihrer eigenen Sicherheit lässt sich LUCHA jedoch nicht einschüchtern und setzt sich weiterhin für das Wohl und die Meinungsfreiheit der Bevölkerung ein ohne dabei politische Teilhabe zu fordern. Neben ihrer wichtigen partizipativen und friedensfördernden Arbeit haben sie Vorbildcharakter für andere bürgerliche Bewegungen im Land und genießen internationale Aufmerksamkeit. Um trotz aller widrigen Umstände weiterhin aktiv sein zu können, plädieren die Mitglieder immer wieder für Solidarität, internationale Aufmerksamkeit und Unterstützung.

https://www.amnesty.org/en/press-releases/2016/05/musician-angelique-kidjo-and-african-youth-activists-honoured-with-amnesty-international-award/

https://www.mccaininstitute.org/rebecca-kabugho/

http://africanarguments.org/2017/05/31/lucha-continua-the-youth-movement-striking-fear-into-congos-elite/

https://www.pambazuka.org/governance/lucha-youth-movement-congo-demands-social-justice

http://www.luchacongo.org/

5.

ZEITSCHRIFT DER „NSCC":
NEUE KONGOLESISCHE ZIVILGESELLSCHAFT
(NOUVELLE SOCIÉTÉ CIVILE CONGOLAISE)
„Echos des élections".

Wahl-Echos – Botschaft der angeblich unabhängigen NSCC:
In der Nr. 2 vom Juni 2018 wird z.B. berichtet über das EU-geförderte Projekt „Förderung staatsbürgerlicher Wahl-Erziehung für ein aktives Engagement der Frauen und Jugendlichen in der DR Kongo". Dabei wird deutlich gemacht, dass die Publikation allein von der NSCC verantwortet wird und nicht unbedingt die Meinung der EU wiedergibt.

Grundaussage ihrer politischen Botschaft:
„Wir sind alle für freie, demokratische, transparente und friedliche Wahlen. Die DR Kongo braucht qualifizierte Wähler, um qualifizierte Gewählte zu bekommen. Diesmal sollen besonders auch Frauen und junge Leute zur Wahl gehen."

Erscheinungsweise:
Monatliches Wahl-Bulletin der „Neuen Zivilgesellschaft" zur Sensibilisierung und staatsbürgerlichen Erziehung.
Herausgegeben von Jonas Tshiombela, Gemeinde von Kasa Vubu, Kinshasa DRK – E-Mail: nouvellesocietecivile@gmail.com

Inhaltsübersicht zur Nr. 2 (Juni 2018, 18 S.):
- Aufruf zur Anmeldung vom 24.6. bis 8.7.2018, insbesondere der Frauen, für Wahlämter in den Provinzen durch den Präsidenten der CENI, Corneille Nangaa Yobeluo
- Genaue Beschreibung dieses Prozesses
- Übersicht über alle 27 Provinzen und die jeweiligen Wahldaten und –zahlen [wie die Anzahl der Wahlberechtigten: 40.371.439, der Sitze (780) und darunter die zu kooptierenden (65) und die zu wählenden Sitze (715).]
- Erklärungen in Lingala

- Sitzverteilung für die Deputierten aller Provinzen, also deren Sitze im Nationalparlament, in dieser Nr. 2 die Zahlen (Wahlberechtigte, Size der jeweiligen Städte bzw. Territorien) zu den Provinzen Kongo-Zentral, Kwango, Kwilu und Kinshasa. Wird fortgesetzt.
- Aktivitäten der Neuen Zivilgesellschaft: Fortbildung der WahlbeobachterInnen etc. (mit Dank an die Finanzierung derselben durch die schwedische Kooperation und „Diakonia".
- Informationen zu den Sicherheitsvorkehrungen bei den Wahlen („sécurité électorale")
- Fortbildung für das Wahlbegleitpersonal, z.B. in der Provinz Bandundu
- Informationen zur Erstattung der Wahlkosten-Auslagen von 2015
- Schlussbericht der Prüfung der Nationalen Wahllisten der DR Kongo vom 6.-25. Mai 2018 durch die Internationale Organisation der Französischsprachigen Länder (OIF) mit einer Zusammenfassung des Berichts und der Empfehlungen. Darin besonders wichtig und öffentlichkeitswirksam: der Hinweis auf noch 16,6% der Wahlberechtigten, von denen auf Nationalebene noch keine Unterschriften bzw. Fingerabdrücke als Ersatz dafür) vorlagen.
- Übersicht über die Kosten vergleichbarer Wahlen in afrikanischen Ländern. Sie beliefen/belaufen sich (jeweils in €):
  o im Senegal auf 13,7 Mio.
  o in Mali auf 68,6 Mio.
  o in Nigeria auf 450 Mio.
  o in Kenia auf 490 Mio.
  o und in der DR Kongo auf 361,2 Mio.

6.
Unabhängige Agentur Afrikarabia (RDC)
zum Jahresanfang 2018[2]

Zehn Tote und hundert Verhaftungen, das ist die traurige Bilanz der Mobilisierung kongolesischer Christen, die am letzten Sonntag [31.12.2017] gegen das Festhalten an der Macht durch Joseph Kabila demonstrierten. Ein beeindruckendes Sicherheitsaufgebot hatte die verschiedenen Pfarrgemeinden abgesperrt, die an diesem Volksprotest teilnahmen, unterstützt auch von allen Oppositionsparteien. Umstellte Gemeinden, belästigte Gläubige ... Der Tag einer friedlichen Demonstration hat sich in ein Blutbad verwandelt nach dem starken („intervention musclée") Einschreiten der kongolesischen Sicherheitskräfte. Die Polizei vertrieb die Demonstranten mit Gewalt bis in die Kirchen, unter Einsatz von Tränengas.

In der Kathedrale *Notre-Dame du Congo* nahm einer der Oppositionsführer, Felix Tshisekedi, an der Messe teil, als die Sicherheitskräfte etwa hundert Demonstranten blockierten, die versuchten, außerhalb eine Kundgebung abzuhalten. Und der Chef des Oppositionsbündnisses musste die Kathedrale übereilt verlassen. In der Pfarrgemeinde *Saint Michel* trifft es den Chef der Partei UNC, Vital Kamerhe, der ins Tränengas der Polizei gerät, das in die Kirche hinein geschossen wird und Panik unter den Gläubigen verbreitet.

Unterdrückung unter Ausschluss der Öffentlichkeit
(„Répression à huis clos")

In Kinshasa zeigen die ersten Bilder des Protestes surreale Szenen. Man sieht dort Demonstranten mit hoch erhobenen Händen religiöse Lieder anstimmen, als sie den Militärs mit ihren Waffen gegenüberstehen. Die vorläufige nichtoffizielle Bilanz spricht von mindestens 10 Toten, darunter 8 in Kinshasa, und mehr als

---

[2] *Quelle*: http://afrikarabia.com/wordpress/rdc-la-repression-jusque-dans-les-eglises

120 Verhaftungen. Die gleichen Unterdrückungs-Szenen haben sich im ganzen Land abgespielt: so in Lubumbashi, Goma, Bukavu oder Kananga. Bei jeder Protestaktion stellen die Behörden das Land wie unter eine Käseglocke. Die Internetdienste der Handys und alle SMS sind gekappt worden auf Anweisung des Ministers für Kommunikation. Das Signal des UN-Senders Radio Okapi wurde derzeit gestört und die Korrespondentin von RFI (Radio France Internationale) in der Hauptstadt wurde kurzerhand einbestellt.

Das alles ist erst der Anfang …

Im Gegensatz zu den kürzlich erfolgten Appellen der Opposition zu Demonstrationen wurde die Mobilisierung der Katholiken am 31. Dezember sehr stark befolgt. Man muss sagen, dass durch die Koordination der Katholiken die Versammlungspunkte vervielfältigt wurden: in mehr als 160 Pfarrgemeinden. So mussten sich die Sicherheitskräfte über die ganze Stadt aufteilen.

7.
Le Potentiel, Liberale Zeitung in Kinshasa, auch im Ausland gelesen:
„Die Regierung und die CENI suchen einen Sündenbock"

(22.10.2018)

[…] In Wirklichkeit bereitet sich der CENI-Vorsitzende schon vor auf die fast sichere Verschiebung der Wahlen über das im Wahlkalender vorgesehene Datum hinaus. Er will sich in diesem Falle stützen auf drei Hauptgründe, nämlich die Ablehnung der Wahlmaschinen und des Wahlregisters durch eine wichtige Randgruppe der Opposition; die andauernde Unsicherheit im Osten Kongos; sowie die noch andauernde Ebola-Epidemie im Osten der DRK. Aus diesen drei Gründen wäre Corneille Nangaa bereit, eine Verschiebung der für Dezember vorgesehenen Wahlen zu verkünden. […]

Übergangsregierung oder Verfassungs-Staatsstreich: Zwei Monate vor den Wahlen gibt es beunruhigende Signale. Bei der CENI durchbricht der Berg der Herausforderungen schon die Wolken und schafft so Verwirrung. Unter diesen Bedingungen zeichnet sich schon der Rahmen eines [CENI-]Berichtes ab. Wenn er kommt, wird er sicherlich schwere Konsequenzen in der institutionellen Architektur zur Folge haben.

Zunächst wird ein (Zwischen-)Bericht unvermeidlich eine neue Übergangzeit zur Folge haben, die weit entfernt von dem liegt, was im politischen Vertrag vom 31.12.2016 unter der Führung der CENCO ausgehandelt wurde. Wenn nämlich die CENI nicht in der Lage wäre, ihr [Wahl-]Versprechen für den 23. Dezember 2018 zu halten, müssten definitiv die Karten im politischen Feld neu gemischt werden. Das bedeutete dann eine Serie neuer Verhandungen, um die Regeln des politischen Spiels neu festzulegen. Und wenn man die starke Neigung der politischen Klasse kennt, jeden politischen Dialog in die Länge zu ziehen, wäre man dann aufgebrochen in eine lange Hängepartie („période de flottement") auf der Ebene der Institutionen.

Eine andere Entwicklung könnte auf einen Verfassungs-Staatsstreich hinauslaufen. Bei dieser Hypothese ist es nicht ausgeschlossen, dass bei Nicht-Abhaltung der Wahlen im nächsten Dezember Präsident Kabila einen Kraftakt umsetzt als den Versuch, die Kontrolle über die politische Situation wieder zu erlangen. Das könnte wahrscheinlich zur Auflösung der politischen Institutionen führen, und infolgedessen dann zur Inkraftsetzung einer Verfassung, um die Basis zu legen für eine neue Republik, offensichtlich dann der 4. Republik. Dieses letzte Szenario erscheint wie aus dem Bereich der Utopie, aber es bleibt gleichwohl möglich.

Nimmt man alles zusammen, dann muss die Opposition, die weiterhin freie, friedliche, transparente und umfassende Wahlen fordert, ohne Wahlmaschinen und ohne das aktuelle Wählerverzeichnis, sich nun auf alle Eventualitäten vorbereiten. Ihre Ablehnung der Wahlmaschinen für die Dezemberwahl bedeutete, die CENI zu drängen, ihre gesamte Wahl-Vorbereitung zu überdenken. Welches Schema sollte sie nun vorschlagen? Genau um diese Frage geht es. – Im Grunde geht es bei der Opposition nun um ihr Überleben und ihre Glaubwürdigkeit. Es ist klar: wenn sie über einen Plan verfügt, die politische Krise nach dem Dezember 2018 zu lösen, dann würde sie [bei sofortiger Umsetzung, RV] aus Naivität der Regierungsmehrheit einen Blankoscheck [zur Unterdrückung, RV] geben, die ja nur auf einen solch präzisen Moment wartet, um alles über den Haufen zu werfen. Man sollte nicht vergessen, dass die amtierende Regierung niemals auf ihr Projekt einer 4. Republik verzichtet hat, in der der Präsident sich auf die sanfteste Art und Weise der Guillotine des Art. 220 der Verfassung entledigen würde, der ihm kein 3. Mandat zubilligt. Zwischen einer neuen Übergangsphase oder einem Verfassungs-Staatsstreich: Die Zeit nach Dezember 2018 könnte sehr wohl Überraschungen für uns alle bereithalten.

Anhang IV

Literatur-Hinweise

Als Basiswerke dienten
zur Abfassung dieser Arbeit:

DAVID NOMANYATH MWAN-A-MONGO, *Les églises de réveil dans l'histoire des religions en République Démocratique du Congo* [Doktorarbeit von 2005 über die Erweckungskirchen in Kongo-Kinshasa und ihre Beziehung zu den anderen Konfessionen und Religionen].
[http://documents.univ-lille3.fr/files/pub/www/recherche/theses/NOMANYATH_DAVID/html/these.html]

LEON DE SAINT MOULIN SJ – *EGLISE ET SOCIETE. Le discours socio-politique de l'Eglise catholique du Congo (1956-1998)*, Tome 1, Facultés Catholiques de Kinshasa, 1998. 495 pages.

LEON DE SAINT MOULIN SJ, *Oeuvres Complètes du Cardinal Malula*, Centre des Archives Ecclésiastiques Abbé Stéfano Kaoze, (C.A.E.K.), Facultés Catholiques de Kinshasa, 1997, Sept Volumes, 2208 pages, 769 textes.

PAUL DE MEESTER SJ – *L'Eglise de Jésus Christ au Congo-Kinshasa*, éditions Centre Interdiocésain de Lubumbashi, 1997.

MIRCEA ELIADE, *La phénoménologie de la religion*, Paris, Payot, 1948.

Des Weiteren konnten die JAHRESAKTEN-BÄNDE DER VOLLVERSAMMLUNGEN DER CENCO (Kath. Bischofskonferenz), einschließlich der vorbereitenden Sitzungen des Ständigen Komitees eingesehen werden.

Benutzt wurde dazu auch das ANNUAIRE DE L' EGLISE CA-
THOLIQUE EN RD CONGO, Cenco 2012-2013, Kinshasa 2013.

Grundlegend zum Kimbanguismus:

SUSAN ASCH, L'Eglise du Prophète Kimbangu. De ses origines à
son rôle actuel au Zaïre, Karthala, Paris 1983.

Grundlagentexte über die
Entwicklung von Sekten & Pfingstbewegungen:

Actes du quatrième Colloque International du C.E.R.A. [= Centre
d'Etudes des Religions Africaines] en collaboration avec la
Fédération Internationale des Universités Catholiques (F.I.
U.C.), Kinshasa, 14-21 novembre 1992: „*Sectes, Cultures et So-*
ciétés, Les enjeux spirituels du temps présent", dans *Cahiers*
des Religions Africaines, Numéro spécial Vol. 27-28, n° 53-56,
1993-1994. [Ebd.: MALEMBE-N'SAKILA, Universität Lubumbashi, Zusammenfassung des Kolloquiums, S. 591-594.]

JOSEPH NTEDIKA KONDE et alii, *Les nouveaux mouvements religieux:*
évangélisation et développement, Bibliothèque du Centre d'Etudes des Religions Africaines 15, Facultés Catholiques de Kinshasa, 1997, bes. S. 7-31. [Konde war Direktor dieses Instituts.]

L'Economie des Eglises de réveil et le développement durable en R.D.
Congo, Afrique et développement 15, Facultés Catholiques de
Kinshasa 2003.

Le discours socio-politique de l'Eglise catholique du Congo (1956-
1998): „Eglise et Société", Tome 1: Textes de la Conférence
Episcopale. Textes rassemblés et présentés par Léon de Saint
Moulin s.j. et Roger N'Ganzi *o.p.* ; dans *Documents du Christia-*
nisme Africain 8, Facultés Catholiques de Kinshasa, 1998.

Weitere Literatur zu den Pfingstkirchen in Afrika:

MUKENDI WA META, *L'économie des Eglises de réveil et le développe-*
ment durable en R.D.C., Afrique et Développement 15, Etudes

publiées par la faculté d'économie et développement, Facultés Catholiques de Kinshasa, 2003, Annexe 2.

MABIALA MANTUMBA, *Les Eglises de réveil et le pouvoir politique en République Démocratique du Congo*, in: Afrique et Développement 15, 2003, S. 259-274.

FELICIEN LUKOKI, *Cohabitation entre les Eglises de réveil et les Eglises traditionnelles en République Démocratique du Congo*, in: Afrique et Développement 15, 2003, S. 149-160.

Zu den Muslimen im Kongo:

ARMAND ABEL, *Les Musulmans noirs du Maniema*, Publications du Centre pour l'Etude des Problèmes du Monde Musulman Contemporain, Bruxelles 1960.

AMINATA DRAMANE TRAORÉ (Mali), *Das Ende der Bevormundung*, in: M. Diallo (Hrsg.), Visionäre Afrikas, Wuppertal 2014, S. 13-20.

ADNAN HADDAD, *Recueil de Réflexions sur Léopold II et les Arabes, Linguistique et religions, Islam et Authenticité ...,* Presse Universitaire Lubumbashi 1994.

J. SOHIER, *Répertoire Général de la Jurisprudence et de la Doctrine coutumière du Congo et du Rwanda-Urundi*, Bruxelles 1954.

M. VANDEVELDE, *„La religion des arabisés de la Province Orientale"*, in: Correspondance d'Orient, n° 2, Brüssel 1960, S. 127-149.

Zu den Natur-Religionen im Kongo:

MUFUTU KABEMBA, *Croyances Traditionnelles et Pratiques spirituelles au Zaïre*, in: CERA, l'Afrique et ses formes de vie spirituelle, Sondernummer Bd. 24, Jan-Juli 1990, S. 173-193. [Mfutu Kabemba beim 2. Internationalen Kolloquium von Kinshasa über afrikanische Traditionelle Religionen.]

RENE GIRAULT et JEAN VERNETTE, *Croire en dialogue*, Droguet-Ardant, Paris 1979. [513 S.]

HENRY VAN STRAELEN, *L'Eglise et les religions non chrétiennes. Au seuil du XXIe Siècle*, Paris 1994, bes. S. 247-278 [„Die Kirche und die nichtchristlichen Religionen. An der Schwelle zum 21. Jahrhundert"]

THEODORE MUDIJI MALAMBA, *„Elévation Spirituelle par l'Esthétique en Afrique noire"* [Spirituelle Erhebung durch die Ästhetik in Schwarzafrika], in: CERA, *L'Afrique et ses formes de vie Spirituelle*, Sondernummer Bd. 24, n.47, Jan.-Juli 1990.

Zum Problem der Straßenkinder in Kinshasa:

„On nous appelle enfants de la rue." Témoignages réunis par le P. Victor Farronato, 112 S. A6, Afriqueespoir 2013. [http://www.afriquespoir.com]

Zur politischen Situation 2015 in der DR Kongo:

DENIS M. TULL, *Die DR Kongo auf dem Weg zum Wahlmarathon. Voraussetzungen, Risiken und die Rolle der internationalen Gemeinschaft*, hg. von der Stiftung Wissenschaft und Politik (SWP), Berlin, April 2015. Im Internet verfügbar: http://www.swp-berlin.org/fileadmin/contents/products/ak tuell/ 2015A39_tll.pdf

Bei PAX CHRISTI, DEUTSCHE SEKTION, in Berlin gibt es zwei *„Impulse"*-Hefte zur DR Kongo: Nr. 29 (2012): *„Friedenskultur" im Kongo?* [zur Friedensarbeit von pax christi in der DR Kongo mit ausführlichen Berichten aus der Kommission „Solidarität mit Zentralafrika"]; Nr. 32 (2015): *Kunst und Konflikt. Bildsignale aus Bukavu* [Bilder zu Krieg und Frieden – Näheres auf der website: www.paxchristi.de]

Zur politischen Situation 2018
in der DR Kongo (chronologisch):

KATJA DOROTHEA BUCK, *Wie auf einem Pulverfass*, in: Difäm-Zeitschrift, Gesundheit in der Einen Welt, Heft III/2017, S. 4-5. [Ein Heft mit dem Fokus auf „Difäm und seine Partner im Kongo".]

EVARISTE MFAUME, *La paix n'est pas un mot, la paix est un comportement*, in: Christiane Kayser/Flaubert Djateng, Pérenniser la paix, Dezember 2017, S. 84-91.

GESINE AMES, *Große Erwartungen an die Kirchen*. Die Rolle der Kirchen in der politischen Krise [der DRK], in: Journal der VEM (Vereinigte Ev. Mission), Nr. 1/2018: Demokratische Republik Kongo. Kein Frieden ohne Gerechtigkeit [Schwerpunktheft Kongo].

AFP: *La RDC refuse de participer à la conférence des donateurs à Genève*. Kinshasa, 23.3.2018. [Zur Absage der RDC-Regierung gegenüber der Geberkonferenz für Kongo in Genf]

CRISIS GROUP BRÜSSEL, *Poker électoral en RD Congo*. Rapport Afrique No. 259, Nairobi/Brüssel, 4.4.2018 (engl. u. frz.). [Erhältlich über: brussels@crisisgroup.org]

THIERRY NLANDU MAYAMBA, *RD Congo – Faire les choses de manière responsable*. Interview mit „Le Point Afrique", 26.6.2018. [Mitglied des kath. Laienkomitees – „Comité laic de coordination" – zur aktuellen Situation in der RD Congo.]

FRANCOIS MISSER & THOMAS SEITERICH, *Demo nach der Sonntagsmesse*. Für faire Wahlen, Regimewechsel und Menschenrechte, in: Publik-Forum Nr. 14 vom 27.7.2018.

GERTRUD KANU & ISEEWANGA INDONGO-IMBANDA, *La fin d'un suspense politique congolais*, eingesehen am 1.8.2018 unter: http://www.kongo-kinshasa.de/francais/fr_143.php [Beitrag zum Amtsverzicht Kabilas für eine dritte Amtszeit.]

BERND DÖRRIES, *Konsens nur für eine Nacht*. Kongos Opposition sucht weiter einen gemeinsamen Kandidaten, in: SZ vom 14.11.2018, S. 8.

Weitere Literaturhinweise finden sich im laufenden Text.

– Buchhinweis –

John Dear

Ein Mensch des Friedens und der Gewaltfreiheit werden

Ausgewählte Aufsätze und Reden

Übersetzt von Ingrid von Heiseler,
ausgewählt und herausgeben von Thomas Nauerth,
mit einem Vorwort von Peter Bürger

edition pace 1
168 Seiten; farbige Abbildungen; Taschenbuch; Preis 6,99 €
Norderstedt: BoD 2018 – ISBN: 978-3-7460-8898-3

Der katholische Priester John Dear ist einer der populärsten Botschafter des gewaltfreien Weges in den USA. Als Autor und Friedensarbeiter wirbt er in der Begegnung mit vielen Menschen für ein entschiedenes Christsein:

"In diesen dunklen Zeiten ist unsere Aufgabe einfach: die Wahrheit sagen, gegen Krieg und Ungerechtigkeit Widerstand leisten, Gewaltfreiheit üben, den Armen beistehen, alle Menschen lieben, beten und die Vision einer neuen Welt ohne Krieg, Armut und Atomwaffen aufrechterhalten. Wir sind berufen, dem gewaltfreien Jesus auf der Straße des Friedens zu folgen."

Aufgrund seines zivilen Ungehorsams wider das Imperium todbringender Mächte wurde John Dear mehr als 75 Mal inhaftiert; seine längste Haftstrafe belief sich auf acht Monate Gefängnis. Von seinen über 30 Buchveröffentlichungen liegen Übersetzungen in zehn Sprachen vor.

Mit dem vorliegenden Sammelband erschließen Thomas Nauerth (Herausgeber) und Ingrid von Heiseler (Übersetzerin) erstmals eine repräsentative Textauswahl für das deutschsprachige Lesepublikum.

edition pace

Die hier mit einem 4. Band fortgesetzte *edition pace*
erschließt Quellentexte, Inspirationen, Praxisberichte,
Diskussions- und Forschungsbeiträge
zu folgenden Themenschwerpunkten:

Kultur der Gewaltfreiheit und des Friedens;
Persönlichkeiten, Spiritualität und Praxis
des gewaltfreien Widerstands;
Friedenstheologie, Kritik der Kriegsreligion;
Kirchliche Friedenslehren und Geschichte des
religiös motivierten Pazifismus;
Ökumenische und interreligiöse Lernprozesse
in der Bewegung für Gerechtigkeit, Frieden und
Bewahrung der Schöpfung.